New Introduction to
Emergency Management

新应急管理概论

(第2版)

杨月巧 / 主　编
王慧飞 / 副主编

图书在版编目(CIP)数据

新应急管理概论/杨月巧主编. -- 2 版. -- 北京：北京大学出版社，2024.10. -- ISBN 978-7-301-35580-0

I．D035

中国国家版本馆 CIP 数据核字第 2024UE3239 号

书　　名	新应急管理概论（第 2 版）
	XIN YINGJI GUANLI GAILUN（DI-ER BAN）
著作责任者	杨月巧　主编
责 任 编 辑	王树通
标 准 书 号	ISBN 978-7-301-35580-0
出 版 发 行	北京大学出版社
地　　址	北京市海淀区成府路 205 号　100871
网　　址	http://www.pup.cn　新浪微博：@北京大学出版社
电 子 邮 箱	编辑部 lk2@pup.cn　总编室 zpup@pup.cn
电　　话	邮购部 010-62752015　发行部 010-62750672　编辑部 010-62764976
印 刷 者	北京市科星印刷有限责任公司
经 销 者	新华书店
	787 毫米×980 毫米　16 开本　19 印张　441 千字
	2020 年 7 月第 1 版
	2024 年 10 月第 2 版　2024 年 10 月第 1 次印刷
定　　价	59.00 元

未经许可，不得以任何方式复制或抄袭本书之部分或全部内容。
版权所有，侵权必究
举报电话：010-62752024　电子邮箱：fd@pup.cn
图书如有印装质量问题，请与出版部联系，电话：010-62756370

第 2 版前言

从 2018 年 3 月应急管理机构改革到 2024 年 6 月《中华人民共和国突发事件应对法》(以下简称《突发事件应对法》)的修订,这个阶段是应急管理体系和能力现代化建设的重要阶段,也是"大安全大应急"框架构建、中国特色应急管理体系确立的重要阶段。本教材重点讲解了这个阶段应急管理领域的重要论述与改革成果。

本教材是在 2016 年出版的《应急管理概论》和 2020 年出版的《新应急管理概论》基础之上对应急管理体系进一步完善而编写的。其中《应急管理概论》是以地震灾害应急为主的,采用"一案三制"应急管理体系进行编写;《新应急管理概论》以 2018 年国家机构改革成立应急管理部为背景,主要讲解新旧应急管理体系对比,侧重于应急管理理论研究与实践的新发展、新调整、新变革。本教材则是以应急管理重要论述为指导,以修订后的《突发事件应对法》为总纲,以中国特色应急管理体系建设成果为主要内容编写而成的。

《新应急管理概论》(第 2 版)的"新"与第 1 版的"新",重点不一样,具体体现在以下几方面:

1. 新要求。党的二十大报告做出"提高公共安全治理水平"的战略部署,其中重要任务之一是"建立大安全大应急框架,完善公共安全体系"。进入新时代,必须按照建立大安全大应急框架的要求,建立健全与中国式现代化要求相适应的国家应急管理体系和能力。

第 2 版总体框架结构延续了第 1 版的"应急管理是国家治理体系和治理能力现代化的重要组成部分"的观点,明确了应急管理是由理论基础、体系建设和能力建设三部分组成的,其中体系建设部分分为基础体系、应急管理体系、新时代应急管理体系和大安全大应急框架下的体系,以此形成研究框架。

2. 新阶段。第 1 版的"新"是 2018 年应急管理改革初期的"新研究、新体制、新机制和新法制",这个新是与旧相对比。第 2 版的"新"是应急管理改革以及新型冠状病毒感染疫情防控以来,解决应急管理改革出现的新情况和新问题,从而形成一系列新论述和新制度。因此本教材增加了党的十八大以来,党和国家就应急管理工作做出的重大决策部署、新理念新思想新战略,以及对应急管理工作理念、原则、目标、路径、方法和要求等全方位、立体式的阐述。

3. 新法制。截至 2024 年 7 月,应急管理相关的法律法规进行了较大的修订。从《突发事件应对法》《中华人民共和国安全生产法》《中华人民共和国消防法》等法律修订,到《突发事件应急预案管理办法》《国家自然灾害救助应急预案》《国家防汛抗旱应急预案》等制度出台,以及《工贸企业重大事故隐患判定标准》《安全生产治本攻坚三年行动方案(2024—2026 年)》等国家各项工作措施的实施。新的法制有力指导着应急管理理论与实践工作,因此更新法规对应的教材内容具有必要性。

4. 新工作。第 1 版中主要以新组建的应急管理部的工作职责为主，以自然灾害和事故灾难为主要研究事件。本版教材中将公共卫生事件也作为重要的研究事件类型。纳入公共卫生事件主要基于三方面的原因：第一是大安全大应急框架的要求。第二是现代应急管理理论起于 2003 年的"非典"疫情，2020 到 2022 年又是新型冠状病毒感染疫情防控的重要阶段，公共卫生事件的防治是促进应急管理理论和实践发展不可或缺的内容。第三是《突发事件应对法》中明确规定要根据自然灾害、事故灾难和公共卫生事件的种类和特点，建立健全基础信息数据库，完善监测、危险源调查、风险评估、预警和应急处置等措施。因此本教材涉及的应急管理主要集中在三类工作：防灾减灾、安全生产、公共卫生防治。

5. 新论证。第 1 版中主要通过实战案例分析说明应急改革的成效，本版教材提供了大量翔实的数据说明 2018—2023 年应急改革取得的成效，更有说服力。

总体来说，本教材以应急管理体系和能力建设为主体，以大安全大应急为框架，以新修订的《突发事件应对法》为准则，构建了更为完善和规范的应急管理新理论、新体系和新能力建设内容。

本教材从理论讲解到技术应用，从宏观到微观，由浅入深，对应急管理进行系统讲解。既适用于高等学校应急管理相关专业课程的入门级教材，也可用于相关领域全面了解应急管理理论的培训教材，同时也可作为应急管理工作实务的指导手册。与本教材配套的视频课程内容同步在"智慧树"网站上线。

在本书的编写过程中得到应急管理部宣传教育中心丁美荣和盐城工学院朱新财的大力帮助，特此感谢！

我国应急管理改革仍处于不断深化过程中，由于编者学识与能力有限，本书难免有遗漏和不足之处，希望应急管理专家学者、应急管理同人及广大读者提出批评和意见，以促进本书的不断完善。

再次表示感谢！

杨月巧　王慧飞
2024 年 7 月

前　言

中华人民共和国成立后,党和国家始终高度重视应急管理工作,我国应急管理体系不断调整和完善。2018年3月,中国共产党十九届三中全会通过了《中共中央关于深化党和国家机构改革的决定》和《深化党和国家机构改革方案》。这次改革方案统筹考虑各类机构设置,科学配置党政部门及内设机构权力、明确职责。会议将国家安全生产监督管理总局的职责,国务院办公厅的应急管理职责,公安部的消防管理职责,民政部的救灾职责,国土资源部的地质灾害防治、水利部的水旱灾害防治、农业部的草原防火、国家林业局的森林防火相关职责,中国地震局的震灾应急救援职责以及国家防汛抗旱总指挥部、国家防灾减灾救灾委员会、国务院抗震救灾指挥部、国家森林防火指挥部的职责整合,组建应急管理部,作为国务院组成部门。

2018年4月16日,应急管理部举行挂牌仪式,正式对外履行职责。应急管理部自成立以来,坚决贯彻党中央关于深化党和国家机构改革部署,积极适应新体制、新要求,以创新的思路、改革的办法和有力的举措奋力破解难题,实现了新时代应急管理工作的良好开局。

2019年11月29日,中共中央政治局就我国应急管理体系和能力建设进行第十九次集体学习。习近平总书记在主持学习时强调,应急管理是国家治理体系和治理能力的重要组成部分,承担防范化解重大安全风险、及时应对处置各类灾害事故的重要职责,担负保护人民群众生命财产安全和维护社会稳定的重要使命。要发挥我国应急管理体系的特色和优势,借鉴国外应急管理有益做法,积极推进我国应急管理体系和能力现代化。

新时代、新部委,带来了应急管理理论研究与实践探索的新发展、新调整、新变革。

第一,"新"是应急研究范围的新。

应急管理是什么呢?有人说应急是地震之后的废墟营救,有人说应急是生产安全事故发生后的抢险,有人说应急是消防救火,但是这些说法都仅仅体现了应急的某一个方面,不是应急的全部内容。新时代的应急包括安全生产、防灾减灾救灾、抢险救援等各项应急管理事业,是全灾种、大应急。本教材详细阐述了安全生产和防灾减灾救灾两方面的基本概念、历史发展、理论基础以及新体系下的理论整合,为应急管理学习提供依据。

第二,"新"是应急管理体制的新。

近年来,不同突发事件的应对职责分属不同部门,人力、物力、财力资源比较分散,存在责任不够明确、指挥不够统一、反应不够灵敏等问题。《中华人民共和国突发事件应对法》确立了"统一领导、综合协调、分类管理、分级负责、属地管理为主的应急管理体制"。2018年3月,中共中央印发《深化党和国家机构改革方案》,要求新成立的应急管理部,"形成统一指挥、专常兼备、反应灵敏、上下联动、平战结合的中国特色应急管理体制"。2019年11月中国共产党十九届四中全会又将该体制确定为"统一指挥、专常兼备、反应灵敏、上下联动的应急管理体系"。本书对现存的两种体制都进行讲解和分析。

第三,"新"是应急管理机制的新。

应急管理机制是涵盖事前、事发、事中和事后的突发事件应对全过程中各种制度化、程序化、规范化和理论化的方法与措施,以及应急系统内各子系统、各要素之间相互联系、相互作用、相互制约的方式和应变机理。本书梳理了2018年1月30日到2020年3月31日之间应急管理部的各项机制,加以整理、归纳,形成了与新时代有中国特色应急管理体制相对应的应急管理新机制。

第四,"新"是应急管理法制的新。

伴随着"应急"内涵的拓展,新体制、新机制必然产生新要求。应急管理体制机制发生重大变革后,许多法律法规已经不适合我国应急管理的实际工作需求。法律是治国之重器,良法是善治的前提。应急管理部在对应急管理领域法律法规全面梳理的基础上,研究提出了"1+5"应急管理法律骨干框架。建立系统完备、科学规范、运行有效的法律制度体系,以法治思维和法治方式推动应急管理事业改革发展。统筹相关法律法规政策规划和标准建设,为应急管理、应急救援、防灾减灾救灾等工作提供法治保障。

应急新体制、新机制和新法制构成了应急管理的新体系。应急管理工作不仅包括应急管理体系,还包括应急管理能力建设。

应急管理能力建设涉及各个方面。本书从自救互救能力和综合性应急救援能力着眼来进行介绍。一方面,我国是世界上自然灾害最为严重的国家之一,灾害种类多、分布地域广、发生频率高、造成损失重,这是一个基本国情。因此宣传应急常识,普及居民应急知识,提高自救互救能力,在遇到灾害事故的时候,就能多一分获救的希望。另一方面,从"全灾种""大应急"管理需要出发,重点结合安全生产、防灾减灾救灾、抢险救援三方面的研究,应急管理能力还体现在综合性消防救援队伍建设和救援装备和技术的完善等方面。

应急管理新体系需要由新形式来体现。

第一,本书采用"立体化"编写模式,即"主教材+视频授课+网络资料"相结合。教材作为系统学习的材料,提供全部知识内容。本教材对应的课程"应急管理概论"在全球大型学分课程运营服务平台"智慧树"网上线,讲授与本书配套的课程内容。书中涉及的文件和背景采用二维码形式直接印在书里面,读者通过扫描即可链接网络资源进行深入学习。

第二,本教材由应急管理部直属高校一线授课教师和应急救援队教官共同编写而成。防灾科技学院杨月巧、中国人民警察大学王慧飞、华北科技学院曹家琳和中国消防救援学院宋浩都是长期教授"应急管理概论"课程的一线教师,在"应急管理概论"教学和科研工作中积累了丰富的经验。中国地震应急搜救基地曲旻皓为国际救援队教官,青岛红十字搜救队队长李延照、四川省泸州市红十字山地救援队队长肖兵都是长期奋斗在综合性应急救援一线,具有丰富救援经验的教官。其中,杨月巧负责第一、二、三、五、八章的编写工作,并且负责策划、资料查找和全书统稿工作；王慧飞负责第六、七章的编写工作，并且负责校对工作；曹家琳负责第四章的编写工作。宋浩主笔综合性救援队伍内容；曲旻皓主笔破拆技能内容；李延照主笔水域技能内容；肖兵主笔绳索技能内容。本书在写作过程中收集了应急管理部成立以来的大量资料，该工作主要由防灾科技学院应急管理学院康越彦、孟令添、滕燕菊、王若彤、谢文静完成。在此一并表示感谢。

应急管理是国家治理体系和治理能力的重要组成部分，当前我国自然灾害形势严峻复杂，安全生产仍然处于脆弱期、爬坡期、过坎期。防范化解重大安全风险，及时应对处置各类灾害事故，提高全社会自然灾害防治能力，促进安全生产形势持续稳定好转，还有大量工作要做。由于编者学识与能力有限，本书难免有遗漏和不足之处，希望应急管理专家学者、应急管理人员及广大读者提出批评和意见，以促进本书的不断完善。再次表示感谢！

杨月巧

2020 年 3 月 31 日

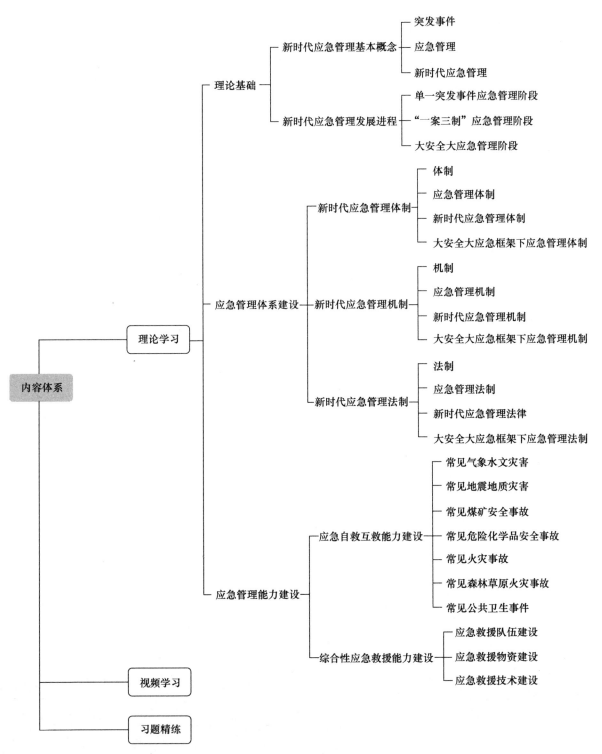

全书内容体系图

目 录

第 1 章 新时代应急管理基本概念 ... 1
1.1 突发事件 ... 1
1.1.1 突发事件概念 ... 1
1.1.2 突发事件分类 ... 2
1.1.3 突发事件分级 ... 7
1.2 应急管理 ... 14
1.2.1 应急管理概念 ... 14
1.2.2 应急管理相关概念 ... 16
1.2.3 应急管理周期 ... 21
1.3 新时代应急管理 ... 23
1.3.1 新时代应急管理的战略定位 ... 23
1.3.2 新时代应急管理的战略目标 ... 25
1.3.3 新时代应急管理的战略思路 ... 26
1.3.4 新时代应急管理的战略举措 ... 29

第 2 章 新时代应急管理发展进程 ... 33
2.1 单一突发事件应急管理阶段 ... 33
2.1.1 中华人民共和国成立:被动应对期 ... 34
2.1.2 改革开放:临时协调期 ... 37
2.2 "一案三制"应急管理阶段 ... 39
2.2.1 单一突发事件应对 ... 39
2.2.2 综合协调应急管理发展 ... 45
2.3 大安全大应急管理阶段 ... 47
2.3.1 深化应急管理体制机制改革 ... 47
2.3.2 新型冠状病毒感染疫情抗疫历程 ... 54

第 3 章 新时代应急管理体制 ... 62
3.1 体制与应急管理体制 ... 62
3.2 新时代应急管理体制 ... 63
3.2.1 应急管理体制 ... 63
3.2.2 应急管理工作体系 ... 66
3.3 大安全大应急框架下应急管理体制 ... 67

3.3.1　管理体制 …………………………………………… 67
　　　3.3.2　指挥体制 …………………………………………… 74
　　　3.3.3　管理体制与指挥体制关系 ………………………… 78
第4章　新时代应急管理机制 ……………………………………… 79
　4.1　机制 ………………………………………………………… 79
　　　4.1.1　机制的含义 ………………………………………… 79
　　　4.1.2　体制和机制的关系 ………………………………… 80
　4.2　应急管理机制 ……………………………………………… 80
　　　4.2.1　应急管理机制 ……………………………………… 80
　　　4.2.2　应急管理体制与机制的关系 ……………………… 81
　4.3　新时代应急管理机制 ……………………………………… 81
　　　4.3.1　应急预案机制 ……………………………………… 81
　　　4.3.2　应急指挥机制 ……………………………………… 88
　　　4.3.3　应急救援协调联动机制 …………………………… 89
　　　4.3.4　风险监测预警机制 ………………………………… 91
　　　4.3.5　应急响应机制 ……………………………………… 99
　　　4.3.6　事后恢复与重建机制 ……………………………… 117
　4.4　大安全大应急框架下应急管理机制 ……………………… 122
　　　4.4.1　防范化解重大风险 ………………………………… 122
　　　4.4.2　防范遏制重特大事故发生 ………………………… 129
　　　4.4.3　提升综合防灾减灾救灾能力 ……………………… 143
第5章　新时代应急管理法制 ……………………………………… 158
　5.1　法制 ………………………………………………………… 158
　　　5.1.1　法律位阶 …………………………………………… 159
　　　5.1.2　法律门类 …………………………………………… 159
　5.2　应急管理法制 ……………………………………………… 160
　　　5.2.1　应急管理法制的特点 ……………………………… 160
　　　5.2.2　应急管理法制的框架 ……………………………… 161
　　　5.2.3　应急管理法制的构成 ……………………………… 162
　5.3　新时代应急管理法律 ……………………………………… 166
　　　5.3.1　总纲性法律 ………………………………………… 166
　　　5.3.2　安全生产法律 ……………………………………… 171
　　　5.3.3　安全生产法规 ……………………………………… 176
　　　5.3.4　自然灾害法律法规 ………………………………… 184
　　　5.3.5　消防法律法规 ……………………………………… 187

5.4	大安全大应急框架下应急管理法制	192
	5.4.1 公共卫生应急法制	192
	5.4.2 公共卫生法律法规	193

第6章 应急自救互救能力建设 194

6.1	常见气象水文灾害	195
	6.1.1 洪涝灾害	195
	6.1.2 干旱灾害	197
	6.1.3 台风(热带气旋)灾害	198
	6.1.4 寒潮灾害	200
	6.1.5 冰雪灾害	201
6.2	常见地震地质灾害	201
	6.2.1 地震灾害	201
	6.2.2 滑坡、崩塌、泥石流灾害	212
	6.2.3 地面塌陷	214
6.3	常见煤矿安全事故	214
	6.3.1 煤矿安全事故基本特征	214
	6.3.2 煤矿安全自救互救原则	215
	6.3.3 瓦斯和煤尘爆炸事故应急处置	216
	6.3.4 矿井火灾事故应急处置	217
	6.3.5 矿井水灾事故应急处置	218
	6.3.6 冒顶事故应急处置	219
6.4	常见危险化学品安全事故	220
	6.4.1 危险化学品主要类别	220
	6.4.2 危险化学品事故前兆确认	220
	6.4.3 不同场景的危险化学品事故的自救措施	221
6.5	常见火灾事故	222
	6.5.1 家庭火灾	222
	6.5.2 大巴车火灾	222
	6.5.3 影剧院火灾	225
6.6	常见森林草原火灾事故	225
	6.6.1 森林草原火灾基本特征	225
	6.6.2 森林草原火灾危害	226
	6.6.3 引发森林草原火灾原因	227
	6.6.4 森林草原火灾预防	227
	6.6.5 森林火灾应急处置	227

6.7 常见公共卫生事件 ··· 228
 6.7.1 公共卫生事件基本特征 ·· 228
 6.7.2 传染病类型 ·· 228
 6.7.3 传染病事件应急处置 ·· 229

第7章 综合性应急救援能力建设 ·· 232
7.1 综合性应急救援队伍建设 ·· 232
 7.1.1 国家综合性消防救援队伍发展历程 ··································· 232
 7.1.2 国家综合性消防救援队伍训词 ·· 234
 7.1.3 国家综合性消防救援队伍建设 ·· 236
 7.1.4 其他应急救援队伍 ··· 238
7.2 综合性应急救援物资建设 ·· 242
 7.2.1 应急物资的概念和分类 ··· 242
 7.2.2 应急物资储备和保障体系构建 ·· 244
 7.2.3 应急物资储备和保障体系能力 ·· 247
7.3 综合性应急救援技术建设 ·· 247
 7.3.1 传统应急救援技术 ··· 247
 7.3.2 智能化应急救援技术 ·· 251

第8章 习题精练 ·· 254
8.1 《新时代应急管理基本概念》习题 ·· 254
 8.1.1 名词解释题 ·· 254
 8.1.2 判断改错题 ·· 254
 8.1.3 单项选择题 ·· 255
 8.1.4 多项选择题 ·· 257
 8.1.5 简答题 ·· 260
8.2 《新时代应急管理发展进程》习题 ·· 260
 8.2.1 判断改错题 ·· 260
 8.2.2 单项选择题 ·· 260
 8.2.3 多项选择题 ·· 261
 8.2.4 简答题 ·· 262
8.3 《新时代应急管理体制》习题 ·· 262
 8.3.1 名词解释题 ·· 262
 8.3.2 判断改错题 ·· 262
 8.3.3 单项选择题 ·· 263
 8.3.4 多项选择题 ·· 263
 8.3.5 简答题 ·· 264

8.4 《新时代应急管理机制》习题 … 264
8.4.1 名词解释题 … 264
8.4.2 判断改错题 … 265
8.4.3 单项选择题 … 266
8.4.4 多项选择题 … 268
8.4.5 简答题 … 271

8.5 《新时代应急管理法制》习题 … 271
8.5.1 判断改错题 … 271
8.5.2 单项选择题 … 272
8.5.3 多项选择题 … 272
8.5.4 简答题 … 273

8.6 《应急自救互救能力建设》习题 … 274
8.6.1 判断改错题 … 274
8.6.2 单项选择题 … 275
8.6.3 多项选择题 … 278

8.7 《综合性应急救援能力建设》习题 … 281
8.7.1 名词解释题 … 281
8.7.2 判断改错题 … 281
8.7.3 单项选择题 … 281
8.7.4 多项选择题 … 282
8.7.5 简答题 … 283

参考文献 … 284

第 1 章　新时代应急管理基本概念

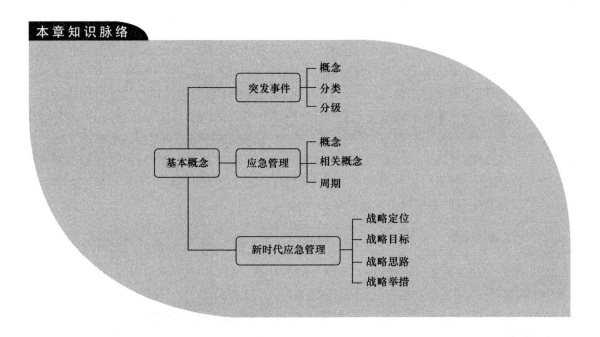

本章知识脉络

应急管理是专门研究突发事件现象及其发展规律的学科，是关于突发事件应急管理优化的科学。学习应急管理，先要了解突发事件。要准确描述应急管理的新使命，先要深入理解突发事件的新变化。

1.1　突发事件

1.1.1　突发事件概念

突发事件的概念在《中华人民共和国突发事件应对法》(2024 年修订)和《国家突发公共事件总体应急预案》(2006)中都有具体的规定。

《中华人民共和国突发事件应对法》(2024 年修订)(简称《突发事件应对法》)中所称突发事件，是指突然发生，造成或者可能造成严重社会危害，需要采取应急处置措施予以应对的自然灾害、事故灾难、公共卫生事件和社会安全事件。

《国家突发公共事件总体应急预案》(2006)(简称《总体预案》)规定：突发事件是指突然发

生,造成或可能造成重大人员伤亡、财产损失、生态环境破坏和严重社会危害,危及公共安全的紧急事件。

这两个概念既有共同点,也有不同点。

共同点是二者都体现了突发事件的要素:

① "突然性",是指事件发生后给人们思考、决策的时间很短。

② "公共性",是指事件发生后造成的后果危害或影响范围大。

③ "全面性",是指"造成或者可能造成",即不仅要研究造成损失的事件,还要研究可能造成损失的事件。

不同点在于《突发事件应对法》中只说明突发事件造成或者可能造成严重社会危害;而《总体预案》中明确了突发事件所造成的社会危害的特征:重大人员伤亡、财产损失、生态环境破坏和严重社会危害,危及公共安全。《突发事件应对法》中把具有《总体预案》所描述特征的突发事件分成四大类:自然灾害、事故灾难、公共卫生事件和社会安全事件,也就是说,《突发事件应对法》中强调了突发事件的类型;而《总体预案》中表述了突发事件所具有的特征。两个国家规范性文件从不同的角度对突发事件进行了诠释。

1.1.2 突发事件分类

突发事件的种类繁多,纷繁复杂。根据不同的标准,突发事件可做不同的分类。按照《总体预案》规定,根据突发事件的发生过程、性质和机理,主要分为以下四类:自然灾害、事故灾难、公共卫生事件和社会安全事件。其中,每类突发事件又包括若干小类。

1. 自然灾害

相比于其他三类事件,自然灾害的分类最为复杂。《总体预案》中的自然灾害包括水旱灾害、气象灾害、地震灾害、地质灾害、海洋灾害、生物灾害和森林草原火灾七类。中华人民共和国国家标准《自然灾害分类与代码》(GB/T 28921—2012)将自然灾害划分为气象水文灾害、地质地震灾害、海洋灾害、生物灾害和生态环境灾害五类,每类灾害又可分为若干个灾种。《国家自然灾害救助应急预案》(2016)明确启动该预案的灾害主要包括干旱、洪涝灾害,台风、风雹、低温冷冻、冰雪、沙尘暴等气象灾害,火山、地震灾害,山体崩塌、滑坡、泥石流等地质灾害,风暴潮、海啸等海洋灾害,森林草原火灾等。

《总体预案》强调的是危险性,《自然灾害分类与代码》(GB/T 28921—2012)的划分强调的是全面性,《国家自然灾害救助应急预案》(2016)在危险性基础上罗列了具体的灾种。因此,不管自然灾害如何分类,各灾种的含义是明确的。按照《自然灾害分类与代码》(GB/T 28921—2012)的规定,各灾种的含义如表1-1所示。

表1-1　自然灾害分类及代码

代　码	灾种名称	含　义
010000	气象水文灾害	由于气象和水文要素的数量或强度、时空分布及要素组合的异常,对人类生命财产、生产生活和生态环境等造成损害的自然灾害
010100	干旱灾害	因降水少、河川径流及其他水资源短缺,对城乡居民生活、工农业生产以及生态环境等造成损害的自然灾害
010200	洪涝灾害	因降雨、融雪、冰凌、溃坝(堤)、风暴潮等引发江河洪水、山洪、泛滥以及渍涝等,对人类生命财产、社会功能等造成损害的自然灾害
010300	台风灾害	热带或副热带洋面上生成的气旋性涡旋大范围活动,伴随大风、暴雨、风暴潮、巨浪等,对人类生命财产造成损害的自然灾害
010400	暴雨灾害	因每小时降雨量16 mm以上,或连续12 h降雨量30 mm以上,或连续24 h降雨量50 mm以上的降水,对人类生命财产等造成损害的自然灾害
010500	大风灾害	平均或瞬间风速达到一定速度或风力的风,对人类生命财产造成损害的自然灾害
010600	冰雹灾害	强对流性天气控制下,从雷雨云中降落的冰雹,对人类生命财产和农业生物造成损害的自然灾害
010700	雷电灾害	因雷雨云中的电能释放、直接击中或间接影响到人体或物体,对人类生命财产造成损害的自然灾害
010800	低温灾害	强冷空气入侵或持续低温,使农作物、动物、人类和设施因环境温度过低而受到损伤,并对生产生活等造成损害的自然灾害
010900	冰雪灾害	因降雪形成大范围积雪、暴风雪、雪崩或路面、水面、设施凝冻结冰,严重影响人畜生存与健康,或对交通、电力、通信系统等造成损害的自然灾害
011000	高温灾害	由较高温度对动植物和人体健康,并对生产、生态环境造成损害的自然灾害
011100	沙尘暴灾害	强风将地面尘沙吹起使空气混浊,水平能见度小于1 km,对人类生命财产造成损害的自然灾害
011200	大雾灾害	近地层空气中悬浮的大量微小水滴或冰晶微粒的集合体,使水平能见度降低到1 km以下,对人类生命财产特别是交通安全造成损害的自然灾害
019900	其他气象水文灾害	除上述灾害以外的气象水文灾害
020000	地质地震灾害	由地球岩石圈的能量强烈释放剧烈运动或物质强烈迁移,或是由长期累积的地质变化,对人类生命财产和生态环境造成损害的自然灾害
020100	地震灾害	地壳快速释放能量过程中造成强烈地面振动及伴生的地面裂缝和变形,对人类生命安全、建(构)筑物和基础设施等财产、社会功能和生态环境等造成损害的自然灾害
020200	火山灾害	地球内部物质快速猛烈地以岩浆形式喷出地表,造成生命和财产直接遭受损失,或火山碎屑流、火山熔岩流、火山喷发物(包括火山碎屑和火山灰)及其引发的泥石流、滑坡、地震、海啸等对人类生命财产、生态环境等造成损害的自然灾害
020300	崩塌灾害	陡崖前缘的不稳定部分主要在重力作用下突然下坠滚落,对人类生命财产造成损害的自然灾害

续表

代　码	灾种名称	含　义
020400	滑坡灾害	斜坡部分岩（土）体主要在重力作用下发生整体下滑，对人类生命财产造成损害的自然灾害
020500	泥石流灾害	由暴雨或水库、池塘溃坝或冰雪突然融化形成强大的水流，与山坡上散乱的大小块石、泥土、树枝等一起相互充分作用后，形成在沟谷内或斜坡上快速运动的特殊流体，对人类生命财产造成损害的自然灾害
020600	地面塌陷灾害	因采空塌陷或岩溶塌陷，对人类生命财产造成损害的自然灾害
020700	地面沉降灾害	在欠固结或半固结土层分布区，由于过量抽取地下水（或油、气）引起水位（或油、气）下降（或下陷）、土层固结压密而造成的大面积地面下沉，对人类生命财产造成损害的自然灾害
020800	地裂缝灾害	岩体或土体中直达地表的线状开裂，对人类生命财产造成损害的自然灾害
029900	其他地质灾害	除上述灾害以外的地质灾害
030000	海洋灾害	海洋自然环境发生异常或激烈变化，在海上或海岸发生的对人类生命财产造成损害的自然灾害
030100	风暴潮灾害	热带气旋、温带气旋、冷锋等强烈的天气系统过境所伴随的强风作用和气压骤变引起的局部海面非周期性异常升降现象造成沿岸涨水，对沿岸人类生命财产造成损害的自然灾害
030200	海浪灾害	波高大于4 m的海浪对海上航行的船舶、海洋石油生产设施、海上渔业捕捞和沿岸及近海水产养殖业、港口码头、防波堤等海岸和海洋工程等造成损害的自然灾害
030300	海冰灾害	因海冰对航道阻塞、船只损坏及海上设施和海岸工程损坏等造成损害的自然灾害
030400	海啸灾害	由海底地震、火山爆发和水下滑坡、塌陷所激发的海面波动，波长可达几百千米，传播到滨海区域时造成岸边海水陡涨，骤然形成"水墙"，吞没良田和城镇村庄，对人类生命财产造成损害的自然灾害
030500	赤潮灾害	海水中某些浮游生物或细菌在一定环境条件下，短时间内暴发性增殖或高度聚集引起水体变色，影响和危害其他海洋生物正常生存的海洋生态异常现象，对人类生命财产、生态环境等造成损害的自然灾害
039900	其他海洋灾害	除上述灾害之外的其他海洋灾害
040000	生物灾害	在自然条件下的各种生物活动或由于雷电、自燃等原因导致的发生于森林或草原，有害生物对农作物、林木、养殖动物及设施造成损害的自然灾害
040100	植物病虫害	致病微生物或害虫在一定环境下暴发，对种植业或林业等造成损害的自然灾害
040200	疫病灾害	动物或人类由微生物或寄生虫引起突然发生重大疫病，且迅速传播，导致发病率或死亡率高，给养殖业生产安全造成严重危害，或者对人类身体健康与生命安全造成损害的自然灾害

续表

代码	灾种名称	含义
040300	鼠害	鼠害在一定环境下暴发或流行,对种植业、畜牧业、林业和财产设施等造成损害的自然灾害
040400	草害	杂草对种植业、养殖业或林业和人体健康等造成严重损害的自然灾害
040500	赤潮灾害	海水中某些浮游生物或细菌在一定环境条件下,短时间内爆发性增殖或高度聚集,引起水体变色,影响和危害其他海洋生物正常生存的海洋生态异常现象,对人类生命财产、生态环境等造成损害的灾害
040600	森林/草原火灾	由于雷电、自燃或在一定有利于起火的自然背景条件下由人为原因导致的,发生于森林或草原,对人类生命财产、生态环境等造成损害的火灾
049900	其他生物灾害	除上述灾害之外的其他生物灾害
050000	生态环境灾害	由于生态系统结构破坏或生态失衡,对人地关系和谐发展和人类生存环境带来不良后果的一大类自然灾害
050100	水土流失灾害	在水力等外力作用下,土壤表层及其母质被剥蚀、冲刷搬运而流失,对水土资源和土地生产力造成损害的自然灾害
050200	风蚀沙化灾害	由于大风吹蚀导致天然沙漠扩张、植被破坏和沙土裸露等,导致土壤生产力下降和生态环境恶化的自然灾害
050300	盐渍化灾害	易溶性盐分在土壤表层积累的现象或过程对土壤和植被造成损害的灾害
050400	石漠化灾害	在热带、亚热带湿润、半湿润气候条件和岩溶极其发育的自然背景下,因地表植被遭受破坏,导致土壤严重流失,基岩大面积裸露或砾石堆积,使土地生产力严重下降的灾害
059900	其他生态环境灾害	除上述灾害之外的其他生态环境灾害

2. 事故灾难

《总体预案》规定事故灾难主要包括工矿商贸等企业的各类安全事故,交通运输事故,公共设施和设备事故,环境污染和生态破坏事件等。

自然灾害是"天灾",事故灾难更多是"人祸",或者是自然因素与人为因素的结合。具体而言,我国的事故灾难包括:① 安全生产事故,即各类工矿商贸企业在其生产过程中发生的事故;② 交通运输事故,包括铁路行车事故、民用航空器飞行事故、海上突发事故、城市地铁事故等;③ 公共设施与设备事故,包括电网事故、通信事故、核电厂事故、互联网事故等;④ 环境与生态事故,包括水污染、大气污染等。

3. 公共卫生事件

《总体预案》规定公共卫生事件主要包括传染病疫情、群体性不明原因疾病、食品安全和职业危害、动物疫情,以及其他严重影响公众健康和生命安全的事件。

《突发公共卫生事件应急条例》中规定,公共卫生事件是指"突然发生,造成或者可能造成社会公众健康严重损害的重大传染病疫情、群体性不明原因疾病、重大食物和职业中毒以及其他严重影响公众健康的事件。"集中表现为对人类或者动物的生命和健康造成危害的各种疾病。

两个文件规定的内容相近,主要包括:

(1) 重大传染病疫情,是指某种传染病在短时间内发生、波及范围广泛,出现大量的病人或死亡病例,其发病率远远超过常年的发病率水平的情况。

(2) 群体性不明原因疾病,是指在短时间内,某个相对集中的区域内同时或者相继出现具有共同临床表现的病人,且病例不断增加、范围不断扩大,又暂时不能明确诊断的疾病。

(3) 食品安全和职业危害,与重大食物和职业中毒表述不太一样,但都是指由于食品污染和职业危害的原因而造成的人数众多或者伤亡较重的中毒事件。

(4) 《总体预案》中提到的重大动物疫情,是指高致病性禽流感等发病率或者死亡率高的动物疫病突然发生,迅速传播,给养殖业生产安全造成严重威胁、危害,以及可能对公众身体健康与生命安全造成危害的情形,包括特别重大动物疫情。

4. 社会安全事件

《总体预案》规定社会安全事件主要包括恐怖袭击事件、经济安全事件和涉外突发事件等。

社会安全事件完全是"人祸",而且造成事件发生的人为因素在主观上多出于故意。当然,在不同性质的社会安全事件中,引发事件的人在主观恶性的程度上并不完全相同。对于恐怖袭击而言,袭击者具有严重的主观恶性,抱持着与政府、社会、人类相对抗的心理,以破坏整个社会秩序为目的。对于经济安全事件(如粮食危机、金融危机、能源危机)而言,引发事件既可能有故意囤积居奇、哄抬物价、投机炒作者,也可能包括不明真相的盲从者。

5. 灾害事故/事故灾害

四大类突发事件由于发生的原理不同,事件处置的专业性要求和应对方法也不同,因此对于应急管理实践工作来讲不可能面面俱到。从应急管理部职能来看,在自然灾害、事故灾难、公共卫生事件与社会安全事件四大类突发事件中,没有将公共卫生事件与社会安全事件处置的职能纳入其中,公共卫生事件仍属于国家卫生健康委员会,社会安全事件仍属于公安部。当重大灾害发生后,卫生、公安、气象、交通等部门的配合必不可少。应急管理部、国家卫生健康委员会和公安部形成大应急管理的"三巨头",彼此密切协同。

应急管理部职能主要集中于自然灾害和事故灾难,而自然灾害没有包括所有的灾种。《总体预案》规定自然灾害主要包括水旱灾害、气象灾害、地震灾害、地质灾害、海洋灾害、生物灾害和森林草原火灾等。应急管理部没有整合风暴潮、海啸、赤潮等海洋灾害和农作物病虫害等生物灾害的应对。

被整合的突发事件大致可以概括为"天灾"和"人祸",简称为"灾害事故"①或者"事故灾害"。②

"灾害事故"或"事故灾害",其中"灾害"是自然的致灾因子引发的,人为因素影响不大;"事故"由技术致灾因子引发,大多数表现为人为因素。突发事件又经常把二者关联起来,表现为自然灾害有可能引发事故灾难,而事故灾难又可能引发自然灾害。例如,2015年12月广东深圳恒泰工业园发生山体滑坡灾害,导致附近西气东输管道发生爆炸,22栋民宅和厂房被埋,现场塌方面积10多万平方米。该事故本来是生产事故,深圳大规模城市建设产生的余泥渣土偷排乱倒形成滑坡体,滑坡造成附近的恒泰裕、柳溪、德吉成三个工业园33栋(间)建筑物被掩埋或不同程度损毁,涉及企业15家。滑坡处紧挨长圳洪浪村煤气站,附近西气东输管道发生爆炸,导致煤气站爆炸。因此无论"灾害事故"还是"事故灾害",不再单纯地把突发事件割裂开来,而是统一起来,既包括单一突发事件,也包括复杂(或复合)事件,为综合减灾和大应急提供了理论基础支撑。

1.1.3 突发事件分级

1. 突发事件

按照《突发事件应对法》的规定,突发自然灾害、事故灾难、公共卫生事件按照社会危害程度、影响范围等因素,分为特别重大、重大、较大和一般四级。同时也特别说明,法律、行政法规或者国务院另有规定的,从其规定。按照《总体预案》的规定,各类突发公共事件按照其性质、严重程度、可控性和影响范围等因素,一般分为四级:Ⅰ级(特别重大)、Ⅱ级(重大)、Ⅲ级(较大)和Ⅳ级(一般)。虽然都分为四级,突发事件类型不同,分级的标准和内容也有不同。

2. 自然灾害

《国家自然灾害救助应急预案》(2024)适用于我国境内遭受重特大自然灾害时国家层面开展的灾害救助等工作。该预案根据自然灾害的危害程度、灾害救助工作需要等因素,将国家自然灾害救助应急响应分为一级、二级、三级、四级。一级响应级别最高。其中各级响应启动条件如下。

(1) 一级响应

① 发生重特大自然灾害,一次灾害过程出现或经会商研判可能出现下列情况之一的,可启动一级响应:

---

① 中共中央办公厅.深入学习贯彻习近平总书记重要指示精神,全力防范化解重点行业领域系统性安全风险.(2019-04-23)[2019-05-28]. http://www.chinasafety.gov.cn/xw/yjyw/201904/t20190423_254869.shtml

② 中共中央办公厅.深入学习贯彻习近平总书记重要指示精神,反思差距,创新措施,坚决扛起维护人民群众生命财产安全的政治责任.(2019-04-08)[2019-05-28]. http://www.chinasafety.gov.cn/xw/yjyw/201904/t20190408_244806.shtml

a. 一省(自治区、直辖市)死亡和失踪200人以上(含本数,下同)可启动响应,其相邻省(自治区、直辖市)死亡和失踪160人以上200人以下的可联动启动;

b. 一省(自治区、直辖市)紧急转移安置和需紧急生活救助200万人以上;

c. 一省(自治区、直辖市)倒塌和严重损坏房屋30万间或10万户以上;

d. 干旱灾害造成缺粮或缺水等生活困难,需政府救助人数占该省(自治区、直辖市)农牧业人口30%以上或400万人以上。

② 党中央、国务院认为需要启动一级响应的其他事项。

(2) 二级响应

发生重特大自然灾害,一次灾害过程出现或会商研判可能出现下列情况之一的,可启动二级响应:

① 一省(自治区、直辖市)死亡和失踪100人以上200人以下(不含本数,下同)可启动响应,其相邻省(自治区、直辖市)死亡和失踪80人以上100人以下的可联动启动;

② 一省(自治区、直辖市)紧急转移安置和需紧急生活救助100万人以上200万人以下;

③ 一省(自治区、直辖市)倒塌和严重损坏房屋20万间或7万户以上、30万间或10万户以下;

④ 干旱灾害造成缺粮或缺水等生活困难,需政府救助人数占该省(自治区、直辖市)农牧业人口25%以上30%以下或300万人以上400万人以下。

(3) 三级响应

发生重特大自然灾害,一次灾害过程出现或会商研判可能出现下列情况之一的,可启动三级响应:

① 一省(自治区、直辖市)死亡和失踪50人以上100人以下可启动响应,其相邻省(自治区、直辖市)死亡和失踪40人以上50人以下的可联动启动;

② 一省(自治区、直辖市)紧急转移安置和需紧急生活救助50万人以上100万人以下;

③ 一省(自治区、直辖市)倒塌和严重损坏房屋10万间或3万户以上、20万间或7万户以下;

④ 干旱灾害造成缺粮或缺水等生活困难,需政府救助人数占该省(自治区、直辖市)农牧业人口20%以上25%以下或200万人以上300万人以下。

(4) 四级响应

发生重特大自然灾害,一次灾害过程出现或会商研判可能出现下列情况之一的,可启动四级响应:

① 一省(自治区、直辖市)死亡和失踪20人以上50人以下;

② 一省(自治区、直辖市)紧急转移安置和需紧急生活救助10万人以上50万人以下;

③ 一省(自治区、直辖市)倒塌和严重损坏房屋1万间或3000户以上、10万间或3万户以下;

④ 干旱灾害造成缺粮或缺水等生活困难,需政府救助人数占该省(自治区、直辖市)农牧业人口15%以上20%以下或100万人以上200万人以下。

3. 地震及火山灾害

在所有的自然灾害中,地震灾害突发性强、破坏性大、社会影响深远,《国家地震应急预案》(2012)适用于我国发生的地震及火山灾害和国外发生的造成重大影响的地震及火山灾害的应对工作。该预案规定地震灾害分为特别重大、重大、较大、一般四级。

(1) 特别重大地震灾害是指造成300人以上死亡(含失踪),或者直接经济损失占地震发生地所在省(自治区、直辖市)上年国内生产总值1%以上的地震灾害。

当人口较密集地区发生7.0级以上地震,人口密集地区发生6.0级以上地震,初判为特别重大地震灾害。

(2) 重大地震灾害是指造成50人以上、300人以下死亡(含失踪)或者造成严重经济损失的地震灾害。

当人口较密集地区发生6.0级以上、7.0级以下地震,人口密集地区发生5.0级以上、6.0级以下地震,初判为重大地震灾害。

(3) 较大地震灾害是指造成10人以上、50人以下死亡(含失踪)或者造成较重经济损失的地震灾害。

当人口较密集地区发生5.0级以上、6.0级以下地震,人口密集地区发生4.0级以上、5.0级以下地震,初判为较大地震灾害。

(4) 一般地震灾害是指造成10人以下死亡(含失踪)或者造成一定经济损失的地震灾害。

当人口较密集地区发生4.0级以上、5.0级以下地震,初判为一般地震灾害。

4. 突发性水旱灾害

《国家防汛抗旱应急预案》(2022)适用于我国境内突发性水旱灾害的防范和处置。突发性水旱灾害包括:江河洪水和渍涝灾害、山洪灾害(指由降雨引发的山洪、泥石流灾害)、台风风暴潮灾害、干旱灾害、供水危机以及由洪水、风暴潮、地震等引发的水库垮坝、堤防决口、水闸倒塌、堰塞湖等次生衍生灾害。该预案按洪涝、干旱、台风、堰塞湖等灾害严重程度和范围,将应急响应行动分为一、二、三、四级。一级应急响应级别最高。

(1) 一级应急响应

出现下列情况之一者,为一级应急响应:

① 某个流域发生特大洪水;

② 多个流域同时发生大洪水;

③ 多个省(自治区、直辖市)启动防汛抗旱一级应急响应;

④ 大江大河干流重要河段堤防发生决口;

⑤ 重点大型水库发生垮坝;

⑥ 多个省(自治区、直辖市)发生特大干旱;

⑦ 多座特大及以上城市发生特大干旱；

⑧ 其他需要启动一级应急响应的情况。

根据汛情、险情、灾情、旱情发展变化，当发生符合启动一级应急响应条件的事件时，国家防汛抗旱总指挥部(简称国家防总)办公室提出启动一级应急响应的建议，由副总指挥审核后，报总指挥批准；遇紧急情况，由总指挥决定。必要时，国务院直接决定启动一级应急响应。

（2）二级应急响应

出现下列情况之一者，为二级应急响应：

① 一个流域发生大洪水；

② 多个省(自治区、直辖市)启动防汛抗旱二级或以上应急响应；

③ 大江大河干流一般河段及主要支流堤防发生决口；

④ 多个省(自治区、直辖市)发生严重洪涝灾害；

⑤ 一般大中型水库发生垮坝；

⑥ 预报超强台风登陆或严重影响我国；

⑦ 正在发生大范围强降雨过程，中央气象台发布暴雨红色预警，会商研判有两个以上省(自治区、直辖市)大部地区可能发生严重洪涝灾害；

⑧ 同一时间发生两个以上极高风险的堰塞湖；

⑨ 一省(自治区、直辖市)发生特大干旱或多个省(自治区、直辖市)发生严重干旱；

⑩ 多个大城市发生严重干旱；

⑪ 其他需要启动二级应急响应的情况。

根据汛情、险情、灾情、旱情发展变化，当发生符合启动二级应急响应条件的事件时，国家防总办公室提出启动二级应急响应的建议，由国家防总秘书长审核后，报副总指挥批准；遇紧急情况，由副总指挥决定。

（3）三级应急响应

出现下列情况之一者，为三级应急响应：

① 多个省(自治区、直辖市)同时发生洪涝灾害；

② 一省(自治区、直辖市)发生较大洪水；

③ 多个省(自治区、直辖市)启动防汛抗旱三级或以上应急响应；

④ 大江大河干流堤防出现重大险情；

⑤ 大中型水库出现严重险情或小型水库发生垮坝；

⑥ 预报强台风登陆或严重影响我国；

⑦ 正在发生大范围强降雨过程，中央气象台发布暴雨橙色预警，会商研判有两个以上省(自治区、直辖市)大部地区可能发生较重洪涝灾害；

⑧ 发生极高风险的堰塞湖；

⑨ 多个省(自治区、直辖市)同时发生中度干旱;
⑨ 多座中等以上城市同时发生中度干旱或一座大城市发生严重干旱;
⑪ 其他需要启动三级应急响应的情况。

根据汛情、险情、灾情、旱情发展变化,当发生符合启动三级应急响应条件的事件时,国家防总办公室提出启动三级应急响应的建议,报国家防总秘书长批准;遇紧急情况,由国家防总秘书长决定。

(4) 四级应急响应

出现下列情况之一者,为四级应急响应:
① 多个省(自治区、直辖市)启动防汛抗旱四级或以上应急响应;
② 多个省(自治区、直辖市)同时发生一般洪水;
③ 大江大河干流堤防出现险情;
④ 大中型水库出现险情;
⑤ 预报热带风暴、强热带风暴、台风登陆或影响我国;
⑥ 预测或正在发生大范围强降雨过程,中央气象台发布暴雨黄色预警,会商研判有两个以上省(自治区、直辖市)可能发生洪涝灾害;
⑦ 发生高风险的堰塞湖;
⑧ 多个省(自治区、直辖市)同时发生轻度干旱;
⑨ 多座中等以上城市同时因旱影响正常供水;
⑩ 其他需要启动四级应急响应的情况。

根据汛情、险情、灾情、旱情发展变化,当发生符合启动四级应急响应条件的事件时,国家防总办公室主任决定并宣布启动四级应急响应。

5. 森林草原火灾

《国家森林草原火灾应急预案》(2020)规定:森林草原火灾发生后,根据火灾严重程度、火场发展态势和当地扑救情况,国家层面应对工作设定Ⅳ级、Ⅲ级、Ⅱ级、Ⅰ级四个响应等级,并通知相关省(自治区、直辖市)根据响应等级落实相应措施。

(1) Ⅰ级响应启动条件
① 过火面积超过100 000公顷的森林火灾或者过火面积超过150 000公顷的草原火灾(含入境火),火势持续蔓延;
② 造成30人以上死亡或者100人以上重伤的森林草原火灾;
③ 国土安全和社会稳定受到严重威胁,有关行业遭受重创,经济损失特别巨大;
④ 火灾发生地省级人民政府已经没有能力和条件有效控制火场蔓延。

符合上述条件之一时,经国家森林草原防灭火指挥部办公室分析评估,认定灾情达到启动标准并提出建议,由国家森林草原防灭火指挥部总指挥决定启动Ⅰ级响应。必要时,国务院直接决定启动Ⅰ级响应。

(2) Ⅱ级响应启动条件

① 过火面积超过 10 000 公顷的森林火灾或者过火面积超过 15 000 公顷的草原火灾;

② 造成 10 人以上 30 人以下死亡或者 50 人以上 100 人以下重伤的森林草原火灾;

③ 发生在敏感时段、敏感地区,72 小时未得到有效控制的森林草原火灾;

④ 境外森林草原火灾蔓延至我国境内,72 小时未得到有效控制。

符合上述条件之一时,经国家森林草原防灭火指挥部办公室分析评估,认定灾情达到启动标准并提出建议,由担任应急部主要负责同志的国家森林草原防灭火指挥部副总指挥决定启动Ⅱ级响应。

(3) Ⅲ级响应启动条件

① 过火面积超过 1000 公顷的森林火灾或者过火面积超过 8000 公顷的草原火灾;

② 造成 3 人以上 10 人以下死亡或者 10 人以上 50 人以下重伤的森林草原火灾;

③ 发生在敏感时段、敏感地区,48 小时尚未扑灭明火的森林草原火灾;

④ 境外森林火灾蔓延至我国境内;

⑤ 发生距国界或实际控制线 5 km 以内或者蔓延至我国境内的境外草原火灾。

符合上述条件之一时,经国家森林草原防灭火指挥部办公室分析评估,认定灾情达到启动标准,由国家森林草原防灭火指挥部办公室主任决定启动Ⅲ级响应。

(4) Ⅳ级响应

① 过火面积超过 500 公顷的森林火灾或者过火面积超过 5000 公顷的草原火灾;

② 造成 1 人以上 3 人以下死亡或者 1 人以上 10 人以下重伤的森林草原火灾;

③ 舆情高度关注,中共中央办公厅、国务院办公厅要求核查的森林草原火灾;

④ 发生在敏感时段、敏感地区,24 小时尚未得到有效控制、发展态势持续蔓延扩大的森林草原火灾;

⑤ 发生距国界或者实际控制线 5 km 以内且对我国森林草原资源构成一定威胁的境外森林火灾;

⑥ 发生距国界或者实际控制线 5 km 以外 10 km 以内且对我国森林草原资源构成一定威胁的境外草原火灾;

⑦ 同时发生 3 起以上危险性较大的森林草原火灾。

符合上述条件之一时,经国家森林草原防灭火指挥部办公室分析评估,认定灾情达到启动标准,由国家森林草原防灭火指挥部办公室常务副主任决定启动Ⅳ级响应。

启动条件调整:根据森林草原火灾发生的地区、时间敏感程度,受害森林草原资源损失程度,经济、社会影响程度,启动国家森林草原火灾应急响应的标准可酌情调整。

6. 生产安全事故

《生产安全事故报告和调查处理条例》(2007)规定,根据生产安全事故(简称事故)造成的人员伤亡或者直接经济损失,事故一般分为以下等级:

(1) 特别重大事故,是指造成30人以上死亡,或者100人以上重伤(包括急性工业中毒,下同),或者1亿元以上直接经济损失的事故;

(2) 重大事故,是指造成10人以上30人以下死亡,或者50人以上100人以下重伤,或者5000万元以上1亿元以下直接经济损失的事故;

(3) 较大事故,是指造成3人以上10人以下死亡,或者10人以上50人以下重伤,或者1000万元以上5000万元以下直接经济损失的事故;

(4) 一般事故,是指造成3人以下死亡,或者10人以下重伤,或者1000万元以下直接经济损失的事故。

其中:"以上"包括本数,"以下"不包括本数。

7. 突发公共卫生事件

《国家突发公共卫生事件应急预案》(2006)规定,根据突发公共卫生事件性质、危害程度、涉及范围,突发公共卫生事件划分为特别重大(Ⅰ级)、重大(Ⅱ级)、较大(Ⅲ级)和一般(Ⅳ级)四级。

其中,特别重大突发公共卫生事件主要包括:

(1) 肺鼠疫、肺炭疽在大、中城市发生并有扩散趋势,或肺鼠疫、肺炭疽疫情波及2个以上的省份,并有进一步扩散趋势。

(2) 发生传染性非典型肺炎、人感染高致病性禽流感病例,并有扩散趋势。

(3) 涉及多个省份的群体性不明原因疾病,并有扩散趋势。

(4) 发生新传染病或我国尚未发现的传染病发生或传入,并有扩散趋势,或发现我国已消灭的传染病重新流行。

(5) 发生烈性病菌株、毒株、致病因子等丢失事件。

(6) 周边以及与我国通航的国家和地区发生特大传染病疫情,并出现输入性病例,严重危及我国公共卫生安全的事件。

(7) 国务院卫生行政部门认定的其他特别重大突发公共卫生事件。

8. 突发事件分级标准

通过以上各类预案(条例)的规定可以看出,突发事件分级标准有以下几类:

(1) 四级响应等级。各类事件分级都采用四级响应等级,只是不同事件分级依据和级别表示方法不一样。其中:

突发公共事件和突发公共卫生事件分为特别重大(Ⅰ级)、重大(Ⅱ级)、较大(Ⅲ级)和一般(Ⅳ级)四级;

地震灾害和生产安全事故分为特别重大、重大、较大和一般四级;

森林草原火灾应对工作设定Ⅳ级、Ⅲ级、Ⅱ级、Ⅰ级四个响应等级;

国家自然灾害救助和突发性水旱灾害应急响应分为一级、二级、三级、四级。

(2) 死亡和失踪人员作为启动条件

虽然不同突发事件启动条件不一样,但有一个共同的条件就是死亡和失踪的人数。自然灾害救助是 200 人、100 人、50 人、20 人;地震灾害是 300 人、50 人、10 人;森林草原火灾是 30 人、10 人、3 人、1 人;生产安全事故是 30 人、10 人、3 人。从死亡和失踪人数来看破坏性较大、影响范围广的事件(例如地震灾害),其分级标准高于其他突发事件。

(3) 体现不同事件特征的启动条件

自然灾害救助是为了提高防灾减灾救灾和灾害处置保障能力,最大限度减少人员伤亡和财产损失,保障受灾群众基本生活,维护受灾地区社会稳定。因此启动条件包括"紧急转移安置"和"需紧急生活救助人数、倒塌和严重损坏房屋"。此外,根据干旱灾害造成缺粮或缺水等生活困难的特点,还增加了"需政府救助人数占该省(自治区、直辖市)农牧业人口比例"或"需政府救助人数"的条件。

实施地震应急是为了最大限度减少人员伤亡和经济损失,维护社会正常秩序。因此增加了"经济损失"的条件;震级是表征地震强弱大小的量度,是划分震源放出的能量大小多少的等级,因此在判断地震及火山灾害启动条件增加了"震级"。

突发性水旱灾害包括水害和旱灾,所以启动条件将洪水和干旱程度作为指标。

森林草原火灾的处置不仅最大限度减少人员伤亡和财产损失,还起着保护森林草原资源,维护生态安全的作用。因此最重要的一个启动条件就是"过火面积",此外还有"火灾控制时间"和"境外火灾的威胁"等指标。

生产安全事故主要是指生产经营活动中发生的造成人身伤亡或者直接经济损失的生产安全事故,因此启动条件增加了"重伤"和"直接经济损失"。

突发公共卫生事件是为了有效预防、及时控制和消除突发公共卫生事件及其危害,指导和规范各类突发公共卫生事件的应急处理工作,最大限度地减少突发公共卫生事件对公众健康造成的危害,保障公众身心健康与生命安全。

1.2 应急管理

1.2.1 应急管理概念

突发事件的发生导致社会系统由有序状态转为无序状态,常态运行的社会结构被打破,正常的社会功能中断。应急管理旨在将社会系统从无序状态恢复到有序状态,将各种被破坏的社会结构重组。近年来,随着各类突发事件的频繁发生,人们对于应急管理的认识日益深刻,应急管理体系逐步成熟,应急管理成为一个专门的研究领域。

关于应急管理的概念,《联合国国际减灾战略术语》(2009)中提出,应急管理是组织与管理应对紧急事务的资源与责任,特别是准备、响应与早期恢复阶段。应急管理包括各种计划、组织与安排,它们确立的目的是将政府、非政府组织、志愿者与私人机构的正常工作以综合协调的方式整合起来,满足各种各样的紧急需求,灾害管理有时替代应急管理。

美国国土安全部出版的《术语》(2007)中提出,应急管理是协调、整合所有对于建立、维持与提高一系列能力来说很有必要的所有活动,它们包括针对潜在或现实灾害或紧急事务而进行的准备、响应、恢复、减缓,不论导致灾害或紧急事务的原因是什么。

美国联邦应急管理署(Federal Emergency Management Agency,FEMA)定义应急管理为:有组织地分析、规划、决策和分配可利用的资源以针对所有的风险灾难完成缓解(包括减少负面影响或防止)、准备、响应和恢复等功能。

美国的米切尔·K.林德尔(Michael K. Lindell)(2011)认为,应急管理就是应用科学、技术、规划与管理,应对能造成大量人员伤亡、带来严重财产损失、扰乱社会生活秩序的极端事件。

自2003年传染性非典型肺炎[又称为严重急性呼吸综合征(severe acute respiratory syndrome,SARS),简称"非典"]疫情暴发以来,我国对突发事件应急管理给予了前所未有的高度重视,"应急管理"已成为一个家喻户晓的社会热门词汇。但是不同的学者对于应急管理有着不同的理解。王绍玉、冯百侠(2005)认为,应急管理就是通过协调有关人士,明确对各种灾害类型的应急和灾害的管理责任并提高其管理能力。唐承沛(2007)认为,应急管理顾名思义是应对突发事件的管理。张沛、潘锋(2007)的研究领域为城市的应急管理,他们认为城市公共安全应急管理是针对城市面临的各种突发公共事件,通过建立全面融合的城市公共安全应急体系,以有效预防、处理和消弭突发公共事件为目标,以城市管理者为核心所进行的一种有组织、有计划、持续动态的管理活动。

2008年四川汶川发生8.0级地震,这是中华人民共和国成立以来破坏力最大的地震,也是唐山大地震后伤亡最严重的一次地震。重大自然灾害使学者们对应急管理又有了进一步的认知。姜安鹏、沙勇忠(2010)认为,应急管理是指政府及其他公共机构在突发事件的事前预防、事发应对、事中处置和善后管理过程中,通过建立必要的应对机制,采取一系列必要措施,保障公众生命财产安全,促进社会和谐健康发展的有关活动。陈安等(2009)则把应急管理分为传统的应急管理和现代应急管理:传统的应急管理只处理单一领域或行业的事件;现代应急管理是集成社会各方面的资源,运用现代技术手段和现代管理方法,对突发事件进行有效的监测应对、控制和处理。裘江南、王雪华(2017)将应急管理称作突发事件的应急管理,是对突发事件预防与应急准备、监测与预警、应急处置与救援、事后恢复与重建等一系列管理活动的概括。杨月巧(2016)认为,应急管理分别从"应"和"急"两个方面进行分析,"应"是指"应对、应付","急"是指"迫切、紧急、重要"。张海波(2022)认为应急管理的底层逻辑看,无论是应急管理部门牵头负责的自然灾害与事故灾难管理,还是卫健部门牵头负责的公共卫生事件管理,或是公安部门牵头负责的社会安全事件管理,三者并无本质区别,都是以政府为中心的相关主体,在突发事件发生前后,或为防止社会系统从有序状态转向无序状态,或为促使社会系统从无序状态回归有序状态而展开的多主体协同过程。

1.2.2 应急管理相关概念

1. 突发事件及相关概念

应急管理在英文中是"Emergency Management"。与 Emergency(突发事件)相关联的词语还有 Crisis(危机)、Risk(风险)、Accident(事故)、Disaster/Calamity/Catastrophe(灾害/重大灾害/巨灾)等。

(1) Emergency

Sudden serious event or situation requiring immediate action. Emergency 直译为紧急情况,该定义体现了突发性、紧迫性和危害性的主要特点,是突发事件最常用的表达。

(2) Crisis

Emergency; turning-point in illness, life, history, etc; time of difficulty danger or anxiety about the future. Crisis 意为"危机",危险+机遇,危险中也孕育着机遇,其最初的含义是事件在发展过程中需要在短时间内做出重要决策的一个状态或阶段,是事件有可能变得更好或者更坏的一个临界点。

(3) Risk

The possibility of meeting danger or suffering harm, loss, etc. Risk 意为"风险",是一种相对广义的概念。

(4) Incident

在英文中 incident 有三个意思:

① event or happening, often of minor importance,指事情,很小的事情。

② hostile military activity between countries, opposing forces, etc,指国际间或敌对力量等之间的敌对行动、军事冲突。

③ public disturbance, accident or violence,指骚乱、事故、暴力事件。

Incident 一词在应急管理以及与安全相关的文献中出现频率较高,用于表达突发的可能造成损失的事件,是一种比较标准的用法。我们提到灾难性事件时通常使用这个词,一般工业事故也常用这个词。

(5) Disaster/Calamity/Catastrophe

① Disaster:event that causes great harm or damage. Disaster 更多情况是指突然而发的造成悲惨、不幸以及痛苦等感受的损失或后果,多用于形容大规模的灾难性事件,尤其是自然灾害。

② Calamity:an accident; a disaster, especially one causing a lot of damage or suffering. 通常是指特别重大、持续时间长的事故灾害。

③ Catastrophe:a sudden, unexpected, and terrible event that causes great suffering, misfortune, or ruin. 通常指巨灾。

关于 Disaster/Calamity/Catastrophe 之间的界定并没有明确标准。其中巨灾具有致灾强度大、灾害损失重、救助需求高的特征,划分标准及指标如表 1-2 所示。

表 1-2 巨灾划分标准及指标

学 者	标 准	备 注
马宗晋(1994)	➢ 死亡 10 000 人以上 ➢ 直接经济损失(按照 1990 年价格计算)100 亿元(含 100 亿元)人民币,或损失超过该省前三年年平均财政收入 100% ➢ 干旱受灾率 70% 以上,或洪涝受灾率 70% 以上;或粮食损失超过该省前三年年平均粮食收成的 36% ➢ 倒塌房屋 30 万间以上 ➢ 牧区成畜死亡 100 万头以上	凡达到其中二项标准的才可确定为巨灾
Mohamed (2008)	➢ 死亡 1000 人以上 ➢ 受灾面积大于 100 km^2	凡达到其中一项标准就可确定为巨灾
史培军(2009)	➢ 致灾强度为 7.0(地震)或百年一遇 ➢ 10 000 人以上的死亡(包括失踪 1 个月以上的人口) ➢ 1000 亿元人民币以上的直接经济损失 ➢ 10 000 km^2 以上的成灾面积	凡达到其中二项标准的才可确定为巨灾

这些相关联的概念经常被混用,例如学者倾向于用 Crisis 和 Risk,安全生产部门倾向于用 Accident,灾害管理部门根据灾情分别使用 Disaster/ Calamity/ Catastrophe。

相关概念的混乱源于西方应急管理发展的历程。美国的 Emergency 主要包括自然灾害(Disaster/ Calamity/ Catastrophe)和技术灾害(Accident)。其中自然灾害的发生是经常性的,包括大范围的自然灾害和严重的风暴、泥石流、雷击和龙卷风;技术灾害属于安全生产管理范畴,随着现有技术的发展和变化以及新技术的引进,有害物质数量和种类也越来越多,例如采用核电站和液化天然气设施的能源技术,使越来越多的人生活在技术灾害的边缘。Crisis 和 Risk 则贯穿于自然灾害和技术灾害的全过程,因此与 Emergency Management 最为密切。

2. 防灾、减灾、救灾与综合减灾

2016 年 12 月 19 日,《中共中央 国务院关于推进防灾减灾救灾体制机制改革的意见》提出防灾、减灾、救灾体制机制改革要坚持以防为主、防抗救相结合,坚持常态减灾和非常态救灾相统一,努力实现从注重灾后救助向注重灾前预防转变,从应对单一灾种向综合减灾转变,从减少灾害损失向减轻灾害风险转变。在这"两个坚持,三个转变"的重要论述中涉及一些意思相近的概念。《自然灾害管理基本术语》(GB/ T 26376—2010)对相关术语规定如下:

(1) 自然灾害(natural disaster)

由自然因素造成人类生命、财产、社会功能和生态环境等损害的事件或现象。

(2) 防灾(diasater prevention)

灾害发生前,采取一系列措施防止灾害发生或预防灾害造成人员伤亡、财产损失以及对社会和环境的影响。

(3) 减灾(disaster reduction)

在灾害的各个阶段,采取一系列措施减轻灾害造成的人员伤亡、财产损失以及灾害对社会和环境的影响。

(4) 救灾(disaster relief)

灾害发生后,开展的灾情调查与评估、物资调配、转换安置、生活和医疗救助、心理抚慰、救灾捐赠等一系列灾害救助工作。

(5) 抗灾(disaster response)

灾害发生期间,为抗击或抵御灾害,紧急采取的抢险、抢修、救援等一系列应对工作。

(6) 综合减灾(comprehensive disaster reduction)

《自然灾害管理基本术语》(GB/T 26376—2010)中并没有对综合减灾加以规定。该词最早于1991年金磊和高庆华发表的相关论文中提到。金磊认为城市规划要考虑综合减灾,建立综合的、交叉的"天、地、生、人"四位一体化的研究模式。高庆华论述的是沿海地区的综合减灾,但是没有给出相应概念及含义。

2006年国家防灾减灾救灾委员会(简称国家减灾委)召开加强综合减灾能力建设座谈会,提出"四个统筹":统筹抗御各类灾害,统筹做好灾害发展各个阶段的工作,统筹整合各方面资源,统筹运用各种减灾手段。此后,"综合减灾"的内容得到不断完善。

《国家综合防灾减灾规划(2011—2015年)》基本原则中提到"综合减灾"相应的内容为"坚持防灾、抗灾和救灾相结合,综合推进灾害管理各个方面和各个环节的工作。"《国家综合防灾减灾规划(2016—2020年)》中相应的内容修改为"坚持防灾抗灾救灾过程有机统一,综合运用各类资源和多种手段,强化统筹协调,推进各领域、全过程的灾害管理工作。"

《"十四五"国家综合防灾减灾规划》(国减发〔2022〕1号)中的"综合减灾"则体现为"推动树牢综合减灾理念""完善综合减灾示范创建标准体系""创建全国综合减灾示范社区和全国综合减灾示范县""强化常态综合减灾""打造国际综合减灾交流合作平台""提升基层综合减灾能力"。

综合减灾的内容及含义还在不断丰富和发展。

3. 安全生产与生产安全

安全生产与生产安全从形式上看是"安全"和"生产"两个词的不同排列。

"安全"在《现代汉语词典》中的解释是:没有危险;不受威胁;不出事故。英文"安全"有两个单词:safety和security。从使用习惯看,"safety"主要指人与自然、人与物、人与技术关系中的安全,是一种客观的事实后果;"security"主要指人与人关系中的安全,包括国家安全、公共安全、社会安全等,是一种主观的价值选择。中文的"安全"涵盖英文的"safety"和"security",既可以指目标,也可以指结果,是目标和结果的复合。政府对安全的界定也在不断扩展。就中国的应急管理实践而言,安全主要指公共安全,涵盖了社会安全,从属于国家安全(2015年制定的新《国家安全法》将社会安全、公共安全都纳入国家安全的范畴。在这种意义上,国家安全涵盖公共安全)。

"生产"在广义上即指工作或劳动,包括室内工作、室外工作、脑力工作、体力工作、领导工作、被领导工作、产品工作、服务工作、自然产品工作、人工产品工作、物质工作、精神工作,等等。狭义上即指直接产生或制造、加工产品的活动,包括人工生产或人工、自然混合生产,属于整个国民经济体系中的工作。

"事故"是指个人或集体在为实现某种意图而进行的活动中,突然发生的、违反人的意志、迫使活动暂时或永久停止的事件。《职业安全卫生术语》(GB/T 15236—2008)中明确"事故"就是指造成死亡、疾病、伤害、损伤或其他损失的意外情况。

"安全生产"是指在社会生产活动中,通过"人-机器-环境"的和谐运作,使社会生产活动中危及劳动者生命和健康的各种事故风险和伤害因素始终处于有效控制状态。

"生产安全"指在生产经营活动中,一种不要造成人员伤害和财产损失的美好愿景。常常与事故放在一起组成"生产安全事故",指生产过程中发生的人员伤害和财产损失事故,是相对狭义的概念,多用于企业。

安全生产与生产安全的概念辨析和适用范围如表1-3所示。

表1-3 安全生产与生产安全的概念辨析和适用范围

概　念	宽泛性	适用范围	与"事故"能否搭配
安全生产	宽泛	政府等管理部门	否
生产安全	狭窄	企业	是

4. 应急管理与危机管理、风险管理

与应急管理最相关的两个概念,一个是危机管理,一个是风险管理。

(1) 应急管理与危机管理

应急管理与危机管理具有相似性。追根溯源,应急来源于Emergency,危机为Crisis。Crisis最早起源于希腊语中的"krinein",指"有可能变好或变坏的转折点或关键时刻"。应急管理和危机管理的起源和发展不同,因此二者的含义也有差别。

① 从研究范围或任务来看,应急管理比危机管理范围更广。一些学者从应急管理的范围或任务定义危机管理。格林(1992)注意到,危机管理的一个特征是"事态已经发展到无法控制的程度"。一旦发生危机,时间因素非常关键,减少损失将是主要的任务。危机管理的任务是尽可能控制事态,把损失控制在一定的范围内,在事态失控后要争取重新控制住。米特罗夫(Mitroff)和皮尔逊(Pearson)(2001)认为,收集、分析和传播信息是危机管理者的直接任务。危机发生的最初几小时(或危机持续时间很长时的最初几天),管理者应同步采取一系列关键的行动。这些行动是"甄别事实,深度分析,控制损失,加强沟通"等一系列关键的行动。

国内一些学者也对危机管理进行了定义。薛澜等(2003)认为,危机管理的核心内容是在有限信息、有限资源、有限时间的条件下，寻求突发事件"满意"的处理方案，迅速从正常情况转换到紧急情况。苏伟伦(2002)认为，危机管理是指组织或个人通过危机监测、危机预控、危机决策和危机处理，达到避免、减少危机产生的危害，甚至将危机转化为机会的目的。熊卫平(2016)的观点与苏伟伦相似，认为社会组织通过危机监测、危机预警、危机决策和危机处理以及危机善后，达到避免、减少危机产生的危害，总结危机发生、发展的规律，对危机处理科学化、系统化的一种新型管理体系。

② 从应对的积极性来看，危机管理是面临事件的积极措施，可以不出现多余成本；而应急管理是灾难性事件的高级阶段，是在上一次造成的损失和灾难后果基础上的管理。

③ 从涉及的学科领域来看，危机管理需要公关方法和技巧，技术只是辅助因素；而应急管理则需要优化与决策理论、信息技术、经济学、管理学、社会学等多门学科的支撑。

④ 从研究的广度来看，危机管理处理的事件更为宏观，且影响面更广，可能造成的损失更大。但是可以通过恰当的处置方式，仍然有机会挽回潜在的损失，使事件不至于造成不可挽救的后果。应急管理则是应对各种突发性事件，在曾经造成过损失的情况下进行的管理，主要研究的重点是对突发事件的缓解、准备、响应和恢复。

危机管理和应急管理是孪生领域，因此有很多相似之处。

① 危机管理的重点在于危机的特性、紧急性和巨大的威胁及其所对应的非常规决策、行动与战略性思考等管理特征。应急管理对应更加宽泛的事件，危机必然导致应急状态，但并非所有的应急状态都由危机导致，实际上大部分应急状态完全与危机无关。

② 应急管理更多属于公共管理的范畴，一般而言，应急管理是一个发展与执行公共政策和政府活动的过程。危机管理包含管理领域内容，如评价、理解与应对各种严重危机情景的技术和技能等，主要是针对从事件发生之时直到恢复过程的开始。应急管理的范围则与其所对应的突发事件一样，要比危机管理涉及的范围广，大量非危机性突发事件需要纳入应急管理的范畴中。

③ 从管理对象来看，应急管理涵盖了危机管理；而从管理主体来看，危机管理涵盖应急管理。

④ 从研究目的来看，应急管理与危机管理并无差异。无论危机管理还是应急管理，它们的目的都是要最大限度地降低人类社会悲剧的发生。危机管理和应急管理并无本质差异。

国外突发事件应急管理多是以危机管理出现。罗伯特·格尔(Robert Gurr)认为，危机研究和管理的目的就是要最大限度地降低人类社会悲剧的发生。库姆斯(Coombs)认为，危机管理代表一系列旨在防范危机、应对危机和减轻与危机相关的实际损害的行动因素，换言之，危机管理主要在于防止危机发生和降低危机发生率，减少危机的负面影响，从而保护组织和人们免受损害。劳伦斯·巴顿认为，危机管理是针对危机情景发展包括消除危机的技术、建立正式沟通体系以避免和管理危机等一系列实践活动的总称，危机管理不仅涉及公共危机还包括企业危机，范围更为宽广。

(2) 应急管理与风险管理

风险概念原是早期资本主义商贸航行的一个术语,意思是冒险进入未知领域,随后成为商业行为和金融投资中的常用概念。而风险管理最早起源于 20 世纪的美国——1931 年美国管理协会提出"风险管理"概念。20 世纪 70 年代,生产事故的频频发生使得科学家开始把风险概念应用于技术性事故。

风险管理主要解决如何防范和应对各种风险,以避免演化为突发事件和危机事件。如果防范不及时、应对不力,风险就会传导、叠加、演变、升级,使小的矛盾风险挑战发展成大的矛盾风险挑战,局部的矛盾风险挑战演变为系统的矛盾风险挑战,国际上的矛盾风险挑战演变为国内的矛盾风险挑战,经济、社会、文化、生态领域的矛盾风险挑战转化为政治矛盾风险挑战,最终危及党的执政地位、危及国家安全。

事实上,风险管理是以"不发生事故"为目标,而不论风险管理工作做得多好,都只是降低突发事件发生的概率,应对、处置工作必不可少。大应急管理理念不仅关注事前的防范,还关注事中的管理和事后的处置,是一种全过程管理。

风险管理是防患于未然,强调未雨绸缪,关口前移,这样应急管理部门在灾害来临的时候,一方面应对起来比较有序,另一方面能提升抵御灾害的能力。防范化解重大风险,必须树立风险管理和安全发展理念,事关人民群众生命财产安全、国家安全和发展全局,是应急管理部门的首要任务。

应急管理和危机管理主要是针对非常态管理,风险管理则是居于常态管理与非常态管理的中间地带,主要解决如何防范和应对各种风险,以避免演化为突发公共事件和危机。也就是说"应急管理"是全过程管理,既要高度警惕"黑天鹅"事件,也要防范"灰犀牛"事件[①];既要有防范风险的先手,也要有应对和化解风险挑战的高招;既要打好防范和抵御风险的有准备之战,也要打好化险为夷、转危为机的战略主动战。

除以上概念之外,从应急管理的理论渊源来看,存在着"灾害管理/治理""安全管理/治理""风险治理""危机治理"等不同的概念,它们涉及多个学科,各有侧重,为方便表达和尊重已有表达习惯,本教材统一使用"应急管理"这个概念。

1.2.3 应急管理周期

应急管理的生命周期理论已经形成比较成熟的观点。本教材从两种不同的角度进行分析。

(1) PPRR/MPRR 生命周期理论

美国联邦应急管理署(FEMA)提出的 PPRR 理论,即 prevention(预防)、preparation(准

---

① 塔勒布以"黑天鹅"比喻小概率且影响巨大的事件(危机),米歇尔·渥克对其进行补充和发展,以"灰犀牛"比喻大概率且影响巨大的潜在危机。"黑天鹅"事件是无法预知的事件,"灰犀牛"事件是我们本来应该看到但没看到的危险,又或是我们有意忽视了的危险。

备)、response(应对)和 recovery(恢复),是应急管理应用比较广的理论。依据灾难的发生周期,美国全国州长协会(National Governor Association)在20世纪70年代将紧急事态管理的活动、政策和项目分为四个功能区:mitigation(减除)、preparedness(准备)、response(应对)和 recovery(恢复),又称"MPRR"模式。这就是紧急事态管理的生命周期理论或四个阶段理论。该理论是对紧急事态的全面管理,是无数次灾难中吸取的教训的总结。它从可能造成灾难的风险识别和减除开始,避免能够避免的灾难后果,减轻不能避免的灾难的影响;在应对和恢复过程中为下一次紧急事态的发生做好准备。如图1-1所示。

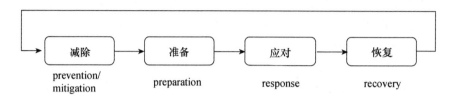

图 1-1　美国 PPRR/MPRR 生命周期理论示意

在PPRR模型中,"2P"比"2R"重要,做好"2P",才能做好"2R"。如果没有做好"2P","2R"只能起到非常有限的作用;相反地,做好"2P",即使"2R"没做好,突发事件的危险损害还能够在控制之内,这是"预防为主"原则的道理。

(2) 三阶段生命周期理论

三阶段生命周期理论是最基本、最常见的理论。即灾前、灾中和灾后,这三个阶段是三个宽泛的阶段,其中包括一些更有限制的、不明显的、易变的次阶段。

生产安全事故预防的"3P"理论,即:先其未然——事前预防策略(prevention);发而止之——事中应急策略(pacification);行而责之——事后惩戒策略(precept),简称"事前""事中"和"事后"。

生产安全事故的三阶段生命周期理论与自然灾害三阶段生命周期理论在时间逻辑上有所差别。自然灾害是在灾害发生的前、中、后,而生产安全事故的三阶段只是在事前的一种预防措施。具体而言:一是事故的预防工作,即通过安全管理和安全技术等手段,尽可能地防止事故的发生,实现本质安全;二是在假定事故必然发生的前提下,通过预先采取的预防措施,来达到降低或减缓事故的影响或后果严重程度,如加大建筑物的安全距离、工厂选址的安全规划、减少危险品的存量、设置防护墙以及开展公众教育等。

三阶段生命周期理论并非由哪一位理论专家提出的,只是按照时间逻辑进行了区分,其作为一般的分析框架,已经在很多研究中出现。

PPRR/MPRR生命周期理论和三阶段生命周期理论是互通的。减除和准备贯穿事件的全过程,而应对只对应事件发生过程中,恢复则对应事后(如图1-2所示)。

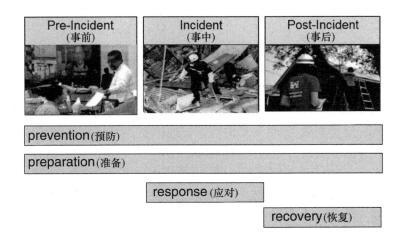

图1-2 PPRR/MPRR生命周期理论和三阶段生命周期理论对应示意

突发事件的复杂性使应急管理的阶段不易被明确界定。突发事件的内在要素之间以及周围环境在系统动力作用下,逐步达到自组织临界值,形成新的突发事件。这个影响过程是不易被界定的。

1.3 新时代应急管理

新时代应急管理主要是指党的十八大以来,党和国家就应急管理工作做出一系列重大决策部署、提出一系列新理念新思想新战略,对应急管理工作理念、原则、目标、路径、方法和要求等作了全方位、立体式深入阐述,科学回答了事关应急管理工作全局和长远发展的重大理论和实践问题,为推进我国应急管理体系和能力现代化提供了根本遵循和行动指南。

1.3.1 新时代应急管理的战略定位

应急管理的重要职责、重要使命和新时代应急管理的战略定位可以总结为,应急管理是国家治理体系和治理能力的重要组成部分,承担防范化解重大安全风险、及时应对处置各类灾害事故的重要职责,担负保护人民群众生命财产安全和维护社会稳定的重要使命。

(1) 应急管理是国家治理体系和治理能力的重要组成部分

人类社会发展史,就是一部不断战胜各种挑战和困难的历史。一部中华文明史从某种意义上可以说是中华民族抗灾救灾史。从古至今,层出不穷的灾害事故对国家治理形成了持续性挑战,应急管理的"风险""危机""灾害""忧患"等概念深深植根于中华传统文化。在现代社会条件下,无论是全球治理还是国家治理,都要正视和面对风险,进行有效防范化解,应急管理在国家治理中发挥着重要作用。

党的十八大以来,党中央把深化党和国家机构改革作为推进国家治理体系和治理能力现代化的一项重要任务,党的十九届三中全会审议通过《深化党和国家机构改革方案》,做出组建应急管理部的决策部署,既完善了党和国家机构职能体系,又增强了应急管理的系统性、整体性、协同性,这在本质上就是完善和发展中国特色社会主义制度、推进国家治理体系和治理能力现代化的重要举措。党的十九届四中全会审议通过的《中共中央关于坚持和完善中国特色社会主义制度、推进国家治理体系和治理能力现代化若干重大问题的决定》专门指出:"构建统一指挥、专常兼备、反应灵敏、上下联动的应急管理体制,优化国家应急管理能力体系建设,提高防灾减灾救灾能力。"党的十九届五中全会确立的"十四五"时期经济社会发展主要目标,把"国家治理效能得到新提升"作为重要方面,明确提出"防范化解重大风险体制机制不断健全,突发公共事件应急能力显著增强,自然灾害防御水平明显提升,发展安全保障更加有力"。党的二十大报告将应急管理体系纳入国家安全体系,用专节对提高公共安全治理水平做出部署,对应急管理工作提出明确要求。应急管理与人民安居乐业、社会安定有序、国家长治久安休戚相关,是国家安全体系的重要组成部分,是国家治理体系和治理能力现代化的题中应有之义,是中国式现代化的必然要求。

(2) 应急管理承担防范化解重大安全风险、及时应对处置各类灾害事故的重要职责

我国是灾害多发频发的国家,必须把防范化解重特大安全风险,加强应急管理和能力建设,切实保障人民群众生命财产安全摆到重要位置。"图之于未萌,虑之于未有",力争不出现重大风险或在出现重大风险时扛得住、过得去。

各种风险都要防控,但重点要防控那些可能迟滞或中断中华民族伟大复兴进程的全局性风险。防范化解重大风险,就是要守住不发生系统性风险的底线,守住不在根本问题上犯颠覆性错误的底线,守住国家安全的底线,归根到底就是要更好地抓住我国发展面临的新的战略机遇,确保中华民族伟大复兴进程不被迟滞或中断。如果应急管理工作不到位,不能有效防控风险,不能扛住重大风险,就会给人民生命财产造成重大损害,甚至可能威胁国家安全。

坚持从源头上防范化解重大安全风险,真正把问题解决在萌芽之时、成灾之前。坚持预防预备和应急处突相结合,加强汛情监测,及时排查风险隐患,有力组织抢险救灾,强化灾害隐患巡查排险,提前做好各种应急准备,努力将各类损失降到最低,这是对应急管理的要求。必须把防范化解重大安全风险、及时应对处置各类灾害事故作为首要任务,摆在突出位置,坚持底线思维,以时时放心不下的责任感防范化解风险,及时高效应对处置各类灾害事故,牢牢守住安全底线,为经济社会发展创造良好的安全环境。

(3) 应急管理担负保护人民群众生命财产安全和维护社会稳定的重要使命

应急管理必须担负的重要使命是切实把保障人民群众生命财产安全放到第一位,尽最大努力保障人民群众生命财产安全,全力保障人民群众生命财产安全和社会大局稳定。

当前,我国发展进入战略机遇和风险挑战并存、不确定难预料因素增多的时期,各种"黑天鹅""灰犀牛"事件随时可能发生,各类自然灾害和生产安全事故严重威胁人民群众生命财产安全。有些灾害事故不仅造成人员伤亡、社会和经济财产损失,还会造成资源和环境破坏,影响

正常的社会秩序,甚至会影响国家发展的长远进程。一旦发生灾害事故,社会关注度高,能否第一时间科学高效应对处置,直接影响到政府的公信力。

应急管理必须坚持以人民为中心的发展思想,把人民至上、生命至上贯穿应急管理全过程,以保护人民群众生命财产安全为根本任务,以人民褒奖为最高荣誉,以保民平安为最大政绩,采取有力措施防范化解各类安全风险,清除各类安全隐患,坚决遏制重特大事故,最大努力从根本上、源头上避免或减少各类灾害事故及其造成的损失,全力维护人民群众生命财产安全和社会大局稳定,为全面建设社会主义现代化国家、全面推进中华民族伟大复兴提供坚强安全保障。

1.3.2 新时代应急管理的战略目标

实现应急管理体系和能力现代化是新时代应急管理的战略目标。到2025年,应急管理体系和能力现代化建设取得重大进展,形成统一指挥、专常兼备、反应灵敏、上下联动的中国特色应急管理体制,建成统一领导、权责一致、权威高效的国家应急能力体系,防范化解重大安全风险体制机制不断健全,应急救援力量建设全面加强,应急管理法治水平、科技信息化水平和综合保障能力大幅提升,安全生产、综合防灾减灾形势趋稳向好,自然灾害防御水平明显提升,全社会防范和应对处置灾害事故能力显著增强。到2035年,建立与基本实现现代化相适应的中国特色大国应急体系,全面实现依法应急、科学应急、智慧应急,形成共建共治共享的应急管理新格局。加快推进应急管理体系和能力现代化,应注重在体制机制、风险防控、应急准备、资源配置、社会共治等方面统筹谋划、持续推进、久久为功。

(1) 完善应急管理体制机制

中华人民共和国成立后,党和国家始终高度重视应急管理工作,我国应急管理体系不断调整和完善,应对自然灾害和生产事故灾害能力不断提高,成功应对了一次又一次重大突发事件,有效化解了一个又一个重大安全风险,创造了许多抢险救灾、应急管理的奇迹,我国应急管理体制机制在实践中充分展现出自己的特色和优势。我国应急管理领域改革还处于深化过程中,应急管理体系和能力与国家治理体系和治理能力现代化的要求还有差距,加强应急管理体系和能力建设,既是一项紧迫任务,又是一项长期任务。推进应急管理体系和能力现代化,必须不断完善应急管理体制机制,使领导体制、指挥体制、职能配置、机构设置、协同机制更趋合理,队伍能力建设、作风建设更加过硬,基础设施、装备条件大幅改善,防范化解安全风险、应对处置灾害事故水平全面提升。

(2) 防控灾害事故风险

建立健全化解各类风险的体制机制,必须标本兼治、对症下药。要坚持底线思维,加强对极端恶劣天气的监测和预警,深入开展安全隐患排查治理,坚决遏制重特大安全事故发生。当前,虽然我国城乡灾害设防水平和综合防灾减灾能力明显提升,但风险隐患仍然突出,防控难度不断加大,灾害事故发生的隐蔽性、复杂性、耦合性进一步增加,重特大灾害事故往往引发一系列次生、衍生灾害事故和生态环境破坏,形成复杂多样的灾害链、事故链,增加了风险防控和应急处置的复杂性及难度。推进应急管理体系和能力现代化,必须通过进一步完善安全风险分级管控与隐患排查治理机制,增强多灾种和灾害链综合监测、风险早期感知识别和预报预警能力,提升城乡基础设施防灾能力、重点行业领域安全生产水平,有效遏制危险化学品、矿山、交通运输、建筑施工、火灾等重特大安全事故,高效做好灾害事故风险防控。

(3) 强化大灾巨灾应对准备

党的二十大报告中强调:提高防灾减灾救灾和重大突发公共事件处置保障能力,加强国家区域应急力量建设。党的十八大以来,在党中央坚强领导下,各级党委、政府和有关部门心往一处想、劲往一处使,不断加强大灾巨灾应对准备,我国的灾害事故综合应急能力大幅提升,成功应对了多起重特大灾害事故,经受住了一系列严峻考验。但应急救援队伍装备和核心能力相对不足,应急物资储备结构布局还需优化,与大灾巨灾应对准备需要还不相适应。推进应急管理体系和能力现代化,必须不断调整优化综合救援、专业救援、航空救援力量布局,全面加强应急预案、通信、运输等综合保障能力建设,着力提升应急救援效能。

(4) 优化应急要素资源配置

强化应急管理装备技术支撑,优化整合各类科技资源,推进应急管理科技自主创新,依靠科技提高应急管理的科学化、专业化、智能化、精细化水平。以信息化推进应急管理现代化,提高监测预警能力、监管执法能力、辅助指挥决策能力、救援实战能力和社会动员能力。应急管理部门组建以来,积极适应"全灾种、大应急"形势任务需要,加快"智慧应急"信息化建设,加大先进适用装备配备力度,加强人才、学科和科技创新支撑,推进安全应急产业快速发展,应急管理"软实力"不断增强。但科技信息化水平总体较低,风险隐患早期感知、早期识别、早期预警、早期发布能力欠缺,应急物资、指挥平台、远程投送、专业人才等支撑保障尚不完善。推进应急管理体系和能力现代化,必须加强应急管理基础理论研究、重大技术装备研发、信息化支撑保障,打造规模结构合理、专业素质优良的创新型人才队伍,大力发展安全应急产业,努力实现科技、人才、信息、产业资源配置更趋合理高效。

(5) 健全共建共治共享体系

要坚持群众观点和群众路线,坚持社会共治,完善公民安全教育体系,推动安全宣传进企业、进农村、进社区、进学校、进家庭,加强公益宣传,普及安全知识,培育安全文化,开展常态化应急疏散演练,支持引导社区居民开展风险隐患排查和治理,积极推进安全风险网格化管理,筑牢防灾减灾救灾的人民防线。经过长期努力,我国应急管理的社会共治体系日趋完善,但基层应急能力薄弱,公众风险防范意识、自救互救能力不足等问题还比较突出。推进应急管理体系和能力现代化,必须不断增强社会公众应急意识,提升自救互救能力,健全群策群防群治工作机制,推进普及网格化管理,发展壮大社会应急力量,大力营造关爱生命、关注安全的浓厚氛围,形成共建共治共享的应急管理格局。

1.3.3 新时代应急管理的战略思路

党的二十大开启了全面建设社会主义现代化国家、以中国式现代化全面推进中华民族伟大复兴的新征程。在新的历史条件下,要深刻理解把握新时代应急管理的战略思路,建设适应中国式现代化要求的应急管理体系和能力。

(1) 坚持和加强党的全面领导,发挥我国应急管理体系特色和优势

党的领导是做好党和国家各项工作的根本保证,是我国政治稳定、经济发展、民族团结、社会稳定的根本点,绝对不能有丝毫动摇。

中华人民共和国成立后,党和国家始终高度重视应急管理工作,我国应急管理体制机制在实践中充分展现出自己的特色和优势。制度优势是形成共克时艰磅礴力量的根本保障。上下同欲者胜。在大灾大难面前,我们众志成城、临危不惧,坚持发挥党的领导和我国社会主义制度的政治优势,协同调动各地方、各部门、各领域、各方面力量,聚集起战胜困难的强大合力。实践证明,党的集中统一领导是战胜一切风险和突发事件的"定海神针",党的领导核心作用是我们成功应对重大突发事件的关键所在。

推进新时代应急管理事业改革发展,必须以坚持和加强党的全面领导为根本保证,坚定不移深学笃用习近平新时代中国特色社会主义思想,深刻领悟"两个确立"的决定性意义,增强"四个意识"、坚定"四个自信"、做到"两个维护",不断提高政治判断力、政治领悟力、政治执行力。要把党的领导落实到应急管理工作全过程各方面,形成党领导下各方齐抓共管、协同配合的应急管理工作格局,切实把党的政治优势、组织优势和密切联系群众优势转化为做好应急管理工作的强大动力和坚强保障。

(2) 坚持人民至上、生命至上,把保障人民群众生命财产安全放在第一位

党的十八大以来,党中央坚持以人民为中心的发展思想,始终把人民放在心中最高位置、把人民对美好生活的向往作为奋斗目标,为了保护人民群众生命安全和身体健康可以不惜一切代价。

党的一切工作,必须以最广大人民根本利益为最高标准。无论是应急管理工作的谋划部署,还是安全生产、防灾减灾救灾、事故灾害抢险救援、维护公共安全等方面的重要指示批示,始终把人民群众生命安全放在第一位,牢牢树立发展不能以牺牲人的生命为代价这个观念,牢记公共安全是最基本的民生的道理,安全生产事关人民福祉。应急管理担负保护人民群众生命财产安全和维护社会稳定的重要使命,要把人民至上、生命至上作为根本价值遵循,紧紧盯住威胁人民群众生命财产安全的各类风险,用心用情用力解决群众急难愁盼问题,关键时刻刀山敢上、火海敢闯。要坚守人民至上理念,突出现代化方向的人民性。

人民是历史的创造者,是推进现代化最坚实的根基、最深厚的力量,现代化道路最终能否走得通、行得稳,关键要看是否坚持以人民为中心。现代化不仅要看纸面上的指标数据,更要看人民的幸福安康。应急管理必须坚持以人民为中心,一切依靠人民、凝聚磅礴伟力,集中人民智慧,更加广泛调动起、发挥出、保护好广大人民群众参与应急管理的主动性、创造性,打赢应对重大灾害事故的人民战争。

(3) 坚持统筹发展和安全,以高水平安全服务高质量发展

统筹发展和安全,增强忧患意识,做到居安思危,是中国共产党治国理政的一个重大原则。

统筹发展和安全,增强机遇意识和风险意识,树立底线思维,把困难估计得更充分一些,把风险思考得更深入一些,注重堵漏洞、强弱项,下好先手棋、打好主动仗,有效防范化解各类风险挑战,确保社会主义现代化事业顺利推进。

统筹发展和安全,是以习近平同志为核心的党中央坚持总体国家安全观、着眼"两个大局"、主动应对风险挑战、确保中国特色社会主义事业顺利推进的重大战略部署,体现了对我国社会主义现代化建设规律的深刻把握。没有发展,就不可能实现国家长治久安、社会安定有序、人民安居乐业;没有安全,就不可能实现经济社会可持续发展,已经取得的成果也会失去。

正确处理好发展和安全的关系,努力实现发展和安全的动态平衡。在应急管理领域,正确处理发展和安全的关系,坚持发展绝不能以牺牲安全为代价这条红线,树牢安全发展理念,绝不能只重发展不顾安全,更不能将其视作无关痛痒的事,要把安全发展贯穿国家发展各领域和全过程。如果安全这个基础不牢,发展的大厦就会地动山摇。牢牢守住安全发展这条底线是构建新发展格局的重要前提和保障,落实统筹发展和安全关键是要以高水平安全服务高质量发展。不安全的发展不是高质量发展,必须以更高的安全治理法治化、智能化、专业化水平,强化源头治理、精准治理、依法治理、社会共治,全面提升应急管理服务高质量发展的能力和水平。

(4)坚持问题导向、系统观念,着力构建大安全大应急框架

坚持问题导向和系统观念,着力破除制约加快构建新发展格局的主要矛盾和问题,全面深化改革,推进实践创新、制度创新,不断扬优势、补短板、强弱项。

坚持问题导向,就是要增强问题意识,聚焦应急管理实践中遇到的新问题,尤其是深层次问题,不断提出从根本上解决问题的新思路新举措。维护公共安全,要坚持问题导向,从人民群众反映最强烈的问题入手,高度重视并切实解决公共安全面临的一些突出矛盾和问题,着力补齐短板、堵塞漏洞、消除隐患,着力抓重点、抓关键、抓薄弱环节,不断提高公共安全水平。重特大突发事件,不论是自然灾害还是责任事故,其中都不同程度存在主体责任不落实、隐患排查治理不彻底、法规标准不健全、安全监管执法不严格、监管体制机制不完善、安全基础薄弱、应急救援能力不强等问题。

坚持系统观念,就是要主动把应急管理置于党和国家事业发展全局、置于维护国家安全和社会稳定大局,把握好全局与局部、当前与长远、宏观与微观、主要矛盾与次要矛盾、特殊与一般的关系,前瞻性思考、全局性谋划、整体性推进应急管理工作。当前,我国应急管理面临的形势和问题十分复杂,制定政策措施,要坚持普遍联系、全面系统、发展变化的观点,研究解决问题的办法。要统筹各方的力量和资源,建立大安全大应急框架,提高公共安全治理水平,推动建立与中国式现代化要求相适应的国家应急管理体系和能力。

(5)坚持安全第一、预防为主,推动公共安全治理模式向事前预防转型

坚持安全第一、预防为主,是忧患意识、底线思维、极限思维在应急管理领域的具体体现,也是安全生产、防灾减灾救灾工作一直遵循的基本方针。

对易发重特大事故的行业领域,要采取风险分级管控、隐患排查治理双重预防性工作机

制,推动安全生产关口前移,要坚持以防为主、防抗救相结合的方针,坚持常态减灾和非常态救灾相统一,努力实现从注重灾后救助向注重灾前预防转变,从应对单一灾种向综合减灾转变,从减少灾害损失向减轻灾害风险转变,全面提高全社会抵御自然灾害的综合防范能力。党的二十大报告强调"坚持安全第一、预防为主""推动公共安全治理模式向事前预防转型"。为之于未有,治之于未乱。做好应急管理必须从思想观念、制度机制、工作方法、政策保障等各方面转向事前预防为主,切实从根本上消除事故隐患、从根本上解决问题。要建立以风险治理为中心的应急管理体系,树牢安全发展理念,增强红线意识,坚持底线思维,压实各方责任,更加注重源头治本、工程治本,强化关口前移;更加注重精准治理、科学整治优化安全监管;更加注重文化培育、多元参与,推进社会共治;更加注重发挥法治、科技、人才的保障作用,提升本质安全、主动塑造安全。

1.3.4 新时代应急管理的战略举措

党的二十大报告明确提出推进国家安全体系和能力现代化,坚决维护国家安全和社会稳定,完善国家安全法治体系、战略体系、政策体系、风险监测预警体系、国家应急管理体系。做好新时代应急管理工作,要深入学习贯彻习近平新时代中国特色社会主义思想和党的二十大精神,以习近平总书记关于应急管理的重要论述为根本遵循和行动指南,大力推进应急管理体系和能力现代化,为中国式现代化贡献应急管理力量。

(1) 筑牢严密的责任体系

生命重于泰山、责任重于泰山,防范化解重大风险,是各级党委、政府和领导干部的政治职责,细化落实各级党委和政府的领导责任、相关部门的监管责任、企业的主体责任。

做好新时代应急管理工作,要紧紧抓住责任制这个要害,进一步解决责任落实难的问题。强化地方属地责任,推动地方党委、政府明确党政领导干部安全生产和防灾减灾职责清单、年度工作清单,及时公布防汛抗旱行政责任人,落实森林草原防灭火地方行政首长负责制。明确部门监管责任,严格落实管行业必须管安全、管业务必须管安全、管生产经营必须管安全要求,对新能源、新材料、新工艺、新业态可能带来的风险,及时提请明确主责部门。落实生产经营单位主体责任,压实生产经营单位主要负责人的第一责任人责任,抓实高危行业企业主要负责人、安全管理人员的安全管理能力考核。严格责任追究,落实重大事故挂牌督办制度,对典型较大事故挂牌督办和提级调查,对事故多发的地区、企业进行警示约谈、公开通报、媒体曝光。

(2) 建设现代化的应急指挥体系

现代化应急指挥体系是现代应急管理的重要标志,是有力、有序、有效应对突发事件的重要保证。

现代化应急指挥体系由组织机构、运行机制、信息平台、专业支撑等要素构成,具有权威高效、规范有序、信息畅达、专业支撑、执行有力等特征,概括起来就是要有坚强的指挥班子、权威的指挥系统、精准的监控平台、专业的干部队伍和高效的支援力量,要建立完善党领导下的统一指挥、专业权威、上下贯通的组织体系,按照标准化、系统性、统一性原则科学设置指挥机构的指挥职位和职能,把部门间、军地间、前后方指挥统一起来,形成科学、规范、高效、权威的应急指挥体系;通过完善应急预案、工作手册、行动方案等,形成科学规范的指挥规则和应急流程;要建设强大的信息支撑平台,包括事前的风险监测与预警研判、事中事后的信息采集与决策支持等,充分利用现代化的信息技术手段为应急指挥决策提供可靠的信息支撑;特别重要的是,要建强专业指挥与支持团队,通过实战锤炼和培训演练,打造一支专业化的指挥员和专家队伍,实现精准专业的指挥、协调和控制。要按照构建大安全大应急框架和常态应急与非常态应急相结合的原则,探索建立实战化的应急指挥机制。

(3) 健全完善的风险防范体系

维护公共安全必须防患于未然。各级党委和政府要增强责任感和自觉性,提高风险监测防控能力,做到守土有责、主动负责、敢于担当;积极主动防范风险、发现风险、消除风险。健全完善的风险防范体系,要强化"防"的理念,做好"防"的措施,从源头上规避灾害风险、避免事故发生。

要加强前瞻研究,对各类重大风险、系统性风险,特别是对可能迟滞甚至中断中华民族伟大复兴进程的全局性重大风险,综合研判、统筹谋划、集中力量应对,坚决避免其发生。

要加强前端把关,尊重科学、尊重自然,任何时候都必须把保护人民群众生命安全、身体健康放在第一位,对不符合安全条件的项目坚决把住关,严格守牢安全底线。要加强工程防御,加快实施自然灾害防治"九项重点工程"[①],加强"十四五"规划布局重点任务建设,增强防灾能力。

要加强监测预警,建立监测预警协同机制,加快构建"空、天、地、海"一体化全域覆盖的灾害事故监测网络,提高多灾种和灾害链综合监测、风险早期识别和预报预警能力。要强化排查整治,摸清灾害风险隐患底数;深入推进安全专项整治,努力从根本上消除事故隐患。要加强人员转移避险,将其作为减少人员伤亡的有效手段,建立直达基层责任人的临灾预警"叫应"机制,强化预警发布后受威胁群众及时组织转移等防范措施落实。

(4) 建设强大的应急救援力量和物资保障体系

应急救援急难险重,专业性、技术性强,必须建设一支专常兼备、反应灵敏、作风过硬、本领高强的应急救援队伍作保障。

持续推动国家综合性消防救援队伍整合改革,加快转型升级,大力提升综合救援能力,坚决担负起"全灾种、大应急"的综合救援任务;调整优化国家消防救援机动力量布局,建设国家区域应急救援中心;加强行业领域专业救援力量建设,建强国家矿山、危险化学品、隧道救援攻坚力量,支持加强工程抢险、水上救援力量、应急医学救援能力建设,加强国家航空应急救援力量建设,配置应急救援无人机、灭火大飞机,承担综合航空应急救援任务;加强与军队应急救援

---

① 九项重点工程:灾害风险调查和重点隐患排查工程,重点生态功能区生态修复工程,海岸带保护修复工程,地震易发区房屋设施加固工程,防汛抗旱水利提升工程,地质灾害综合治理和避险移民搬迁工程,应急救援中心建设工程,自然灾害监测预警信息化工程,自然灾害防治技术装备现代化工程。

力量联动,积极参与国际救援;扶持和规范社会救援力量发展,完善相关政策支持和法律保障。各类救援力量要强化资源共享、信息互通、共训共练,形成协同救援合力。

健全统一的应急物资保障体系,把应急物资保障作为国家应急管理体系建设的重要内容,加强应急物资保障体系建设,一方面,要加强物资管理平台建设,建立快速调拨机制,加强研判、按需供应、主动提醒、提前预拨;另一方面,要进一步优化物资储备布局,加强实物储备、落实产能储备、完善社会储备、鼓励家庭储备,构建现代化应急物流体系,提升应急物资保障的科学化、信息化、智能化水平。

(5) **强化专业的科技创新和人才支撑体系**

党的二十大报告明确提出:"教育、科技、人才是全面建设社会主义现代化国家的基础性、战略性支撑。"推进应急管理体系和能力现代化,要发挥好应急管理科技创新引领和人才支撑保障战略基础作用,为应急管理提供信息、技术、装备、人才和学科等支持。

在信息化建设上,加强遥感卫星等信息通信网络基础性建设,构建国家"智慧应急大脑",全面汇聚情报信息资源,提升大数据运用能力,以信息化推进应急管理现代化。在科技创新上,以应急管理领域国家实验室建设为引领,加强战略科技力量建设;聚焦制约应急管理事业创新发展"卡脖子"问题,组织实施重大科技项目攻关。

在装备技术支撑上,紧贴应急管理实战要求,强化亟须应急管理技术装备研发配备,培育安全应急装备产业生态,为灾害事故应对处置提供现代化装备支撑。

在人才培养上,坚持党管人才,服务实战,加快推进应急管理大学高水平组建、高质量发展,建强中国消防救援学院;鼓励支持地方建设应急管理高校,加大应急管理领域学科专业群建设,构建全领域、全链条应急管理人才培养体系,加强人才引进、评价、使用、激励和保障,建设高层次科技人才梯队和专业化人才方阵。

(6) **构建完备的法治体系**

坚持在法治轨道上推进国家治理体系和治理能力现代化,运用法治思维和法治方式提高应急管理的法治化、规范化水平,运用制度威力应对风险挑战的冲击。着力把党的十八大以来应急管理重大理论创新和实践创新转化为法规制度,积极配合全国人民代表大会常务委员会修订突发事件应对法,加快推动《国家消防救援人员法》《中华人民共和国自然灾害防治法》(简称《自然灾害防治法》)、《中华人民共和国危险化学品安全法》(简称《危险化学品安全法》)、《森林草原防灭火条例》《中华人民共和国防汛条例》(简称《防汛条例》)、《中华人民共和国抗旱条例》(简称《抗旱条例》)等亟须法律法规的制定、修订工作。修订、出台《国家突发公共事件总体应急预案》和应急预案管理办法,组织修订各级各类应急预案,细化实化各方面责任措施,依法监督企业定期组织应急演练。积极推进应急管理标准制定、修订工作,构建以强制性标准为主体的标准化体系。深入推进应急管理综合行政执法改革,加强技术检查力量,用好"互联网+执法"手段,定期公布典型执法案例,正确处理严格执法和热情服务的关系,规范执法、精准执法,不断提高执法质量水平。

(7) **形成坚实的基层应急和社会共治体系**

把基层一线作为公共安全的主战场,动员全社会的力量来维护公共安全。要坚持大抓基层的鲜明导向,不断完善体系、健全机制、落实责任,强化系统治理、依法治理、综合治理、源头治理,提高基层安全风险防范能力、应急处置能力、队伍实战能力,实现机构人员、责任体系、救援力量、场所设施、物资装备"五落实",形成党委领导、政府负责、社会协同、公众参与、科技支撑的基层应急管理工作格局。坚持群防群治,发挥基层党组织优势,把群众组织起来、动员起来,深入推进全国综合减灾示范社区和示范县的创建,大力发展灾害信息员队伍,积极推进安全风险网格化管理,支持和引导居民开展风险隐患排查和治理,推动构建、共建、共治、共享的基层治理体系。把公共安全教育纳入国民教育和精神文明建设体系,创新应急管理科普宣教手段,推进安全宣传进企业、进农村、进社区、进学校、进家庭,广泛开展应急演练,普及应急知识和自救、互救技能,做到人人讲安全、个个会应急。

第 2 章　新时代应急管理发展进程

本章知识脉络

```
                         ┌─ 单一突发事件应急管理阶段 ─┬─ 被动应对期
                         │                          └─ 临时协调期
                         │
          发展进程 ──────┼─ "一案三制"应急管理阶段 ─┬─ 单一突发事件应对
                         │                          └─ 综合协调应急管理发展
                         │
                         └─ 大安全大应急管理阶段 ───┬─ 深化应急管理体制机制改革
                                                    └─ 新型冠状病毒感染疫情抗疫历程
```

应急管理古已有之，人类的历史从某种意义上可以说是各种突发事件的应对史，尤其是自然灾害事件的应对在中华五千年的历史文化中有很多典故，例如"大禹治水"、都江堰水利工程等。伴随着这些斗争史，"存而不忘亡、安而不忘危、治而不忘乱"等居安思危、预防在先的应急理念与危机意识思想逐步得到酝酿。

自中华人民共和国成立以来，我国应急管理工作应对的范围逐渐扩大到自然灾害、事故灾难、公共卫生事件和社会安全事件等各类突发事件，应急管理工作内容从单一事件应对逐步发展到需要综合协调的复杂管理，其发展进程大致可分为三个阶段，分别是单一突发事件应急管理阶段、"一案三制"应急管理阶段和大安全大应急管理阶段。每个阶段又包括防灾减灾救灾发展历程、安全生产发展历程和公共卫生事件防治历程[①]。

2.1　单一突发事件应急管理阶段

单一突发事件应急管理阶段主要包括中华人民共和国成立到"非典"暴发之前。这个阶段

---

① 发展进程和发展历程是两个相互关联、但又有所区别的概念。发展进程指的是某一事物或现象从一开始发展到目前的整个过程，包括其起始点、发展趋势、变化过程等。而发展历程则是指在一定时间范围内，某个事物或现象的发展路径、变化过程和阶段性特征。

又可以分为两个时期:一个是中华人民共和国成立,建立在计划经济基础之上的被动应对期;另一个是改革开放后,经济快速发展产生的临时协调期。

2.1.1 中华人民共和国成立:被动应对期

中华人民共和国成立初期,由于战时体制以及其他因素的影响,传统的计划经济运行,是以高度集权为特点、以层级的行政区划为构架。这种体制一直延续到改革开放初期。在中华人民共和国成立之初,该政治体制是适应经济体制的要求的,对克服分散主义起了积极作用。

1. 防灾减灾救灾发展历程

1949年中华人民共和国成立初期,中央人民政府政务院设立内务部,主管民政工作,其中自然灾害救济是重点工作之一。由于自然灾害涉及多个部门,1950年2月28日,中央人民政府又成立了救灾协调机构——中央救灾委员会,政法委员会、内务部、财经委员会、财政部、农业部、水利部、铁道部、交通部、食品工业部、贸易部、合作事业管理局、卫生部、全国妇联等13个单位负责人参加了成立大会。这是一个综合协调、统一指挥的救灾管理部门,其主要职责是:作为全国救灾工作的最高指挥机关,"使各有关部门相互配合,步调一致,统一领导全国救灾工作"。1950年第一次民政工作会议提出灾害救济方针是"生产自救、节约度荒、群众互助、以工代赈,并辅之以必要的救济"。

1959—1961年发生了三年自然灾害,毛泽东指示:"必须继续认真地进行对于灾民的救济工作"。并明确指出:"这是一件大事,人民政府业已开始着手采取救济和安置失业人员的办法,以期有步骤地解决这个问题。"政府认识到救灾工作的重要性,特别注重生产救助,提高灾民生产方面的恢复能力。随着社会主义改造的进行、中国救灾委员会和内务部的撤销、集体经济力量的壮大,这一方针又被及时调整为"依靠集体,群众互助,生产自救,辅之以必要的救济"。该方针在国力弱小、工业化程度较低的情况下,自然灾害发生后的灾荒救助、生活救助中非常重要。

2. 安全生产发展历程

中华人民共和国成立以来,随着经济体制、政府机构改革和安全生产形势的发展变化,我国安全生产监督管理体制也不断地改革和调整,逐步趋于完善。

建立在战争废墟和旧社会遗址上的新中国,安全隐患丛生,伤亡事故多发。1949年以来东北、华北、山东等地矿区共有16.9万人死于各类生产安全事故,工人生命和国家财产遭受重大损失。1949年11月劳动部成立,履行国家安全生产综合监管和行政监察职责。在全国范围内开展了群众性的工矿安全卫生大检查。经过上下各方的共同努力,"一五"时期安全生产取得显著成效,是我国历史上第一个安全生产形势相对稳定的时期。

1950年第一季度,各地煤矿相继发生10起大的事故。特别是河南省新豫煤矿公司宜洛老李沟井"2.27"瓦斯爆炸事故,造成严重的生命和财产损失。党和政府高度重视这起严重事故,召开了中华人民共和国成立以来第一次专题研究安全生产工作的会议。"在实施增产节约的同时,必须注意职工的安全、健康和必不可少的福利。如果只注意前一方面,忘记后一方面,那是不对的。"

1958年,"大跃进"掀起的急躁冒进、高产超产之风引发的事故高发。在当时的环境和条件下,中央人民政府关于安全生产的要求难以得到贯彻实施,安全生产形势恶化,发生了新中国煤矿史上死亡人数最多的事故——山西省大同矿务局老白洞煤矿煤尘爆炸事故。事故并没有起到警示全国的作用。党和国家的安全生产方针政策受到怀疑、抵制甚至批判,劳动保护与安全生产机构受到冲击、安全生产监管被抨击为"活命哲学"和"管、卡、压",生产安全事故频繁发生,出现了事故高峰期。

计划经济时期,国家安全生产综合监管和行政监察职责由劳动管理部门负责履行。《中央人民政府劳动部暂行组织条例》规定了劳动部的主要职责任务:"监督一切公营企业、合作社企业、私营企业及公私合营企业遵守有关劳动问题之法律法令""检查各种企业、工厂、矿场之安全卫生设备状况。"在对安全生产实行行政监察的同时,还实行了工会监察和企业内部监察等。

除了"大跃进""十年动乱"这样的特殊时期,这种监管体制和工作格局,基本上适应了计划经济时期安全性的需要。

改革开放之前,我国的经济成分比较单一,工业生产活动集中在公有制企业。全民所有制企业(即国有企业)分别隶属于不同的工业经济部门,直接接受中央和地方政府相关部门的生产指令和监督管理。集体所有制企业尽管隶属于乡镇、街道等集体组织,但也要接受工业经济部门的计划约束和业务指导。与之相适应,工矿企业安全生产的监督管理,一向由工业经济部门负责实施。煤炭、冶金、石油、化工、机械、纺织等部门在安排部署生产任务的同时,也对本行业领域的安全生产提出具体要求。各部门都设立了承担安全生产监督职能的内部机构,负责研究制定本行业领域安全生产政策、法规和标准,组织开展监督检查、协调进行重特大事故抢险救援和调查处理。

3. 公共卫生事件防治发展历程

1950年3月,卫生部组建中央防疫总队,包括军委卫生部、地方军区以及东北、华北等地方联合防疫人员和医科学院(校)的成员。他们组成6个大队,建立流动的医疗分队,分赴各地协助开展防疫工作。设置防疫总队,有力整合了军民卫生防疫资源,缓解了医疗资源分布不平衡的问题。到1956年,中央和地方增建防疫站达到1260个(是1950年的20倍),以及各种传染病的专业防治所(站)(如鼠疫、血吸虫病等)600余所。

(1) 开展爱国卫生运动,是新中国立足国情、防治传染病疫情的重大基础保障工程。1952年,在全国范围内大规模开展爱国卫生运动。实行预防为主,面向基层,深入社区,开展传染病监测和病媒生物调查,通过环境治理、病媒生物防治、加强防病宣传等措施,形成"群防群控群治"的工作格局,对切断重大传染病传播途径和防止疫情蔓延发挥了重要作用。

(2) 鼠疫防治。中华人民共和国成立之初,鼠疫频发,尤其是东北地区鼠疫曾大规模蔓延。党和政府迅速成立了专业鼠疫防治机构,实施有效的疫区处理工作和临床治疗,并形成一套较为完善的鼠疫救疗机制,从群众性工作和技术性工作两个方面迅速建立起较为严格的鼠疫疫情报告制度,还开展了大规模的捕鼠、灭蚤及环境卫生工作,以及加强卫生防疫宣传和教育工作等,初步建立了相对完善的鼠疫预防机制。1955年鼠疫基本得到控制,1964年以后每年的发病率降到几例至十几例。

(3) 霍乱防治。新中国为了制止霍乱及其他传染病的流行,恢复和建立了16个交通检疫站,防止霍乱从境外传入,并有重点地进行饮水消毒和改善环境卫生。到第一个五年计划结束时,真性霍乱病例已多年没有发生过。

(4) 血吸虫病防治。从1955年年底和1956年春开始,在疫区309个县市建立了19个防治所、236个防治站、1346个防治组,培训了1.7万余名专业防治人员,开展大规模的防治工作。

党和政府有计划、有组织地开展防治血吸虫病的群众运动。在防治血吸虫病的过程中,各部门大力协同,农业部门结合各项生产活动做好灭螺工作;水利部门根据"疫区优先治水,治水优先灭螺"的原则,把兴建水利设施与消灭钉螺结合起来;畜牧部门承担了耕牛血吸虫病防治工作;共青团、妇联和疫区驻军也积极参加防治工作。发动和依靠群众,进行综合性环境治理与改造,采取查杀钉螺、管理粪便、管制水源等举措,控制传染源。同时,疫区各地卫生防疫人员和群众积极探索治愈方法,整合中西医医疗卫生资源。中医在治疗血吸虫病方面成绩显著。据不完全统计,中医贡献出来的药方有400多种,其中对消除病人腹水、减轻肝脾肿大、恢复病人劳动力有显著效果。

在非流行地区,农民、学生和部队官兵也都积极参加血吸虫病大规模的防治行动。1958年,江西省余江县率先在全国消灭血吸虫病,其他疫区发病率也大幅降低,血吸虫病第一次得到有效控制,疫区社会面貌发生了深刻变化。

(5) 天花防治。通过实施全民种痘行动,成功消灭天花。中华人民共和国成立之初,卫生防疫人员严重匮乏,需要大量培训种痘员,保障普种牛痘任务的完成。各省(自治区、直辖市)卫生行政机关联合当地医疗卫生群众团体,共同组织短期种痘培训班,培训医疗卫生人员、基层干部、小学教师以及社会青年中的积极分子成为合格的种痘员。农村地区,每村基本上训练2名不脱产种痘员。城市由各区政府配合公安部门做好召集居民的工作,各区卫生防疫部门负责组织区内防疫力量为居民(包括机关团体、工厂、学校等)接种牛痘;农村一般由上级委派的防疫队统一领导,防疫队依靠当地的组织力量,如农会、村政府、派出所、土改工作队,通过召开农民大会等形式,进行宣传教育,开展动员工作。20世纪50年代到60年代初,我国进行了3次强制性全民种痘和2次接种行动,5亿多人口共发放18亿剂牛痘疫苗,从而迅速、有效地降低了天花的发病率和死亡率。到20世纪60年代初,我国已成功消灭天花,较世界卫生组织1980年宣布全球根除天花早了10多年。

(6) 疟疾防治。疟疾是一种疟原虫类寄生虫引起的对人体健康危害极大的传染性疾病,中华人民共和国成立前,疟疾在乡村和城镇都曾大规模蔓延,而在之后疫情逐步受到控制,但在20世纪60年代后曾出现局部暴发,开发新型抗疟药物迫在眉睫。1967年5月,国务院召集由国家科学技术委员会、解放军总后勤部、卫生部、化工部、国防科学技术委员和中国科学院领导参加的协作会议,成立全国疟疾防治药物研究领导小组,制定研制规划,组建一支多部门、多地区、多学科、多专业、军民合作、科技骨干固定的研发队伍。全国有60多个科研单位参与研发工作,仅参加项目的常规工作人员就有五六百人,参与者总计两三千人。各部门各单位研发人员,在专业上取长补短,技术上互相交流,设备上互通有无。到1972年年底,研发出青蒿素,并于1973年10月首次进行临床试用。1975年,山东、云南、广东、四川、江苏、湖北、河南、广西、上海等地与卫生部中医研究院、中国科学院和中国人民解放军等有关单位,共同组成青蒿素研究协作组,从资源、临床、药理、化学结构、制剂、生产工艺、质量规格等方面进行全面系统的研究。各地区用当地的青蒿资源提取加工,制备各种剂型,扩大临床试用。经充分验证,青蒿素治疗疟疾临床效果显著,呈现速效、高效、低毒的特点。1979年,国家科学技术委员会将"国家发明奖"颁给青蒿素研究小组。之后,青蒿素复方成为世界上治疗疟疾的标准疗法,载入世界基本药物目录。屠呦呦作为青蒿素研发的主要代表人物,获得诺贝尔生理学或医学奖。

中华人民共和国成立之初,国力有限,防治重大传染病创新药物的研发是复杂的系统工程,因此发挥举国体制,开展社会主义大协作,依靠多部门、多学科协同攻关,集中力量实现了重大突破。在防治重大传染病当中,各部门积极配合,军地大力协同,中西医相互补充。

这个时期,没有突发事件和应急管理的概念。对于作为事实上的突发事件,自然灾害、事故灾难、公共卫生事件与社会安全事件的应对都有专门的部门。例如,民政、地震、气象、水利、国土资源等部门负责自然灾害应对,安监、消防等部门负责事故灾难的应对,卫生部门负责公共卫生事件的应对,政法、公安等部门负责社会安全事件的应对,民政部作为常设性的减灾与救助机构。这种制度设计是适合当时经济和社会发展需求的,对工业社会中简单风险的应对起着重大作用。

这个时期,由于在突发公共事件响应过程中是以自上而下传递计划指令进行信息沟通的,地方政府的主观能动性不能充分发挥,因而是一种被动应对时期,决策缺乏科学、民主,不能对突发公共事件进行有效管理。

2.1.2 改革开放:临时协调期

1. 防灾减灾救灾发展历程

随着经济体制的转变,我国灾害救助保障制度也进行了及时调整。1982年之后,我国探索救灾款的分级管理,对部分省(自治区、直辖市)实行救灾款包干,使生活救济与生产扶持相结合。发动群众互助互济,建立农村基层扶贫互助储金会、储粮会等互助合作组织。

1998年后,救灾体制全面系统规范,救助工作快速发展,以1999年民政部、财政部发布《关于进一步加强救灾款使用管理工作的通知》为标志,救灾体制又一次进行了调整,其主要内容包括:

① 重新明确救灾款的使用范围,即解决灾民无力克服的衣、食、住、医等生活困难,紧急抢救、转移和安置灾民,灾民倒房恢复重建;

② 停止救灾扶贫周转金的制度,停止救灾款用于扶贫支出的制度,群众互助互济型的农村基层扶贫互助储金会客观上全面关闭甚至破产;

③ 停止救灾保险试点;

④ 建立中央级救灾物资储备制度。

2002年以来,救灾工作方针得到重大调整,救灾范围不断扩大,救助标准不断提高,综合协调机制得到强化,不断规范救灾工作的具体程序。可以说,中国的救灾体制得到全面系统的规范,救助工作进入快速发展阶段。

2. 安全生产发展历程

20世纪90年代之后,我国进入工业化快速发展的轨道,在经济需求的刺激下,煤炭、冶金、化工等行业规模、产量迅猛扩张,造成事故频发,这是经济快速发展与安全生产监管能力不足的矛盾所引发的。

1998年6月,国务院机构改革,将煤炭、冶金、化工、机械等工业经济部门改组为国家经济贸易委员会(简称国家经贸委)管理的9个国家局(副部级机构)(即国家煤炭工业局、国家冶金工业局、国家石油和化学工业局、国家机械工业局、国家轻工业局、国家建筑材料工业局、国家有色金属工业局、国家纺织工业局、国家国内贸易局),并明确了以三年为过渡期,最终完全撤销工业经济部门,加快建立社会主义市场经济体制的改革目标。

为适应工业经济部门缩编和撤销后,对各个行业领域安全生产实施统一监管的需要,国务院决定将劳动部承担的安全生产综合监管、职业卫生监察、矿山安全监察职能转移至国家经贸委。

1999年12月,为了扭转煤矿安全生产形势,国家煤炭工业局加挂了"国家煤矿安全监察局"的牌子。2001年2月,以国家经贸委安全生产局和被撤销的9个委管局为基础,成立国家安全生产监督管理局(简称国家安监局)。而且,国家安全生产监督管理局与国家煤矿安全监察局"一个机构,两块牌子",成为国家经贸委下的副部级局。这些改革措施使得安全生产与劳动保护的概念出现明显的区别。安全生产与其"母体"——劳动保护相剥离。

在国家经贸委及其所属机构对全国安全生产实施监督管理的这段时间里,安全生产法治建设、重点行业安全专项整治、煤矿安全技术改造等重点工作取得了积极进展。同时也暴露出综合经济部门管理安全生产的弊端和不足。尤其是在经济建设与安全生产发生矛盾,"保煤、保电、保增长"等成为"压倒性任务"时,安全标准和要求难免会降低,安全生产监督检查等日常性工作也会有所放松。再加上由于综合经济部门管理面很宽,相关负责同志的精力有限,难以深入研究、集中精力抓好安全生产。国家安监局作为"委管局",监督管理的权威性和执行力显得不足。20世纪90年代末期我国事故总量开始节节攀升,2002年达到历史峰值。

3. 公共卫生事件防治发展历程

党的十一届三中全会之后,我国进入改革开放的新时期。党和政府在大力推进经济建设和体制改革的同时,也高度重视卫生防疫事业的发展。通过实施大规模全国免疫规划项目,大幅增加免费疫苗种类,免疫规划疫苗接种率总体保持在90%以上。其中一个突出成就就是成功消除了脊髓灰质炎。

1988年年初,上海市区大面积感染甲肝。在中央的指导和支持下,建立了市政府统一领导的,由卫生、工商、交通、财政等部门参与配合的联合救援机制。同时发动群众,动员各级地方防疫站和街道在职或退休专业人员参加消毒工作,组建大规模的消毒队伍,形成一个覆盖全市的消毒网络;卫生医药部门也积极调配、供应消毒药物,保障消毒工作。各个部门相互协调配合和人民群众的广泛参与,使突发公共卫生事件的危机救援工作顺利开展,保障了人民的健康和安全。

2001年,为深化各级疾病预防控制体制改革,卫生部印发《关于疾病预防控制体制改革的指导意见》,明确了各级疾病预防控制机构的职能与任务,整合并突出原省、地(市)、县卫生防疫站在疾病预防控制、公共卫生技术管理和公共卫生服务等方面的功能,并将各级卫生防疫站更名为疾病预防控制中心。到2002年年初,国家正式以中国预防医学科学院为基础,将卫生部工业卫生实验所、中国健康教育研究所、中国农村改水技术中心进行整合改组,成立中国疾病预防控制中心。由此,便形成了以国家、省、地(市)、县四级疾病预防控制中心为主体的疾病预防控制体系。

在"非典"疫情发生之前,我国的突发公共事件管理机构分属不同的管理部门,政府部门之间职能划分不够清晰,许多事项管理的权力、责任存在着严重的条块分割、部门封锁现象。

彼时,政府对于突发公共事件的综合治理以及相关预防工作重视不够充分,政府应对突发公共事件的力量依然分散,"单灾种"的应急版本多,综合性的少。处置各类重特大突发公共事件的部门较多,但大都各自为政。当突发公共事件爆发时,许多事项往往要由中央政府统一下令才不得已相互配合一下。我国这种分散管理体制造成突发事件发生时各机构沟通不畅,无法协调统一、步调一致,对需要多个部门协同运作的复合型突发公共事件的管理就更显效率低下。

当重特大突发公共事件来临并造成一定的灾难、形成危机后,决策机关紧急宣布成立一个临时性协调机构,选派得力干部,风风火火地紧抓一阵子,待危机过后就撤销解散,人员各自回归原单位,以后再遇到大的突发公共事件,就如法炮制一遍。可见,这个时期,我国在进行突发公共事件应急管理中主要依赖政府的现有行政机构,突发事件发生时成立的指挥部或领导小组,具有浓厚的临时色彩,因此在进行跨部门协调时工作量很大,效果也不明显。

2.2 "一案三制"应急管理阶段

2.2.1 单一突发事件应对

1. 公共卫生事件防治发展历程

(1) 公共卫生应急防控体系建立

在某种意义上,2003年可被认为是中国公共卫生应急防控体系建立和启动的元年。2003年暴发于广东省并在这一年的2—7月蔓延至世界29个国家和地区的"非典"疫情使我国初步形成的国家疾病预防控制(简称疾控)体系遭遇了严重挑战,也暴露出我国当时疾控力量的薄弱和公共卫生危机处置能力的短板。

"非典"疫情以2002年11月16日广东佛山农民庞佐尧发病为起点,至2003年2月11日广东省政府新闻办公室正式发布通告,公布疫情,共计88日。2003年3月15日,世界卫生组织正式将该病命名为严重急性呼吸(SARS),以2003年4月8日卫生部发文正式将"非典"列入法定管理传染病作为第一阶段和第二阶段之间的节点,第二阶段共计56日;在此阶段,"非典"疫情由广东蔓延至香港、北京等多个地区。第三阶段以2003年8月16日最后一位SARS患者出院,每日疫情通报结束为终点,共计130日。

在中国(不含港澳台),"非典"疫情造成感染病例5327例,死亡349例,病死率约为7%,导致高达179亿美元的经济损失。为了应对"非典"疫情所造成的公共卫生危机,并强化我国公共卫生防疫能力,我国自2003年起从立法和监管层面针对公共卫生的监控和防治进行了一系列影响深远的改革和创新,全面塑造了后"非典"时代的公共卫生防控体系。

首先,国家完善了各级突发公共卫生事件应急预案体系。早在2003年5月,"非典"疫情尚未结束之际,由于1989年颁布实施的《中华人民共和国传染病防治法》(简称《传染病防治法》)无法适应突发新型传染病监控和防治的要求,国务院公布实施了《突发公共卫生事件应急条例》,该条例成为该领域的首部行政法规。此后,国务院于2005年制定了《国家突发公共事件总体应急预案》,于2006年制定了《国家突发公共卫生事件应急预案》和《国家突发公共事件医疗卫生救治应急预案》。卫生部办公厅于2006年12月印发《突发公共卫生事件社区(乡镇)应急预案编制指南(试行)》。2007年8月30日第十届全国人民代表大会常务委员会第二十九次会议通过《突发事件应对法》,为上述各级预案体系的建立和实施提供了法理依据,由此。在纵向上,我国建立起从国家到乡镇、覆盖多种公共卫生事件的应急预案体系,对处置突发公共卫生事件的应急处理措施、信息报告的责任界定、现场处置工作的具体分工做出了明确和详细的规定。

其次,基于处置"非典"疫情和人感染H5N1禽流感疫情的经验与教训,为了及时监测和筛查各类呼吸道传染性疾病,及早发出预警以采取相应措施,中央和地方政府建立了多元化的呼吸道传染病监测预警系统。在国家层面,卫生部于2004年要求在全国范围内开展对不明原因肺炎病例的监测,并于2007年制定下发《全国不明原因肺炎病例监测、排查和管理方案》,标志着不明原因肺炎病例监测系统的形成。在地方层面,广东、江苏、江西等省因各地公共卫生监测的实际需要建立起住院肺炎病例监测系统。此外,我国还不断完善针对流感疫情和严重急性呼吸道感染病例的监测与防治,建立起以国家级哨点医院为依托的全国流感监测预警网络和住院严重急性呼吸道感染病例哨点监测系统。

再次,相较于应对"非典"疫情时科技手段的局促,后"非典"时代的生物学和医学检测手段有了长足进步:一方面,各类核酸检测技术的研发和临床应用(如流感核酸检测、呼吸道多病原检测等),有利于临床医生迅速诊断疾病;另一方面,近些年来,二代测序(特别是宏基因组测序技术)乃至三代测序在传染病领域的应用,极大地推动了基于高通量测序的精准诊疗,为探明新病原和追踪疾病暴发提供了有力的技术支持。

此外,2003年的"非典"疫情作为一种社会记忆持续深刻地影响着中国医务工作者和科研人员的诊疗实践和科研活动。他们在积累了应对紧急突发传染病疫情的临床经验的同时,也大幅提升了对传染病疫情防控的警觉性。

2003年以后的公共卫生防控体系是在总结和检讨抗击"非典"疫情经验的基础上建立起来的,它由两个部分构成:一个是以多元化的传染性疾病监测预警系统为触角,以各级疾病防控中心为躯干,由受过现代生物/医疗学科训练的专业人员所构成的公共卫生技术体系;另一个则是由各级行政官员所组成的公共卫生管理体系。前者主要负责对疫情的监控、研究、预测,为后者提供科学客观的疫情信息和防控对策,而后者则依据《传染病防治法》和《突发事件应对法》发布疫情信息,实施防控措施,组织医疗救治。

(2)传染病应急体系建设

2013年春天,一种新型禽流感病毒H7N9在上海市和安徽省首先被发现。自发现首批病例以来,中国疾病预防控制中心(简称中国疾控中心)迅速组织专家诊断、治疗,从发现到控制仅用了两个月,其间共感染132例,死亡33例。此次人感染疫情的成功防治,充分证明了我国应对突发急性传染病事件的成熟与进步。回顾过去十年,我国政府高度重视突发传染病事件应急管理能力建设,初步形成了突发传染病应急管理体系,并在应对历次突发传染病事件中发挥了重要作用。

2015年5月,我国出现首例中东呼吸综合征(MERS)输入性病例后,有关部门组织专家到广东协助开展现场调查和疫情防控,追踪国际疫情及防控信息,动态开展风险评估,并对我国居民赴韩国旅行提供建议。经过共同努力,成功防范了MERS向我国的输入。

2016年年初,寨卡病毒疫情在多个国家流行并引起全球广泛关注。我国及时启动由18个部委组成的应对寨卡病毒疫情的联防联控工作机制,关口前移,防范疫情输入和扩散。发现寨卡病毒病等输入病例后,迅速组织工作组赴现场指导疫情防控工作。经过及时处置,疫情得到有效控制,没有发生蔓延传播。

2017年3月21日,国家科技重大专项系列新闻发布活动——传染病防治科技重大专项"应急体系建设成果"新闻发布会在科技部召开。专项技术副总工程师徐建国院士介绍了近年来我国传染病应急体系建设取得的重大突破。

首先,建立了国际先进水平的病原体筛查鉴定技术体系。初步建立了72小时内鉴定300种已知病原的检测技术体系以及未知病原的筛查技术体系,形成了对新病原体的识别鉴定能力,病原快速检测鉴定的能力大幅提升。具体来看,一是在我国鉴定发现了一批具有重要公共卫生意义的新病原体,多个为全球首先发现;二是研发了MERS、寨卡病毒感染、黄热病等输入性传染病的病原感染检测试剂,为我国防控传染病疫情输入发挥了病原确认的先决作用;三是通过世界卫生组织与全球共享新发现病原体(如H7N9、H10N8流感病毒等)检测技术,为全球流感防控做出了重要贡献。

其次,形成病原体分子分型监测核心技术体系。建立了传染病多病原筛查技术体系和监测技术,为传染病监测从单病种零散监测、被动监测向多病原综合监测、主动监测奠定了基础。建立了病原体分子分型技术和适于我国国情的信息化网络核心技术体系,并实现了我国传染病防控应用转化,使我国成为继美国与加拿大之后第三个实现传染病分子分型监测网络化与信息化的国家,并形成了独创的"国家—省—市"三级病原体分子分型监测网络信息化和工作管理模式,疫情发现和溯源能力大大加强。

此外,建立了全球最大规模的基于传染病症候群的病原谱监测研究实验室网络,由12个核心实验室、91个省市级区域重点实验室和800多家医院实验室组成,针对发热呼吸道、腹泻、发热伴出疹、发热伴出血、脑炎脑膜炎五大症候群多病原开展监测。建立了多项传染病流行病学综合监测预警技术,显著提升了传染病疫情的预警预测能力,并加强了应急救治技术研究,提高了突发急性传染病重症病例临床救治能力。突发急性传染病防控能力总体达到国际先进水平,重大突发疫情实现了从被动应付到主动应对的转变。

我国是人口稠密的大国,人员频繁交往,易感人群数量较多,目前已成为突发公共卫生事件危险性极高的地区。

2. 防灾减灾救灾发展历程

以"非典"为政策窗口,我国引入突发事件与应急管理的概念,开始将突发事件分成四大类并实行分类管理。

自然灾害由"分灾种"形成"分灾类"管理,如表2-1所示。表2-1中的各机构又与防汛抗旱指挥部、国家减灾委员会、抗震救灾指挥部、森林防火指挥部等高层次议事协调机构之间职能重叠、职责交叉,表2-2中的各救援体系之间资源无法实现共享,严重影响着救助效率。1998年特大洪水之后到2008年汶川大地震这10年,国家及各部委、省市下达的关于救灾和灾后重建的法规文件多达上千条。

表2-1 重大公共危机与国务院对口主管部门(2018年之前)[①]

名称	种类	主管部门
自然灾害	水旱灾害	水利部(国家防汛抗旱总指挥部)
	气象灾害	中国气象局/有关政府部门
	地震灾害	中国地震局(国务院抗震救灾指挥部)
	地质灾害	国土资源部/建设部/农业部
	草原森林	国家林业局(国家森林防火指挥部)
事故灾难	交通运输	交通部/民航总局/铁道部/公安部

[①] 表中未列入政府综合管理部门,这些部门对各类公共危机都负有相应的管理职责。例如,民政部负责各类自然灾害救灾救助工作和综合减灾项目实施,中国国际减灾委员会办公室也设在民政部,属于综合减灾救灾部门。国家发展和改革委员会负责对各类公共危机救援物资的统一调配和协调,负有综合协调管理的职责。国家安全生产监督管理局对安全生产中的各种事故灾难负有监督管理职责等。

表 2-2　国家专业应急救援体系(2018 年之前)

专业应急救援体系	国务院主管部门	管理层级	队伍、人员	职责
公安救援体系	公安部	各行政层级	各级公安和武警队伍	公安治安救援
消防救援体系	公安部	国家、省、地(市)、县四级	3000 多个消防大队,2900 个消防中队,共 12 万人	防火灭火抢险救灾
地震救援体系	国家地震局	国家、省、重点市(县)三级	国家紧急救援队,编制 230 人,区域和地方级紧急救援队伍正在组建之中	灾害救援
洪水救援体系	水利部	国家、省、地(市)、县四级	162 支重点抗洪抢险专业队,人员 14 000 人	抗洪抢险救援
核事故救援体系	国防科学技术工业委员会	国家、地方和核电厂三级	各级核应急管理指挥中心和核电厂	核事故处理救援

2004 年,民政部下发了一系列灾害应急救助、灾区民房恢复重建管理、春荒冬令灾民生活救助的相关工作规程,明确并细化了各级政府在救灾各环节工作中的主要职责和应对流程。12 月,中国国际减灾委员会更名为国家减灾委员会,开始赋予其国家综合协调救灾减灾的职能,同时,全国抗灾救灾综合协调办公室的职能也开始强化,建立了月度灾情会商机制,以及重大灾情会商机制。

2005 年,经国务院批准,国家减灾委员会成立了国家减灾委专家委员会,增强科学技术在减灾领域中的应用,充分发挥科技工作者在减灾救灾工作中的作用。

2006 年 11 月,第十二次全国民政工作会议提出在新的历史发展阶段,将"政府主导、分级管理、社会互助、生产自救"作为中国新的救灾工作方针,进一步强调了政府在救灾工作中的主导作用。将救灾目标由"不饿死人、不冻死人、不发生重大疫情和大批灾民盲目外流",调整为灾民"有饭吃、有衣穿、有房子住、有干净的水喝、有病能医、孩子有学上"。

2007 年颁布的《国家综合减灾"十一五"规划》继续丰富救灾工作方针:"政府主导、分级管理、社会参与;以防为主,防抗救相结合;各负其责,区域和部门协作减灾;减轻灾害风险与经济社会可持续发展相协调。"同年,全国减灾救灾标准化技术委员会成立,负责减灾救灾领域内全国标准化工作的技术工作组织,为加强减灾救灾标准化建设步伐,提高减灾救灾标准化工作质量,加大减灾救灾标准化宣传力度,增强减灾救灾标准化意识提供了技术和组织平台。

2008 年发布《救灾捐赠管理办法》。同年 9 月 6 日,中国自行研制的"环境与灾害监测预报小卫星星座"A、B 卫星成功发射。

2009 年 2 月 26 日,中央机构编制委员会办公室批复成立民政部卫星减灾应用中心,承担科学技术减灾规划论证、科技开发、产品服务和交流合作以及环境减灾卫星运行管理、业务应用等职责。

2010 年 9 月 1 日颁布《自然灾害救助条例》,把救灾工作方针确定为"以人为本、政府主导、分级管理、社会互助、灾民自救"。该方针特别突出强调了"以人为本"的工作理念,要求把确保人的生命安全放在首位,从受灾人员的实际需求出发更好地谋划和落实灾害救助工作,切实维护好受灾人员基本权益,保障好其基本生活。

3. 安全生产发展历程

2003年是中国安全生产体制具有里程碑意义的一年。2003年3月第十届全国人民代表大会第一次会议批准了国务院改革方案,国家安监局(国家煤矿安全监察局)由国家经贸委管理,调整为国务院直属机构,代表国务院履行对全国安全生产的综合监管职能。随后又经中央编制委员会办公室批准,将原卫生部承担的作业场所职业卫生监督检查职责转移到国家安监局(国家煤矿安全监察局)。从此在国家层面上有了独立履行职责的安全生产综合监管机构,当年首次实现了全国事故总量下降。10月,作为安全生产高层次议事协调机构的国务院安全生产委员会成立。

2005年2月,国务院下发《关于国家安全生产监督管理局(国家煤矿安全监察局)机构调整的通知》,决定将国家安监局调整为国家安全生产监督管理总局(简称国家安监总局),规格为正部级;国家煤矿安全监察局单设,为国家安监总局管理的国家局。安全生产监管体制如图2-1所示。一系列机构变迁既反映出我国当时安全生产形势的严峻,又体现出国家对安全生产工作的重视。此后,中国安全生产的体制进入了一个相对稳定期。

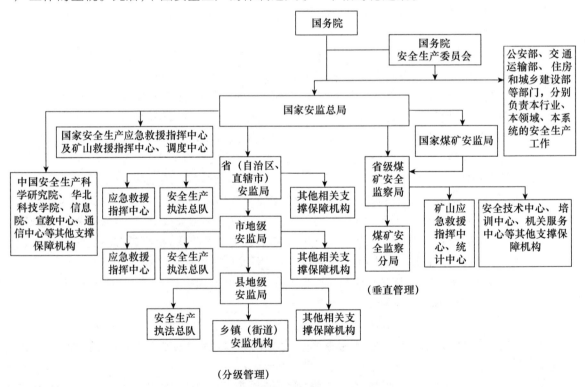

图 2-1 安全生产监管体制(2018年以前)

2006年2月21日,国家安监总局下设国家安全生产应急救援指挥中心,横向联合消防、海上搜救、铁路、民航、核工业、旅游、电力、特种设备、医疗救助等10个专项指挥部。而且,国家安全生产应急救援指挥中心下设矿山救援指挥中心,全国大部分省(自治区、直辖市)也成立了矿山应急救援指挥中心,纵向上形成了国家-省-企业三级救援指挥体系。这从一个侧面说明,安全生产与应急管理在并行发展过程中,相互借鉴经验、取长补短,开始出现交叉关系,而不再是"两股道上跑的车"。

2008年9月,山西、河南、四川等地相继发生多起煤矿火灾和瓦斯突出、尾矿库溃坝、人员密集场所火灾、道路客车翻车等特别重大事故。特别是山西省临汾市襄汾县新塔矿业有限公司尾矿库"9·8"溃坝事故,造成283人死亡(失踪),是中华人民共和国成立以来最严重的尾矿库事故。

在此期间,在事故灾难应急方面,安监与公安消防作为两个重要的管理部门,经常会因为无法确定事件性质是安全生产责任事故还是消防安全责任事故而影响应急管理工作。

2.2.2 综合协调应急管理发展

"应急管理"这一术语是由核电行业最早引入我国的。1986年4月26日,苏联切尔诺贝利核电站发生核事故,大量放射性物质泄漏,成为核电时代以来最大的事故。我国应国际原子能机构的要求,大力加强对核安全的监管,在当时的国家计划委员会成立了"国家应急管理办公室"。1989年5月27日,《人民日报》发表了《我国核安全进入法制化轨道——已发布6个核安全法规24个安全导则》,其中提到了"核事故应急管理"。当时冷战尚未结束,核安全具有很高的敏感性与保密性,"应急管理"这一概念并未广为人知。

2003年是中国应急管理的起步之年。2003年4月13日,全国"防非"工作会议上,时任总理温家宝提出"要沉着应对,措施果断;依靠科学,有效防治;加强合作,完善机制。"4月14日,温家宝主持国务院常务会议,提出建设突发公共卫生事件反应机制,要做到"中央统一指挥,地方分级负责;依法规范管理,保证快速反应;完善监测体系,提高预警能力;改善基础条件,保障持续运行。"7月28日,在抗击"非典"表彰大会上,党中央、国务院第一次明确提出,政府除了常态管理以外,要高度重视非常态管理。2003年11月,国务院成立了应急预案工作小组,重点推动突发公共事件应急预案编制工作和应急体制、机制、法制建设工作。

2004年是中国的应急预案编制之年。2004年3月25日,国务院办公厅在郑州市召开"部分省(市)及大城市制订、完善应急预案工作座谈会",确定把围绕"一案三制"开展应急管理体系建设,制定突发公共事件应急预案,建立健全突发公共事件的体制、机制和法制,提高政府处置突发公共事件能力,作为当年政府工作的重要内容。国务院办公厅分别印发了《国务院有关部门和单位制定和修订突发公共事件应急预案框架指南》和《省(区、市)人民政府突发公共事件总体应急预案框架指南》。

2005年是全面推进"一案三制"工作之年。2005年1月26日,国务院第79次常务会议通过了《国家突发公共事件总体应急预案》;3月23日,中央军委召开军队处置突发事件应急指挥机制会议；4月17日，国务院以国发〔2005〕11号文件正式下发《国家突发公共事件总体应急预案》；6月7日，国务院、中央军委公布《军队参加抢险救灾条例》，自7月1日起实施；7月22日，国务院在北京召开首次全国应急管理工作会议，会议要求各地成立应急管理机构，这次会议标志着中国应急管理工作进入一个新的历史阶段。会议指出，加强应急管理工作要遵循的原则包括健全体制、明确责任；居安思危、预防为主；强化法制、依靠科技；协同应对、快速反应；加强基层、全民参与。12月，国务院成立应急管理机构，即国务院应急管理办公室（国务院总值班室），履行应急值守、信息汇总和综合协调职能。

2006年是全面加强应急能力建设之年。十届人大四次会议审议通过的《中华人民共和国国民经济和社会发展第十一个五年规划纲要》将公共安全建设列为专节。应急管理工作首次被列入国家经济社会发展规划。2006年6月，国务院出台了《关于全面加强应急管理工作的意见》；提出了加强"一案三制"工作的具体措施。7月7—8日召开的第二次全国应急管理工作会议特别要求：在"十一五"期间，建成覆盖各地区、各行业、各单位的应急预案体系；健全分类管理、分级负责、条块结合、属地为主的应急管理体制；构建统一指挥、反应灵敏、协调有序、运转高效的应急管理机制；完善应急管理法律法规；建设突发公共事件预警预报信息系统和专业化、社会化相结合的应急管理保障体系；形成政府主导、部门协调、军地结合、全社会共同参与的应急管理工作格局。9月，在南京中国石化扬子石油化工有限公司召开了中央企业应急管理和预案编制工作现场会，推动应急管理"进企业"工作。12月31日，国务院应急管理专家组成立。

2007年是基层应急管理工作之年。2007年5月，全国基层应急管理工作座谈会在浙江诸暨召开，座谈会指出，要建立起"横向到边、纵向到底"的应急预案体系；建立健全基层应急管理组织体系，将应急管理工作纳入干部政绩考核体系；建设"政府统筹协调、群众广泛参与、防范严密到位、处置快捷高效"的基层应急管理工作体系；深入开展科普宣教和应急演练活动；建立专兼结合的基层综合应急队伍；尽快制定完善相关法规政策。8月30日《突发事件应对法》发布，并于11月1日正式实施。这标志着应急管理工作在规范化、制度化和法制化的道路上迈出了重大步伐。

2008年是中国应急管理大考之年。2008年对于中国应急管理是一个不同寻常之年。年初经历了南方暴雪的考验；5月又经历了汶川地震的冲击；8月成功地举办了北京奥运会，实现了"平安奥运"的目标，中国应急管理经历了多场严峻的挑战。

2009年是应急管理巩固提高之年。2009年，中国应急管理完成了中华人民共和国成立60周年庆典安全保障任务。2009年10月18日，国务院办公厅颁布了《关于加强基层应急队伍建设的意见》。同年，中德合建的中国应急管理基地在国家行政学院揭牌。

这个阶段的主要特点是：①党和政府把应急管理工作和应急管理体系建设提上了重要的议事日程，并为此进行了一系列的探索，取得了很多具有实质性进展的成果；②全面推进了"一案三制"建设，将各类灾害和事故统一抽象为"突发事件"，将各类灾害的预防与应对统一抽象为"应急管理"，进而确立了突发事件应急管理的组织体系、一般程序、法律规范与行动方案；

③在政府行政管理机构不做大的调整状况下,依托政府办公厅(室)的应急管理办公室发挥枢纽作用,若干议事协调机构和联席会议制度为协调机制进行协调,形成覆盖各类突发事件的应急管理体制。

2.3 大安全大应急管理阶段

2.3.1 深化应急管理体制机制改革

1. 组建应急管理部门

在2018年党和国家机构改革中,党中央决定组建应急管理部,是党中央站在新的历史方位做出的重大决策,是应对复杂安全风险挑战、赢得战略主动的重大举措,具有重大现实意义和深远历史意义。

(1) 组建应急管理部门是党中央的重大战略决策

2018年党和国家机构改革中,应急管理体制改革涉及职能、机构、人员调整多、任务重,是一次全新的再造重建。

在国家层面,根据《中共中央关于深化党和国家机构改革的决定》《深化党和国家机构改革方案》《国务院机构改革方案》要求,组建应急管理部,整合原国家安监总局、国务院办公厅、公安部、民政部、水利部等11个部门的13项职能,包括5个国家议事协调机构职能,将原公安消防部队、武警森林部队20万官兵转制成为国家综合性消防救援队伍(见表2-3)。2018年4月16日,应急管理部正式挂牌。7月30日,中共中央办公厅、国务院办公厅印发《应急管理部职能配置、内设机构和人员编制规定》,规定应急管理部主要负责国家应急管理及体系建设,组织开展防灾减灾救灾工作,承担国家应对特别重大灾害指挥部工作;负责安全生产综合监督管理和工矿商贸行业安全生产监督管理等;公安消防部队、武警森林部队转制后,同安全生产等应急救援队伍一并作为综合性常备应急骨干力量,由应急管理部管理。

在地方层面,31个省(自治区、直辖市)和新疆生产建设兵团于2018年全部组建应急管理厅(局),市县级应急管理部门于2019年年底全部完成挂牌,全国省、市、县三级全部组建应急管理部门,基本形成适应新时代要求的应急管理机构职能体系。

表 2-3 组建应急管理部的原部门和职责

部门序号	相关部门	职责序号	职 责	国家指挥协调机构序号
1	国家安全生产监督管理总局	1	国家安全生产监督管理总局/国家安全生产委员会	1
2	国务院办公厅	2	应急管理	
3	公安部	3	消防管理	

续表

部门序号	相关部门	职责序号	职责	国家指挥协调机构序号
4	民政部	4	救灾	
5	国土资源部	5	地质灾害防治	
6	水利部	6	水旱灾害防治	
7	农业部	7	草原防火	
8	国家林业局	8	森林防火	
9	中国地震局	9	震灾应急救援	
10	公安消防部队	10	国家防汛抗旱总指挥部	2
11	武警森林部队	11	国家减灾委员会	3
		12	国务院抗震救灾指挥部	4
		13	国家森林防火指挥部	5

(2) 组建应急管理部门是科学的制度设计

应急管理部门的组建实现了应急工作的综合管理、全过程管理和应急力量资源的优化管理，增强了应急管理工作的系统性、整体性、协同性，使应急准备更加充分、能力建设更加集约、应急救援更加高效，提高了国家应急管理水平和防灾减灾救灾能力，推进了国家治理体系和治理能力现代化。

实现应急工作综合管理。发生一般性灾害时，由各级政府负责，应急管理部统一响应支援。发生特别重大灾害时，应急管理部作为指挥部，协助中央组织应急处置工作；坚持一类事项原则上由一个部门统筹，一件事情原则上由一个部门负责，避免政出多门、责任不明、推诿扯皮，科学设定党和国家机构，正确定位、合理分工、增强合力，防止机构重叠、职能重复、工作重合。组建应急管理部门，将分散在多部门的应急管理职责调整为由一个部门综合管理，改变了"九龙治水"的工作格局，解决了长期以来存在的重救轻防、重短轻长、各管一段、资源分散等问题。组建应急管理部门能够发挥综合应急管理职责，统筹推进相关法律法规、政策规划和标准建设并抓好实施，能够强化责任，推动工作落实；及时迅速调动救援队伍并牵头协调各方面力量开展抢险救援，大灾发生后协助中央指定的负责同志开展综合协调工作，能够提高应急救援的效率和水平。组建应急管理部门能够统筹协调形成应急管理工作合力，围绕"全灾种、大应急"，利用安委会、减灾委等议事协调制度和机制，发挥应急管理部门综合优势和相关部门专业优势，与有关部门合理界定"防"与"救"的职责，加强"统"与"分"的衔接，建立重大风险研判、灾情会商信息共享和协同处置多部门联动机制，进一步提升防灾减灾救灾一体化能力。

实现应急工作全过程管理。组建应急管理部门，专职谋划推动事前防范化解安全风险、强化应急准备，事中快速指挥调度、强化协同应对，事后及时总结评估、强化改进提升，做到了更加有力有序有效地预防和应急。事前防范准备更充分，通过加强源头防范化解安全风险，强化应急准备，做好灾害应对处置，做到预案随时在手、力量随时集结、装备随时调用，确保一支力量始终厉兵秣马、控箭在弦。事中建立"扁平化"应急指挥模式，构建全国应急救援"一盘棋"指挥机制，健全区域协调联动机制，加强重大风险联防联控，强化军地协同，推动应急抢险救援更加科学高效。事后及时客观开展事故和灾害调查,系统复盘总结,强化举一反三,从力量布局、基础建设、综合保障等方面补齐短板,做到处置一次灾害事故能够推动解决一类问题。

实现应急力量资源优化管理。组建应急管理部门将分散资源整合为综合资源,将低效资源整合为高效资源,解决长期以来低水平重复建设问题,提升应急救援专业化水平和国家综合应急救援能力。在物资装备保障上,更好履行整合优化应急资源和统筹应急物资的职能,加大物资统筹力度,加强救援装备特别是重型装备升级配备,着力改变以往物资多头储备、多头调度、大型和特种装备缺乏等问题。在队伍能力建设上,整合了改革前分散在各部门、军队、企业等的应急救援力量,"攥指成拳",强化专业化、正规化建设,砥砺战斗意志、提升专业素养、锻造实战能力,打造了面貌一新的应急管理队伍。在信息科技支撑上,全面推进与水利、自然资源、林业和草原、气象等部门的信息互联互通、数据资源共享,推进应急"一张网"上下贯通、"一张图"持续升级,综合风险监测预警平台初步建成,地震预警速报系统建设加快推进。在社会共治上,调动一切积极因素,提升基层治理能力,加强安全文化建设,健全社会服务体系,引导安全应急产业快速发展,筑牢防灾减灾救灾人民防线。

(3) 组建应急管理部门是顺应形势发展的客观需要

组建应急管理部,既考虑了解决当前最突出的问题,也考虑了顺应形势发展需要。这是立足党和国家事业全局做出的部署,既着眼于解决当前突出矛盾和问题,又为一些战略目标预置措施,以适应党和国家事业长远发展要求。

顺应了人民群众对安全需求的期待。自然灾害多发、频发是我国的基本国情,受独特的地理气候环境影响,地震、地质灾害、台风、洪涝、森林火灾等各类灾害交织,经济增长、人口集中、城镇化的推进,增加了自然灾害的复杂性、衍生性、严重性,给人民群众生产生活和经济社会发展带来的冲击和影响更加广泛和深远。我国虽然安全生产形势总体稳中向好,但仍处于脆弱期、爬坡期、过坎期,影响安全生产的深层次矛盾和问题还没有根本解决。保护好人民群众生命财产安全,顺应人民群众对美好生活的向往,满足人民群众在安全方面日益增长的需要,必须加强对灾害事故防范处置,以更高的标准、更有效的工作体系做好应急管理工作。

提供了实现民族复兴伟业的坚强保障。在世界历史长河中,很多文明、很多国家都遭受过自然灾害威胁,有的甚至因重大自然灾害而消亡。我国历史上因灾害导致社会动荡、朝代更替的例子不胜枚举。我国自然灾害防治能力总体还比较弱,提高自然灾害防治能力,是全面建设社会主义现代化国家、全面推进中华民族伟大复兴的必然要求,是关系人民群众生命财产安全和国家安全的大事,也是对中国共产党执政能力的重大考验,必须抓紧抓实。中国共产党立志于中华民族千秋伟业,推进国家治理体系和治理能力现代化,重构应急管理体制机制,为做好应急管理工作、防范化解重大安全风险,提供了坚强的组织保障。

体现了中国特色社会主义制度的优越性。防灾减灾救灾事关人民群众生命财产安全,事关社会和谐稳定,是衡量执政党领导力、检验政府执行力、评判国家动员力、体现民族凝聚力的一个重要方面。党和国家机构改革以来,面对山东寿光严重洪涝灾害、2020年全国严重汛情、河南郑州特大暴雨、西藏林芝森林火灾、重庆多发重发森林火灾、贵州水城特大山体滑坡、云南漾濞和青海玛多相继强震以及多个超强台风等重大灾害,全国人民众志成城、团结奋斗,夺取了一场又一场胜利。事实证明,中国共产党将长期以来积极探索形成的应急管理宝贵经验固化为新的体制机制,是对应急管理工作的加强和发展,不仅可以做到集中力量办大事,在重大灾难面前一方有难、八方支援,还可以做到更加集约高效、更加有力有序有效防控风险,更加体现中国特色社会主义制度优越性。

2. 深化应急管理体制机制改革创新

深化应急管理体制机制改革是应对日趋复杂的安全风险挑战、赢得战略主动的重大举措。2018年党和国家机构改革以来,应急管理部边组建边应急、边应急边建设、边建设边治本,推动中国特色大国应急管理体系不断完善,有力维护了人民群众生命财产安全和经济社会大局稳定,开启了我国应急管理事业发展的崭新篇章。

(1) 理顺应急管理体制机制

加强"统""分"结合。应急管理部门组建以来,根据中央"三定"①明确的各部门"分"的职责和"统"的共同职责,不断建立完善防汛抗旱、森林草原防灭火、抗震救灾等议事协调机构工作制度,与相关部门建立自然灾害防治工作部际联席会议和风险联合会商等机制,充分发挥应急管理部门的综合优势和各相关部门的专业优势,形成统筹管理、统分结合的新机制。比如,在主汛期或遇有重大灾害性天气时,由应急管理部门主持会商研判,气象部门负责预报"雨下在哪里",水利部门负责盯住"水流向哪里",自然资源部门负责监测"土滑向哪里",应急管理部门协调做好"人撤向哪里""队伍、物资调到哪里"。根据实际需要,组成部门联合工作组、专家组,形成了防灾减灾救灾一体化的部门合力。

加强"防""救"衔接。通过深化改革和实践磨合,应急管理部门与相关部门达成一致共识,"防"是各部门的共同责任,涉灾部门落实主体责任;"救"是应急管理部门的主要职责,涉灾部门要救早救小、防止事态扩大。基本形成事前、事中、事后全程统筹,防灾减灾救灾紧密衔接的工作链条。在中央有关部门指导下,国家防汛抗旱总指挥部、国家森林草原防灭火指挥部、国务院抗震救灾指挥部分别印发健全防汛抗旱、森林草原防灭火、防震减灾救灾等体制机制的意见,厘清了应急管理部门与水利、林草、自然资源等部门"防"与"救"的职责边界,实现了相关部门之间责任链条的无缝对接。

加强"上""下"联动。加强对地方应急管理部门的指导协调,建成投入使用国家应急指挥总部,健全自上而下的应急指挥平台体系和国家、省、市、县四级贯通的应急指挥信息网,指导建立重特大灾害事故和重特大险情信息报告制度、重大风险隐患省部联合远程"会诊"制度、分级响应制度,构建反应灵敏、上下联动的应急管理体系,实现重大灾害事故应对处置上下高效联动。

(2) 深化安全生产领域改革

健全完善安全监管体制。2020年9月、10月,中共中央办公厅、国务院办公厅印发《国家

---

① 三定:定职责、定机构、定编制。

矿山安全监察局职能配置、内设机构和人员编制规定》《关于调整应急管理部职责机构编制的通知》，在应急管理部增设一个负责危险化学品安全监管的业务司，撤销安全生产基础司，将安全生产执法局更名为安全生产执法和工贸安全监督管理局；国家煤矿安全监察局更名为国家矿山安全监察局，划入非煤矿山安全监督管理职责，设在地方的省级局实行国家矿山安全监察局与省（自治区、直辖市）政府双重领导、以国家矿山安全监察局为主的管理体制。

构建安全生产制度体系。压实安全生产责任，2018年4月，中共中央办公厅、国务院办公厅印发《地方党政领导干部安全生产责任制规定》，作为我国安全生产领域第一部党内法规，对地方各级党政领导干部的安全生产职责、考核考察、表彰奖励、责任追究等做出明确规定。2019年2月，国务院公布《生产安全事故应急条例》，对生产安全事故应急准备、应急救援、法律责任等做出明确规定。建立安全预防控制体系，2020年2月，中共中央办公厅、国务院办公厅印发《关于全面加强危险化学品安全生产工作的意见》，分别从强化安全风险管控、强化全链条安全管理、强化企业主体责任落实、强化基础支撑保障和强化安全监管能力等方面提出了一系列措施。推动安全生产法治建设，2021年6月10日，第十三届全国人民代表大会常务委员会第二十九次会议通过《全国人民代表大会常务委员会关于修改〈中华人民共和国安全生产法〉的决定》，强调全员安全生产责任制，明确生产经营单位的主要负责人是安全生产第一责任人，加大对违法行为的惩处力度。

推动执法改革。2020年9月，中共中央办公厅、国务院办公厅印发《关于深化应急管理综合行政执法改革的意见》，将法律法规赋予地方应急管理部门的有关安全生产监管以及应急抢险和灾害救助、防震减灾等方面的行政处罚、行政强制职能进行整合，组建应急管理综合行政执法队伍。2021年3月，应急管理部出台《关于加强安全生产执法工作的意见》，深入推进执法标准化、规范化建设。

（3）推进防灾减灾救灾体制机制改革

建立防范救援救灾一体化工作机制。2022年10月，中共中央办公厅、国务院办公厅印发《关于全面加强新形势下森林草原防灭火工作的意见》，是中华人民共和国成立以来首个由党中央、国务院审定印发的关于森林草原防灭火工作的指导性文件，是新体制新机制下做好森林草原防灭火工作的基本遵循，具有里程碑意义。应急管理部会同有关部门建立重大灾害风险研判、灾情会商、信息共享、协同处置、恢复重建等全过程多部门联动机制，成立国务院督导组，对四川森林草原防灭火工作进行专项整治督导。

构建自然灾害综合风险监测预警机制。2020年5月开始的第一次全国自然灾害综合风险普查，全面获取全国灾害风险要素数据数十亿条，为监测预警、应急指挥、抢险救灾、物资调度等提供数据和科技支撑。2020年6月，应急管理部、国家发展和改革委员会等七部门联合印发《自然灾害监测预警信息化工程实施方案》，初步建成灾害综合风险监测预警平台，依托"天眼"卫星监测系统和重大灾害无人机应急合作机制，实现森林火灾、洪涝、台风、地震、地质灾害等风险常态化、动态化监测。

建立健全救灾保障机制。建立健全中央、省、市、县、乡五级救灾物资储备体系，建成应急资源管理平台。2019年11月,国家发展和改革委员会、财政部、应急管理部联合印发《关于做好特别重大自然灾害灾后恢复重建工作的指导意见》,完善灾后恢复重建工作保障机制。2020年6月,应急管理部、财政部联合印发《中央自然灾害救灾资金管理暂行办法》,整合设立中央自然灾害救灾资金,完善资金保障机制。2024年1月国务院办公厅印发修订后的《国家自然灾害救助应急预案》。

(4) 应急管理体制机制改革成效初显

2018年党和国家机构改革以来,我国应急管理事业发展进入新的历史时期,取得历史性成就,发生历史性变革,实现了体制之变、机制之变、力量之变、成效之变,走出了新时代中国特色应急管理新路子。

实现体制之变。党对应急管理工作的领导全面加强,基本构建起统一指挥、专常兼备、反应灵敏、上下联动的中国特色应急管理体制。应急部门发挥综合优势,各相关部门发挥专业优势,形成了协同高效的应急管理工作格局。

实现机制之变。全面建立各领域各环节责任体系,建立健全监测预警、会商研判、力量预置、信息报告、扁平指挥、物资快拨、军地协同、区域联动和防范救援救灾一体化等应急管理机制,搭建横向互联互通、纵向上下贯通的信息化平台,应急管理效能实现质的提升。

实现力量之变。按照构建统一领导、权责一致、权威高效的国家应急能力体系要求,基本形成以国家综合性消防救援队伍为主力军和国家队、以专业救援队伍为协同、以军队应急力量为突击、以社会力量为辅助的应急力量体系。国家综合性消防救援队伍主动适应"全灾种、大应急"综合救援任务需求,加快补齐专业救援能力短板,强化战斗力标准,在救援理念、组织指挥、能力建设等方面加快转型升级,在一场场大仗、硬仗中赢得了社会广泛赞誉。

实现成效之变。新体制、新机制、新队伍的优势日益显现,风险防范更主动,应急准备更充分,应急救援更高效,应急管理效能持续增强,有力维护了人民群众生命财产安全和经济社会大局稳定,开启了我国应急管理事业发展的崭新篇章。

3. 建立大安全大应急框架

建立大安全大应急框架,完善公共安全体系是对应急管理改革发展提出的更高要求,为推动建立与中国式现代化要求相适应的国家应急管理体系和能力创造了新的机遇。

(1) 建立大安全大应急框架是健全公共安全体系的重要举措

党的十八大以来,党中央始终高度重视公共安全工作,科学谋划健全公共安全体系,不断推动深化应急管理体制机制改革,层层推进完善我国应急管理体系。

2015年5月29日,十八届中共中央政治局就健全公共安全体系进行第二十三次集体学习,明确"自觉把维护公共安全放在维护最广大人民根本利益中来认识,放在贯彻落实总体国家安全观中来思考,放在推进国家治理体系和治理能力现代化中来把握,努力为人民安居乐业、社会安定有序、国家长治久安编织全方位、立体化的公共安全网"。

2017年10月,党的十九大报告中强调,"健全公共安全体系,完善安全生产责任制,坚决遏制重特大安全事故,提升防灾减灾救灾能力"。

2019年10月,《中共中央关于坚持和完善中国特色社会主义制度 推进国家治理体系和治理能力现代化若干重大问题的决定》提出,要建立公共安全隐患排查和安全预防控制体系,构建统一指挥、专常兼备、反应灵敏、上下联动的应急管理体制,优化国家应急管理能力体系建设,提高防灾减灾救灾能力。

2020年10月,《中华人民共和国国民经济和社会发展第十四个五年规划和2035年远景目标纲要》明确,要全面提高公共安全保障能力,完善国家应急管理体系。

2022年10月,党的二十大进一步明确要建立大安全大应急框架,完善公共安全体系,推动公共安全治理模式向事前预防转型。

建立大安全大应急框架是贯彻落实总体国家安全观,健全公共安全体系,提高公共安全治理立体化、精细化水平做出的全局性谋划;是针对我国公共安全复杂严峻形势,特别是影响公共安全的各种风险因素相互作用、相互交织、相互加强的实际,对传统公共安全治理模式进行整体性、系统性改革做出的重大部署。

(2) 建立大安全大应急框架是应急管理体系和能力现代化题中应有之义

中国式现代化是一个系统工程,需要统筹兼顾、系统谋划、整体推进。在推进中国式现代化进程中,应急管理是国家治理能力建设亟须加强的领域。应急管理体系是一个国家应对突发事件的理念及相应的体制机制安排,是一整套紧密相连、相互协调的制度体系。应急管理能力是国家拥有的应急管理资源及对其进行合理配置和有效使用的能力,是一个国家应急管理制度执行力的集中体现。

一方面,积极推进应急管理体系和能力现代化,必须坚持整体谋划、系统重塑、全面提升,必须在涵盖各类突发事件、统一的大安全大应急框架下实施,既包括自然灾害类、事故灾难类突发事件,也包括公共卫生类突发事件和社会安全类突发事件;另一方面,现阶段我国应急管理事业改革仍处于不断深化过程中,依然存在着应急管理部门统筹协调力度偏弱、综合性防灾减灾救灾体系不完善、统一应急指挥调度机制仍需健全、基层应急能力和社会共治体系短板明显等绕不开、躲不过的深层次矛盾和问题,迫切需要通过构建大安全大应急框架,打破条块分割、部门独立、地方割裂的传统公共安全治理模式,加强全方位、全要素协同联动,提高突发事件防范应对合力,从而推进应急管理体系和能力现代化。

(3) 建立大安全大应急框架亟须完善制度,发挥应急管理综合优势

改革更多面对的是深层次体制机制问题,对改革顶层设计的要求更高,对改革的系统性、整体性、协同性要求更强,相应地建章立制、构建体系的任务更重。要把深化改革攻坚同促进制度集成结合起来,聚焦基础性和具有重大牵引作用的改革举措,加强制度创新,充分联动和衔接配套,提升改革综合效能。

建立大安全大应急框架是全面深化改革,坚持优化、协同、高效原则,从顶层设计上对进一步健全公共安全体系,提高公共安全治理水平做出的制度性安排。公共安全无处不在,应急管理工作涉及方方面面,涉及各行业各领域。建立大安全大应急框架,必须坚持系统观念、全局观念,统筹各方力量和资源,充分发挥应急管理部门的综合优势和各相关部门的专业优势,衔

接好"防"和"救"的责任链条,确保责任链条无缝对接。

通过健全支撑和保障大安全大应急的制度框架,更好地实现应急管理的统分结合、防救协同、上下联动,衔接好各环节的责任链条,汇聚各方合力,具体做到"五个综合":

① 强化综合管理,更加注重应急管理、安全生产等方针政策的拟定工作,起草相关法律法规草案,组织编制和实施国家有关规划,指导应急预案体系建设;

② 强化综合应对,履行国务院安委会、国家减灾委等议事协调机构职责,统筹自然灾害防治,强化安全生产综合监管和综合防灾减灾救灾;

③ 强化综合救援,建强国家综合性消防救援队伍,统筹相关应急救援力量建设,构建多元化应急救援力量体系,建立国家应急指挥总部机制,加快推进国家区域应急救援中心建设,更好适应"全灾种、大应急"要求;

④ 强化综合保障,加强监测预警、指挥调度、应急救援远程空运、网络通信、安全保障等关键技术研发,加大先进适用装备配备力度,健全应急物资储备体系及配套信息平台,加强应急管理学科建设,培养应急管理人才;

⑤ 强化综合服务,牵头建立统一的应急管理信息系统,健全信息资源获取和共享机制,深化拓展应急管理大数据应用模式,支撑各地区、各有关部门应急管理工作。

2.3.2 新型冠状病毒感染疫情抗疫历程

2020年伊始,突如其来的新型冠状病毒感染疫情迅速蔓延,给本应处于春节祥和气氛中的国人的生活蒙上了一层阴影。本次疫情是百年来全球发生的最严重的传染病大流行,是中华人民共和国成立以来我国遭遇的传播速度最快、感染范围最广、防控难度最大的重大突发公共卫生事件。这次突发疫情是对我国治理体系和治理能力的一次大考,是一场全人类与病毒的战争。

面对前所未知、突如其来、来势汹汹的疫情天灾,中国果断打响疫情防控阻击战。中国把人民生命安全和身体健康放在第一位,以坚定果敢的勇气和决心,采取最全面、最严格、最彻底的防控措施,有效阻断病毒传播链条。14亿中国人民坚忍奉献、团结协作,构筑起同心战疫的坚固防线,彰显了人民的伟大力量。

回顾中国抗疫历程,大体分为五个阶段:

1. 迅即应对阶段

第一阶段:迅即应对突发疫情(2019年12月27日至2020年1月19日)。

(1) 概述

湖北省武汉市监测发现不明原因的肺炎病例,第一时间报告疫情,迅速采取行动,开展病因学和流行病学调查,阻断疫情蔓延。及时主动向世界卫生组织以及美国等国家通报疫情信息,向世界公布新型冠状病毒基因组序列。武汉地区出现局部社区传播和聚集性病例,其他地区开始出现武汉关联确诊病例,中国全面展开疫情防控。

(2) 主要应急反应

湖北省中西医结合医院最早于2019年12月27日向武汉市江汉区疾控中心报告不明原因肺炎病例。武汉市组织专家从病情、治疗转归、流行病学调查、实验室初步检测等方面情况分析,认为上述病例系病毒性肺炎。

武汉市卫生健康委员会向辖区医疗机构发布《关于做好不明原因肺炎救治工作的紧急通知》。2019年12月31日,武汉市卫生健康委员会在官方网站发布《关于当前我市肺炎疫情的情况通报》,发现27例病例,提示公众尽量避免到封闭、空气不流通的公共场合和人多集中地方,外出可佩戴口罩。从31日起,武汉市卫生健康委员会依法发布疫情信息。1月5日,根据实验室检测结果,武汉市卫生健康委员会排除流感、禽流感、腺病毒、传染性非典型肺炎和中东呼吸综合征等呼吸道病原。在2020年1月12日的情况通报中首次将"不明原因的病毒性肺炎"更名为"新型冠状病毒感染的肺炎"。

国家卫生健康委员会获悉武汉市不明原因肺炎的有关信息后立即组织研究,迅速开展行动,做出安排部署,派出工作组、专家组赶赴武汉市,指导做好疫情处置工作,开展现场调查。于2020年1月1日成立疫情应对处置领导小组,制订《不明原因的病毒性肺炎防控"三早"方案》。3日,国家卫生健康委员会同湖北省卫生健康委员会制订《不明原因的病毒性肺炎诊疗方案(试行)》和《不明原因的病毒性肺炎医疗救治工作手册》。1月8日,国家卫生健康委员会专家评估组初步确认新型冠状病毒为疫情病原并于1月9日对外发布武汉市不明原因的病毒性肺炎病原信息,病原体初步判断为新型冠状病毒。1月13日,国家卫生健康委员会指导湖北省、武汉市进一步强化管控措施,加强口岸、车站等人员体温监测,减少人群聚集,分别于15日和18日发布新型冠状病毒感染的肺炎诊疗方案(试行)第一版和第二版。经高级别专家组经认真研判,19日深夜明确新型冠状病毒出现人传人现象。

中国疾控中心于2020年1月7日成功分离新型冠状病毒毒株。中国疾控中心、中国科学院武汉病毒研究所等专业机构于1月10日初步研发出检测试剂盒,武汉市立即组织对在院收治的所有相关病例进行排查。国家卫生健康委员会、中国疾控中心负责人分别与世界卫生组织负责人就疫情应对处置工作通话,交流有关信息。

中国疾控中心、中国医学科学院、中国科学院武汉病毒研究所作为国家卫生健康委员会指定机构,向世界卫生组织提交新型冠状病毒基因组序列信息,在全球流感共享数据库(GISAID)发布,全球共享。国家卫生健康委员会与世界卫生组织分享新冠病毒基因组序列信息。

世界卫生组织官方网站于1月13日发表关于在泰国发现新型冠状病毒病例的声明指出,中国共享了基因组测序结果,使更多国家能够快速诊断患者。中国香港、澳门、台湾地区考察团赴武汉市考察疫情防控工作。

2. 初步遏制阶段

第二阶段:初步遏制疫情蔓延势头(2020年1月20日至2020年2月20日)。

(1)概述

全国新增确诊病例快速增加,防控形势异常严峻。中国采取阻断病毒传播的关键一招,坚决果断关闭离汉离鄂通道,武汉保卫战、湖北保卫战全面打响。中共中央成立应对疫情工作领导小组,并向湖北等疫情严重地区派出中央指导组。国务院先后建立联防联控机制、复工复产推进工作机制。全国集中资源和力量驰援湖北省和武汉市。各地启动重大突发公共卫生事件应急响应。最全面、最严格、最彻底的全国疫情防控正式展开,疫情蔓延势头初步遏制。

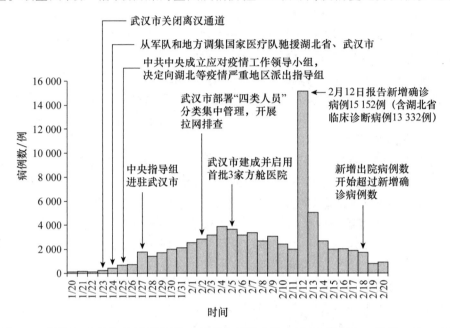

图 2-2　中国(不含港澳台)新型冠状病毒感染新增确诊病例情况(1 月 20 日至 2 月 20 日)

注:时间以"月/日"表示,图 2-3～图 2-5 同。

(2) 主要应急反应

武汉市疫情防控指挥部在 1 月 23 日凌晨 2 时许,发布 1 号通告,通知 23 日 10 时起机场、火车站离汉通道暂时关闭。交通运输部发出紧急通知,全国暂停进入武汉市道路水路客运班线发班。

中共中央政治局成立应对疫情工作领导小组,在中央政治局常务委员会领导下开展工作。1 月 27 日,中央指导组进驻武汉市,全面加强对一线疫情防控的指导督导。2 月 2 日开始,在中央指导组指导下,武汉市部署实施确诊患者、疑似患者、发热患者、确诊患者的密切接触者"四类人员"分类集中管理。按照应收尽收、应治尽治、应检尽检、应隔尽隔"四应"要求,持续开展拉网排查、集中收治、清底排查三场攻坚战。2 月 3 日,中央指导组从全国调集 22 支国家紧急医学救援队,在武汉市建设方舱医院。

国家卫生健康委员会等 6 部门发布《关于严格预防通过交通工具传播新型冠状病毒感染的肺炎的通知》。国家卫生健康委员会先后发布通用、旅游、家庭、公共场所、公共交通工具、居家观察等 6 个公众预防指南以及《新型冠状病毒感染的肺炎诊疗方案(试行第四版)》《新型冠状病毒感染的肺炎防控方案(第三版)》《新型冠状病毒感染的肺炎重症患者集中救治方案》《新型冠状病毒感染的肺炎诊疗方案(试行第五版)》《新型冠状病毒感染肺炎防控方案(第四版)》《新型冠状病毒肺炎诊疗方案(试行第六版)》。

全国各省份陆续启动重大突发公共卫生事件省级一级应急响应。从各地和军队调集346支国家医疗队、4.26万名医务人员和965名公共卫生人员于1月24日开始驰援湖北省和武汉市。2月10日,建立省际对口支援湖北省除武汉市以外地市新型冠状病毒感染病例的医疗救治工作机制,统筹安排19个省份对口支援湖北省武汉市以外16个市、州及县级市。

中国科学院武汉病毒研究所、武汉市金银潭医院、湖北省疾控中心研究团队于1月23日发现新型冠状病毒的全基因组序列与SARS-CoV序列一致性有79.5%。国家微生物科学数据中心和国家病原微生物资源库共同建成"新型冠状病毒国家科技资源服务系统",发布新型冠状病毒第一张电子显微镜照片和毒株信息。

国家药监局应急审批通过4家企业4个新型冠状病毒检测产品,进一步扩大新型冠状病毒核酸检测试剂供给能力。至2月15日,已有7个诊断检测试剂获批上市,部分药物筛选与治疗方案、疫苗研发、动物模型构建等取得阶段性进展。

(3) 取得成效

2月11日,供应湖北省医用防护服首次实现供大于求。

2月14日,全国除湖北省以外其他省份新增确诊病例数实现"十连降"。

2月17日,国务院联防联控机制印发《关于科学防治精准施策分区分级做好新冠肺炎疫情防控工作的指导意见》,部署各地区各部门做好分区分级精准防控,有序恢复生产生活秩序。

2月18日,全国新增治愈出院病例数超过新增确诊病例数,确诊病例数开始下降。

3. 新增病例数逐步下降阶段

第三阶段:本土新增病例数逐步下降至个位数(2020年2月21日至2020年3月17日)。

(1) 概述

湖北省和武汉市疫情快速上升势头均得到遏制,全国除湖北省以外疫情形势总体平稳,3月中旬每日新增病例控制在个位数以内,疫情防控取得阶段性重要成效。根据疫情防控形势发展,中共中央做出统筹疫情防控和经济社会发展、有序复工复产的重大决策。

(2) 主要应急反应

国务院联防联控机制印发《企事业单位复工复产疫情防控措施指南》和《关于进一步落实分区分级差异化防控策略的通知》。

国家卫生健康委员会先后发布《新型冠状病毒肺炎防控方案(试行第五版)》和《新型冠状病毒肺炎诊疗方案(试行第七版)》《新型冠状病毒肺炎防控方案(试行第六版)》。

中国-世界卫生组织联合专家考察组在2月24日在北京举行新闻发布会,认为中国在减缓疫情扩散蔓延、阻断病毒人际传播方面取得明显效果,已经避免或至少推迟了数十万人感染新型冠状病毒肺炎。2月29日,中国-世界卫生组织新型冠状病毒肺炎联合考察报告发布。报告认为,面对前所未知的病毒,中国采取了历史上最勇敢、最灵活、最积极的防控措施,尽可能迅速地遏制病毒传播;令人瞩目的是,在所考察的每一个机构都能够强有力地落实防控措

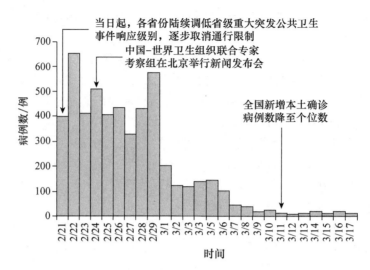

图 2-3　中国(不含港澳台)新型冠状病毒感染新增确诊病例情况(2月21日至3月17日)

施;面对共同威胁时,中国人民凝聚共识、团结行动,才使防控措施得以全面有效地实施;每个省、每个城市在社区层面都团结一致,帮助和支持脆弱人群及社区。

(3) 取得成效

2月21日起,各地因地制宜,陆续调低省级重大突发公共卫生事件响应级别,逐步取消通行限制。至2月24日,除湖北省、北京市外,其他省份主干公路卡点全部打通,运输秩序逐步恢复。全国新增确诊病例数已连续5天在1000例以下,现有确诊病例数近一周以来呈现下降趋势,所有省份新增出院病例数均大于或等于新增确诊病例数。

2月27日,全国除湖北省以外其他省份,湖北省除武汉市以外其他地市,新增确诊病例数首次双双降至个位数。

3月11日至17日,全国每日新增本土确诊病例数维持在个位数。17日,首批42支国家援鄂医疗队撤离武汉。

总体上,中国本轮疫情流行高峰已经过去,新增发病数持续下降,疫情总体保持在较低水平。

4. 决定性成果阶段

第四阶段:取得武汉保卫战、湖北保卫战决定性成果(2020年3月18日至2020年4月28日)。

(1) 概述

以武汉市为主战场的全国本土疫情传播基本阻断,离汉离鄂通道管控措施解除,武汉市在院新型冠状病毒感染患者清零,武汉保卫战、湖北保卫战取得决定性成果,全国疫情防控阻击战取得重大战略成果。境内疫情零星散发,境外疫情快速扩散蔓延,境外输入病例造成关联病例传播。中共中央把握疫情形势发展变化,确定了"外防输入、内防反弹"的防控策略,巩固深化国内疫情防控成效,及时处置聚集性疫情,分类推动复工复产,关心关爱境外中国公民。

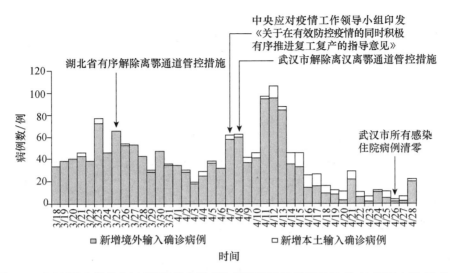

图 2-4 中国(不含港澳台)新型冠状病毒感染新增确诊病例情况(3月18日至4月28日)

(2) 主要应急反应

国务院办公厅印发《关于应对新冠肺炎疫情影响强化稳就业举措的实施意见》。

湖北省有序解除离鄂通道管控措施,撤除除武汉市以外地区所有通道(市际、省界通道)检疫站点。湖北省除武汉市以外地区逐步恢复正常生产生活秩序,离鄂人员凭湖北健康码"绿码"安全有序流动。

23个省份报告了境外输入确诊病例,防止疫情扩散压力依然很大。

中国海关在所有航空、水运、陆路口岸对全部入境人员实施核酸检测。

国务院联防联控机制印发《关于进一步做好重点场所重点单位重点人群新冠肺炎疫情防控相关工作的通知》和《新冠病毒无症状感染者管理规范》。

复工复产方面,中央应对疫情工作领导小组印发《关于在有效防控疫情的同时积极有序推进复工复产的指导意见》,国务院联防联控机制印发《全国不同风险地区企事业单位复工复产疫情防控措施指南》。各地做好复工复产相关疫情防控,分区分级恢复生产秩序。

武汉市新冠肺炎疫情防控指挥部于4月17日发布《关于武汉市新冠肺炎确诊病例数确诊病例死亡数订正情况的通报》,对确诊和死亡病例数进行订正。截至4月16日24时,确诊病例核增325例,累计确诊病例数订正为50333例;确诊病例的死亡病例核增1290例,累计确诊病例的死亡数订正为3869例。

(3) 取得成效

3月18日,全国新增本土确诊病例首次实现零报告。至19日,湖北省以外省份连续7日无新增本土确诊病例。

4月8日起,武汉市解除持续76天的离汉离鄂通道管控措施,有序恢复对外交通,逐步恢复正常生产生活秩序。

4月10日,湖北省在院治疗的重症、危重症患者首次降至两位数。

4月26日,武汉市所有新型冠状病毒感染住院病例清零。

4月27日,中央指导组离鄂返京。

5. 常态化管理阶段

第五阶段:全国疫情防控进入常态化(2020年4月29日以来)。

(1) 概述

境内疫情总体呈零星散发状态,局部地区出现散发病例引起的聚集性疫情,境外输入病例基本得到控制,疫情积极向好态势持续巩固,全国疫情防控进入常态化。加大力度推进复工复产复学,常态化防控措施经受"五一"假期考验。经中共中央批准,国务院联防联控机制派出联络组,继续加强湖北省疫情防控。

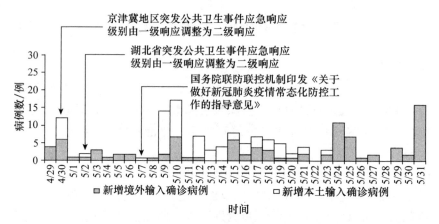

图2-5 中国(不含港澳台)新型冠状病毒感染新增确诊病例情况(4月29日至5月31日)

(2) 主要应急反应

世界卫生组织于5月1日宣布,鉴于当前国际疫情形势,新型冠状病毒感染疫情仍然构成"国际关注的突发公共卫生事件"。

国务院联防联控机制设立联络组,赴湖北省武汉市开展工作,并印发《关于做好新冠肺炎疫情常态化防控工作的指导意见》。

(3) 取得成效

4月30日,京津冀地区突发公共卫生事件应急响应级别由一级响应调整为二级响应。

5月2日,湖北省突发公共卫生事件应急响应级别由一级响应调整为二级响应。

5月21日至27日,全国政协十三届三次会议在北京举行。5月22至28日,十三届全国人大三次会议在北京举行。

新型冠状病毒感染疫情是百年来全球发生的最严重的传染病大流行,是新中国成立以来我国遭遇的传播速度最快、感染范围最广、防控难度最大的重大突发公共卫生事件。

病毒突袭而至,疫情来势汹汹,人民群众生命安全和身体健康面临严重威胁。我们坚持人民至上、生命至上,以坚定果敢的勇气和坚忍不拔的决心,同时间赛跑、与病魔较量,迅速打响疫情防控的人民战争、总体战、阻击战,用1个多月的时间初步遏制疫情蔓延势头,用2个月左右的时间将本土每日新增病例控制在个位数以内,用3个月左右的时间取得武汉保卫战、湖北保卫战的决定性成果,进而又接连打了几场局部地区聚集性疫情歼灭战,夺取了全国抗疫斗争重大战略成果。

第 3 章　新时代应急管理体制

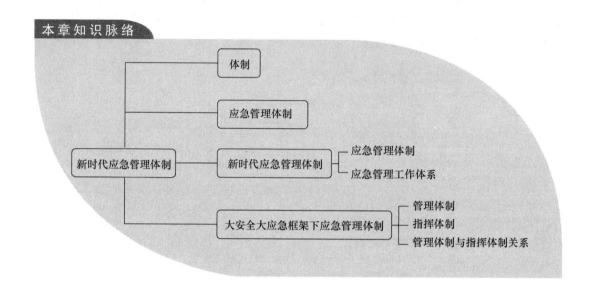

3.1　体制与应急管理体制

根据《辞海》的定义，体制是国家机关、企事业单位在机构设置、领导隶属关系和管理权限等方面的体系、制度、方法、形式等几个方面的总称；《现代汉语词典》对"体制"的定义则是"国家机关、企业、事业单位等的组织制度"。因此，体制中不仅包括实体机构，还包括对实体机构的责任界定和不同实体机构之间关系的规定。

从字面上理解，体制应该分为"体"和"制"两项内容。"体"是指能够容纳一定对象的空间，"制"是控制空间中的对象合理运行的方法与规则。如图 3-1 所示。

因此，体制的形成不仅需要成立一个实体机构，更要有对实体机构的责任界定和不同实体机构之间的关系规定。

应急管理体制是指政府各系统、部门整合各种资源，根据应急法制，针对各类突发事件的性质、特点和可能造成的社会危害，建立起旨在防止或减少危机发生的工作组织机构。根据应急管理体制的基本内涵，体制不仅包括"体"，更包括"制"。"体"是指实体的工作组织机构，"制"是组织机构合理运行的方法与规则。

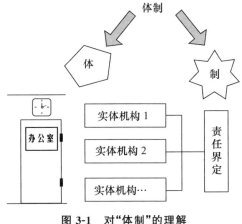

图 3-1 对"体制"的理解

3.2 新时代应急管理体制

《突发事件应对法》规定"国家建立统一指挥、专常兼备、反应灵敏、上下联动的应急管理体制和综合协调、分类管理、分级负责、属地管理为主的工作体系。"

3.2.1 应急管理体制

党的十九届四中全会提出：构建统一指挥、专常兼备、反应灵敏、上下联动的应急管理体制，优化国家应急管理能力体系建设，提高防灾减灾救灾能力。《"十四五"国家应急体系规划》再次提出，到 2025 年，应急管理体系和能力现代化要取得重大进展，形成统一指挥、专常兼备、反应灵敏、上下联动的中国特色应急管理体制，建成统一领导、权责一致、权威高效的国家应急能力体系。2024 年《突发事件应对法》修订明确了国家应急管理体制为统一指挥、专常兼备、反应灵敏、上下联动。

(1) 统一指挥

统一指挥明确的是应急管理的指挥权。应急管理体制里的"统一指挥"和应急能力的"统一领导"是有差别的。"统一领导"明确的是领导权，领导权主要表现为以相应责任为前提的指挥权、协调权。统一指挥则明确了在突发事件应对过程中统一指挥的重要作用，目的是防止出现多头管理、职责混乱的现象，提高应急管理的效率。《突发事件应对法》规定统一领导是人民政府的职责之一。具有统一领导职责的人民政府接受突发事件应急指挥机构的统一指挥。

统一指挥之下，实行资源统一调度，形成全国一盘棋的组织指挥机制是我国应急救援的一大特点，也是一大优势。2018 年之前，如表 2-1 所示，水利部负责水旱灾害防治，中国气象局负责气象灾害监测预警，中国地震局负责震灾应急救援，国土资源部负责地质灾害防治，农业部负责草原防火，国家林业局负责森林防火，等。为了协调应对自然灾害，我国成立了防汛抗旱指挥部、抗震救灾指挥部、减灾委员会、森林防火指挥部等高层次议事协调机构,十分繁杂。应急管理部的成立使这些分散的职责得以有效整合,便于统一指挥和协调。

统一指挥,不仅统一调动各种资源,还能够统筹救灾任务及救灾投入,这样就保证在灾区救援中形成合力,形成一盘棋的救援态势,既减少了灾区的混乱,又节约了救灾的资源,还提高了救灾的效果。

集中统一指挥是适应我国综合应急救援特点的体制内容。综合救援涉及多项业务,部门多、行业多,建立统一指挥调度机制,立足打大仗、打恶仗,完善跨区域增援调动机制,出台各类跨区域增援方案,灾害发生时,按照命令整建制调派充足力量,可以跨国、跨区域作战,按照"纵向到底、横向到边、不留死角、全面覆盖"的原则,直接指挥调度省(自治区、直辖市)、市、县级应急救援力量,掌握一手情况,下达作战命令,真正突显"快速性"标准。

(2) 专常兼备

专常兼备是专业应急救援和常规应急处置相结合。

专常兼备是各部门之间的专常兼备。《突发事件应对法》在继续强调各级人民政府作为突发事件应对行政领导机关的基础上,突出了专业部门特别是应急管理部门履行日常职责的重要性。应急管理工作包括安全生产类、自然灾害类等突发事件和综合防灾减灾救灾工作,以及安全生产综合监督管理和工矿商贸行业安全生产监督管理工作,涵盖了消防管理职责、救灾职责、地质灾害防治职责、水旱防治职责、草原防火职责、森林防火职责、震灾应急救援职责等。不同的事件有不同的特征,不同的应对处置措施,需要专项应急牵头部门以及其他支持部门,启动不同的响应级别。《突发事件应对法》同时还规定应急管理部门和卫生健康、公安等部门应当在各自职责范围内做好工作。

专常兼备是各救援队伍之间的专常兼备。应急救援队伍可以分成国家综合性消防救援队伍、专业应急救援队伍、解放军和武警部队应急救援队伍、社会应急救援队伍以及国际应急救援队伍。不同的专常队伍在统一指挥之下处置不同的灾害事故,发挥专常兼备的特点。

专常兼备还是救援物资的专常兼备。许多应急部门都储备了一定种类与数量的应急物资,但部门之间分割而缺少共享、共用,造成了重复储备或储备空白。整合分散的各个部门的应急物资,可以提高物资储备与使用效率,降低储备成本。

(3) 反应灵敏

应急救援在某种程度上就是和时间赛跑,反应灵敏既是要求,又是效果。

我国自然灾害呈大规模、高频率、群发性、风险持续增加的趋势,中央部署防灾减灾"两个坚持"和"三个转变"的改革,应急管理各部门成立就是为了进行综合协调和应急保障,提高灾害应急处置成效,最大限度地在灾害来临时保护人民群众生命财产安全。原来很多机构不在一个部门里,很难充分协调,而同由一个部门来管的话,适应了灾害事故自身的发展链条,可以全过程地实施监管和及时地进行应急救援,效率自然会提高很多,跨出了非常大的一步。

在统一指挥下,根据不同事件的特征,启动不同的响应级别和不同的应急救援队伍,减少行政环节、降低行政成本,提高快速反应能力。应急管理部在成立之后就承担起统筹、协调、组织全国防灾减灾救灾的职责,突发事件发生后能够立即组织制定各个灾种的应急预案和工作方案,全体人员进入应急状态,应急管理部党组成员24小时轮流在岗值班,每一次重大自然灾害都是在第一时间启动应急响应,第一时间派出应急救援队伍,同时把每一次应急响应作为实战演练,逐步磨合、完善应急处置方案和措施。

灾情信息的统一收集与发布为反应灵敏提供了可行性。面对同一场自然灾害,应急、减灾、防汛抗旱等部门都建立了自成体系的灾情收集与报告制度,经常出现灾情统计数字差异较大的情况,给应急决策者带来很大的障碍与困难。灾情信息决定着应急力量与资源的调配范围与速度,是避免应急响应不足或应急响应过度的重要依据。应急管理部有条件统一各个应急信息平台,建立整合的灾情报告系统,并统一发布灾情信息。

统一指挥是反应灵敏的基础,反应灵敏是统一指挥的效果。自然灾害的发生可能会引发次生灾害,也会导致事故灾难。以往不同的灾害事故分属于不同部门,不同部门之间沟通、协调需要浪费宝贵的救灾时间,应急管理部既负责指导火灾、水旱灾害、地质灾害等防治,也负责安全生产综合监督管理和工矿商贸行业安全生产监督管理,从而避免从前存在的责任不清、相互扯皮问题,有利于对灾难原因进行实事求是的调查评估,进而弥补风险监管的缝隙。

(4)上下联动

上下联动是指上级政府对下级各有关政府以及政府与社会有关组织、团体的联动。相对于《突发事件应对法》规定的"分级负责、属地为主"的工作体系,上下联动明确了分级负责之间的关系不是独立行动,而是协调联动。在强调"属地为主"的同时,又说明上级政府和下级政府之间、民众之间、社会组织之间的联动关系。

上下联动是上级政府对下级各有关政府的联动。作为国务院组成部门,应急管理部的正部级机构设置高于国务院原应急管理办公室的司局级架构。新组建的应急管理部的10位领导中有3位是正部级干部,规格较高。随着地方政府设立对应的应急厅、局,上下形成一个具有凝聚力和归属感的系统,稳定应急管理队伍,使应急管理经验得以持续积累。

上下联动是上级政府与社会有关组织、团体和民众的联动。社会组织和民众是最初的应急响应单元,是直接的承灾体,既是公共安全保护的主要对象,又是实施公共安全保障的重要力量。公众参与对维护公共安全、预防和应对安全风险非常关键。在灾害事故来临时,公众第一时间的自救和互救对提高生存率发挥着不可替代的作用。

上下联动关键在于协调性。重大突发事件具有极强的复杂性、关联性和耦合性,常常突破既有的地理边界和行政管理边界。通过上下联动推动有关地方、部门和企业履行责任,以上带下、上下一体,形成国家、省、市、县应急管理体系一体化。自党的十八大以来,我国灾害处置改变了"中央大包大揽、领导靠前指挥"的应急惯例,充分发挥地方政府在救灾过程中的积极性与主动性,中央提供支持与保障。《国务院机构改革方案》规定,"按照分级负责的原则,一般性灾害由地方各级政府负责,应急管理部代表中央统一响应支援;发生特别重大灾害时,应急管理部作为指挥部,协助中央指定的负责同志组织应急处置工作,保证政令畅通、指挥有效。"应急管理部的组建统筹了分散的应急资源和力量,提升了协同应对重大突发事件的能力。在特别重大灾害发生时,中央指定负责同志领导应急响应工作,协调党、政、军、群多方面力量。应急管理部作为指挥部,协助该同志开展应急处置工作,改变了巨灾应对中临时成立指挥部的弊端。

3.2.2 应急管理工作体系

我国突发事件应对职责分属于若干个不同部门,人力、物力、财力资源比较分散,存在责任不够明确、指挥不够统一、反应不够灵敏等问题。《突发事件应对法》确立了"综合协调、分类管理、分级负责、属地管理为主"的应急管理工作体系。

(1) 综合协调

综合协调有两层含义:一是政府对所属各有关部门,上级政府对下级各有关政府,政府与社会有关组织、团体之间的协调;二是各级政府突发事件应急管理工作的办事机构进行的日常协调。综合协调的本质和取向是在分工负责的基础上,强化统一指挥、协同联动,以减少运行环节、降低行政成本、提高快速反应能力。

(2) 分类管理

分类管理是指按照自然灾害、事故灾难、公共卫生事件和社会安全事件四类突发事件的不同特征实施应急管理,具体包括:根据不同类型的突发事件,确定管理规则,明确分级标准,开展预防和应急准备、监测与预警、应急处置与救援、事后恢复与重建等活动。此外,由于一类突发事件往往由一个或者几个相关部门牵头负责,因此分类管理实际上就是分类负责,以充分发挥诸如防汛抗旱、核应急、防震减灾、反恐等指挥机构及其办公室在相关领域应对突发事件中的作用。

(3) 分级负责

分级负责主要是根据突发事件的影响范围和突发事件的级别,确定突发事件应对工作由不同层级的政府负责。一般来说,一般和较大的自然灾害、事故灾难、公共卫生事件的应急处置工作分别由发生地县级和设区的市级人民政府统一领导;重大和特别重大的,由省级人民政府统一领导,其中影响全国、跨省级行政区域或者超出省级人民政府处置能力的特别重大的突发事件应对工作,由国务院统一领导。社会安全事件由于其特殊性,原则上,也是由发生地的县级人民政府组织处置,但必要时上级人民政府可以直接处置。需要指出,履行统一领导职责的地方人民政府不能消除或者有效控制突发事件引起的严重社会危害的,应当及时向上一级人民政府报告,请求支持。接到下级人民政府的报告后,上级人民政府应当根据实际情况对下级人民政府提供人力、财力支持和技术指导,必要时可以启用储备的应急救援物资、生活必需品和应急处置装备;有关突发事件升级的,应当由相应的上级人民政府统一领导应急处置工作。

为了应对职责范围内的重大公共危机,国务院各职能部门中有应急管理责任的机构分别建立了各自的应急管理指挥体系、应急救援体系和专业应急队伍,并形成了危机事件的预警预报体制、部际协调体制和救援救助体制等。

(4) 属地管理

属地管理为主,主要有两种含义:一是突发事件应急处置工作原则上由地方负责,即由突发事件发生地的县级以上地方人民政府负责;二是法律、行政法规规定由国务院有关部门对特定突发事件的应对工作负责的,就应当由国务院有关部门管理为主。比如,《中国人民银行法》规定,商业银行已经或者可能发生信用危机,严重影响存款人的利益时,由中国人民银行对该银行实行接管,采取必要措施,以保护存款人利益,恢复商业银行正常经营能力。再比如,《核电厂核事故应急管理条例》规定,全国的核事故应急管理工作由国务院指定部门负责。

3.3 大安全大应急框架下应急管理体制

修订后的《突发事件应对法》专门增加了一章"管理与指挥体制",涉及应急的管理体制和指挥体制。

3.3.1 管理体制

应急管理是与常态管理相对而生的工作,是为了防止社会系统从有序状态转向无序状态,或促使社会系统从无序状态回归有序状态。应急管理不仅是人民政府和应急管理部门的工作,也不仅是应急管理、卫生健康、公安部门的工作,而是所有部门在常态管理之外都需要具备的职能。

1. 人民政府

《突发事件应对法》中规定:

(1) 县级人民政府

县级人民政府对本行政区域内突发事件的应对管理工作负责。突发事件发生后,发生地县级人民政府应当立即采取措施控制事态发展,组织开展应急救援和处置工作,并立即向上一级人民政府报告,必要时可以越级上报,具备条件的,应当进行网络直报或者自动速报。

突发事件发生地县级人民政府不能消除或者不能有效控制突发事件引起的严重社会危害的,应当及时向上级人民政府报告。上级人民政府应当及时采取措施,统一领导应急处置工作。

法律、行政法规规定由国务院有关部门对突发事件应对管理工作负责的,从其规定;地方人民政府应当积极配合并提供必要的支持。

(2) 多地人民政府

突发事件涉及两个以上行政区域的,其应对管理工作由有关行政区域共同的上一级人民政府负责,或者由各有关行政区域的上一级人民政府共同负责。共同负责的人民政府应当按照国家有关规定,建立信息共享和协调配合机制。根据共同应对突发事件的需要,地方人民政府之间可以建立协同应对机制。

由多地人民政府共同负责的,修订后的法律要求其建立信息共享和协调配合机制,同时授权地方政府根据共同应对突发事件的需要建立协同机制。

(3) 县级以上人民政府

县级以上人民政府是突发事件应对管理工作的行政领导机关。

(4) 与其他机构协同

① 县级以上人民政府应急管理部门和卫生健康、公安等有关部门应当在各自职责范围内做好有关突发事件应对管理工作，并指导、协助下级人民政府及其相应部门做好有关突发事件的应对管理工作。

② 乡级人民政府、街道办事处应当明确专门工作力量，负责突发事件应对有关工作。

③ 居民委员会、村民委员会依法协助人民政府和有关部门做好突发事件应对工作。

④ 公民、法人和其他组织有义务参与突发事件应对工作。

⑤ 中国人民解放军、中国人民武装警察部队和民兵组织依照《突发事件应对法》和其他有关法律、行政法规、军事法规的规定以及国务院、中央军事委员会的命令，参加突发事件的应急救援和处置工作。

2. 应急管理部门

2007年8月审议通过原《突发事件应对法》时，应急管理部尚未组建。故2024修订增加了应急管理部门和国家综合性消防救援队伍的相关内容。修订后的《突发事件应对法》有4处提到应急管理部门：

一是明确突发事件应对管理工作分工负责，规定县级以上人民政府应急管理部门和卫生健康、公安等有关部门应当在各自职责范围内做好有关突发事件应对管理工作，并指导、协助下级人民政府及其相应部门做好有关突发事件的应对管理工作。突发事件包括自然灾害、事故灾难、公共卫生事件和社会安全事件，其中，应对自然灾害和事故灾难属应急管理部门职责范围内。

二是有关突发事件的应急预案，规定县级以上人民政府应急管理部门指导突发事件应急预案体系建设，综合协调应急预案衔接工作，增强有关应急预案的衔接性和实效性。

三是有关应急避难场所的建设和管理，规定国务院应急管理部门会同相关部门统筹、指导全国应急避难场所的建设和管理工作，建立健全应急避难场所标准体系。县级以上地方人民政府负责本行政区域内应急避难场所的规划、建设和管理工作。

四是有关应急救援职业资格。规定专业应急救援人员应当取得国家规定的应急救援职业资格，具体办法由国务院应急管理部门会同国务院有关部门制定。按照《国家职业资格目录》(2021年版)，应急救援员为水平评价类职业资格，但根据2019年12月30日国务院常务会议精神，拟依法调整为准入类职业资格。

3. 应急管理部

(1) 议事机构

应急管理部议事机构有5个，分别是国家防汛抗旱总指挥部、国务院抗震救灾指挥部、国务院安全生产委员会、国家森林草原防灭火指挥部和国家防灾减灾救灾委员会。

(2) 机关司局

全灾种职责的部门：应急指挥中心(国家消防救援局指挥中心)、队伍建设局、救援协调和预案管理局、政策法规司、国际合作和救援司(港澳台办公室)、规划财务司、调查评估和统计司、科技和信息化司等。

以防灾减灾救灾职责为主的部门：综合减灾与改革协调司、防汛抗旱司、地震和地质灾害救援司、救灾和物资保障司。

以安全生产职责为主的部门：危险化学品安全监督管理一司、危险化学品安全监督管理二司(海洋石油安全生产监督管理办公室)、安全生产执法和工贸安全监督管理局、安全生产综合协调司等。

(3) 部属单位

应急管理部部属单位有4个，分别是国家消防救援局、国家矿山安全监察局、中国地震局和国家安全生产应急救援中心。

4. 应急管理部的主要职责[①]

组织编制国家应急总体预案和规划，指导各地区各部门应对突发事件工作，推动应急预案体系建设和预案演练。

建立灾情报告系统并统一发布灾情，统筹应急力量建设和物资储备并在救灾时统一调度，组织灾害救助体系建设，指导安全生产类、自然灾害类应急救援，承担国家应对特别重大灾害指挥部工作。

指导火灾、水旱灾害、地质灾害等防治。负责安全生产综合监督管理和工矿商贸行业安全生产监督管理等。

公安消防部队、武警森林部队转制后，与安全生产等应急救援队伍一并作为综合性常备应急骨干力量，由应急管理部管理，实行专门管理和政策保障，采取符合其自身特点的职务职级序列和管理办法，提高职业荣誉感，保持有生力量和战斗力。

应急管理部要处理好防灾和救灾的关系，明确与相关部门和地方各自职责分工，建立协调配合机制。

5. 部属单位的职责

(1) 国家消防救援局职责

2023年1月6日，中国国家消防救援局正式挂牌，由应急管理部消防救援局和森林消防局整合而成。国家消防救援局负责贯彻落实党中央关于消防救援工作的方针政策和决策部署，在履行职责过程中坚持和加强党中央对消防救援工作的集中统一领导。主要职责是：

① 起草消防法律、行政法规、规章草案，指导编制消防规划并监督实施。

② 负责职责范围内的国家综合性消防救援队伍建设、管理工作。组织构建国家综合性消防救援队伍教育训练体系，负责消防救援院校建设有关工作。

③ 组织指导地方专兼职消防队伍规划建设与指挥调度，与防汛抗旱、森林防火等专业应急救援队伍、志愿者队伍建立共训共练、救援合作机制。

---

① 中华人民共和国应急管理部[EB/OL].[2024-02-24]. https://www.mem.gov.cn/jg/

④ 组织指导城乡和森林草原火灾扑救、航空救援、特种灾害救援、重大活动消防安全保卫等任务,协同组织其他自然灾害和事故灾难抢险救援等工作,指挥调度相关灾害事故救援行动。

⑤ 依法行使消防安全综合监管职能,组织指导火灾预防、消防监督执法以及火灾事故调查处理有关工作,组织指导消防宣传教育工作。

⑥ 完成党中央、国务院及应急管理部交办的其他任务。

在职能转变上,国家消防救援局要按照构建统一领导、权责一致、权威高效的国家应急能力体系要求,坚持战斗力标准,紧紧围绕全灾种、大应急任务需要,优化队伍结构布局,推动构建多元化应急救援力量体系,严格教育、严格训练、严格管理、严格要求,加强实战化演练,始终保持有生力量,全面提升队伍战斗力。坚持安全第一、预防为主,推进执法理念、制度、作风等全方位、深层次变革,全面落实执法全过程记录、法制审核、执法公示等制度,构建科学合理、规范高效、公正公开的消防监督管理体系,提升全社会安全防范意识,为提高防灾减灾救灾能力、维护社会公共安全、保护人民群众生命财产安全提供有力保障。

(2) 国家矿山安全监察局职责

国家矿山安全监察局负责贯彻落实党中央关于矿山安全监管监察工作的方针政策和决策部署,在履行职责过程中坚持和加强党对矿山安全监管监察工作的集中统一领导。主要职责是:

① 拟定矿山安全生产(含地质勘探,下同)方面的政策、规划、标准,起草相关法律法规草案、部门规章草案并监督实施。

② 负责国家矿山安全监察工作。监督检查地方政府矿山安全监管工作。组织实施矿山安全生产抽查检查,对发现的重大事故隐患采取现场处置措施,向地方政府提出改善和加强矿山安全监管工作的意见和建议,督促开展重大隐患整改和复查。

③ 指导矿山安全监管工作。制定矿山安全准入、监管执法、风险分级管控和事故隐患排查治理等政策措施并监督实施,指导地方矿山安全监督管理部门编制和完善执法计划,提升地方矿山安全监管水平和执法能力。依法对煤矿企业贯彻执行安全生产法律法规情况进行监督检查,对煤矿企业安全生产条件、设备设施安全情况进行监管执法,对发现的违法违规问题实施行政处罚、监督整改落实并承担相应责任。

④ 负责统筹矿山安全生产监管执法保障体系建设,制定监管监察能力建设规划,完善技术支撑体系,推进监管执法制度化、规范化、信息化。

⑤ 参与编制矿山安全生产应急预案,指导和组织协调煤矿事故应急救援工作,参与非煤矿山事故应急救援工作。依法组织或参与煤矿生产安全事故和特别重大非煤矿山生产安全事故调查处理,监督事故查处落实情况。负责统计分析和发布矿山安全生产信息和事故情况。

⑥ 负责矿山安全生产宣传教育,组织开展矿山安全科学技术研究及推广应用工作。指导矿山企业安全生产基础工作,会同有关部门指导和监督煤矿生产能力核定工作。对煤矿安全技术改造和瓦斯综合治理与利用项目提出审核意见。

⑦ 完成党中央、国务院交办的其他任务。

在职能转变上,国家矿山安全监察局要进一步完善"国家监察、地方监管、企业负责"的矿山安全监管监察体制。以防范遏制重特大矿山生产安全事故为重点,坚持安全第一、预防为主、综合治理的方针,加强对地方政府落实矿山安全属地监管责任的监督检查,严密层级治理和行业治理、政府治理、社会治理相结合的安全生产治理体系,着力防范化解区域性、系统性矿山安全风险。推动地方矿山安全监督管理部门强化监管执法,依法严厉查处违法违规行为,督促企业落实安全生产主体责任,推动企业建立健全自我约束、持续改进的内生机制。强化矿山安全监管能力建设,建立健全监管执法人员资格管理制度,加强教育培训,推进安全科技创新,提升信息化建设和应用水平,进一步提高执法队伍能力和素质。将煤矿安全生产许可、建设工程安全设施设计审查和竣工验收核查、检验检测机构认证、相关人员培训等事项移交给地方政府。有关职责分工如下:

① 与自然资源部门的有关职责分工。自然资源部门负责查处矿山企业越界开采等违法行为;国家矿山安全监察机构发现矿山企业有越界开采等违法行为的,应当移送当地自然资源部门进行处理。

② 与公安机关的有关职责分工。公安机关负责民用爆炸物品公共安全管理和民用爆炸物品购买、运输、爆破作业的安全监督管理;国家矿山安全监察机构发现矿山企业有民用爆炸物品使用违法行为的,应当移送当地公安机关进行处理。

③ 与能源部门的有关职责分工。能源部门从行业规划、产业政策、法规标准、行政许可等方面加强煤矿安全生产工作,负责指导和组织拟定煤炭行业规范和标准;国家矿山安全监察机构负责指导和组织拟定煤矿安全标准,会同能源等部门指导和监督煤矿生产能力核定工作。

(3) 中国地震局职责

中国地震局负责管理全国地震工作、经国务院授权承担《中华人民共和国防震减灾法》(简称《防震减灾法》)赋予的行政执法职责。中国地震局成立于1971年,时称国家地震局,1998年更名为中国地震局,2018年由中华人民共和国应急管理部管理,主要职责是:

① 拟定国家防震减灾工作的发展战略、方针政策、法律法规和地震行业标准并组织实施。

② 组织编制国家防震减灾规划;拟定国家破坏性地震应急预案;建立破坏性地震应急预案备案制度;指导全国地震灾害预测和预防;研究提出地震灾区重建防震规划的意见。

③ 制定全国地震烈度区划图或地震动参数区划图;管理重大建设工程和可能发生严重次生灾害的建设工程的地震安全性评价工作,审定地震安全性评价结果,确定抗震设防要求。

④ 依照《防震减灾法》的规定,监督检查防震减灾的有关工作。

⑤ 对省(自治区、直辖市)地震局实施以中国地震局为主的双重领导,建立和完善相应的管理与计划财务体制;指导省级以下地震工作机构的工作;管理局直属事业单位。

⑥ 管理全国地震监测预报工作;制订全国地震监测预报方案并组织实施;提出全国地震趋势预报意见,确定地震重点监视防御区,报国务院批准后组织实施。

⑦ 承担国务院抗震救灾指挥机构的办事机构职责;对地震震情和灾情进行速报;组织地

震灾害调查与损失评估;向国务院提出对国内外发生破坏性地震做出快速反应的措施建议。

⑧ 指导地震科技体制改革;拟定地震科技发展规划和政策;组织地震科技研究与国家重点地震科技项目攻关;组织协调地震应急、救助技术和装备的研究开发;指导地震科技成果的开发与应用;承担地震科技方面的对外交流与合作。

⑨ 指导防震减灾知识的宣传教育工作。

⑩ 管理、监督地震事业费、基本建设经费和专项资金的使用。

⑪ 承办国务院交办的其他事项。

(4) 国家安全生产应急救援中心职责

2005年5月8日,中央机构编制委员会批准成立国家安全生产应急救援指挥中心,为国务院安全生产委员会办公室(简称国务院安委办)领导、国家安全监管总局管理的事业单位,履行全国安全生产应急救援综合监督管理的行政职能。2018年3月国务院机构改革,国家安全生产应急救援指挥中心转隶为应急管理部管理,同年11月更名为国家安全生产应急救援中心。

6. 相关部门行业监管职责

没有哪一个部门能够独自承担所有行业领域的安全监管职责。应急管理部门发挥综合优势,各相关部门发挥专业优势,根据职责分工承担各自责任。应急管理部门承担综合监管职责,并不取代有关部门的行业监管职责,还要充分发挥各部门的专业优势,形成综合监管、行业监管有机融合的协同效应和工作合力。

(1) 与自然资源部、水利部、国家林业和草原局等部门在自然灾害防救方面的职责分工

① 应急管理部负责组织编制国家总体应急预案和安全生产类、自然灾害类专项预案,综合协调应急预案衔接工作,组织开展预案演练。按照分级负责的原则,指导自然灾害类应急救援;组织协调重大灾害应急救援工作,并按权限做出决定;承担国家应对特别重大灾害指挥部工作,协助党中央、国务院指定的负责同志组织特别重大灾害应急处置工作。组织编制综合防灾减灾规划,指导协调相关部门森林和草原火灾、水旱灾害、地震和地质灾害等防治工作;会同自然资源部、水利部、中国气象局、国家林业和草原局等有关部门建立统一的应急管理信息平台,建立监测预警和灾情报告制度,健全自然灾害信息资源获取和共享机制,依法发布灾情。开展多灾种和灾害链综合监测预警,指导开展自然灾害综合风险评估。负责森林和草原火情监测预警工作,发布森林和草原火险、火灾信息。

② 自然资源部负责落实综合防灾减灾规划相关要求,组织编制地质灾害防治规划和防护标准并指导实施;组织指导协调和监督地质灾害调查评价及隐患的普查、详查、排查;指导开展群测群防、专业监测和预报预警等工作,指导开展地质灾害工程治理工作;承担地质灾害应急救援的技术支撑工作。

③ 水利部负责落实综合防灾减灾规划相关要求,组织编制洪水干旱灾害防治规划和防护标准并指导实施;承担水情旱情监测预警工作;组织编制重要江河湖泊和重要水工程的防御洪水、抗御旱灾调度和应急水量调度方案,按程序报批并组织实施;承担防御洪水应急抢险的技

术支撑工作;承担台风防御期间重要水工程调度工作。

④ 各流域防汛抗旱指挥机构负责落实国家应急指挥机构以及水利部防汛抗旱的有关要求,执行国家应急指挥机构指令。

⑤ 国家林业和草原局负责落实综合防灾减灾规划相关要求,组织编制森林和草原火灾防治规划和防护标准并指导实施;指导开展防火巡护、火源管理、防火设施建设等工作;组织指导国有林场林区和草原开展防火宣传教育、监测预警、督促检查等工作。

⑥ 必要时,自然资源部、水利部、国家林业和草原局等部门可以提请应急管理部,以国家应急指挥机构名义部署相关防治工作。

(2) 与国家粮食和物资储备局在中央救灾物资储备方面的职责分工

① 应急管理部负责提出中央救灾物资的储备需求和动用决策,组织编制中央救灾物资储备规划、品种目录和标准,会同国家粮食和物资储备局等部门确定年度购置计划,根据需要下达动用指令。

② 国家粮食和物资储备局根据中央救灾物资储备规划、品种目录和标准、年度购置计划,负责中央救灾物资的收储、轮换和日常管理,根据应急管理部的动用指令按程序组织调出。

7. 公共卫生应急管理体制

(1) 公共卫生应急管理组织体系

我国的公共卫生应急管理组织体系主要由各级政府、专业机构、企事业单位、非政府组织及社会公众等组成。按其功能可以分为卫生应急指挥机构、日常管理机构、专业技术机构、专家咨询委员会及其他组织机构。其组织框架体系如图3-2所示。

(2) 公共卫生应急职能

国务院根据实际需要,设立国家突发事件应急指挥机构,负责特别重大突发事件应对工作。县级以上地方各级人民政府设立突发事件应急指挥机构,统一领导本行政区域的公共卫生事件应对工作。

国家卫生健康委员会卫生应急办公室(突发公共卫生事件应急指挥中心)负责组织卫生应急和紧急医学救援日常管理工作。我国已经建立了国家、省、地(市)三级卫生应急日常管理机构组织体系,县级也因地制宜,建立专门或兼职的日常管理部门。

疾病预防控制机构、医疗机构、卫生监督机构、出入境检验检疫机构是卫生应急管理的专业技术机构,负责对突发公共卫生事件的技术调查、确证、处置、控制和评价工作。

卫生应急专家咨询委员会为公共卫生事件的决策、咨询、参谋发挥重要作用。国家卫生健康委员会和各省级卫生健康行政部门负责组建本级的突发事件卫生应急专家咨询委员会。地(市)级和县级卫生健康行政部门则根据工作需要,组建本级突发事件卫生应急专家咨询委员会。

企事业单位、非政府组织及公民个体均是我国应急管理组织体系的重要组成部分。企事业单位在保障应急救援物资、生活必需品和应急处置装备的生产、供给等方面发挥着重要作用。非政府组织在调动社会资源方面具有独特优势,协助政府共同应对公共卫生事件。公民个体是应急管理活动的积极参与者。

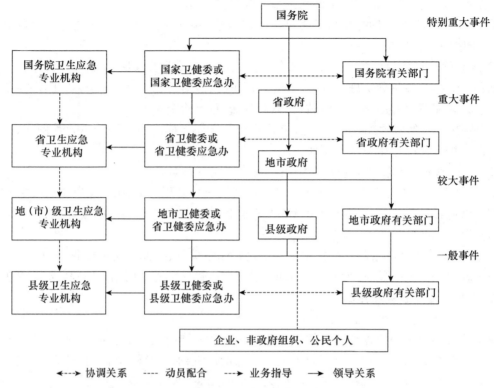

图 3-2　我国公共卫生应急管理组织体系

目前,我国基层卫生应急组织体系尚不健全。在一些基层单位中卫生应急管理机构设置还不健全,人员编制缺乏,现有工作人员多为兼职,更换频繁。另外,全社会共同参与的应急管理工作格局尚未完全形成,卫生应急咨询系统也需要进一步发展与完善。

卫生应急组织体系的建立健全是确保卫生应急管理目标得以实现的组织保障。首先,要对组织体系结构与功能不断优化,强弱项,补短板,尤其加强基层政府和单位的卫生应急组织建设,建设协调、高效、统一、反应迅速的组织体系。其次,进一步构建全社会共同参与的应急管理工作格局。公共卫生事件的有效应对,需要紧紧依靠群众,动员社会各方面力量积极参与。最后,进一步发展和完善卫生应急咨询系统,促进应急决策过程中专家、智囊组织的积极参与和配合,充分发挥专家的参谋咨询作用。

3.3.2　指挥体制

1. 自然灾害救助指挥机构

(1) 国家防灾减灾救灾委员会

国家防灾减灾救灾委员会统筹指导、协调和监督全国防灾减灾救灾工作,研究审议国家防灾减灾救灾的重大政策、重大规划、重要制度以及防御灾害方案并负责组织实施工作,指导建立自然灾害防治体系;协调推动防灾减灾救灾法律法规体系建设,协调解决防灾减灾救灾重大问题,统筹协调开展防灾减灾救灾科普宣传教育和培训,协调开展防灾减灾救灾国际交流与合作;完成党中央、国务院交办的其他事项。

国家防灾减灾救灾委员会负责统筹指导全国的灾害救助工作,协调开展重特大自然灾害救助活动。国家防灾减灾救灾委员会成员单位按照各自职责做好灾害救助相关工作。

(2) 国家防灾减灾救灾委员会办公室

国家防灾减灾救灾委员会办公室负责与相关部门、地方的沟通联络、政策协调、信息通报等,组织开展灾情会商评估、灾害救助等工作,协调落实相关支持政策和措施。主要包括:

① 组织开展灾情会商核定、灾情趋势研判及救灾需求评估;

② 协调解决灾害救助重大问题,并研究提出支持措施,推动相关成员单位加强与受灾地区的工作沟通;

③ 调度灾情和救灾工作进展动态,按照有关规定统一发布灾情以及受灾地区需求,并向各成员单位通报;

④ 组织指导开展重特大自然灾害损失综合评估,督促做好倒损住房恢复重建工作;

⑤ 跟踪督促灾害救助重大决策部署的贯彻落实,推动重要支持措施落地见效,做好中央救灾款物监督和管理,健全完善救灾捐赠款物管理制度。

(3) 专家委员会

国家防灾减灾救灾委员会设立专家委员会,对国家防灾减灾救灾工作重大决策和重要规划提供政策咨询和建议,为国家重特大自然灾害的灾情评估、灾害救助和灾后恢复重建提出咨询意见。

2. 抗震救灾指挥机构

(1) 国家抗震救灾指挥机构

国务院抗震救灾指挥部负责统一领导、指挥和协调全国抗震救灾工作。地震局承担国务院抗震救灾指挥部日常工作。

必要时,成立国务院抗震救灾总指挥部,负责统一领导、指挥和协调全国抗震救灾工作;在地震灾区成立现场指挥机构,在国务院抗震救灾指挥机构的领导下开展工作。

(2) 地方抗震救灾指挥机构

县级以上地方人民政府抗震救灾指挥部负责统一领导、指挥和协调本行政区域的抗震救灾工作。地方有关部门和单位、当地解放军、武警部队和民兵组织等,按照职责分工,各负其责,密切配合,共同做好抗震救灾工作。

3. 防汛抗旱指挥机构

(1) 国家防汛抗旱总指挥部

国务院设立国家防汛抗旱总指挥部,负责领导、组织全国的防汛抗旱工作,其办事机构国家防总办公室设在应急管理部。

① 组织机构：国家防总由国务院领导同志任总指挥，应急管理部、水利部主要负责同志、中央军委联合参谋部负责同志和国务院分管副秘书长任副总指挥，应急管理部分管副部长任秘书长，根据需要设副秘书长，中央宣传部、国家发展和改革委员会、教育部、工业和信息化部、公安部、财政部、自然资源部、住房和城乡建设部、交通运输部、水利部、农业农村部、商务部、文化和旅游部、国家卫生健康委员会、应急管理部、国家广播电视总局、中国气象局、国家粮食和储备局、国家能源局、国家铁路局、中央军委联合参谋部、中央军委国防动员部、中国红十字会总会、中国国家铁路集团有限公司、中国安能建设集团有限公司等部门和单位为国家防总成员单位。

② 职责：贯彻落实党中央、国务院关于防汛抗旱工作的决策部署，领导、组织全国防汛抗旱工作，研究拟定国家防汛抗旱政策、制度等；依法组织制订长江、黄河、淮河、海河等重要江河湖泊和重要水工程的防御洪水方案，按程序决定启用重要蓄滞洪区、弃守堤防或破堤泄洪；组织开展防汛抗旱检查，督促地方党委和政府落实主体责任，监督落实重点地区和重要工程防汛抗旱责任人，组织协调、指挥决策和指导监督重大水旱灾害应急抢险救援救灾工作，指导监督防汛抗旱重大决策部署的贯彻落实；指导地方建立健全各级防汛抗旱指挥机构，完善组织体系，建立健全与流域防汛抗旱总指挥部、省级防汛抗旱指挥部的应急联动、信息共享、组织协调等工作机制。

(2) 流域防汛抗旱总指挥部

长江、黄河、淮河、海河、珠江、松花江、太湖等流域设立流域防汛抗旱总指挥部（简称流域防总），负责落实国家防总以及水利部防汛抗旱的有关要求，执行国家防总指令，指挥协调所管辖范围内的防汛抗旱工作。流域防总由有关省（自治区、直辖市）人民政府和该流域管理机构等有关单位以及相关战区或其委托的单位负责人等组成，其办事机构（流域防总办公室）设在该流域管理机构。国家防总相关指令统一由水利部下达到各流域防总及其办事机构执行。

(3) 地方各级人民政府防汛抗旱指挥部

有防汛抗旱任务的县级以上地方人民政府设立防汛抗旱指挥部，在上级防汛抗旱指挥机构和本级人民政府的领导下，强化组织、协调、指导、督促职能，指挥本地区的防汛抗旱工作。防汛抗旱指挥部由本级人民政府和有关部门、当地解放军和武警部队等有关单位负责人组成。防汛压力大、病险水库多、抢险任务重、抗旱任务重的地方，政府主要负责同志担任防汛抗旱指挥部指挥长。

乡镇一级人民政府根据当地实际情况明确承担防汛抗旱防台风工作的机构和人员。

(4) 其他防汛抗旱指挥机构

有防汛抗旱任务的部门和单位根据需要设立防汛抗旱机构，在本级或属地人民政府防汛抗旱指挥机构统一领导下开展工作。针对重大突发事件，可以组建临时指挥机构，具体负责应急处理工作。

4. 国家森林草原防灭火组织指挥机构

(1) 森林草原防灭火指挥机构

国家森林草原防灭火指挥部负责组织、协调和指导全国森林草原防灭火工作。

国家森林草原防灭火指挥部总指挥由国务院领导同志担任,副总指挥由国务院副秘书长和公安部、应急管理部、国家林业和草原局、中央军委联合参谋部负责同志担任。指挥部办公室设在应急管理部,由应急管理部、公安部、国家林业和草原局共同派员组成,承担指挥部的日常工作。必要时,国家林草局可以按程序提请以国家森林草原防灭火指挥部名义部署相关防火工作。

县级以上地方人民政府按照"上下基本对应"的要求,设立森林(草原)防(灭)火指挥机构,负责组织、协调和指导本行政区域(辖区)森林草原防灭火工作。

(2) 指挥单位任务分工

公安部负责依法指导公安机关开展火案侦破工作,协同有关部门开展违规用火处罚工作,组织对森林草原火灾可能造成的重大社会治安和稳定问题进行预判,并指导公安机关协同有关部门做好防范处置工作;森林公安任务分工"一条不增、一条不减",原职能保持不变,业务上接受林草部门指导。

应急管理部协助党中央、国务院组织特别重大森林草原火灾应急处置工作;按照分级负责原则,负责综合指导各地区和相关部门的森林草原火灾防控工作,开展森林草原火灾综合监测预警工作、组织指导协调森林草原火灾的扑救及应急救援工作。

国家林业和草原局履行森林草原防火工作行业管理责任,具体负责森林草原火灾预防相关工作,指导开展防火巡护、火源管理、日常检查、宣传教育、防火设施建设等,同时负责森林草原火情早期处理相关工作。中央军委联合参谋部负责保障军委联合作战指挥中心对解放军和武警部队参加森林草原火灾抢险行动实施统一指挥,牵头组织指导相关部队抓好遂行森林草原火灾抢险任务准备,协调办理兵力调动及使用军用航空器相关事宜,协调做好应急救援航空器飞行管制和使用军用机场时的地面勤务保障工作。

国家森林草原防灭火指挥部办公室发挥牵头抓总作用,强化部门联动,做到高效协同,增强工作合力。国家森林草原防灭火指挥部其他成员单位承担的具体防灭火任务,按《深化党和国家机构改革方案》"三定"规定和《国家森林草原防灭火指挥部工作规则》执行。

(3) 扑救指挥

森林草原火灾扑救工作由当地森林(草原)防(灭)火指挥机构负责指挥。同时发生3起以上或者同一火场跨两个行政区域的森林草原火灾,由上一级森林(草原)防(灭)火指挥机构指挥。跨省(自治区、直辖市)界且预判为一般森林草原火灾,由当地县级森林(草原)防(灭)火指挥机构分别指挥;跨省(自治区、直辖市)界且预判为较大森林草原火灾,由当地设区的市级森林(草原)防(灭)火指挥机构分别指挥;跨省(自治区、直辖市)界且预判为重大、特别重大森林草原火灾,由省级森林(草原)防(灭)火指挥机构分别指挥,国家森林草原防灭火指挥部负责协调、指导。特殊情况,由国家森林草原防灭火指挥部统一指挥。

地方森林(草原)防(灭)火指挥机构根据需要,在森林草原火灾现场成立火场前线指挥部,规范现场指挥机制,由地方行政首长担任总指挥,合理配置工作组,重视发挥专家作用;有国家综合性消防救援队伍参与灭火的,最高指挥员进入火场前线指挥部,参与决策和现场组织指挥,发挥专业作用;根据任务变化和救援力量规模,相应提高指挥等级。参加前方扑火的单位和个人要服从火场前线指挥部的统一指挥。

地方专业防扑火队伍、国家综合性消防救援队伍执行森林草原火灾扑救任务,接受火灾发生地县级以上地方人民政府森林(草原)防(灭)火指挥机构的指挥;执行跨省(自治区、直辖市)界森林草原火灾扑救任务的,由火场前线指挥部统一指挥;或者根据国家森林草原防灭火指挥部明确的指挥关系执行。国家综合性消防救援队伍内部实施垂直指挥。

解放军和武警部队遂行森林草原火灾扑救任务,对应接受国家和地方各级森林(草原)防(灭)火指挥机构统一领导,部队行动按照军队指挥关系和指挥权限组织实施。

(4) 专家组

各级森林(草原)防(灭)火指挥机构根据工作需要会同有关部门和单位建立本级专家组,对森林草原火灾预防、科学灭火组织指挥、力量调动使用、灭火措施、火灾调查评估规划等提出咨询意见。

3.3.3 管理体制与指挥体制关系

(1) 国务院与国家突发事件指挥机构关系

国务院在总理领导下研究、决定和部署特别重大突发事件的应对工作;根据实际需要,设立国家突发事件应急指挥机构,负责突发事件应对工作;必要时,国务院可以派出工作组指导有关工作。

(2) 县级以上人民政府与本级应急指挥机构关系

县级以上地方人民政府设立由本级人民政府主要负责人、相关部门负责人、国家综合性消防救援队伍和驻当地中国人民解放军、中国人民武装警察部队有关负责人等组成的突发事件应急指挥机构,统一领导、协调本级人民政府各有关部门和下级人民政府开展突发事件应对工作;根据实际需要,设立相关类别突发事件应急指挥机构,组织、协调、指挥突发事件应对工作。

(3) 效力与责任

突发事件应急指挥机构在突发事件应对过程中可以依法发布有关突发事件应对的决定、命令、措施。突发事件应急指挥机构发布的决定、命令、措施与设立所属人民政府发布的决定、命令、措施具有同等效力,法律责任由设立所属人民政府承担。

(4) 备案和报告

县级以上人民政府及其设立的突发事件应急指挥机构发布的有关突发事件应对的决定、命令、措施,应当及时报本级人民代表大会常务委员会备案;突发事件应急处置工作结束后,应当向本级人民代表大会常务委员会做出专项工作报告。

第 4 章　新时代应急管理机制

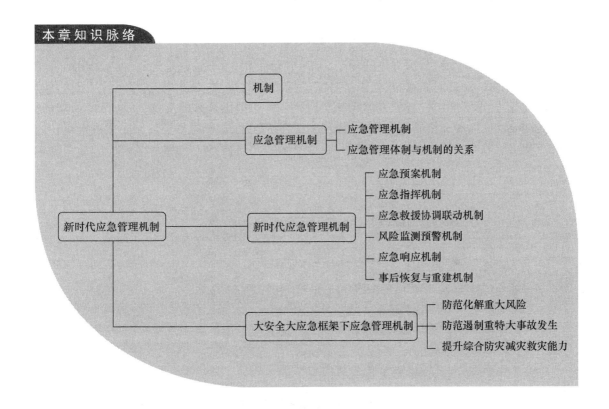

4.1　机　　制

4.1.1　机制的含义

"机制"一词最早源于希腊文,原指机器的构造和工作原理。《现代汉语名词辞典》对"机制"的解释是:"对事物变化的枢纽关键起制衡的限制、协调作用的力量、机构和制度等。"《现代汉语词典》中对"机制"的解释是:"机器的构造和工作原理;有机体的构造、功能和相互关系;泛指一个复杂的工作系统和某些自然现象的物理化学规律。"我国权威的大型综合性工具书《辞海》有一个比较详尽的解释:"原指机器的构造和动作原理,生物学和医学在研究一种生物的功能时,常借指其内在工作方式,包括有关生物结构组成部分的相互关系,及其间发生的各种变化过程的物理、化学性质和相互关系。阐明一种生物功能的机制,意味着对它的认识已从现象的描述进到本质的说明。"

从"机制"的定义分析可以看出,机制从对机器的研究开始,后被引入生物学、医学等学科,后又扩展到经济、社会、管理领域,如经济机制、管理机制等。现在,机制已成为一个泛指的概念,指系统内部的有机制约关系及其运行机理。

4.1.2 体制和机制的关系

体制和机制是两个经常被混用的词汇。其中"制"的内容一致都是运行的方法与规则,差异在于"体"和"机"。在第3章,我们讲了"体"是指组织机构,本章讲"机",指系统内部如何进行有机的运行。"体"与"机"就像人体骨架与肌肉:骨架提供人体的支撑,肌肉保持骨架的稳定性。也就是说,体制和机制是一体的,体制体现在机制里,机制是按照体制要求进行运转的。体制有刚性,机制有柔性,体制决定机制。相对于体制,机制更有一定的弹性(图4-1)。

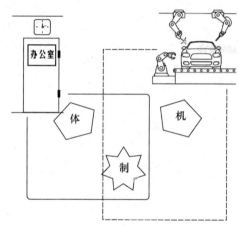

图 4-1 体制和机制的关系示意

4.2 应急管理机制

4.2.1 应急管理机制

应急管理机制可被定义为:涵盖了事前、事发、事中和事后的突发事件应对全过程中各种制度化、程序化、规范化和理论化的方法与措施,以及应急系统内各子系统、各要素之间相互联系、相互作用、相互制约的方式及其应变机理。

应急管理机制的特征包括:

第一,应急管理机制是人类在总结、积累应急管理实践经验的基础上形成的制度化成果,是对政府在长期应急实践中使用的各种有效方法、手段和措施的总结和提炼,经过实践检验证明有效并在实践中不断健全和完善。它是适用于各种具体突发事件的管理而又凌驾于具体突发事件管理之上的普遍方法,一般要依靠多种方式、方法的集成而起作用。

第二,应急管理机制的实质内涵是一组建立在相关法律、法规和部门规章之上的政府应急工作流程体系,能展现出突发事件管理系统中组织之间及其内部的相互作用关系,而其外在形式则体现为政府管理突发事件的职责与能力。

第三,从运作流程来看,应急管理机制以应急管理全过程为主线,涵盖事前、事发、事中和事后各个阶段,包括预防与应急准备、监测与预警、应急处置与救援、事后恢复与重建等多个环节。

4.2.2 应急管理体制与机制的关系

应急管理体系建设优先要解决的是应急管理体制问题。应急管理体制与机制又是不可分割的两个方面。

应急管理体制与机制的关系体现在:一方面,体制内含机制,应急组织是应急管理机制的"载体",应急管理体制决定了机制建设的具体内容与特点,机制建设是应急管理体制的一个重要方面,要通过体制和法制的建设与发展来保障其实施;另一方面,应急管理机制的建设对于体制建设具有反作用,体制的建设具有滞后性,尤其当体制还处于完善与发展的情况下,机制的建设能帮助完善相关工作制度,从而有利于弥补体制中的不足并促进体制的发展与完善。

应急管理机制不同于体制的特点在于它是一种内在的功能,是组织体系在遇到突发事件后有效运转的机理性制度,它要使应急管理中的各个利益相关体有机地结合起来并且协调地发挥作用。总之,应急管理机制是为积极发挥体制作用服务的,同时又与体制有着相辅相成的关系,推动应急管理机制建设,既可以促进应急管理体制的健全和有效运转,也可以弥补体制存在的不足。

综上所述,我国的应急管理体制和机制是由我国的社会主义制度决定的。也就是说,我国的应急管理体制与机制的建设要与现阶段国家的相关制度相适应和匹配,同时其内涵与外延还应根据国家的发展得以进一步调整。

4.3 新时代应急管理机制

4.3.1 应急预案机制

根据《突发事件应急预案管理办法》(2024),应急预案是指各级人民政府及其部门、基层组织、企事业单位和社会组织等为依法、迅速、科学、有序应对突发事件,最大限度减少突发事件及其造成的损害而预先制订的方案。修订后的《突发事件应对法》把应急预案放在了"预防与应急准备"一章。应急预案是应急准备的一个方案,是准备的综合体现。应急预案做得越充分,在突发事件发生之后的应急响应越有基础。

1. 应急预案管理

应急预案管理遵循统一规划、综合协调、分类指导、分级负责、动态管理的原则。

国务院统一领导全国应急预案体系建设和管理工作,县级以上地方人民政府负责领导本行政区域内应急预案体系建设和管理工作。突发事件应对有关部门在各自职责范围内,负责本部门(行业、领域)应急预案管理工作;县级以上人民政府应急管理部门负责指导应急预案管理工作,综合协调应急预案衔接工作,增强有关应急预案的衔接性和实效性。

国务院应急管理部门统筹协调各地区、各部门应急预案数据库管理,推动实现应急预案数据共享共用。各地区、各部门负责本行政区域、本部门(行业、领域)应急预案数据管理。县级以上人民政府应当将突发事件应对工作纳入国民经济和社会发展规划。县级以上人民政府有关部门应当制定突发事件应急体系建设规划,要注重运用信息化、数字化、智能化技术,推进应急预案管理理念、模式、手段、方法等创新,充分发挥应急预案牵引应急准备、指导处置救援的作用。

2. 应急预案内容与分类

应急预案根据《突发事件应对法》和其他有关法律、法规的规定,针对突发事件的性质、特点和可能造成的社会危害,具体规定突发事件应对管理工作的组织指挥体系与职责和突发事件的预防与预警机制、处置程序、应急保障措施以及事后恢复与重建措施等内容。应急预案按照制定主体分为政府及其部门应急预案、单位和基层组织应急预案两大类。

(1) 政府及其部门应急预案

① 政府及其部门应急预案分类:

政府及其部门应急预案包括总体应急预案、专项应急预案、部门应急预案等。

总体应急预案是人民政府组织应对突发事件的总体制度安排。总体应急预案围绕突发事件事前、事中、事后全过程,主要明确应对工作的总体要求、事件分类分级、预案体系构成、组织指挥体系与职责,以及风险防控、监测预警、处置救援、应急保障、恢复重建、预案管理等内容。

专项应急预案是人民政府为应对某一类型或某几种类型突发事件,或者针对重要目标保护、重大活动保障、应急保障等重要专项工作而预先制订的涉及多个部门职责的方案。

部门应急预案是人民政府有关部门根据总体应急预案、专项应急预案和部门职责,为应对本部门(行业、领域)突发事件,或者针对重要目标保护、重大活动保障、应急保障等涉及部门工作而预先制订的方案。

② 专项和部门应急预案内容:

针对突发事件应对的专项和部门应急预案,主要规定县级以上人民政府或有关部门相关突发事件应对工作的组织指挥体系和专项工作安排,不同层级预案内容各有侧重,涉及相邻或相关地方人民政府、部门、单位任务的应当沟通一致后明确。其中,国家层面专项和部门应急预案侧重明确突发事件的应对原则、组织指挥机制、预警分级和事件分级标准、响应分级、信息报告要求、应急保障措施等,重点规范国家层面应对行动,同时体现政策性和指导性。省级专项和部门应急预案侧重明确突发事件的组织指挥机制、监测预警、分级响应及响应行动、队伍物资保障及市县级人民政府职责等,重点规范省级层面应对行动,同时体现指导性和实用性。市县级专项和部门应急预案侧重明确突发事件的组织指挥机制、风险管控、监测预警、信息报告、组织自救互救、应急处置措施、现场管控、队伍物资保障等内容,重点规范地(市)级和县级层面应对行动,落实相关任务,细化工作流程,体现应急处置的主体职责和针对性、可操作性。

为突发事件应对工作提供通信、交通运输、医学救援、物资装备、能源、资金以及新闻宣传、秩序维护、慈善捐赠、灾害救助等保障功能的专项和部门应急预案,侧重明确组织指挥机制、主要任务、资源布局、资源调用或应急响应程序、具体措施等内容。

针对重要基础设施、生命线工程等重要目标保护的专项和部门应急预案,侧重明确关键功能和部位、风险隐患及防范措施、监测预警、信息报告、应急处置和紧急恢复、应急联动等内容。

重大活动主办或承办机构应当结合实际情况组织编制重大活动保障应急预案,侧重明确组织指挥体系、主要任务、安全风险及防范措施、应急联动、监测预警、信息报告、应急处置、人员疏散撤离组织和路线等内容。

相邻或相关地方人民政府及有关部门可以联合制定应对区域性、流域性突发事件的联合应急预案,侧重明确地方人民政府及其部门间信息通报、组织指挥体系对接、处置措施衔接、应急资源保障等内容。

国家有关部门和超大特大城市人民政府可以结合行业(地区)风险评估实际,制订巨灾应急预案,统筹本部门(行业、领域)、本地区巨灾应对工作。

(2) 单位和基层组织应急预案

单位和基层组织应急预案包括企事业单位、村民委员会、居民委员会、社会组织等编制的应急预案。

① 单位应急预案:

单位应急预案侧重明确应急响应责任人、风险隐患监测、主要任务、信息报告、预警和应急响应、应急处置措施、人员疏散转移、应急资源调用等内容。大型企业集团可根据相关标准规范和实际工作需要,建立本集团应急预案体系。安全风险单一、危险性小的生产经营单位,可结合实际简化应急预案要素和内容。

应急预案涉及的有关部门、单位等可以结合实际编制应急工作手册,内容一般包括应急响应措施、处置工作程序、应急救援队伍、物资装备、联络人员和电话等。应急救援队伍、保障力量等应当结合实际情况,针对需要参与突发事件应对的具体任务编制行动方案,侧重明确应急响应、指挥协同、力量编成、行动设想、综合保障、其他有关措施等具体内容。

② 基层组织应急预案:

乡镇(街道)应急预案重点规范乡镇(街道)层面应对行动,侧重明确突发事件的预警信息传播、任务分工、处置措施、信息收集报告、现场管理、人员疏散与安置等内容。

村(社区)应急预案侧重明确风险点位、应急响应责任人、预警信息传播与响应、人员转移避险、应急处置措施、应急资源调用等内容。

乡镇(街道)、村(社区)应急预案的形式、要素和内容等,可结合实际灵活确定,力求简明实用,突出人员转移避险,体现先期处置特点。

3. 应急预案规划与编制

(1) 应急预案的编制/修订

国务院应急管理部门会同有关部门编制应急预案制修订工作计划,报国务院批准后实施。县级以上地方人民政府应急管理部门应当会同有关部门,针对本行政区域多发易发突发事件、主要风险等,编制本行政区域应急预案制定修订工作计划,报本级人民政府批准后实施,并抄送上一级人民政府应急管理部门。

县级以上人民政府有关部门可以结合实际制订本部门(行业、领域)应急预案编制计划,并抄送同级应急管理部门。县级以上地方人民政府有关部门应急预案编制计划同时抄送上一级相应部门。

应急预案编制计划应当根据国民经济和社会发展规划、突发事件应对工作实际,适时予以调整。

(2) 应急预案编制的组织工作

县级以上人民政府总体应急预案由本级人民政府应急管理部门组织编制,专项应急预案由本级人民政府相关类别突发事件应对牵头部门组织编制。县级以上人民政府部门应急预案,乡级人民政府、单位和基层组织等应急预案由有关制定单位组织编制。

应急预案编制部门和单位根据需要组成应急预案编制工作小组,吸收有关部门和单位人员、有关专家及有应急处置工作经验的人员参加。编制工作小组组长由应急预案编制部门或单位有关负责人担任。

政府及其有关部门在应急预案编制过程中,应当广泛听取意见,组织专家论证,做好与相关应急预案及国防动员实施预案的衔接。涉及其他单位职责的,应当书面征求意见。必要时,向社会公开征求意见。

单位和基层组织在应急预案编制过程中,应根据法律法规要求或实际需要,征求相关公民、法人或其他组织的意见。

(3) 预案编制依据

编制应急预案应当依据有关法律法规、规章和标准,紧密结合实际,在开展风险评估、资源调查、案例分析的基础上进行。

风险评估主要是识别突发事件风险及其可能产生的后果和次生(衍生)灾害事件,评估可能造成的危害程度和影响范围等。《突发事件应对法》规定国家建立健全突发事件风险评估体系,对可能发生的突发事件进行综合性评估,有针对性地采取有效防范措施,减少突发事件的发生,最大限度减轻突发事件的影响。

资源调查主要是全面调查本地区、本单位应对突发事件可用的应急救援队伍、物资装备、场所和通过改造可以利用的应急资源状况,合作区域内可以请求援助的应急资源状况,重要基础设施容灾保障及备用状况,以及可以通过潜力转换提供应急资源的状况,为制定应急响应措施提供依据。必要时,也可根据突发事件应对需要,对本地区相关单位和居民所掌握的应急资源情况进行调查。

案例分析主要是对典型突发事件的发生演化规律、造成的后果和处置救援等情况进行复盘研究,必要时构建突发事件情景,总结经验教训,明确应对流程、职责任务和应对措施,为制定应急预案提供参考借鉴。

4. 应急预案的审批、发布、备案

(1) 应急预案报送

应急预案编制工作小组或牵头单位应当将应急预案送审稿、征求意见情况、编制说明等有关材料报送应急预案审批单位。因保密等原因需要发布应急预案简本的,应当将应急预案简本一并报送审批。

应急预案审核内容主要包括:

① 预案是否符合有关法律法规、规章和标准等规定;

② 预案是否符合上位预案要求并与有关预案有效衔接;

③ 框架结构是否清晰合理,主体内容是否完备;

④ 组织指挥体系与责任分工是否合理明确,应急响应级别设计是否合理,应对措施是否具体简明、管用可行;

⑤ 各方面意见是否一致;

⑥ 其他需要审核的内容。

(2) 应急预案审批程序

① 国家总体应急预案按程序报党中央、国务院审批,以党中央、国务院名义印发。专项应急预案由预案编制牵头部门送应急管理部衔接协调后,报国务院审批,以国务院办公厅或者有关应急指挥机构名义印发。部门应急预案由部门会议审议决定,以部门名义印发,涉及其他部门职责的可与有关部门联合印发;必要时,可以由国务院办公厅转发。

② 地方各级人民政府总体应急预案按程序报本级党委和政府审批,以本级党委和政府名义印发。专项应急预案按程序送本级应急管理部门衔接协调,报本级人民政府审批,以本级人民政府办公厅(室)或者有关应急指挥机构名义印发。部门应急预案审批印发程序按照本级人民政府和上级有关部门的应急预案管理规定执行。

③ 重大活动保障应急预案、巨灾应急预案由本级人民政府或其部门审批,跨行政区域联合应急预案审批由相关人民政府或其授权的部门协商确定,并参照专项应急预案或部门应急预案管理。

④ 单位和基层组织应急预案须经本单位或基层组织主要负责人签发,以本单位或基层组织名义印发,审批方式根据所在地人民政府及有关行业管理部门规定和实际情况确定。

(3) 应急预案备案

应急预案审批单位应当在应急预案印发后的20个工作日内,将应急预案正式印发文本(含电子文本)及编制说明,依照下列规定向有关单位备案并抄送有关部门:

① 县级以上地方人民政府总体应急预案报上一级人民政府备案,抄送上一级人民政府应急管理部门,同时抄送上一级人民政府有关部门;

② 县级以上地方人民政府专项应急预案报上一级人民政府相应牵头部门备案,同时抄送上一级人民政府应急管理部门和有关部门;

③ 部门应急预案报本级人民政府备案,径送本级应急管理部门,同时抄送本级有关部门;

④ 联合应急预案按所涉及区域,依据专项应急预案或部门应急预案有关规定备案,同时抄送本地区上一级或共同上一级人民政府应急管理部门和有关部门;

⑤ 涉及需要与所在地人民政府联合应急处置的中央单位应急预案,应当报所在地县级人民政府备案,同时抄送本级应急管理部门和突发事件应对牵头部门;

⑥ 乡镇(街道)应急预案报上一级人民政府备案,抄送上一级人民政府应急管理部门,同时抄送上一级人民政府有关部门;村(社区)应急预案报乡镇(街道)备案;

⑦ 中央企业集团总体应急预案报应急管理部备案,抄送企业主管机构、行业主管部门、监管部门;有关专项应急预案向国家突发事件应对牵头部门备案,抄送应急管理部、企业主管机构、行业主管部门、监管部门等有关单位。中央企业集团所属单位、权属企业的总体应急预案按管理权限报所在地人民政府应急管理部门备案,抄送企业主管机构、行业主管部门、监管部门;专项应急预案按管理权限报所在地行业监管部门备案,抄送应急管理部门和有关企业主管机构、行业主管部门。

国务院履行应急预案备案管理职责的部门和省级人民政府应当建立应急预案备案管理制度。县级以上地方人民政府有关部门落实有关规定,指导、督促有关单位做好应急预案备案工作。

(4) 应急预案发布

政府及其部门应急预案应当在正式印发后20个工作日内向社会公开。单位和基层组织应急预案应当在正式印发后20个工作日内向本单位以及可能受影响的其他单位和地区公开。

5. 应急预案培训、宣传、演练

(1) 应急预案培训

应急预案发布后,其编制单位应做好组织实施和解读工作,并跟踪应急预案落实情况,了解有关方面和社会公众的意见建议。

应急预案编制单位应当通过编发培训材料、举办培训班、开展工作研讨等方式,对与应急预案实施密切相关的管理人员、专业救援人员等进行培训。

各级人民政府及其有关部门应将应急预案培训作为有关业务培训的重要内容,纳入领导干部、公务员等日常培训内容。

(2) 应急预案宣传

对需要公众广泛参与的非涉密的应急预案,编制单位应当充分利用互联网、广播、电视、报刊等多种媒体广泛宣传,制作通俗易懂、好记管用的宣传普及材料,向公众免费发放。

(3) 应急预案演练

应急预案编制单位应当建立应急预案演练制度,通过采取形式多样的方式方法,对应急预案所涉及的单位、人员、装备、设施等组织演练。通过演练发现问题、解决问题,进一步修改完善应急预案。专项应急预案、部门应急预案至少每3年进行一次演练。地震、台风、风暴潮、洪涝、山洪、滑坡、泥石流、森林草原火灾等自然灾害易发区域所在地人民政府,重要基础设施和城市供水、供电、供气、供油、供热等生命线工程经营管理单位,矿山、金属冶炼、建筑施工单位和易燃易爆物品、化学品、放射性物品等危险物品生产、经营、使用、储存、运输、废弃处置单位,公共交通工具、公共场所和医院、学校等人员密集场所的经营单位或者管理单位等,应当有针对性地组织开展应急预案演练。

应急预案演练组织单位应当加强演练评估,主要内容包括:演练的执行情况,应急预案的实用性和可操作性,指挥协调和应急联动机制运行情况,应急人员的处置情况,演练所用设备装备的适用性,对完善应急预案、应急准备、应急机制、应急措施等方面的意见和建议等。各地区、各有关部门加强对本行政区域、本部门(行业、领域)应急预案演练的评估指导。根据需要,应急管理部门会同有关部门组织对下级人民政府及其有关部门组织的应急预案演练情况进行评估指导。鼓励委托第三方专业机构进行应急预案演练评估。

6. 应急预案评估与修订

(1) 应急预案评估

应急预案编制单位应当建立应急预案定期评估制度,分析应急预案内容的针对性、实用性和可操作性等,实现应急预案的动态优化和科学规范管理。

县级以上地方人民政府及其有关部门应急预案原则上每3年评估一次。应急预案的评估工作,可以委托第三方专业机构组织实施。

(2) 应急预案修订

有下列情形之一的,应当及时修订应急预案:

① 有关法律法规、规章、标准、上位预案中的有关规定发生重大变化的;

② 应急指挥机构及其职责发生重大调整的;

③ 面临的风险发生重大变化的;

④ 重要应急资源发生重大变化的;

⑤ 在突发事件实际应对和应急演练中发现问题需要做出重大调整的;

⑥ 应急预案制定单位认为应当修订的其他情况。

应急预案修订涉及组织指挥体系与职责、应急处置程序、主要处置措施、突发事件分级标准等重要内容的,修订工作应参照本办法规定的应急预案编制、审批、备案、发布程序组织进行。仅涉及其他内容的,修订程序可根据情况适当简化。

各级人民政府及其部门、企事业单位、社会组织、公民等,可以向有关应急预案编制单位提出修订建议。

7. 应急预案保障措施

各级人民政府及其有关部门、各有关单位要指定专门机构和人员负责相关具体工作,将应急预案规划、编制、审批、发布、备案、培训、宣传、演练、评估、修订等所需经费纳入预算统筹安排。

国务院有关部门应加强对本部门(行业、领域)应急预案管理工作的指导和监督,并根据需要编写应急预案编制指南。县级以上地方人民政府及其有关部门应对本行政区域、本部门(行业、领域)应急预案管理工作加强指导和监督。

4.3.2 应急指挥机制

长期以来,我国逐步形成了统一指挥、统一调度、全国一盘棋的组织指挥机制,在应对突发事件中发挥着关键作用。集中统一指挥、统一调度、全国一盘棋的组织指挥机制是中国应急救援的一大特点,也是一大优势。

1. 指挥机制建设

(1) 加强顶层设计,优化协同指挥机制

2021年12月,国务院印发了《"十四五"国家应急体系规划》,规划中提到,"按照常态应急与非常态应急相结合,建立国家应急指挥总部指挥机制,省、市、县建设本级应急指挥部,形成上下联动的应急指挥部体系";规划还提到,"建成国家应急指挥总部,完善调度指挥、会商研判、模拟推演、业务保障等设施设备及系统"。2022年6月,应急管理部印发了《"十四五"应急救援力量建设规划》。规划中提到,建设完成国家应急指挥总部和华北、东北、华中、东南、西南、西北等6个国家区域应急救援中心。2022年7月30日国家应急指挥总部建设项目顺利完工,投入使用和运行。

以国家应急指挥总部运行为契机,积极探索中央地方分级指挥与队伍专业指挥相结合的指挥机制,建立灾害事故视频调度、远程指挥、专家辅助决策、遂行作战指挥制度,开展"一体化"值班值守、警情跟踪与遂行出动试点建设,强化各类警情灾情全程跟踪、分类指导,优化"一部六组"(现场指挥部,指挥协调组、综合信息组、应急通信组、战地政工组、新闻宣传组、战勤保障组)救援指挥模式,协调地方政府、统筹救援力量、调动各方资源,协同指挥机制建设日趋完善。

依托国家防汛抗旱总指挥部、国务院抗震救灾指挥部、国务院安全生产委员会、国家森林草原防灭火指挥部、国家防灾减灾救灾委员会5个议事协调机构,建立风险联合会商研判、防灾救灾救援一体化实施等机制,在汛期、森林防火期等重点时段,与气象、水利、林草、自然资源等部门每日研判、滚动会商,根据灾情发展及时前置预置救援力量,实现主动防御、协同应对,协调联动效能初步显现。

(2) 推进现代化指挥系统建设

坚持向信息化、大数据要战斗力,推动跨地区、跨部门、跨层级的信息互通、数据融合和业务协同,智能指挥系统、森林灭火指挥系统和消防"一张图"覆盖总队、支队,286个地(市)级以上地区建成智能接处警系统,推动作战指挥向"数据支撑型"转变,全面启动现代化指挥中心试点建设,推进119接处警工作法制化、标准化建设,落实行业领域专家联合值守制度,为各类灾害处置提供专业化辅助支撑,先后开展"1+3+N"(现场指挥部,救援指挥中心、通信控制中心、综合办公中心,综合保障车)现场指挥部新模式建设、智能接处警建设、现场联合作战指挥系统建设、"一短三快"(接处警时间短,响应出动快、到场展开快、救人灭火快)初战指挥机制改革,大力推进面向森林草原灭火以及地震救援、人员搜救等野外救援任务的指挥系统建设,多渠道接入支撑数据、多维度展示现场态势、多手段打通信息链条,指挥能力信息化专业化水平显著提升。

2. 灾害事故现场指挥协调

应对处置灾害事故具有涉及部门多、参与力量多元、指挥协同复杂、现场管理难度大等特点,健全完善灾害事故现场指挥协调机制对于推动现场指挥场所标准化建设、规范灾害事故现场管理、提升应对灾害事故效能具有重要意义。

(1) 明确现场指挥编组

根据灾害事故应对处置需要,明确现场指挥机构的编组设置和任务分工,通过设立综合协调、抢险救援、通信保障、交通保障、医疗救治、救灾救助、新闻宣传等相关指挥编组,确保现场协调指挥工作高效有序。

(2) 建立现场指挥工作制度

主要包括三方面制度。一是现场勘查制度,组织人员勘查灾害事故现场情况,了解灾害事故造成的损失以及可能引发的次生衍生灾害事故等情况。二是专业指挥制度,现场指挥机构实行总指挥负责制,现场应急处置的技术指挥由熟悉情况、精通专业、经验丰富的领导或专家负责,必要时成立专家团队负责技术支撑。三是临机处置制度,在救援救灾现场发生可能直接危及人员生命安全的紧急情况时,现场指挥员应立即采取相应措施消除隐患、化解风险。

(3) 规范现场指挥场所设立

按照便于指挥、便于行动、便于保障的原则确定现场指挥场所开设位置,规范设置办公、生活、通信、指挥、保障等要素,健全完善应急值守、信息报送、会商研判、文电办理、跟踪督办和安全保密等各项工作制度。

(4) 加强现场指挥能力建设

将熟悉指挥、精通专业、经验丰富的人员纳入现场指挥编组,常态化开展现场指挥场所搭建训练和桌面推演、专项演练以及实兵综合演练,不断提升现场指挥能力。

4.3.3 应急救援协调联动机制

应急救援协调联动机制是应急管理机制中的一个重要而又复杂的组成部分。建设一个功能齐全、设施完善、平战结合、便于组织指挥的协调联动机制,有利于有效整合和发挥各方面社会资源,是适应新形势的迫切需要和切实提高应急管理能力的机制保证。

应急管理协调联动机制是指在公共突发事件应急过程中,将政府诸多应急职能部门纳入统一指挥调度系统,以处理突发紧急事件和向公众提供救助服务的应急模式。

1. 区域应急救援协调联动机制

党的二十大报告强调："深入实施区域协调发展战略、区域重大战略、主体功能区战略、新型城镇化战略，优化重大生产力布局，构建优势互补、高质量发展的区域经济布局和国土空间体系。"区域协调发展战略，安全工作不可忽视。构建区域应急救援协调联动机制是为区域协调发展提供安全保障的必然要求。

构建区域应急救援协调联动机制意义重大。我国区域发展不平衡不充分是客观现实。随着京津冀协同发展、长江经济带发展、粤港澳大湾区建设、长三角一体化发展、黄河流域生态保护和高质量发展等区域重大战略实施，区域一体化发展深入推进，各类灾害事故区域性、关联性、耦合性特征日益凸显，应对重特大灾害事故，往往需要跨区域协调联动、协同配合。构建区域应急救援协调联动机制，有利于高效统筹应急救援力量、优化调配应急救援资源、有效增强应急救援效能，形成区域应对灾害事故的整体合力。

区域应急救援协调联动机制建设初见成效。北京市、天津市、河北省加强重特大突发事件应急处置协同联动建设，建立京津冀联防联控机制。上海市、江苏省、浙江省、安徽省推动长三角一体化应急协同联动，不断深化区域应急协同政策标准、应急管理联防联控、应急指挥应对能力、应急综合支撑保障等四项建设。宁夏回族自治区、青海省、四川省、甘肃省、内蒙古自治区、陕西省、山西省、河南省、山东省建立黄河流域九省（自治区）应急救援协同联动机制，有效促进区域性联动、上下游衔接、左右岸互补的应急救援协同联动，保障黄河安澜和黄河流域经济社会高质量发展。

持续加强区域应急救援协调联动机制建设。健全区域应急预案体系，针对地震、洪涝、森林草原火灾等自然灾害和生产安全事故风险地区，联合编制区域应急预案，明确相关地区职责任务以及监测预警、信息共享、联合研判、指挥协同、行动保障等相关措施。完善区域力量资源调度机制，规范跨区域灾情互通、力量调度、机动投送联合指挥、现场保障、任务补偿等工作制度，加强区域应急救援联演联训，提升区域联合应对灾害事故能力。

2. 部门间、军地间、政企间应急救援联动机制

应对处置灾害事故，特别是影响范围广、涉及单位多的重特大灾害事故，需要发挥应急管理部门的综合优势和各相关部门的专业优势，进一步加强协同联动，建立常态工作制度，畅通信息联络渠道，建立健全部门间、军地间、政企间协作的长效机制，形成应急救援的整体合力。

建立完善部门间应急救援联动机制。应急管理部门加强与公安、卫生健康、交通运输、自然资源、水利、粮食和物资储备、气象、民航、铁路等相关部门之间的应急协调联动，健全完善信息互通、资源共享、力量联建、行动联保等工作制度，做到各有侧重、优势互补、互为支撑，推动形成一体统筹、一体运行、一体联动的工作合力。

建立完善军地间应急救援联动机制。发挥军队突击队作用，健全完善军地抢险救灾协调联动机制，细化军地应急指挥协同、信息互通共享、兵力需求提报、灾情联合勘查和资源综合保障等具体措施，落实"点对点"热线电话和传真、平台等通联手段，提升军地联合应对重特大灾害事故能力。

建立完善政企间应急救援联动机制。发挥中央企业和地方国有企业在抢险救援中的专业优势,建立政企间应急救援联动机制,将驻地企业应急救援力量纳入本地区应急救援力量体系,加强重点时段和重要地区力量预置和救援装备物资储备,确保遇有险情灾情能够有力有序有效组织中央企业和地方国有企业应急救援力量参加救援行动。

3. 应急救援力量协调联动机制

应对处置灾害事故,往往环境复杂、风险多样,需要各类应急救援力量协同配合、联合作战。推动各类应急救援力量资源共享、联战联训,有利于高效统筹力量资源、形成应急救援整体合力、提升应急救援综合效能。

坚持全国应急救援力量"一盘棋"统筹。优化力量布局,充分考虑灾害事故风险分布特点、经济社会发展趋势和应急救援力量建设现状等因素,调整优化国家综合性消防救援队伍、专业应急力量和社会应急力量规模、结构、布局,补齐短板弱项,确保灾害事故应急救援需求与综合应急救援力量动态平衡。强化资源共享,建立应急救援力量数据库,推动应急救援力量入系统、上平台,灾害事故发生后快速便捷查询应急救援力量,有效增强应急救援力量指挥、调度、保障效能。强化指挥调度,规范应急救援力量协调调度管理,明确力量需求申报、审批和交通投送、现场保障等具体措施,做到就近用兵、专业用兵、精准用兵。

大力开展联战联训联演。国家层面,每年部署加强灾害事故应急演练工作,推动各地结合本地区灾害事故风险形势编制演练计划,突出多部门参与、多力量协同、多层级联动开展应急演练。国务院抗震救灾指挥部办公室、应急管理部会同相关省份人民政府开展应急使命系列演习,推动国家综合性消防救援队伍、专业救援队伍、军队和社会应急力量在近似实战的环境下联演联训。"应急使命·2021"以"应对特别重大地震灾害检验性演习"为课题,"应急使命·2022"以"高原高寒地区抗震救灾实战化演习"为课题,"应急使命·2023"以"高山峡谷地区地震灾害空地一体化联合救援演习"为课题,着力提升应对地震灾害的预案编制、指挥协调、抢险救援技术战法创新、航空救援、综合保障等能力。

地方层面,围绕地震、洪涝、森林草原火灾、台风、低温雨雪冰冻等主要灾种和建筑物坍塌、人员"孤岛"被困、基础设施损毁、地下有限空间人员失联等难点课题,组织实施抗震救灾、防汛抗洪、水域救援、指挥联动等重点演练项目,推动提升抗大震、防大汛、抢大险、救大灾能力;在"全国防灾减灾日""安全生产月"等重要节点,组织协调开展多种形式的应急演练活动,持续强化民众应急意识和应急技能。

4.3.4 风险监测预警机制

风险监测预警机制是突发公共事件应急管理的第一道防线,从内容上来看,风险监测预警机制主要包括"监测""预测"和"预警"三个部分,是指应急管理的主体通过对有关事件现象过去和现在的数据、情报和资料的监测,以先进的信息技术平台,运用逻辑推理和科学预测的方法技术,对某些突发公共事件出现的约束条件、未来发展趋势和演变规律等做出科学的估计与推断,确定相应预警级别,并发出确切的警示信号,使政府和民众提前了解事件发展的状态,以便及时采取相应策略,使造成的损失降至最低。

在突发事件监测方面,国家建立了突发事件监测制度。县级以上人民政府及其有关部门应当根据自然灾害、事故灾难和公共卫生事件的种类和特点,建立健全基础信息数据库,完善监测网络,划分监测区域,确定监测点,明确监测项目,提供必要的设备、设施,配备专职或者兼职人员,对可能发生的突发事件进行监测。

在突发事件预警方面,国家建立了突发事件预警制度。可以预警的自然灾害、事故灾难和公共卫生事件的预警级别,按照突发事件发生的紧急程度、发展势态和可能造成的危害程度分为一级、二级、三级和四级,分别用红色、橙色、黄色和蓝色标示,一级为最高级别。预警级别的划分标准由国务院或者国务院确定的部门制定。发布三级、四级警报,宣布进入预警期后,县级以上地方人民政府应当根据即将发生的突发事件的特点和可能造成的危害,采取下列措施:(一)启动应急预案;(二)责令有关部门、专业机构、监测网点和负有特定职责的人员及时收集、报告有关信息,向社会公布反映突发事件信息的渠道,加强对突发事件发生、发展情况的监测、预报和预警工作;(三)组织有关部门和机构、专业技术人员、有关专家学者,随时对突发事件信息进行分析评估,预测发生突发事件可能性的大小、影响范围和强度以及可能发生的突发事件的级别;(四)定时向社会发布与公众有关的突发事件预测信息和分析评估结果,并对相关信息的报道工作进行管理;(五)及时按照有关规定向社会发布可能受到突发事件危害的警告,宣传避免、减轻危害的常识,公布咨询或者求助电话等联络方式和渠道。发布一级、二级警报,宣布进入预警期后,县级以上地方人民政府除采取三、四级警规定的措施外,还应当针对即将发生的突发事件的特点和可能造成的危害,采取下列一项或者多项措施:(一)责令应急救援队伍、负有特定职责的人员进入待命状态,并动员后备人员做好参加应急救援和处置工作的准备;(二)调集应急救援所需物资、设备、工具,准备应急设施和应急避难、封闭隔离、紧急医疗救治等场所,并确保其处于良好状态、随时可以投入正常使用;(三)加强对重点单位、重要部位和重要基础设施的安全保卫,维护社会治安秩序;(四)采取必要措施,确保交通、通信、供水、排水、供电、供气、供热、医疗卫生、广播电视、气象等公共设施的安全和正常运行;(五)及时向社会发布有关采取特定措施避免或者减轻危害的建议、劝告;(六)转移、疏散或者撤离易受突发事件危害的人员并予以妥善安置,转移重要财产;(七)关闭或者限制使用易受突发事件危害的场所,控制或者限制容易导致危害扩大的公共场所的活动;(八)法律、法规、规章规定的其他必要的防范性、保护性措施。发布突发事件警报的人民政府应当根据事态的发展,按照有关规定适时调整预警级别并重新发布。有事实证明不可能发生突发事件或者危险已经解除的,发布警报的人民政府应当立即宣布解除警报,终止预警期,并解除已经采取的有关措施。

可以预警的自然灾害、事故灾难或者公共卫生事件即将发生或者发生的可能性增大时,县级以上地方人民政府应当根据有关法律、行政法规和国务院规定的权限和程序,发布相应级别的警报,决定并宣布有关地区进入预警期,同时向上一级人民政府报告,必要时可以越级上报;具备条件的,应当进行网络直报或者自动速报;同时向当地驻军和可能受到危害的毗邻或者相关地区的人民政府通报。发布警报应当明确预警类别、级别、起始时间、可能影响的范围、警示事项、应当采取的措施、发布单位和发布时间等。

国家建立健全突发事件预警发布平台,按照有关规定及时、准确向社会发布突发事件预警信息。广播、电视、报刊以及网络服务提供者、电信运营商应当按照国家有关规定,建立突发事件预警信息快速发布通道,及时、准确、无偿播发或者刊载突发事件预警信息。

公共场所和其他人员密集场所,应当指定专门人员负责突发事件预警信息接收和传播工作,做好相关设备、设施维护,确保突发事件预警信息及时、准确接收和传播。

1. 灾害综合监测预警

(1) 地震监测报告

① 地震监测预报。中国地震局负责收集和管理全国各类地震观测数据,提出地震重点监视防御区和年度防震减灾工作意见。各级地震工作主管部门和机构加强震情跟踪监测、预测预报和群测群防工作,及时对地震预测意见和可能与地震有关的异常现象进行综合分析研判。省级人民政府根据预报的震情决策发布临震预报,组织预报区加强应急防范措施。

② 震情速报。地震发生后,中国地震局快速完成地震发生时间、地点、震级、震源深度等速报参数的测定,报国务院,同时通报有关部门,并及时续报有关情况。

③ 灾情报告。地震灾害发生后,灾区所在县级以上地方人民政府及时将震情、灾情等信息报上级人民政府,必要时可越级上报。发生特别重大、重大地震灾害,民政部、中国地震局等部门迅速组织开展现场灾情收集、分析研判工作,报国务院,并及时续报有关情况。公安、安全生产监管、交通、铁道、水利、建设、教育、卫生等有关部门及时将收集了解的情况报国务院。

(2) 突发性水旱灾害预防预警信息

① 气象水文海洋信息。

各级自然资源(海洋)、水利、气象部门应加强对当地灾害性天气的监测和预报预警,并将结果及时报送有关防汛抗旱指挥机构。

各级自然资源(海洋)、水利、气象部门应当组织对重大灾害性天气的联合监测、会商和预报,尽可能延长预见期,对重大气象、水文灾害做出评估,按规定及时发布预警信息并报送本级人民政府和防汛抗旱指挥机构。

当预报即将发生严重水旱灾害和风暴潮灾害时,当地防汛抗旱指挥机构应提早通知有关区域做好相关准备。当江河发生洪水时,水利部门应加密测验时段,及时上报测验结果,为防汛抗旱指挥机构适时指挥决策提供依据。

② 工程信息。

a. 堤防工程信息。

当江河出现警戒水位以上洪水或海洋出现风暴潮黄色警戒潮位以上的高潮位时,各级堤防管理单位应加强工程监测,并将堤防、涵闸、泵站等工程设施的运行情况报同级防汛抗旱指挥机构和上级主管部门。发生洪水地区的省级防汛抗旱指挥机构应在每日9时前向国家防总报告工程出险情况和防守情况,大江大河干流重要堤防、涵闸等发生重大险情应在险情发生后4小时内报到国家防总。

当堤防和涵闸、泵站等穿堤建筑物出现险情或遭遇超标准洪水袭击,以及其他不可抗力因素而可能决口时,工程管理单位必须立即采取抢护措施,并在第一时间向预计淹没区域的有关基层人民政府和基层组织发出预警,同时向同级防汛抗旱指挥机构和上级主管部门准确报告出险部位、险情种类、抢护方案以及处理险情的行政责任人、技术责任人、通信联络方式、除险情况,以利加强指导或做出进一步的抢险决策。

b. 水库工程信息。

当水库水位超过汛限水位时,水库管理单位应对大坝、溢洪道、输水管等关键部位加密监测,并按照批准的洪水调度方案调度,其工程运行状况应向同级防汛抗旱指挥机构和上级主管部门报告。大型和防洪重点中型水库发生的重大险情应在险情发生后1小时内报到国家防总办公室。

当水库出现险情征兆时,水库管理单位必须立即采取抢护措施,并在第一时间向预计垮坝淹没区域的有关基层人民政府和基层组织发出预警,同时向同级防汛抗旱指挥机构和上级主管部门报告出险部位、险情种类、抢护方案以及处理险情的行政责任人、技术责任人、通信联络方式、除险情况,以进一步采取相应措施。

当水库遭遇超标准洪水或其他不可抗拒因素而可能垮坝时,水库管理单位应提早向预计垮坝淹没区域的有关基层人民政府和基层组织发出预警,为群众安全转移和工程抢护争取时间。

③ 洪涝灾情信息。

洪涝灾情信息主要包括:灾害发生的时间、地点、范围、受灾人口、因灾死亡失踪人口、紧急转移安置人口、因灾伤病人口、需紧急生活救助人口等信息,以及居民房屋等财产、农林牧渔、交通运输、邮电通信、水利、水电气设施等方面的损失信息。

洪涝灾情发生后,有关部门应及时向防汛抗旱指挥机构和应急管理部门报告洪涝受灾情况,防汛抗旱指挥机构和应急管理部门应及时组织研判灾情和气象趋势,收集动态灾情,全面掌握受灾情况,并及时向同级人民政府、上级防汛抗旱指挥机构和应急管理部门报告。对人员伤亡和较大财产损失的灾情,应立即上报,重大灾情在灾害发生后4小时内将初步情况报到国家防总和应急管理部,并对实时灾情组织核实,核实后及时上报,为抗灾救灾提供准确依据。

地方各级人民政府、防汛抗旱指挥机构应按照水旱灾害信息报送有关制度规定上报洪涝灾情。

④ 旱情信息。

旱情信息主要包括:干旱发生的时间、地点、程度、受旱范围、影响人口等信息,以及对工农业生产、城乡生活、生态环境等方面造成的影响信息。

防汛抗旱指挥机构应掌握雨水情变化、当地蓄水情况、农业旱情和城乡供水等情况。水利、农业农村、气象等部门应加强旱情监测预测,并将干旱情况及时报同级防汛抗旱指挥机构。地方各级人民政府、防汛抗旱指挥机构应按照水旱灾害信息报送有关制度规定及时上报受旱情况,遇旱情急剧发展时应及时加报。

(3) 突发性水旱灾害预防预警行动

① 预防准备工作。

a. 思想准备。加强宣传,增强全民预防水旱灾害和自我保护的意识,做好防大汛、抗大旱的思想准备。

b. 组织准备。建立健全防汛抗旱组织指挥机构,落实防汛抗旱责任人、防汛抗旱队伍和山洪易发重点区域的监测网络及预警措施,加强防汛抗旱应急抢险救援专业队伍建设。

c. 工程准备。按时完成水毁工程修复和水源工程建设任务,对存在病险的堤防、水库、涵闸、泵站等各类防洪排涝工程设施及时除险加固;对跨汛期施工的涉水工程,要落实安全度汛责任和方案措施。

d. 预案准备。修订完善江河湖库和城市防洪排涝预案、台风风暴潮防御预案、洪水预报方案、防洪排涝工程调度规程、堤防决口和水库垮坝应急方案、堰塞湖应急处置预案、蓄滞洪区安全转移预案、山丘区防御山洪灾害预案和抗旱预案、城市抗旱预案等各类应急预案和方案。研究制订防御超标准洪水的应急方案,主动应对大洪水。针对江河堤防险工险段,要制订工程抢险方案。大江大河干流重要河段堤防决口抢险方案由流域管理机构组织审批。

e. 物资准备。按照分级负责的原则,储备必需的防汛抗旱抢险救援救灾物资。在防汛重点部位应储备一定数量的抢险物资,以应急需。

f. 通信准备。充分利用公众通信网,确保防汛通信专网、蓄滞洪区的预警反馈系统完好和畅通。健全水文、气象测报站网,确保雨情、水情、工情、灾情信息和指挥调度指令及时传递。

g. 防汛抗旱检查。实行以查组织、查工程、查预案、查物资、查通信为主要内容的分级检查制度,发现薄弱环节要明确责任、限时整改。

h. 防汛日常管理工作。加强防汛日常管理工作,对在江河、湖泊、水库、滩涂、人工水道、蓄滞洪区内建设的非防洪建设项目应当编制洪水影响评价报告,并经有审批权的水利部门审批,对未经审批并严重影响防洪的项目,依法强行拆除。

② 江河洪水预警。

当江河即将出现洪水时,各级水利部门应做好洪水预报和预警工作,及时向同级防汛抗旱指挥机构报告水位、流量的实测情况和洪水走势。各级气象部门应做好天气监测预报工作,及时向防汛抗旱指挥机构报告降雨实况、预报等。

各级水利部门应按照分级负责原则,确定洪水预警区域、级别和洪水信息发布范围,按照权限向社会发布。

各级水利部门应跟踪分析江河洪水的发展趋势,及时滚动预报最新水情,为抗灾救灾提供基本依据和技术支撑。

③ 渍涝灾害预警。

a. 城市内涝预警。当气象预报将出现强降雨,并可能发生城市内涝灾害时,各级防汛抗旱指挥机构应按照分级分部门负责原则,组织住房和城乡建设、水利、应急管理、气象等部门开展联合会商,研判形势。地方住房城乡建设、水利、应急管理、气象等有关部门按任务分工及时发布有关预警信息,当地防汛抗旱指挥机构按照预案启动相应级别的应急响应。当地人民政府视情及时组织做好人员转移、停工、停学、停业、停运和暂停户外活动等工作,对重点部位和灾害易发区提前预置抢险救援力量。

b. 乡村渍涝预警。当气象预报将出现强降雨,村庄和农田可能发生渍涝灾害时,当地防汛抗旱指挥机构应及时组织会商,有关部门按职责及时发布预警,并按预案和分工提前采取措施减轻灾害损失。

④ 山洪灾害预警。

可能遭受山洪灾害威胁的地方,应根据山洪灾害的成因和特点,主动采取预防和避险措施。自然资源、水利、气象等部门应密切联系、相互配合,实现信息共享,提高预报水平,及时发布预警。

有山洪灾害防治任务的地方,水利部门应加强日常防治和监测预警。地方各级人民政府组织自然资源、水利、应急管理、气象等部门编制山洪灾害防御预案,绘制区域内山洪灾害风险图,划分并确定区域内易发生山洪灾害的地点及范围,制订安全转移方案,明确组织机构的设置及职责,指导行政村(社区)编制山洪灾害防御预案。具体工作由基层人民政府组织实施。

山洪灾害易发区应建立专业监测与群测群防相结合的监测体系,落实监测措施,汛期坚持24小时值班巡逻制度,降雨期间,加密监测、加强巡逻。每个乡镇(街道)、村(社区)、组和相关单位都要落实信号发送员,一旦发现危险征兆,立即向周边群众发出警报,实现快速转移,并报告本地防汛抗旱指挥机构,以便及时组织抗灾救灾。

⑤ 台风风暴潮灾害预警。

各级气象部门应密切监视台风动向,及时发布台风(含热带低压等)监测预警信息,做好未来趋势预报,并及时将台风中心位置、强度、移动方向、速度等信息报告同级人民政府和防汛抗旱指挥机构。自然资源(海洋)部门根据台风预报做好风暴潮监测预报预警工作。

可能遭遇台风袭击的地方,各级防汛抗旱指挥机构应加强值班,跟踪台风动向,并将有关信息及时向社会发布。

水利部门应根据台风影响的范围,及时通知有关水库、主要湖泊和河道堤防管理单位,做好防范工作。各工程管理单位应组织人员分析水情和台风带来的影响,加强工程检查,必要时实施预泄预排措施。

预报将受台风影响的沿海地区,当地防汛抗旱指挥机构应及时通知有关部门和人员做好防台风工作。

有关部门要加强对城镇危房、在建工地、仓库、交通运输、电信电缆、电力电线、户外广告牌等公用设施的检查,及时采取加固措施,组织船只回港避风和沿海养殖人员撤离工作。当地人民政府视情及时做好人员转移、停工、停学、停业、停运和暂停户外活动等工作。

⑥ 蓄滞洪区预警。

蓄滞洪区所在地县级防汛抗旱指挥机构应组织蓄滞洪区管理单位等拟订群众安全转移方案,由所在地县级人民政府组织审批。

蓄滞洪区工程管理单位应加强工程运行监测,发现问题及时处理,并报告本级防汛抗旱指挥机构和上级主管部门。

运用蓄滞洪区,当地人民政府和防汛抗旱指挥机构应把人民群众生命安全放在第一位,迅速启动预警系统,按照群众安全转移方案实施转移。

⑦ 干旱灾害预警。

各级水利部门应加强旱情监测和管理,针对干旱灾害的成因、特点,因地制宜采取预警防范措施。

各级防汛抗旱指挥机构应及时掌握旱情灾情,根据干旱发展趋势,及时组织和督促有关部门做好抗旱减灾工作。

各级防汛抗旱指挥机构应当鼓励和支持社会力量开展抗旱减灾工作。

⑧ 供水危机预警。

当因供水水源短缺或被破坏、供水线路中断、供水设施损毁、供水水质被侵害等原因而出现供水危机,有关部门应按相关规定及时向社会发布预警信息,及时报告同级防汛抗旱指挥机构并通报水行政主管部门,居民、企事业单位应做好储备应急用水的准备,有关部门做好应急供水的准备。

(4) 突发性水旱灾害预防预警支持系统

① 洪涝、干旱和台风风暴潮风险图。

各级防汛抗旱指挥机构应组织有关部门,研究绘制本地区的城市洪涝风险图、蓄滞洪区洪水风险图、流域洪水风险图、山洪灾害风险图、水库洪水风险图、干旱风险图、台风风暴潮风险图。

防汛抗旱指挥机构应以各类洪涝、干旱和台风风暴潮风险图作为抗洪抢险救灾、群众安全转移安置和抗旱救灾决策的技术依据。

② 洪涝防御方案。

防汛抗旱指挥机构应根据需要,组织水利、住房和城乡建设等有关部门编制和修订防御江河洪水方案、城市排涝方案,主动应对江河洪水和城市渍涝。长江、黄河、淮河、海河等重要江河湖泊和重要水工程的防御洪水方案,由水利部组织编制,按程序报国务院批准。重要江河湖泊和重要水工程的防洪抗旱调度和应急水量调度方案由水利部流域管理机构编制,报水利部审批后组织实施。调度方案和指令须抄国家防总、应急部。

水行政主管部门应根据情况变化,修订和完善洪水调度方案。

③ 抗旱预案。

各级水利部门应编制抗旱预案,主动应对不同等级的干旱灾害。

(5) 预警响应衔接

① 自然资源、住房和城乡建设、交通运输、水利、应急管理、气象等部门按任务分工健全预警机制,规范预警发布内容、范围、程序等。有关部门应按专权有别、规范有序的原则,科学做好预警信息发布。

② 自然资源、住房和城乡建设、交通运输、水利、应急管理、气象等部门要加强监测预报和

信息共享。

③ 各级防汛抗旱指挥机构要健全多部门联合会商机制,预测可能出现致灾天气过程或有关部门发布预警时,防汛抗旱指挥机构办公室要组织联合会商,分析研判灾害风险,综合考虑可能造成的危害和影响程度,及时提出启动、调整应急响应的意见和建议。

④ 各级防汛抗旱指挥机构应急响应原则上与本级有关部门的预警挂钩,把预警纳入应急响应的启动条件。省级防汛抗旱指挥机构要指导督促下级防汛抗旱指挥机构做好相关预警与应急响应的衔接工作。

⑤ 预警发布部门发布预警后,要滚动预报预警,及时向本级防汛抗旱指挥机构报告。

⑥ 有关部门要建立预报预警评估制度,每年汛后对预报预警精确性、有效性进行评估。

2. 安全风险监测预警

加快建立危险化学品、矿山、燃气管网等高危行业企业预警预报在线系统,强化源头防范治理的精准性,依靠信息化技术建立网上巡查手段,尽快实现重大风险隐患动态监控、及时发现、快速处置,增强监管效能。

3. 突发公共卫生事件的监测、预警与报告

(1) 监测

① 国家建立统一的突发公共卫生事件监测、预警与报告网络体系。各级医疗、疾病预防控制、卫生监督和出入境检疫机构负责开展突发公共卫生事件的日常监测工作。

② 省级人民政府卫生行政部门要按照国家统一规定和要求,结合实际,组织开展重点传染病和突发公共卫生事件的主动监测。

③ 国务院卫生行政部门和地方各级人民政府卫生行政部门要加强对监测工作的管理和监督,保证监测质量。

(2) 预警

各级人民政府卫生行政部门根据医疗机构、疾病预防控制机构、卫生监督机构提供的监测信息,按照公共卫生事件的发生、发展规律和特点,及时分析其对公众身心健康的危害程度、可能的发展趋势,及时做出预警。

(3) 报告

① 任何单位和个人都有权向国务院卫生行政部门和地方各级人民政府及其有关部门报告突发公共卫生事件及其隐患,也有权向上级政府部门举报不履行或者不按照规定履行突发公共卫生事件应急处理职责的部门、单位及个人。

② 县级以上各级人民政府卫生行政部门指定的突发公共卫生事件监测机构、各级各类医疗卫生机构、卫生行政部门、县级以上地方人民政府和检验检疫机构、食品药品监督管理机构、环境保护监测机构、教育机构等有关单位为突发公共卫生事件的责任报告单位。执行职务的各级各类医疗卫生机构的医疗卫生人员、个体开业医生为突发公共卫生事件的责任报告人。

③ 突发公共卫生事件责任报告单位要按照有关规定及时、准确地报告突发公共卫生事件及其处置情况。

4. 森林草原火灾预警与信息报告

(1) 火灾预警

① 预警分级。

根据森林草原火险指标、火行为特征和可能造成的危害程度,将森林草原火险预警级别划分为四个等级,由高到低依次用红色、橙色、黄色和蓝色表示,具体分级标准按照有关规定执行。

② 预警发布。

由应急管理部门组织,各级林草、公安和气象主管部门加强会商,联合制作森林草原火险预警信息,并通过预警信息发布平台和广播、电视、报刊、网络、微信公众号以及应急广播等方式向涉险区域相关部门和社会公众发布。国家森林草原防灭火指挥部办公室适时向省级森林(草原)防(灭)火指挥机构发送预警信息,提出工作要求。

③ 预警响应。

当发布蓝色、黄色预警信息后,预警地区县级以上地方人民政府及其有关部门密切关注天气情况和森林草原火险预警变化,加强森林草原防火巡护、卫星林火监测和瞭望监测,做好预警信息发布和森林草原防火宣传工作,加强火源管理,落实防火装备、物资等各项扑火准备,当地各级各类森林消防队伍进入待命状态。

当发布橙色、红色预警信息后,预警地区县级以上地方人民政府及其有关部门在蓝色、黄色预警响应措施的基础上,进一步加强野外火源管理,开展森林草原防火检查,加大预警信息播报频次,做好物资调拨准备,地方专业防扑火队伍、国家综合性消防救援队伍视情对力量部署进行调整,靠前驻防。

各级森林(草原)防(灭)火指挥机构视情对预警地区森林草原防灭火工作进行督促和指导。

(2) 信息报告

地方各级森林(草原)防(灭)火指挥机构按照"有火必报"原则,及时、准确、逐级、规范报告森林草原火灾信息。以下森林草原火灾信息由国家森林草原防灭火指挥部办公室向国务院报告:

① 重大、特别重大森林草原火灾;

② 造成 3 人以上死亡或者 10 人以上重伤的森林草原火灾;

③ 威胁居民区或者重要设施的森林草原火灾;

④ 火场距国界或者实际控制线 5 km 以内,并对我国或者邻国森林草原资源构成威胁的森林草原火灾;

⑤ 经研判需要报告的其他重要森林草原火灾。

4.3.5 应急响应机制

根据《总体预案》,应急响应是突发事件处于先期处置未能有效控制的状态。突发事件的应急响应级别,按照突发事件的性质、特点、可能造成的危害程度和影响范围等因素分为一级、二级、三级和四级,一级为最高级别。突发事件应急响应级别划分标准由国务院或者国务院确定的部门制定。县级以上人民政府及其有关部门应当在突发事件应急预案中确定应急响应级别。

突发事件发生后,履行统一领导职责或者组织处置突发事件的人民政府应当针对其性质、特点、危害程度和影响范围等,立即启动应急响应,组织有关部门,调动应急救援队伍和社会力量,依照法律、法规、规章和应急预案的规定,采取应急处置措施,并向上级人民政府报告;必要时,可以设立现场指挥部,负责现场应急处置与救援,统一指挥进入突发事件现场的单位和个人。启动应急响应,应当明确响应事项、级别、预计期限、应急处置措施等。

履行统一领导职责或者组织处置突发事件的人民政府,应当建立协调机制,提供需求信息,引导志愿服务组织和志愿者等社会力量及时有序参与应急处置与救援工作。

不同灾害事故应急响应启动的标准和内容不同,本书"1.1.3 突发事件分级"介绍了我国实施应急响应分级启动。响应启动后,相关部门按照预案规定采取响应措施。

1. 自然灾害救助应急响应

(1) 响应措施

① 一级响应。

灾害发生后,国家防灾减灾救灾委员会办公室经分析评估,认定灾情达到启动条件,向国家防灾减灾救灾委员会提出启动一级响应的建议,国家防灾减灾救灾委员会报党中央、国务院决定。必要时,党中央、国务院直接决定启动一级响应。

国家防灾减灾救灾委员会主任组织协调国家层面灾害救助工作,指导支持受灾省(自治区、直辖市)灾害救助工作。国家防灾减灾救灾委员会及其成员单位采取以下措施:

● 会商研判灾情和救灾形势,研究部署灾害救助工作,对指导支持受灾地区救灾重大事项做出决定,有关情况及时向党中央、国务院报告。

● 派出由有关部门组成的工作组,赴受灾地区指导灾害救助工作,核查灾情,慰问受灾群众。根据灾情和救灾工作需要,应急管理部可派出先期工作组,赴受灾地区指导开展灾害救助工作。

● 汇总统计灾情。国家防灾减灾救灾委员会办公室及时掌握灾情和救灾工作动态信息,按照有关规定统一发布灾情,及时发布受灾地区需求。国家防灾减灾救灾委员会有关成员单位做好灾情、受灾地区需求、救灾工作动态等信息共享,每日向国家防灾减灾救灾委员会办公室报告有关情况。必要时,国家防灾减灾救灾委员会专家委员会组织专家开展灾情发展趋势及受灾地区需求评估。

● 下拨救灾款物。财政部会同应急管理部迅速启动中央救灾资金快速核拨机制,根据初步判断的灾情及时预拨中央自然灾害救灾资金。灾情稳定后,根据地方申请和应急管理部会同有关部门对灾情的核定情况进行清算,支持做好灾害救助工作。国家发展和改革委员会及时下达灾后应急恢复重建中央预算内投资。应急管理部会同国家粮食和储备局紧急调拨中央生活类救灾物资,指导、监督基层救灾应急措施落实和救灾款物发放。交通运输、铁路、民航等部门和单位协调指导开展救灾物资、人员运输与重要通道快速修复等工作,充分发挥物流保通保畅工作机制作用,保障各类救灾物资运输畅通和人员及时转运。

- 投入救灾力量。应急管理部迅速调派国家综合性消防救援队伍、专业救援队伍投入救灾工作,积极帮助受灾地区转移受灾群众、运送发放救灾物资等。国务院国资委督促中央企业积极参与抢险救援、基础设施抢修恢复等工作,全力支援救灾工作。中央社会工作部统筹指导有关部门和单位,协调组织志愿服务力量参与灾害救助工作。军队有关单位根据国家有关部门和地方人民政府请求,组织协调解放军、武警部队、民兵参与救灾,协助受灾地区人民政府做好灾害救助工作。
- 安置受灾群众。应急管理部会同有关部门指导受灾地区统筹安置受灾群众,加强集中安置点管理服务,保障受灾群众基本生活。国家卫生健康委员会、国家疾病预防控制局及时组织医疗卫生队伍赴受灾地区协助开展医疗救治、灾后防疫和心理援助等卫生应急工作。
- 恢复受灾地区秩序。公安部指导加强受灾地区社会治安和道路交通应急管理。国家发展和改革委员会、农业农村部、商务部、国家市场监督管理总局、国家粮食和储备局等有关部门做好保障市场供应工作,防止价格大幅波动。应急管理部、国家发展和改革委员会、工业和信息化部组织协调救灾物资装备、防护和消杀用品、药品和医疗器械等生产供应工作。国家金融监督管理总局指导做好受灾地区保险理赔和金融支持服务。
- 抢修基础设施。住房和城乡建设部指导灾后房屋建筑和市政基础设施工程的安全应急评估等工作。水利部指导受灾地区水利水电工程设施修复、蓄滞洪区运用及补偿、水利行业供水和村镇应急供水工作。国家能源局指导监管范围内的水电工程修复及电力应急保障等工作。
- 提供技术支撑。工业和信息化部组织做好受灾地区应急通信保障工作。自然资源部及时提供受灾地区地理信息数据,组织受灾地区现场影像获取等应急测绘,开展灾情监测和空间分析,提供应急测绘保障服务。生态环境部及时监测因灾害导致的生态环境破坏、污染、变化等情况,开展受灾地区生态环境状况调查评估。
- 启动救灾捐赠。应急管理部会同民政部组织开展全国性救灾捐赠活动,指导具有救灾宗旨的社会组织加强捐赠款物管理、分配和使用;会同外交部、海关总署等有关部门和单位办理外国政府、国际组织等对我中央政府的国际援助事宜。中国红十字会总会依法开展相关救灾工作,开展救灾募捐等活动。
- 加强新闻宣传。中央宣传部统筹负责新闻宣传和舆论引导工作,指导有关部门和地方建立新闻发布与媒体采访服务管理机制,及时组织新闻发布会,协调指导各级媒体做好新闻宣传。中央网信办、广电总局等按职责组织做好新闻报道和舆论引导工作。
- 开展损失评估。灾情稳定后,根据党中央、国务院关于灾害评估和恢复重建工作的统一部署,应急管理部会同国务院有关部门,指导受灾省(自治区、直辖市)人民政府组织开展灾害损失综合评估工作,按有关规定统一发布灾害损失情况。
- 国家防灾减灾救灾委员会其他成员单位按照职责分工,做好有关工作。

- 国家防灾减灾救灾委员会办公室及时汇总各部门开展灾害救助等工作情况并按程序向党中央、国务院报告。

② 二级响应。

灾害发生后,国家防灾减灾救灾委员会办公室经分析评估,认定灾情达到启动条件,向国家防灾减灾救灾委员会提出启动二级响应的建议,国家防灾减灾救灾委员会副主任(应急管理部主要负责同志)报国家防灾减灾救灾委员会主任决定。

国家防灾减灾救灾委员会副主任(应急管理部主要负责同志)组织协调国家层面灾害救助工作,指导支持受灾省(自治区、直辖市)灾害救助工作。国家防灾减灾救灾委员会及其成员单位采取以下措施:

- 会商研判灾情和救灾形势,研究落实救灾支持政策和措施,重要情况及时向党中央、国务院报告。
- 派出由有关部门组成的工作组,赴受灾地区指导灾害救助工作,核查灾情,慰问受灾群众。
- 国家防灾减灾救灾委员会办公室及时掌握灾情和救灾工作动态信息,按照有关规定统一发布灾情,及时发布受灾地区需求。国家防灾减灾救灾委员会有关成员单位做好灾情、受灾地区需求、救灾工作动态等信息共享,每日向国家防灾减灾救灾委员会办公室报告有关情况。必要时,国家防灾减灾救灾委员会专家委员会组织专家开展灾情发展趋势及受灾地区需求评估。
- 财政部会同应急管理部迅速启动中央救灾资金快速核拨机制,根据初步判断的灾情及时预拨中央自然灾害救灾资金。灾情稳定后,根据地方申请和应急管理部会同有关部门对灾情的核定情况进行清算,支持做好灾害救助工作。国家发展和改革委员会及时下达灾后应急恢复重建中央预算内投资。应急管理部会同国家粮食和储备局紧急调拨中央生活类救灾物资,指导、监督基层救灾应急措施落实和救灾款物发放。交通运输、铁路、民航等部门和单位协调指导开展救灾物资、人员运输与重要通道快速修复等工作,充分发挥物流保通保畅工作机制作用,保障各类救灾物资运输畅通和人员及时转运。
- 应急管理部迅速调派国家综合性消防救援队伍、专业救援队伍投入救灾工作,积极帮助受灾地区转移受灾群众、运送发放救灾物资等。军队有关单位根据国家有关部门和地方人民政府请求,组织协调解放军、武警部队、民兵参与救灾,协助受灾地区人民政府做好灾害救助工作。
- 国家卫生健康委员会、国家疾病预防控制局根据需要,及时派出医疗卫生队伍赴受灾地区协助开展医疗救治、灾后防疫和心理援助等卫生应急工作。自然资源部及时提供受灾地区地理信息数据,组织受灾地区现场影像获取等应急测绘,开展灾情监测和空间分析,提供应急测绘保障服务。国务院国资委督促中央企业积极参与抢险救援、基础设施抢修恢复等工作。金融监管总局指导做好受灾地区保险理赔和金融支持服务。
- 应急管理部会同民政部指导受灾省(自治区、直辖市)开展救灾捐赠活动。中央社会工作部统筹指导有关部门和单位,协调组织志愿服务力量参与灾害救助工作。中国红十字会总会依法开展相关救灾工作,开展救灾募捐等活动。

- 中央宣传部统筹负责新闻宣传和舆论引导工作,指导有关部门和地方视情及时组织新闻发布会,协调指导各级媒体做好新闻宣传。中央网信办、广电总局等按职责组织做好新闻报道和舆论引导工作。
- 灾情稳定后,受灾省(自治区、直辖市)人民政府组织开展灾害损失综合评估工作,及时将评估结果报送国家防灾减灾救灾委员会。国家防灾减灾救灾委员会办公室组织核定并按有关规定统一发布灾害损失情况。
- 国家防灾减灾救灾委员会其他成员单位按照职责分工,做好有关工作。
- 国家防灾减灾救灾委员会办公室及时汇总各部门开展灾害救助等工作情况并上报。

③ 三级响应。

灾害发生后,国家防灾减灾救灾委员会办公室经分析评估,认定灾情达到启动条件,向国家防灾减灾救灾委员会提出启动三级响应的建议,国家防灾减灾救灾委员会副主任(应急管理部主要负责同志)决定启动三级响应,并向国家防灾减灾救灾委员会主任报告。

国家防灾减灾救灾委员会副主任(应急管理部主要负责同志)或其委托的国家防灾减灾救灾委员会办公室副主任(应急管理部分管负责同志)组织协调国家层面灾害救助工作,指导支持受灾省(自治区、直辖市)灾害救助工作。国家防灾减灾救灾委员会及其成员单位采取以下措施:

- 国家防灾减灾救灾委员会办公室组织有关成员单位及受灾省(自治区、直辖市)分析灾情形势,研究落实救灾支持政策和措施,有关情况及时上报国家防灾减灾救灾委员会主任、副主任并通报有关成员单位。
- 派出由有关部门组成的工作组,赴受灾地区指导灾害救助工作,核查灾情,慰问受灾群众。
- 国家防灾减灾救灾委员会办公室及时掌握并按照有关规定统一发布灾情和救灾工作动态信息。
- 财政部会同应急管理部迅速启动中央救灾资金快速核拨机制,根据初步判断的灾情及时预拨部分中央自然灾害救灾资金。灾情稳定后,根据地方申请和应急管理部会同有关部门对灾情的核定情况进行清算,支持做好灾害救助工作。国家发展和改革委员会及时下达灾后应急恢复重建中央预算内投资。应急管理部会同国家粮食和储备局紧急调拨中央生活类救灾物资,指导、监督基层救灾应急措施落实和救灾款物发放。交通运输、铁路、民航等部门和单位协调指导开展救灾物资、人员运输与重要通道快速修复等工作,充分发挥物流保通保畅工作机制作用,保障各类救灾物资运输畅通和人员及时转运。
- 应急管理部迅速调派国家综合性消防救援队伍、专业救援队伍投入救灾工作,积极帮助受灾地区转移受灾群众、运送发放救灾物资等。军队有关单位根据国家有关部门和地方人民政府请求,组织协调解放军、武警部队、民兵参与救灾,协助受灾地区人民政府做好灾害救助工作。
- 国家卫生健康委、国家疾控局指导受灾省(自治区、直辖市)做好医疗救治、灾后防疫和心理援助等卫生应急工作。金融监管总局指导做好受灾地区保险理赔和金融支持服务。
- 中央社会工作部统筹指导有关部门和单位,协调组织志愿服务力量参与灾害救助工作。中国红十字会总会依法开展相关救灾工作。受灾省(自治区、直辖市)根据需要规范有序组织开展救灾捐赠活动。
- 灾情稳定后,应急管理部指导受灾省(自治区、直辖市)评估、核定灾害损失情况。
- 国家防灾减灾救灾委员会其他成员单位按照职责分工,做好有关工作。

④ 四级响应。

灾害发生后,国家防灾减灾救灾委员会办公室经分析评估,认定灾情达到启动条件,国家防灾减灾救灾委员会办公室副主任(应急管理部分管负责同志)决定启动四级响应,并向国家防灾减灾救灾委员会副主任(应急管理部主要负责同志)报告。

国家防灾减灾救灾委员会办公室组织协调国家层面灾害救助工作,指导支持受灾省(自治区、直辖市)灾害救助工作。国家防灾减灾救灾委员会及其成员单位采取以下措施:

- 国家防灾减灾救灾委员会办公室组织有关部门和单位分析灾情形势,研究落实救灾支持政策和措施,有关情况及时上报国家防灾减灾救灾委员会主任、副主任并通报有关成员单位。
- 国家防灾减灾救灾委员会办公室派出工作组,赴受灾地区协助指导地方开展灾害救助工作,核查灾情,慰问受灾群众。必要时,可由有关部门组成联合工作组。
- 国家防灾减灾救灾委员会办公室及时掌握并按照有关规定统一发布灾情和救灾工作动态信息。
- 财政部会同应急管理部迅速启动中央救灾资金快速核拨机制,根据初步判断的灾情及时预拨部分中央自然灾害救灾资金。灾情稳定后,根据地方申请和应急管理部会同有关部门对灾情的核定情况进行清算,支持做好灾害救助工作。国家发展和改革委员会及时下达灾后应急恢复重建中央预算内投资。应急管理部会同国家粮食和储备局紧急调拨中央生活类救灾物资,指导、监督基层救灾应急措施落实和救灾款物发放。交通运输、铁路、民航等部门和单位协调指导开展救灾物资、人员运输与重要通道快速修复等工作,充分发挥物流保通保畅工作机制作用,保障各类救灾物资运输畅通和人员及时转运。
- 应急管理部迅速调派国家综合性消防救援队伍、专业救援队伍投入救灾工作,积极帮助受灾地区转移受灾群众、运送发放救灾物资等。军队有关单位根据国家有关部门和地方人民政府请求,组织协调解放军、武警部队、民兵参与救灾,协助受灾地区人民政府做好灾害救助工作。
- 国家卫生健康委员会、国家疾病预防控制局指导受灾省(自治区、直辖市)做好医疗救治、灾后防疫和心理援助等卫生应急工作。
- 国家防灾减灾救灾委员会其他成员单位按照职责分工,做好有关工作。

(2) 响应联动

对已启动国家防汛抗旱防台风、地震、地质灾害、森林草原火灾应急响应的,国家防灾减灾救灾委员会办公室要强化灾情态势会商,必要时按照本预案规定启动国家自然灾害救助应急响应。

省(自治区、直辖市)启动三级以上省级自然灾害救助应急响应的,应及时向应急管理部报告。启动国家自然灾害救助应急响应后,国家防灾减灾救灾委员会办公室、应急管理部向相关省(自治区、直辖市)通报,所涉及省(自治区、直辖市)要立即启动省级自然灾害救助应急响应,并加强会商研判,根据灾情发展变化及时做出调整。

(3) 响应终止

救灾应急工作结束后,经研判,国家防灾减灾救灾委员会办公室提出建议,按启动响应的相应权限终止响应。

2. 地震灾害救助应急响应

地震灾害发生后,各有关地方和部门根据灾情和抗灾救灾需要,采取以下措施。

(1) 搜救人员

立即组织基层应急队伍和广大群众开展自救互救,同时组织协调当地解放军、武警部队、地震、消防、建筑和市政等各方面救援力量,调配大型吊车、起重机、千斤顶、生命探测仪等救援装备,抢救被掩埋人员。现场救援队伍之间加强衔接和配合,合理划分责任区边界,遇有危险时及时传递警报,做好自身安全防护。

(2) 开展医疗救治和卫生防疫

迅速组织协调应急医疗队伍赶赴现场,抢救受伤群众,必要时建立战地医院或医疗点,实施现场救治。加强救护车、医疗器械、药品和血浆的组织调度,特别是加大对重灾区及偏远地区医疗器械、药品供应,确保被救人员得到及时医治,最大限度减少伤员致死、致残。统筹周边地区的医疗资源,根据需要分流重伤员,实施异地救治。开展灾后心理援助。

加强灾区卫生防疫工作。及时对灾区水源进行监测消毒,加强食品和饮用水卫生监督;妥善处置遇难者遗体,做好死亡动物、医疗废弃物、生活垃圾、粪便等消毒和无害化处理;加强鼠疫、狂犬病的监测、防控和处理,及时接种疫苗;实行重大传染病和突发卫生事件每日报告制度。

(3) 安置受灾群众

开放应急避难场所,组织筹集和调运食品、饮用水、衣被、帐篷、移动厕所等各类救灾物资,解决受灾群众吃饭、饮水、穿衣、住处等问题;在受灾村镇、街道设置生活用品发放点,确保生活用品的有序发放;根据需要组织生产、调运、安装活动板房和简易房;在受灾群众集中安置点配备必要的消防设备器材,严防火灾发生。救灾物资优先保证学校、医院、福利院的需要;优先安置孤儿、孤老及残疾人员,确保其基本生活。鼓励采取投亲靠友等方式,广泛动员社会力量安置受灾群众。

做好遇难人员的善后工作,抚慰遇难人员亲属;积极创造条件,组织灾区学校复课。

(4) 抢修基础设施

抢通修复因灾损毁的机场、铁路、公路、桥梁、隧道等交通设施,协调运力,优先保证应急抢险救援人员、救灾物资和伤病人员的运输需要。抢修供电、供水、供气、通信、广播电视等基础设施,保障灾区群众基本生活需要和应急工作需要。

(5) 加强现场监测

地震局组织布设或恢复地震现场测震和前兆台站,实时跟踪地震序列活动,密切监视震情发展,对震区及全国震情形势进行研判。气象局加强气象监测,密切关注灾区重大气象变化。灾区所在地抗震救灾指挥部安排专业力量加强空气、水源、土壤污染监测,减轻或消除污染危害。

(6) 防御次生灾害

加强次生灾害监测预警,防范因强余震和降雨形成的滑坡、泥石流、滚石等造成新的人员伤亡和交通堵塞;组织专家对水库、水电站、堤坝、堰塞湖等开展险情排查、评估和除险加固,必要时组织下游危险地区人员转移。

加强危险化学品生产储存设备、输油气管道、输配电线路的受损情况排查,及时采取安全防范措施;对核电站等核工业生产科研重点设施,做好事故防范处置工作。

(7) 维护社会治安

严厉打击盗窃、抢劫、哄抢救灾物资、借机传播谣言制造社会恐慌等违法犯罪行为;在受灾群众安置点、救灾物资存放点等重点地区,增设临时警务站,加强治安巡逻,增强灾区群众的安全感;加强对党政机关、要害部门、金融单位、储备仓库、监狱等重要场所的警戒,做好涉灾矛盾纠纷化解和法律服务工作,维护社会稳定。

(8) 开展社会动员

灾区所在地抗震救灾指挥部明确专门的组织机构或人员,加强志愿服务管理;及时开通志愿服务联系电话,统一接收志愿者组织报名,做好志愿者派遣和相关服务工作;根据灾区需求、交通运输等情况,向社会公布志愿服务需求指南,引导志愿者安全有序参与。

视情开展为灾区人民捐款捐物活动,加强救灾捐赠的组织发动和款物接收、统计、分配、使用、公示反馈等各环节工作。

必要时,组织非灾区人民政府,通过提供人力、物力、财力、智力等形式,对灾区群众生活安置、伤员救治、卫生防疫、基础设施抢修和生产恢复等开展对口支援。

(9) 加强涉外事务管理

及时向相关国家和地区驻华机构通报相关情况;协调安排国外救援队入境救援行动,按规定办理外事手续,分配救援任务,做好相关保障;加强境外救援物资的接收和管理,按规定做好检验检疫、登记管理等工作;适时组织安排境外新闻媒体进行采访。

(10) 发布信息

各级抗震救灾指挥机构按照分级响应原则,分别负责相应级别地震灾害信息发布工作,回应社会关切。信息发布要统一、及时、准确、客观。

(11) 开展灾害调查与评估

地震局开展地震烈度、发震构造、地震宏观异常现象、工程结构震害特征、地震社会影响和各种地震地质灾害调查等。民政、地震、国土资源、建设、环境保护等有关部门,深入调查灾区范围、受灾人口、成灾人口、人员伤亡数量、建构筑物和基础设施破坏程度、环境影响程度等,组织专家开展灾害损失评估。

（12）应急结束

在抢险救灾工作基本结束、紧急转移和安置工作基本完成、地震次生灾害的后果基本消除，以及交通、电力、通信和供水等基本抢修抢通、灾区生活秩序基本恢复后，由启动应急响应的原机关决定终止应急响应。

3. 突发性水旱灾害应急响应

（1）应急响应的总体要求

① 按洪涝、干旱、台风、堰塞湖等灾害严重程度和范围，将应急响应行动分为一、二、三、四级。一级应急响应级别最高。

② 进入汛期、旱期，各级防汛抗旱指挥机构及有关成员单位应实行 24 小时值班制度，全程跟踪雨情、水情、风情、险情、灾情、旱情，并根据不同情况启动相关应急程序。国家防总成员单位启动防汛抗旱相关应急响应时，应及时通报国家防总。国家防总各成员单位应按照统一部署和任务分工开展工作并及时报告有关工作情况。

③ 当预报发生大洪水或突发险情时，水利部组织会商，应急管理部等部门派员参加。涉及启用重要蓄滞洪区、弃守堤防或破堤泄洪时，由水利部提出运用方案报国家防总，按照总指挥的决定执行。重大决定按程序报国务院批准。

④ 洪涝、干旱、台风、堰塞湖等灾害发生后，由地方人民政府和防汛抗旱指挥机构负责组织实施抢险救灾和防灾减灾等方面的工作。灾害应对关键阶段，应有党政负责同志在防汛抗旱指挥机构坐镇指挥，相关负责同志根据预案和统一安排靠前指挥，确保防汛抢险救灾工作有序高效实施。

⑤ 洪涝、干旱、台风、堰塞湖等灾害发生后，由当地防汛抗旱指挥机构向同级人民政府和上级防汛抗旱指挥机构报告情况。造成人员伤亡的突发事件，可越级上报，并同时报上级防汛抗旱指挥机构。任何个人发现堤防、水库发生险情时，应立即向有关部门报告。

⑥ 对跨区域发生的上述灾害，或者突发事件将影响到邻近行政区域的，在报告同级人民政府和上级防汛抗旱指挥机构的同时，应及时向受影响地区的防汛抗旱指挥机构通报情况。

⑦ 因上述灾害而衍生的疾病流行、水陆交通事故等次生灾害，当地防汛抗旱指挥机构应及时向同级人民政府和上级防汛抗旱指挥机构报告，并由当地人民政府组织有关部门全力抢救和处置，采取有效措施切断灾害扩大的传播链，防止次生或衍生灾害蔓延。

（2）一级应急响应

① 由国家防总总指挥或党中央、国务院指定的负责同志主持会商，统一指挥调度，国家防总成员参加。视情启动经国务院批准的防御特大洪水方案，做出防汛抗旱应急工作部署，加强工作指导，并将情况上报党中央、国务院。应急响应期内，根据汛情、险情、灾情、旱情发展变化，可由副总指挥主持，有关成员单位参加，随时滚动会商，并将情况报总指挥。按照党中央、国务院安排派出工作组赴一线指导防汛抗旱工作。国家防总加强值守，密切监视汛情、险情、灾情、旱情，做好预测预报，做好重点工程调度，并在 8 小时内派出由国家防总领导或成员带队

的工作组、专家组赴一线指导防汛抗旱工作,及时在中央主要媒体及新媒体通报有关情况,报道汛(旱)情及抗洪抢险、抗旱减灾工作。财政部为灾区及时提供资金帮助。国家粮食和储备局按照国家防总办公室要求为灾区紧急调运防汛抗旱物资;铁路、交通运输、民航部门为防汛抗旱物资提供运输保障。水利部做好汛情旱情预测预报,做好重点工程调度和防汛抢险技术支撑。应急管理部组织协调水旱灾害抢险和应急救援工作,转移安置受洪水威胁人员,及时救助受灾群众。国家卫生健康委员会根据需要,及时派出卫生应急队伍或专家赴灾区协助开展紧急医学救援、灾后卫生防疫和应急心理干预等工作。国家防总其他成员单位按照任务分工,全力做好有关工作。

② 有关流域防汛抗旱指挥机构按照权限调度水利、防洪工程,为国家防总和水利部提供调度参谋意见。派出工作组、专家组,支援地方抗洪抢险和抗旱减灾。

③ 有关省(自治区、直辖市)的防汛抗旱指挥机构启动一级应急响应,可依法宣布本地区进入紧急防汛期或紧急抗旱期,按照《中华人民共和国防洪法》(简称《防洪法》)和突发事件应对相关法律的规定行使权力。同时,增加值班人员,加强值班,由防汛抗旱指挥机构的主要负责同志主持会商,动员部署防汛抗旱工作;按照权限组织调度水利、防洪工程;根据预案转移危险地区群众,组织强化巡堤查险和堤防防守,及时控制险情或组织强化抗旱工作。受灾地区的各级防汛抗旱指挥机构负责人、成员单位负责人,应按照职责到分管的区域组织指挥防汛抗旱工作,或驻点具体帮助重灾区做好防汛抗旱工作。有关省(自治区、直辖市)的防汛抗旱指挥机构应将工作情况上报当地人民政府、国家防总及流域防汛抗旱指挥机构。有关省(自治区、直辖市)的防汛抗旱指挥机构成员单位按任务分工全力配合做好防汛抗旱和抗灾救灾工作。

(3) 二级应急响应

① 国家防总副总指挥主持会商,国家防总成员单位派员参加会商,做出相应工作部署,加强防汛抗旱工作的指导,在2小时内将情况上报国务院领导同志并通报国家防总成员单位。应急响应期内,根据汛情、险情、灾情、旱情发展变化,可由国家防总秘书长主持,随时滚动会商。国家防总加强值班力量,密切监视汛情、险情、灾情、旱情,做好预测预报,做好重点工程调度,并在12小时内派出由成员单位组成的联合工作组、专家组赴一线指导防汛抗旱工作。水利部密切监视汛情、旱情、工情发展变化,做好汛情、旱情预测预报预警,做好重点工程调度和抗洪应急抢险技术支撑。国家防总组织协调有关方面不定期在中央主要媒体及新媒体平台通报有关情况。根据灾区请求及时调派抢险救援队伍、调拨防汛抗旱物资支援地方抢险救灾。国家防总各成员单位按照任务分工做好有关工作。

② 有关流域防汛抗旱指挥机构密切监视汛情、险情、灾情、旱情发展变化,做好洪水预测预报,派出工作组、专家组,支援地方抗洪抢险救援和抗旱救灾;按照权限调度水利、防洪工程;为国家防总和水利部提供调度参谋意见。

③ 有关省(自治区、直辖市)防汛抗旱指挥机构可根据情况,依法宣布本地区进入紧急防汛期或紧急抗旱期,按照《防洪法》和突发事件应对相关法律的规定行使相关权力。同时,增加值班人员,加强值班。有关省级防汛抗旱指挥机构应将工作情况上报当地人民政府主要负责

同志、国家防总及流域防汛抗旱指挥机构。有关省(自治区、直辖市)的防汛抗旱指挥机构成员单位按任务分工全力配合做好防汛抗旱和抗灾救灾工作。

(4) 三级应急响应行动

① 国家防总秘书长主持会商,中国气象局、水利部、自然资源部等国家防总有关成员单位参加,做出相应工作安排,加强防汛抗旱工作的指导,有关情况及时上报国务院并通报国家防总成员单位。水利部密切监视汛情、旱情发展变化。国家防总办公室在18小时内派出由司局级领导带队的工作组、专家组赴一线指导防汛抗旱工作。

② 有关流域防汛抗旱指挥机构加强汛(旱)情监视,加强洪水预测预报,做好相关工程调度,派出工作组、专家组到一线协助防汛抗旱。

③ 有关省(自治区、直辖市)的防汛抗旱指挥机构,由防汛抗旱指挥机构负责同志主持会商,具体安排防汛抗旱工作;按照权限调度水利、防洪工程;根据预案组织防汛抢险或组织抗旱,派出工作组、专家组,并将防汛抗旱的工作情况上报当地人民政府分管负责同志、国家防总及流域防总。省级防汛抗旱指挥机构在省级主要媒体及新媒体平台发布防汛抗旱有关情况。省级防汛抗旱指挥机构各成员单位按照任务分工做好有关工作。

(5) 四级应急响应行动

① 国家防总办公室负责同志主持会商,中国气象局、水利部、自然资源部等国家防总有关成员单位参加,分析防汛抗旱形势,做出相应工作安排,加强对汛(旱)情的监视,在24小时内派出由司局级领导带队的工作组、专家组赴一线指导防汛抗旱工作,将情况上报国务院并通报国家防总成员单位。

② 有关流域防总加强汛情、旱情监视,做好洪水预测预报,并将情况及时报国家防总办公室。

③ 有关省(自治区、直辖市)的防汛抗旱指挥机构由防汛抗旱指挥机构负责同志主持会商,具体安排防汛抗旱工作;按照权限调度水利、防洪工程;按照预案采取相应防守措施或组织抗旱;派出工作组、专家组赴一线指导防汛抗旱工作;将防汛抗旱的工作情况上报当地人民政府和国家防总办公室。

(6) 不同灾害的应急响应措施

① 江河洪水。

当江河水位超过警戒水位时,当地防汛抗旱指挥机构应按照经批准的防洪预案和防汛责任制的要求,组织专业和群众防汛队伍巡堤查险,严密布防,必要时动用解放军和武警部队、民兵参加重要堤段、重点工程的防守或突击抢险。

当江河水位继续上涨,危及重点保护对象时,各级防汛抗旱指挥机构和承担防汛任务的部门、单位,应根据江河水情和洪水预报,按照规定的权限和防御洪水方案、洪水调度方案,适时调度运用防洪工程,调节水库拦洪错峰,开启节制闸泄洪,启动泵站抢排,启用分洪河道、蓄滞洪区行蓄洪水,清除河道阻水障碍物、临时抢护加高堤防增加河道泄洪能力等。

在实施蓄滞洪区调度运用时,根据洪水预报和经批准的洪水调度方案,由防汛抗旱指挥机构决定做好蓄滞洪区启用的准备工作,主要包括:组织蓄滞洪区内人员转移、安置,分洪设施的启用和无闸分洪口门爆破准备。当江河水情达到洪水调度方案规定的条件时,按照启用程序和管理权限由相应的防汛抗旱指挥机构批准下达命令实施分洪。

在紧急情况下,按照《防洪法》有关规定,有关县级以上人民政府防汛抗旱指挥机构可以宣布进入紧急防汛期,并行使相关权力、采取特殊措施,保障抗洪抢险的顺利实施。

② 渍涝灾害。

渍涝灾害应急处置工作由当地防汛抗旱指挥机构组织实施。各级防汛抗旱指挥机构要加强组织协调,督促指导有关部门做好排涝工作。

- 城市内涝。

住房和城乡建设、交通运输、水利等有关部门以及铁路等有关单位按任务分工全面排查城市易涝风险点,要突出抓好轨道交通、市政道路隧道、立交桥、地下空间、下沉式建筑、在建工程基坑等易涝积水点(区)隐患排查,并逐项整治消险。对主要易涝点要按照"一点一案"制订应急处置方案,明确责任人、队伍和物资,落实应急措施。

当出现城市内涝灾害时,当地防汛抗旱指挥机构应根据应急预案,及时组织有关部门和力量转移安置危险区域人员;对低洼积水等危险区域、路段,有关部门要及时采取警戒、管控等措施,避免人员伤亡。要及时通过广播、电视、新媒体等对灾害信息进行滚动预警;情况危急时,停止有关生产和社会活动。

住房和城乡建设、水利等部门应加强协调和配合,科学调度防洪排涝工程、正确处理外洪内涝关系,确保防洪防涝安全。交通运输、电力、通信、燃气、供水等有关部门和单位应保障城市生命线工程和其他重要基础设施安全,保证城市正常运行。

- 村庄和农田渍涝。

当村庄和农田发生渍涝灾害时,有关部门要及时组织专业人员和设备抢排涝水,尽快恢复生产和生活,减少灾害损失。

③ 山洪灾害。

山洪灾害日常防治和监测预警工作由水利部门负责,应急处置和抢险救灾工作由应急管理部门负责,具体工作由基层人民政府组织实施。各级防汛抗旱指挥机构要加强组织协调,指导自然资源、生态环境、住房和城乡建设、水利、应急管理、消防、气象等各有关部门按任务分工做好相关工作。

当山洪灾害易发区观测到降雨量达到预警阈值时,水利等有关部门应及时发出预警,基层人民政府及时按预案组织受威胁人员安全撤离。

转移受威胁地区的群众,应本着就近、迅速、安全、有序的原则进行,先人员后财产,先老幼病残后其他人员,先转移危险区人员和警戒区人员,防止出现道路堵塞和发生意外事件。

当发生山洪灾害时,当地防汛抗旱指挥机构应组织自然资源、水利、应急管理、气象等有关部门的专家和技术人员,及时赶赴现场,加强观测,采取应急措施,防止造成更大损失。

发生山洪灾害后,若导致人员伤亡,应立即组织国家综合性消防救援队伍、民兵、抢险突击队紧急抢救,必要时向当地解放军和武警部队及上级人民政府请求救援。

如山洪、泥石流、滑坡体堵塞河道,当地防汛抗旱指挥机构应召集有关部门、专家研究处理方案,尽快采取应急措施,避免发生更大的灾害。

④ 台风风暴潮灾害。

台风风暴潮(含热带低压)灾害应急处理由当地人民政府防汛抗旱指挥机构负责。

- 发布台风蓝色、黄色预警阶段。

a. 气象部门对台风发展趋势提出具体的分析和预报意见,并立即报告同级人民政府及防汛抗旱指挥机构。

b. 自然资源(海洋)部门根据台风动向,分析、预报风暴潮,并及时报告同级人民政府及防汛抗旱指挥机构。

c. 沿海地区各级防汛抗旱指挥机构负责同志及水利工程防汛负责人应根据台风预警上岗到位值班,并部署防御台风的各项准备工作。

d. 防汛抗旱指挥机构督促有关地区和部门组织力量加强巡查,督促对病险堤防、水库、涵闸进行抢护或采取必要的紧急处置措施。台风可能明显影响的地区,超汛限水位的水库应将水位降到汛限水位,平原河网水位高的应适当预排。水利部门做好洪水测报的各项准备。做好受台风威胁地区群众的安全转移准备工作。

e. 海上作业单位通知出海渔船回港避风,提醒商船落实避风措施。自然资源(海洋)、渔业、海运、海上安全等部门检查归港船只锚固情况,敦促沿海地区做好建设工地、滩涂养殖、网箱加固及渔排上人员安全转移、港口大型机械加固、人员避险、货物避水等工作。

f. 新闻媒体及时播发台风预警信息和防汛抗旱指挥机构的防御部署情况。

- 发布台风橙色、红色预警阶段。

a. 台风可能影响地区的各级防汛抗旱指挥机构负责同志及水利工程防汛负责人应立即上岗到位值班,根据当地防御洪水(台风)方案进一步检查各项防御措施落实情况。对台风可能登陆地区和可能严重影响的地区,当地县级以上人民政府应发布防台风动员令,组织防台风工作,派出工作组深入第一线,做好宣传发动工作,落实防台风措施和群众安全转移措施,指挥防台风和抢险工作。

b. 气象部门应做出台风可能登陆地点、时间以及台风暴雨量级和雨区的预报。自然资源(海洋)部门应做出风暴潮预报。水利部门应根据气象部门的降雨预报,提早做出江河洪水的预报。

c. 海上作业单位应检查船只进港情况,尚未回港的应采取应急措施。对停港避风的船只应落实防撞等保安措施。

d. 水利工程管理单位应做好工程的保安工作,并根据降雨量、洪水预报,控制运用水库、水闸及江河洪水调度运行,落实蓄滞洪区分洪的各项准备。抢险人员加强对工程的巡查。

e. 洪水预报将要受淹的地区,做好人员、物资的转移。山洪灾害易发地区提高警惕,落实应急措施。

f. 台风将登陆影响和台风中心可能经过的地区,居住在危房的人员应及时转移;成熟的农作物、食盐、渔业产品应组织抢收抢护;高空作业设施做好防护工作;建设工地做好大型临时设施固结和工程结构防护等工作;电力、通信部门应做好抢修准备,保障供电和通信畅通;住房和城乡建设(园林绿化)部门应按职责做好市区树木的保护工作;卫生健康部门做好抢救伤员的应急处置方案。

g. 新闻媒体应增加对台风预报和防台风措施的播放和刊载。

h. 国家综合性消防救援队伍、驻地解放军和武警部队、民兵根据抢险救灾预案做好各项准备,一旦有任务即迅速赶往现场。卫生健康部门根据实际需要,组织卫生应急队伍集结待命。公安机关做好社会治安工作。

i. 各级防汛抗旱指挥机构应及时向上一级防汛抗旱指挥机构汇报防台风行动情况。

⑤ 堤防决口、水闸垮塌、水库(水电站)垮坝。

当出现堤防决口、水闸垮塌、水库(水电站)垮坝征兆时,防汛责任单位要迅速调集人力、物力全力组织抢险,尽可能控制险情,第一时间向预计淹没区域的有关基层人民政府和基层组织发出警报,并及时向当地防汛抗旱指挥机构和上级主管部门报告。大江大河干流堤防决口、水闸垮塌和大型水库(水电站)垮坝等事件应立即报告国家防总办公室。

堤防决口、水闸垮塌、水库(水电站)垮坝的应急处理,由当地防汛抗旱指挥机构负责,水利部门提供技术支撑。首先应迅速组织受影响群众转移,并视情况抢筑二道防线,控制洪水影响范围,尽可能减少灾害损失。必要时,向上级防汛抗旱指挥机构提出援助请求。

当地防汛抗旱指挥机构视情况在适当时机组织实施堤防堵口,按照权限调度有关水利工程,为实施堤防堵口创造条件,并应明确堵口、抢护的行政、技术责任人,启动堵口、抢护应急预案,及时调集人力、物力迅速实施堵口、抢护。上级防汛抗旱指挥机构负责同志应立即带领专家赶赴现场指导。

⑥ 干旱灾害。

县级以上防汛抗旱指挥机构根据本地区实际情况,按特大、严重、中度、轻度四个干旱等级,制定相应的应急抗旱措施,并负责组织抗旱工作。

● 特大干旱。

强化地方行政首长抗旱责任制,确保城乡居民生活和重点企业用水安全,维护灾区社会稳定。

防汛抗旱指挥机构强化抗旱工作的统一指挥和组织协调,加强会商。水利部门强化抗旱水源的科学调度和用水管理。各有关部门按照防汛抗旱指挥机构的统一指挥部署,协调联动,全面做好抗旱工作。

启动相关抗旱预案,并报上级指挥机构备案。必要时经省级人民政府批准,省级防汛抗旱指挥机构可依法宣布进入紧急抗旱期,启动各项特殊应急抗旱措施,如应急开源、应急限水、应急调水、应急送水,条件许可时及时开展人工增雨等。

水利、农业农村等有关部门要及时向防汛抗旱指挥机构和应急管理部门报告旱情、灾情及抗旱工作;防汛抗旱指挥机构要加强会商,密切跟踪旱情灾情发展变化趋势及抗旱工作情况,及时分析旱情灾情对经济社会发展的影响,适时向社会通报旱灾信息。

及时动员社会各方面力量支援抗旱救灾工作。

加强旱情灾情及抗旱工作的宣传。

● 严重干旱。

有关部门加强旱情监测和分析预报工作,及时向防汛抗旱指挥机构报告旱情灾情及其发展变化趋势,及时通报旱情信息和抗旱情况。

防汛抗旱指挥机构及时组织抗旱会商,研究部署抗旱工作。

适时启动相关抗旱预案,并报上级防汛抗旱指挥机构备案。

督促防汛抗旱指挥机构各成员单位落实抗旱职责,做好抗旱水源的统一管理和调度,落实应急抗旱资金和抗旱物资。

做好抗旱工作的宣传。

● 中度干旱。

有关部门要加强旱情监测,密切注视旱情的发展情况,及时向防汛抗旱指挥机构报告旱情信息和抗旱情况。

防汛抗旱指挥机构要加强会商,分析研判旱情发展变化趋势,及时分析预测水量供求变化形势。

及时上报、通报旱情信息和抗旱情况。

关注水量供求变化,组织做好抗旱调度。

根据旱情发展趋势,动员部署抗旱工作。

● 轻度干旱。

有关部门及时做好旱情监测、预报工作。

及时掌握旱情变化情况,分析了解社会各方面的用水需求。

协调有关部门做好抗旱水源的管理调度工作。

⑦ 供水危机。

当发生供水危机时,有关防汛抗旱指挥机构应指导和督促有关部门采取有效措施,做好应急供水工作,最大限度保证城乡居民生活和重点单位用水安全。

针对供水危机出现的原因,组织有关部门采取措施尽快恢复供水水源,保障供水量和水质正常。

4. 森林草原火灾应急响应

火灾发生后,要先研判气象、地形、环境等情况及是否威胁人员密集居住地和重要危险设施,科学组织施救。

(1) 扑救火灾

立即就地就近组织地方专业防扑火队伍、应急航空救援队伍、国家综合性消防救援队伍等力量参与扑救,力争将火灾扑灭在初起阶段。必要时,组织协调当地解放军和武警部队等救援力量参与扑救。

各扑火力量在火场前线指挥部的统一调度指挥下,明确任务分工,落实扑救责任,科学组织扑救,在确保扑火人员安全情况下,迅速有序开展扑救工作,严防各类次生灾害发生。现场指挥员要认真分析地理环境、气象条件和火场态势,在扑火队伍行进、宿营地选择和扑火作业时,加强火场管理,时刻注意观察天气和火势变化,提前预设紧急避险措施,确保各类扑火人员安全。不得动员残疾人、孕妇和未成年人以及其他不适宜参加森林草原火灾扑救的人员参加扑救工作。

(2) 转移安置人员

当居民点、农牧点等人员密集区受到森林草原火灾威胁时,及时采取有效阻火措施,按照紧急疏散方案,有组织、有秩序地及时疏散居民和受威胁人员,确保人民群众生命安全。妥善做好转移群众安置工作,确保群众有住处、有饭吃、有水喝、有衣穿、有必要的医疗救治条件。

(3) 救治伤员

组织医护人员和救护车辆在扑救现场待命,如有伤病员迅速送医院治疗,必要时对重伤员实施异地救治。视情派出卫生应急队伍赶赴火灾发生地,成立临时医院或者医疗点,实施现场救治。

(4) 保护重要目标

当军事设施、核设施、危险化学品生产储存设施设备、油气管道、铁路线路等重要目标物和公共卫生、社会安全等重大危险源受到火灾威胁时,迅速调集专业队伍,在专业人员指导并确保救援人员安全的前提下全力消除威胁,组织抢救、运送、转移重要物资,确保目标安全。

(5) 维护社会治安

加强火灾受影响区域社会治安、道路交通等管理,严厉打击盗窃、抢劫、哄抢救灾物资、传播谣言、堵塞交通等违法犯罪行为。在金融单位、储备仓库等重要场所加强治安巡逻,维护社会稳定。

(6) 发布信息

通过受权发布、发新闻稿、接受记者采访、举行新闻发布会和通过专业网站、官方微博、微信公众号等多种方式、途径,及时、准确、客观、全面地向社会发布森林草原火灾和应对工作信息,回应社会关切。加强舆论引导和自媒体管理,防止传播谣言和不实信息,及时辟谣澄清,以正视听。发布内容包括起火原因、起火时间、火灾地点、过火面积、损失情况、扑救过程和火案查处、责任追究情况等。

(7) 火场清理看守

森林草原火灾明火扑灭后,继续组织扑火人员做好防止复燃和余火清理工作,划分责任区域,并留足人员看守火场。经检查验收,达到无火、无烟、无汽后,扑火人员方可撤离。原则上,参与扑救的国家综合性消防救援力量、跨省(自治区、直辖市)增援的地方专业防扑火力量不担负后续清理和看守火场任务。

(8) 应急结束

在森林草原火灾全部扑灭、火场清理验收合格、次生灾害后果基本消除后,由启动应急响应的机构决定终止应急响应。

5. 生产安全事故应急响应

(1) 响应措施

① 生产经营单位。

发生生产安全事故后,生产经营单位应当立即启动生产安全事故应急救援预案,采取下列一项或者多项应急救援措施,并按照国家有关规定报告事故情况:

- 迅速控制危险源,组织抢救遇险人员;
- 根据事故危害程度,组织现场人员撤离或者采取可能的应急措施后撤离;
- 及时通知可能受到事故影响的单位和人员;
- 采取必要措施,防止事故危害扩大和次生、衍生灾害发生;
- 根据需要请求邻近的应急救援队伍参加救援,并向参加救援的应急救援队伍提供相关技术资料、信息和处置方法;
- 维护事故现场秩序,保护事故现场和相关证据;
- 法律、法规规定的其他应急救援措施。

② 地方人民政府及其部门。

有关地方人民政府及其部门接到生产安全事故报告后,应当按照国家有关规定上报事故情况,启动相应的生产安全事故应急救援预案,并按照应急救援预案的规定采取下列一项或者多项应急救援措施:

- 组织抢救遇险人员,救治受伤人员,研判事故发展趋势以及可能造成的危害;
- 通知可能受到事故影响的单位和人员,隔离事故现场,划定警戒区域,疏散受到威胁的人员,实施交通管制;
- 采取必要措施,防止事故危害扩大和次生、衍生灾害发生,避免或者减少事故对环境造成的危害;
- 依法发布调用和征用应急资源的决定;
- 依法向应急救援队伍下达救援命令;
- 维护事故现场秩序,组织安抚遇险人员和遇险遇难人员亲属;
- 依法发布有关事故情况和应急救援工作的信息;
- 法律、法规规定的其他应急救援措施。

有关地方人民政府不能有效控制生产安全事故的,应当及时向上级人民政府报告。上级人民政府应当及时采取措施,统一指挥应急救援。

③ 应急救援队伍。

应急救援队伍接到有关人民政府及其部门的救援命令或者签有应急救援协议的生产经营单位的救援请求后,应当立即参加生产安全事故应急救援。

应急救援队伍根据救援命令参加生产安全事故应急救援所耗费用,由事故责任单位承担;

事故责任单位无力承担的,由有关人民政府协调解决。

(2) 应急救援指挥

发生生产安全事故后,有关人民政府认为有必要的,可以设立由本级人民政府及有关部门负责人、应急救援专家、应急救援队伍负责人、事故发生单位负责人等人员组成的应急救援现场指挥部,并指定现场指挥部总指挥。

现场指挥部实行总指挥负责制,按照本级人民政府的授权组织制定并实施生产安全事故现场应急救援方案,协调、指挥有关单位和个人参加现场应急救援。参加生产安全事故现场应急救援的单位和个人应当服从现场指挥部的统一指挥。

在生产安全事故应急救援过程中,发现可能直接危及应急救援人员生命安全的紧急情况时,现场指挥部或者统一指挥应急救援的人民政府应当立即采取相应措施消除隐患,降低或者化解风险,必要时可以暂时撤离应急救援人员。

(3) 应急救援保障

生产安全事故发生地人民政府应当为应急救援人员提供必需的后勤保障,并组织通信、交通运输、医疗卫生、气象、水文、地质、电力、供水等单位协助应急救援。

现场指挥部或者统一指挥生产安全事故应急救援的人民政府及有关部门应当完整、准确地记录应急救援的重要事项,妥善保存相关原始资料和证据。

6. 突发公共卫生事件应急响应

国家应建立健全突发事件卫生应急体系,组织开展突发事件中的医疗救治、卫生学调查处置和心理援助等卫生应急工作,有效控制和消除危害。县级以上人民政府应当加强急救医疗服务网络的建设,配备相应的医疗救治物资、设施设备和人员,提高医疗卫生机构应对各类突发事件的救治能力。

发生突发公共卫生事件时,事发地的县级、地(市)级、省级人民政府及其有关部门按照分级响应的原则,做出相应级别应急反应。同时,要遵循突发公共卫生事件发生发展的客观规律,结合实际情况和预防控制工作的需要,及时调整预警和反应级别,以有效控制事件,减少危害和影响。要根据不同类别突发公共卫生事件的性质和特点,注重分析事件的发展趋势,对事态和影响不断扩大的事件,应及时升级预警和反应级别;对范围局限、不会进一步扩散的事件,应相应降低反应级别,及时撤销预警。

国务院有关部门和地方各级人民政府及有关部门对在学校、区域性或全国性重要活动期间等发生的突发公共卫生事件,要高度重视,可相应提高报告和反应级别,确保迅速、有效控制突发公共卫生事件,维护社会稳定。

突发公共卫生事件应急处理要采取边调查、边处理、边抢救、边核实的方式,以有效措施控制事态发展。

事发地之外的地方各级人民政府卫生行政部门接到突发公共卫生事件情况通报后,要及时通知相应的医疗卫生机构,组织做好应急处理所需的人员与物资准备,采取必要的预防控制措施,防止突发公共卫生事件在本行政区域内发生,并服从上一级人民政府卫生行政部门的统一指挥和调度,支援公共卫生事件突发地区的应急处理工作。

7. 综合应急处置措施

自然灾害、事故灾难或者公共卫生事件发生后,履行统一领导职责的人民政府应当采取下列一项或者多项应急处置措施:

(1) 组织营救和救治受害人员,转移、疏散、撤离并妥善安置受到威胁的人员以及采取其他救助措施;

(2) 迅速控制危险源,标明危险区域,封锁危险场所,划定警戒区,实行交通管制、限制人员流动、封闭管理以及其他控制措施;

(3) 立即抢修被损坏的交通、通信、供水、排水、供电、供气、供热、医疗卫生、广播电视、气象等公共设施,向受到危害的人员提供避难场所和生活必需品,实施医疗救护和卫生防疫以及其他保障措施;

(4) 禁止或者限制使用有关设备、设施,关闭或者限制使用有关场所,中止人员密集的活动或者可能导致危害扩大的生产经营活动以及采取其他保护措施;

(5) 启用本级人民政府设置的财政预备费和储备的应急救援物资,必要时调用其他急需物资、设备、设施、工具;

(6) 组织公民、法人和其他组织参加应急救援和处置工作,要求具有特定专长的人员提供服务;

(7) 保障食品、饮用水、药品、燃料等基本生活必需品的供应;

(8) 依法从严惩处囤积居奇、哄抬价格、牟取暴利、制假售假等扰乱市场秩序的行为,维护市场秩序;

(9) 依法从严惩处哄抢财物、干扰破坏应急处置工作等扰乱社会秩序的行为,维护社会治安;

(10) 开展生态环境应急监测,保护集中式饮用水水源地等环境敏感目标,控制和处置污染物;

(11) 采取防止发生次生、衍生事件的必要措施。

4.3.6 事后恢复与重建机制

突发事件的威胁和危害得到控制或者消除后,履行统一领导职责或者组织处置突发事件的人民政府应当宣布解除应急响应,停止执行依照本法规定采取的应急处置措施,同时采取或者继续实施必要措施,防止发生自然灾害、事故灾难、公共卫生事件的次生、衍生事件或者重新引发社会安全事件,组织受影响地区尽快恢复社会秩序。

1. 自然灾害

(1) 过渡期生活救助

灾害救助应急工作结束后,受灾地区应急管理部门及时组织将因灾房屋倒塌或严重损坏需恢复重建无房可住人员、因次生灾害威胁在外安置无法返家人员、因灾损失严重缺少生活来源人员等纳入过渡期生活救助范围。

对启动国家自然灾害救助应急响应的灾害,国家防灾减灾救灾委员会办公室、应急管理部要指导受灾地区应急管理部门统计摸排受灾群众过渡期生活救助需求情况,明确需救助人员规模,及时建立台账,并统计生活救助物资等需求。

根据省级财政、应急管理部门的资金申请以及需救助人员规模,财政部会同应急管理部按相关政策规定下达过渡期生活救助资金。应急管理部指导做好过渡期生活救助人员的核定、资金发放等工作,督促做好受灾群众过渡期基本生活保障工作。

国家防灾减灾救灾委员会办公室、应急管理部、财政部监督检查受灾地区过渡期生活救助政策和措施的落实情况,视情通报救助工作开展情况。

(2) 倒损住房恢复重建

因灾倒损住房恢复重建由受灾地区县级人民政府负责组织实施,提供资金支持,制定完善因灾倒损住房恢复重建补助资金管理有关标准规范,确保补助资金规范有序发放到受灾群众手中。

恢复重建资金等通过政府救助、社会互助、自行筹措、政策优惠等多种途径解决,并鼓励通过邻里帮工帮料、以工代赈等方式实施恢复重建。积极发挥商业保险经济补偿作用,发展城乡居民住宅地震巨灾保险、农村住房保险、灾害民生保险等相关保险,完善市场化筹集恢复重建资金机制,帮助解决受灾群众基本住房问题。

恢复重建规划和房屋设计要尊重群众意愿,加强全国自然灾害综合风险普查成果转化运用,因地制宜确定方案,科学安排项目选址,合理布局,避开地震断裂带、洪涝灾害高风险区、地质灾害隐患点等,避让地质灾害极高和高风险区。无法避让地质灾害极高和高风险区的,必须采取工程防治措施,提高抗灾设防能力,确保安全。

对启动国家自然灾害救助应急响应的灾害,应急管理部根据省级应急管理部门倒损住房核定情况,视情况组织评估组,参考其他灾害管理部门评估数据,对因灾倒损住房情况进行综合评估,明确需恢复重建救助对象规模。

根据省级财政、应急管理部门的资金申请以及需恢复重建救助对象规模,财政部会同应急管理部按相关政策规定下达因灾倒损住房恢复重建补助资金。

倒损住房恢复重建工作结束后,地方应急管理部门应采取实地调查、抽样调查等方式,对本地因灾倒损住房恢复重建补助资金管理使用工作开展绩效评价,并将评价结果报上一级应急管理部门。应急管理部收到省级应急管理部门上报的本行政区域内绩效评价情况后,通过实地抽查等方式,对全国因灾倒损住房恢复重建补助资金管理使用工作进行绩效评价。

住房和城乡建设部门负责倒损住房恢复重建的技术服务和指导,强化质量安全管理。自然资源部门负责做好灾后重建项目地质灾害危险性评估审查,根据评估结论指导地方做好必要的综合治理;做好国土空间规划、计划安排和土地整治,同时做好建房选址,加快用地、规划审批,简化审批手续。其他有关部门按照各自职责,制定优惠政策,支持做好住房恢复重建工作。

(3) 冬春救助

受灾地区人民政府负责解决受灾群众在灾害发生后的当年冬季、次年春季遇到的基本生活困难。国家防灾减灾救灾委员会办公室、应急管理部、财政部根据党中央、国务院有关部署加强统筹指导,地方各级应急管理部门、财政部门抓好落实。

国家防灾减灾救灾委员会办公室、应急管理部每年9月下旬开展受灾群众冬春生活困难情况调查,并会同省级应急管理部门开展受灾群众生活困难状况评估,核实情况,明确全国需救助人员规模。

受灾地区县级应急管理部门应在每年10月底前统计、评估本行政区域受灾群众当年冬季、次年春季的基本生活救助需求,核实救助人员,编制工作台账,制定救助工作方案,经本级党委和政府批准后组织实施,并报上一级应急管理部门备案。

根据省级财政、应急管理部门的资金申请以及全国需救助人员规模,财政部会同应急管理部按相关政策规定下达中央冬春救助资金,专项用于帮助解决受灾群众冬春基本生活困难。

地方各级应急管理部门会同有关部门组织调拨发放衣被等物资,应急管理部会同财政部、国家粮食和储备局根据地方申请视情调拨中央救灾物资予以支持。

2. 地震灾害

(1) 恢复重建规划

特别重大地震灾害发生后,按照国务院决策部署,国务院有关部门和灾区省级人民政府组织编制灾后恢复重建规划;重大、较大、一般地震灾害发生后,灾区省级人民政府根据实际工作需要组织编制地震灾后恢复重建规划。

(2) 恢复重建实施

灾区地方各级人民政府应当根据灾后恢复重建规划和当地经济社会发展水平,有计划、分步骤地组织实施本行政区域灾后恢复重建。上级人民政府有关部门对灾区恢复重建规划的实施给予支持和指导。

3. 突发性水旱灾害

发生水旱灾害地区的地方人民政府应组织有关部门做好灾区生活供给、卫生防疫、救灾物资供应、治安管理、学校复课、水毁修复、恢复生产和重建家园等善后工作。

(1) 救灾

发生重大灾情时,灾区人民政府负责灾害救助的组织、协调和指挥工作。

应急管理部门负责受灾群众基本生活救助,会同有关部门及时调拨救灾款物,组织安置受灾群众,保障受灾群众基本生活,做好因灾倒损民房的恢复重建,组织开展救灾捐赠,保证受灾群众有饭吃、有衣穿、有干净水喝、有临时安全住处、有医疗服务。

卫生健康部门负责调配卫生应急力量,开展灾区伤病人员医疗救治,指导对污染源进行消毒处理,指导落实灾后各项卫生防疫措施,严防灾区传染病疫情发生。

当地人民政府应组织对可能造成环境污染的污染物进行清除。

(2) 防汛抗旱物资补充

针对当年防汛抢险及抗旱物资消耗情况，按照分级管理的原则，及时补充到位。

(3) 水毁工程修复

对影响当年防洪安全和城乡供水安全的水毁工程，应尽快修复。防洪工程应力争在下次洪水到来之前，做到恢复主体功能；抗旱水源工程应尽快恢复功能。

遭到毁坏的交通、电力、通信、水文以及防汛专用通信设施，应尽快组织修复，恢复功能。

(4) 蓄滞洪区运用补偿

国家蓄滞洪区分洪运用后，按照《蓄滞洪区运用补偿暂行办法》进行补偿。其他蓄滞洪区由地方人民政府参照《蓄滞洪区运用补偿暂行办法》补偿。

(5) 灾后重建

各有关部门应尽快组织灾后重建工作。灾后重建原则上按原标准恢复，在条件允许情况下，可提高标准重建。

(6) 工作评价与灾害评估

每年各级防汛抗旱指挥机构应针对防汛抗旱工作各方面和环节组织应急管理等有关部门进行定性和定量总结、分析，总结经验，查找问题，改进工作。总结情况要及时报上一级防汛抗旱指挥机构。

应急管理部按照有关规定组织开展重特大水旱灾害调查评估工作。

4. 森林草原火灾

(1) 善后处置

做好遇难人员的善后工作，抚慰遇难人员亲属。对因扑救森林草原火灾负伤、致残或者死亡的人员，当地政府或者有关部门按照国家有关规定给予医疗、抚恤、褒扬。

(2) 后期处置

① 火灾评估。

县级以上地方人民政府组织有关部门对森林草原火灾发生原因、肇事者及受害森林草原面积和蓄积、人员伤亡、其他经济损失等情况进行调查和评估。必要时，上一级森林(草原)防(灭)火指挥机构可发督办函督导落实或者提级开展调查和评估。

② 火因火案查处。

地方各级人民政府组织有关部门对森林草原火灾发生原因及时取证、深入调查，依法查处涉火案件，打击涉火违法犯罪行为，严惩火灾肇事者。

③ 约谈整改。

对森林草原防灭火工作不力导致人为火灾多发频发的地区，省级人民政府及其有关部门应及时约谈县级以上地方人民政府及其有关部门主要负责人，要求其采取措施及时整改。必要时，国家森林草原防灭火指挥部及其成员单位按任务分工直接组织约谈。

④ 责任追究。

为严明工作纪律，切实压实压紧各级各方面责任，对森林草原火灾预防和扑救工作中责任不落实、发现隐患不作为、发生事故隐瞒不报、处置不得力等失职渎职行为，依据有关法律法规追究属地责任、部门监管责任、经营主体责任、火源管理责任和组织扑救责任。有关责任追究按照《中华人民共和国监察法》等法律法规规定的权限、程序实施。

⑤ 工作总结。

各级森林(草原)防(灭)火指挥机构及时总结、分析火灾发生的原因和应吸取的经验教训,提出改进措施。党中央、国务院领导同志有重要指示批示的森林草原火灾和特别重大森林草原火灾,以及引起社会广泛关注和产生严重影响的重大森林草原火灾,扑救工作结束后,国家森林草原防灭火指挥部向国务院报送火灾扑救工作总结。

⑥ 表彰奖励。

根据有关规定,对在扑火工作中贡献突出的单位、个人给予表彰奖励;对扑火工作中牺牲人员符合评定烈士条件的,按有关规定办理。

5. 生产安全事故

(1) 威胁和危害得到控制或者消除

生产安全事故的威胁和危害得到控制或者消除后,有关人民政府应当决定停止执行依照《生产安全事故应急条例》和有关法律、法规采取的全部或者部分应急救援措施。

有关人民政府及其部门根据生产安全事故应急救援需要依法调用和征用的财产,在使用完毕或者应急救援结束后,应当及时归还。财产被调用、征用或者调用、征用后毁损、灭失的,有关人民政府及其部门应当按照国家有关规定给予补偿。

(2) 事故评估

按照国家有关规定成立的生产安全事故调查组应当对应急救援工作进行评估,并在事故调查报告中做出评估结论。

(3) 善后处置

县级以上地方人民政府应当按照国家有关规定,对在生产安全事故应急救援中伤亡的人员及时给予救治和抚恤;符合烈士评定条件的,按照国家有关规定评定为烈士。

6. 突发公共卫生事件

(1) 后期评估

突发公共卫生事件结束后,各级卫生行政部门应在本级人民政府的领导下,组织有关人员对突发公共卫生事件的处理情况进行评估。评估内容主要包括事件概况、现场调查处理概况、病人救治情况、所采取措施的效果评价、应急处理过程中存在的问题和取得的经验及改进建议。评估报告上报本级人民政府和上一级人民政府卫生行政部门。

(2) 奖励

县级以上人民政府人事部门和卫生行政部门对参加突发公共卫生事件应急处理做出贡献的先进集体和个人进行联合表彰;民政部门对在突发公共卫生事件应急处理工作中英勇献身的人员,按有关规定追认为烈士。

(3) 责任

对在突发公共卫生事件的预防、报告、调查、控制和处理过程中,有玩忽职守、失职、渎职等行为的,依据《突发公共卫生事件应急条例》及有关法律法规追究当事人的责任。

(4) 抚恤和补助

地方各级人民政府要组织有关部门对因参与应急处理工作致病、致残、死亡的人员,按照国家有关规定,给予相应的补助和抚恤;对参加应急处理一线工作的专业技术人员应根据工作需要制定合理的补助标准,给予补助。

(5) 征用物资、劳务的补偿

突发公共卫生事件应急工作结束后,地方各级人民政府应组织有关部门对应急处理期间紧急调集、征用有关单位、企业、个人的物资和劳务进行合理评估,给予补偿。

4.4 大安全大应急框架下应急管理机制

4.4.1 防范化解重大风险

当前,我国发展和安全面临前所未有的挑战,自然灾害处于风险易发期,安全生产处于爬坡过坎期,新问题新风险不断增加,防范化解重大安全风险形势严峻、任务艰巨。必须强化底线思维、增强忧患意识,推动公共安全治理模式向事前预防转型,贯彻"两个坚持、三个转变"防灾减灾救灾理念,健全双重预防机制,以高水平安全服务高质量发展,以新安全格局保障新发展格局。

1. 坚持底线思维,增强忧患意识

党的十八大以来,习近平总书记多次强调要坚持底线思维、增强忧患意识,着力防范化解重大风险。坚持底线思维、增强忧患意识是我们党从革命、建设、改革中得出的一条重要经验,是我们党战胜各种风险挑战、不断从胜利走向胜利的重要思想方法、工作方法、领导方法,为防范化解重大风险提供了有力思想武器和方法指引。

(1) 坚持底线思维、增强忧患意识是我们党治国理政的重大原则

底线思维是我们党在血与火的考验中练就的政治智慧,忧患意识是党和国家事业历经磨难而凝结成的历史经验。坚持底线思维、增强忧患意识,是习近平新时代中国特色社会主义思想的重要内容,是习近平总书记治国理政的重要思维方法和工作方法。

全面建设社会主义现代化国家,必须坚持底线思维,增强忧患意识,"于安思危、于治忧乱",始终保持如履薄冰的谨慎、见叶知秋的敏锐,积极主动防范化解风险。做到不能发生全局性风险,强化各种风险防控,重点防控那些可能迟滞或中断中华民族伟大复兴进程的全局性风险。做到不能发生系统性风险,坚持标本兼治、对症下药,建立健全化解各类风险体制机制。守住不发生重大风险的底线,积极应对国际国内矛盾风险挑战,有效防止各种矛盾风险挑战传导、叠加、演变、升级,使小的矛盾风险挑战发展成大的风险挑战,最终危及党的执政地位、危及国家安全。

(2) 坚持底线思维、增强忧患意识是有效应对风险挑战的必然要求

强化底线思维和忧患意识,是应急管理的重要理念和工作方法,是积极应对风险挑战、及时开展隐患治理、有效处置灾害事故的内在要求。

风险挑战一旦应对处置不当,就可能使灾害事故风险演变为系统性风险,使生产安全或自然灾害问题演变为"大安全"问题。因此必须增强底线思维,从维护国家安全和社会稳定的"国之大者"出发:防风险、迎挑战、化危机,主动塑造有利于保障强国建设、民族复兴战略全局的安全环境。必须增强忧患意识,始终保持如履薄冰、如临深渊的高度警觉,深刻认识我国安全形势面临的新变化新挑战新特点,准确识变、科学应变、主动求变,善于化险为夷、化害为利、化危为安,坚决打好打赢防范化解重大安全风险主动仗。必须加强灾害事故规律特点研究,全面掌握重大灾害事故风险隐患底数,努力完善风险识别、评估、监控、预警、处置机制,提高应对风险挑战的系统性、针对性和有效性,做好经受风高浪急甚至惊涛骇浪重大考验的各项准备。

(3) 坚持底线思维、增强忧患意识是防范化解重大安全风险的现实需要

我国应急管理实践证明,只有坚持底线思维、增强忧患意识,以正确的战略策略提高防范化解重大安全风险的前瞻性和科学性,才能牢牢掌握防范化解风险的主动权,做到未雨绸缪、曲突徙薪。

当前,我国发展战略机遇和风险挑战并存,不确定难预料因素增多。要积极采取安全生产预防控制和应对处置措施,提高防范化解传统高危行业和消防领域重大安全风险的能力,提高防范化解城市重大安全风险的能力,提高防范化解新产业、新业态、新领域安全风险的能力,不断适应、主动满足安全生产新形势新任务新要求的现实需要。要积极采取自然灾害预防控制和应对处置措施,提高防范应对暴雨洪涝、高温干旱等季节性重大自然灾害风险的能力,提高防范应对具有较强突发性、链发效应和放大效应的重大自然灾害风险的能力,提高防范应对突破历史纪录、颠覆传统认知的重大自然灾害风险的能力,不断适应、主动满足自然灾害防治新形势新任务新要求的现实需要。

2. 贯彻"两个坚持、三个转变"防灾减灾救灾理念

2015年5月29日,习近平总书记在十八届中共中央政治局第二十三次集体学习时指出:"要坚持以防为主、防抗救相结合的方针,坚持常态减灾和非常态救灾相统一,努力实现从注重灾后救助向注重灾前预防转变,从应对单一灾种向综合减灾转变,从减少灾害损失向减轻灾害风险转变,全面提高全社会抵御自然灾害的综合防范能力。"2016年7月在河北唐山考察时,2016年10月主持召开中央全面深化改革领导小组第二十八次会议、2018年10月主持召开中央财经委员会第三次会议和2019年11月主持十九届中共中央政治局第十九次集体学习时,习近平总书记多次强调"两个坚持、三个转变"防灾减灾救灾理念。"两个坚持、三个转变"开辟了我国防灾减灾救灾理论和实践新境界,为做好新时代防灾减灾救灾工作提供了科学理论和根本遵循。

(1) 坚持以防为主、防抗救相结合

自然灾害的发生不可避免,自然规律难以扭转,但以防为主,建立科学高效的防抗救体系,就能减轻乃至避免灾害造成的损失。这是人类在与自然灾害斗争中总结形成的宝贵经验。要

切实转变重救灾轻减灾观念,科学把握减灾规律,更加突出"防"的前馈和减损作用,同时强化"抗"的意识和能力、"救"的预案和措施,更加注重系统着力、综合施策,全面做好防灾减灾抗灾救灾各环节工作。

(2) 坚持常态减灾和非常态救灾相统一

坚持预防预备和应急处突相结合,体现了常态减灾和非常态救灾的辩证统一。防灾减灾、抗灾救灾是人类生存发展的永恒课题,我国自然灾害多发频发,坚持常态减灾和非常态救灾两手抓,是做好防灾减灾救灾工作的重要理念和方法。常态减灾强调的是常态长效减轻灾害风险或损失,非常态救灾注重的是超警戒、超预期等极端情况下的灾害救援救助,两者相互衔接、相互促进。坚持常态减灾和非常态救灾相统一,既要注重平时防范、关口前移,摸清风险底数,加强源头治理,尽最大可能减轻灾害风险、降低灾害损失;又要立足防大灾、抗大险,从预案、机制、力量、物资等方面做好应对大灾巨灾的充分准备,筑牢应对和抵御自然灾害的安全堤坝。

(3) 从注重灾后救助向注重灾前预防转变

实现从注重灾后救助向注重灾前预防转变,必须把防范自然灾害风险的"先手"与应对化解风险挑战的"高招"结合起来,把打好防范抵御自然灾害风险的有准备之战,与打好化险为夷、转危为机的战略主动仗结合起来,统筹发挥各级政府和各有关部门作用,从体制机制、重大工程、应急能力建设等方面补短板、强基础,强化重心下移、保障下倾、力量下沉,切实增强自然灾害风险监测预警、综合防治、应急准备的针对性和有效性。

(4) 从应对单一灾种向综合减灾转变

各种风险往往不是孤立出现的,很可能是相互交织并形成一个风险综合体。推进防灾减灾救灾体制机制改革,必须牢固树立灾害风险管理和综合减灾理念。我国自然灾害种类多,在全球气候变暖背景下,多灾种集聚和灾害链特征日益突出,灾害风险的系统性、复杂性持续加剧。比如,暴雨灾害有可能引发泥石流、山体滑坡等次生灾害,甚至还可能引发露天矿山边坡塌陷、井工矿山淹井等事故灾难,呈现出自然灾害从单一向多元耦合演变、与事故灾难并发等趋势和特点。实现从应对单一灾种向综合减灾转变,必须牢固树立综合减灾意识,认真研究全球气候变化背景下灾害孕育、发生和演变特点,准确把握灾害衍生、次生规律,着眼"全灾种、大应急"要求,建立健全综合性防灾减灾救灾机制,强化各类自然灾害防治和减灾工作的统筹协调,有机整合各地区、各行业防灾减灾救灾资源,纳入国家或区域性协同应急方案,形成党委领导、政府负责、社会协同、公众参与、法治保障、科技支撑的灾害防范应对工作格局。

(5) 从减少灾害损失向减轻灾害风险转变

风险积聚、失控就可能造成灾害,灾害一般由风险叠加、演变而来。减少灾害损失是"治已病",减轻灾害风险是"治未病",是双重预防机制在自然灾害防治领域的推广应用。实现从减少灾害损失向减轻灾害风险转变,必须建立健全风险研判机制、决策风险评估机制、风险防控协同机制、风险防控责任机制,加强自然灾害发展趋势研究,对可能发生重大自然灾害的区域、致灾因子做到心中有数。深入研究自然灾害防范措施和处置预案,加大对大城市和城市群、生命线工程、重要基础设施等的自然灾害风险排查和整治力度,加强防灾减灾救灾宣传科普和应急避险技能培训,完善巨灾保险制度,增强全社会灾害风险防范意识。

3. 健全安全风险分级管控和隐患排查治理双重预防机制

对易发重特大事故的行业领域采取风险分级管控、隐患排查治理双重预防性工作机制,推动安全生产关口前移。双重预防机制,是保障安全生产的重要机制,是防范化解重大安全风险、遏制重特大事故的有效手段,也是推动安全生产管理向事前预防转型的重要途径和根本方法。

(1) 健全风险和隐患标准体系

健全完善风险和隐患标准体系是有效防范化解重大安全风险的基础,是加强和改进安全监管工作的重要一环、关键一步,更是推动落实双重预防机制的重要依据和有效保障。

明确标准体系建设要求和职责分工。根据国务院安委会办公室印发的《关于实施遏制重特大事故工作指南 构建双重预防机制的意见》,应急管理部门协调有关部门制定完善安全风险分级管控和隐患排查治理的通用标准规范,其他负有安全生产监督管理职责的行业部门根据本行业领域特点,分行业制定安全风险分级管控和隐患排查治理的制度规范,明确安全风险类别、评估分级的方法和依据,明晰重大事故隐患判定依据。根据2021年修改的《中华人民共和国安全生产法》(简称《安全生产法》),应急管理部门和其他负有安全生产监督管理职责的部门应当根据各自的职责分工,制定相关行业、领域重大危险源辨识标准和重大事故隐患判定标准。

强化高危行业领域标准体系建设。在矿山、危险化学品、建筑施工等相关高危行业领域,制定出台了《关于预判防控煤矿重大安全风险的指导意见(试行)》《煤矿重大事故隐患判定标准》《金属非金属矿山重大事故隐患判定标准》《化工园区安全风险排查治理导则(试行)》《危险化学品企业安全风险隐患排查治理导则》《房屋市政工程生产安全重大事故隐患判定标准》等标准规范,指导相关高危行业领域深入开展风险辨识研判和隐患自查自改,推动双重预防机制有效落实。

推动其他有关行业领域标准体系加快完善。借鉴高危行业领域标准体系建设经验,加快推动其他有关行业领域标准体系建设。国务院安委会印发《全国重大事故隐患专项排查整治2023行动总体方案》明确要求建立各重点行业领域重大事故隐患判定标准体系,重点推动燃气、道路运输、隧道施工、商务、医疗、养老、文旅等重点行业领域尽快出台重大事故隐患判定标准,补齐隐患辨识标准缺失的短板,切实提高风险防范能力和隐患整改质量。

(2) 健全风险分级管控机制

风险分级管控是隐患排查治理的前提和基础,建立风险分级管控机制,是从源头上化解风险、消除隐患、降低事故发生可能性的重要手段。加强分析研判,把握各种潜在风险因素,主动进行防范化解。要加强对各种风险源的调查研判,提高动态监测、实时预警能力,推进风险防控工作科学化、精细化,对各种可能的风险及其原因都要心中有数、对症下药、综合施策,出手及时有力,力争把风险化解在源头,不让小风险演化为大风险,不让个别风险演化为综合风险,不让局部风险演化为区域性或系统性风险,不让经济风险演化为社会政治风险,不让国际风险演化为国内风险。

全面辨识安全风险。指导各类企业按照有关制度和规范,结合企业类型和特点,制定科学的安全风险辨识程序和方法,全面开展安全风险辨识,合理划分风险点、辨识危险源、确定风险特性,组织对城市公共区域内的安全风险进行全面辨识和评估,明确风险分布情况和可能造成的危害。《突发事件应对法》规定县级人民政府应当对本行政区域内容易引发自然灾害、事故灾难和公共卫生事件的危险源、危险区域进行调查、登记、风险评估,定期进行检查、监控,并责令有关单位采取安全防范措施。省级和设区的市级人民政府应当对本行政区域内容易引发特别重大、重大突发事件的危险源、危险区域进行调查、登记、风险评估,组织进行检查、监控,并责令有关单位采取安全防范措施。县级以上地方人民政府应当根据情况变化,及时调整危险源、危险区域的登记。登记的危险源、危险区域及其基础信息,应当按照国家有关规定接入突发事件信息系统,并及时向社会公布。

科学评定风险等级。对风险引发事故的可能性及后果的严重性进行定性或定量分析评估,根据评估结果划分风险等级,对安全风险进行分级、分层、分类、分专业管理,逐条制定安全风险管控措施、明确管控责任,对重大危险源和存在重大安全风险的生产经营系统、生产区域和岗位进行重点管控,并强化危险源监测和预警,确保安全风险始终处于受控状态。《突发事件应对法》规定所有单位应当建立健全安全管理制度,定期开展危险源辨识评估,制定安全防范措施;定期检查本单位各项安全防范措施的落实情况,及时消除事故隐患;掌握并及时处理本单位存在的可能引发社会安全事件的问题,防止矛盾激化和事态扩大;对本单位可能发生的突发事件和采取安全防范措施的情况,应当按照规定及时向所在地人民政府或者有关部门报告。

严格实施公示警告。建立完善安全风险公告制度,确保风险涉及人员准确掌握安全风险的基本情况及防范、应急措施,对存在重大安全风险的设备、场所和岗位,设置明显警示标志,注明风险内容、级别、危害和应对措施,确保进入公示警告区域的所有人员知风险、会应急、保安全。

(3) 健全隐患排查治理机制

隐患排查治理是安全风险分级管控的强化和深入,是防范遏制事故发生的重要手段和基础保障,绝不能失防失守。

加强隐患排查。建立完善隐患排查治理制度,制定符合实际的隐患排查治理清单,明确和细化隐患排查的事项、内容和频次,并将责任逐一分解落实,推动全员参与自主排查隐患,尤其要强化对存在重大风险的场所、环节、部位的隐患排查,制定实施企业隐患自查自治的正向激励措施和职工群众举报隐患奖励制度,推动隐患排查走深走实。

注重隐患治理。在隐患整改方面,制定并实施严格的隐患治理方案,做到责任、措施、资金、时限和预案"五落实",实现隐患排查治理的闭环管理。对于排查发现的重大事故隐患,要立即组织整改落实,同时按规定向负有安全生产监督管理职责的部门报告,事故隐患整治过程中无法保证安全的,应停产停业或者停止使用相关设施设备,及时撤出相关作业人员,必要时向当地人民政府提出申请,配合疏散可能受到影响的周边人员。各地区要建立完善本区域重大事故隐患数据库,严格督查督办、整改落实、对账销号,切实提升安全生产整体预控能力。

严防漏管失控。推进关口前移,科学研判重大安全风险,全面开展隐蔽致灾因素普查,紧盯问题隐患整改。聚焦本地区、本系统、本行业领域易造成群死群伤的风险隐患,以信息化、智能化工具手段强化风险分级管控和隐患闭环管理,切实以严格执法推动隐患整改,重拳出击解决突出问题,确保全面防范、突出重点、条块结合、各负其责,持续夯实遏制重特大事故的坚实基础。

4. 推动公共安全治理模式向事前预防转型

坚持安全第一、预防为主,建立大安全大应急框架,完善公共安全体系,推动公共安全治理模式向事前预防转型。这是对公共安全治理模式的整体性重构,为全面提升公共安全治理水平指明了方向。迈上全面建设社会主义现代化国家新征程,奋力谱写公共安全治理新篇章,必须在事前预防上狠下功夫,有效防范化解重大安全风险,切实维护人民群众生命财产安全和社会稳定。

(1) 安全第一、预防为主

《中共中央 国务院关于推进安全生产领域改革发展的意见》将"坚持源头防范"作为一项基本原则。《中共中央 国务院关于推进防灾减灾救灾体制机制改革的意见》强调"坚持以防为主、防抗救相结合"。预防为主是安全生产方针的重要内容,也是防灾减灾救灾的重要理念,对有效防范化解重大安全风险、切实提升应急管理水平具有重要的理论意义和实践意义。

生产安全事故和自然灾害具有可防可控性,通过有效的技术和管理手段,防止人的不安全行为、提升物的安全可靠性,可降低事故发生的概率。同时,在科学认识致灾成因、防灾规律的基础上,通过及时预报灾害信息,提前做好防范工作,可有效减少人民群众生命财产损失。事前预防是一种更经济、更安全、更有效的公共安全策略,必须将其置于应急管理工作的优先位置,实现从"被动防御"向"源头治理、主动防控"转型,从"随机安全"向"本质安全"升级,从"传统安全"向"智慧安全"转变,从"局部管控"向"系统治理"突破有效防范化解安全风险,消除安全隐患,切实遏制重特大事故发生,最大限度地减少灾害造成的损失。

(2) 真正把问题解决在萌芽之时、成灾之前

要健全风险防范化解机制,坚持从源头上防范化解重大安全风险,真正把问题解决在萌芽之时、成灾之前。安全风险不断累积的过程,就是风险由量变向质变转化的过程。切实增强风险意识,在风险积累阶段就介入治理,介入越早则能够采取的措施越多、预留空间越大,将损害控制在最低限度甚至不发生损害的可能性越高;通过织密织牢人防、物防、技防网络,从思想观念、制度机制、工作方法、政策保障等方面,采取针对性对策措施,实现安全风险整体降低,乃至全面化解安全风险,达到事前预防目标,提高应急管理工作水平。

突出超前治理。"补牢"不必等到"亡羊",对危害公共安全的重大风险进行前端处理,采取预防性、防范性、干预性措施和釜底抽薪的方式,加强预测、监测与预警,确保早发现、早报告、早干预,全面有效防范化解。

突出系统治理。"不谋全局者,不足以谋一域",把事前预防治理贯穿经济社会发展全过程、各方面,严密层级治理和行业治理、政府治理、社会治理相结合的公共安全治理体系,组织动员各方面力量实施社会共治;综合运用法律、行政、经济、市场等手段,落实人防、技防、物防措施,全面提升公共安全治理能力。

突出依法治理。"法者,治之端也",《安全生产法》要求"从源头上防范化解重大安全风险";《防震减灾法》明确"防震减灾工作,实行预防为主、防御与救助相结合的方针";《防汛条例》规定"防汛工作实行安全第一,常备不懈,以防为主,全力抢险的方针";《抗旱条例》强调"抗旱工作坚持以人为本、预防为主、防抗结合和因地制宜、统筹兼顾、局部利益服从全局利益的原则"。有效防范和应对各类突发事件,必须始终坚持依法行政、于法有据,更好地发挥法治固根本、稳预期、利长远的引领保障和事前预防作用。

(3) 从源头治起、从细处抓起、从短板补起

从源头治起、从细处抓起、从短板补起,筑牢防线,守住底线,这为防范化解重大安全风险立起了标准、明确了方法,要求应急管理工作必须聚焦防风险、除隐患,强化源头管控、精细管控,补短板、强弱项。

强化源头管控。加强制度建设,发挥制度管源头、管根本、管长远作用,充分利用全国自然灾害综合风险普查成果,科学划定灾害设防标准,积极探索建立自然灾害红线约束机制;坚持从源头上把好安全准入关,进一步健全重大工程和项目安全风险评估与论证制度、部门联审联查机制,严防化工等高危产业转移安全风险。

强化精细管控。精细分析安全形势,精细研判安全风险,精细制定针对性防范应对措施,健全完善洪涝灾害、地震灾害、地质灾害、森林草原火灾等自然灾害隐患早期识别和巡查督查机制,及时向影响地区发布预警信息,确保第一时间传达到一线岗位和受威胁人群;加强矿山、危险化学品、建筑施工、交通运输、渔业船舶等行业领域风险跟踪分析,精细剖析苗头性事故暴露出的问题,及时组织开展专项治理。

强化短板管控。完善信息化监测预警体系,加强应急减灾卫星遥感监测应用,加快实现卫星、雷达、地面观测站的智慧协同,实施自然灾害监测预警信息化工程,不断消除防灾减灾救灾的短板弱项;聚焦矿山、危险化学品、道路交通等高危行业领域安全生产中存在的突出问题,采取针对性措施,夯实安全基础,强化安全监管执法,不断固底板、补短板。

(4) 下好防范化解风险的先手棋

下好先手棋、打好主动仗,有效防范化解各类风险挑战,确保社会主义现代化事业顺利推进。下好先手棋,是争取防范化解重大安全风险主动权的必然要求,必须摆在更加突出的位置。面对各种严峻复杂的风险挑战,只有掌握防范化解风险的主动权,才能抢先机、化危机、保平安。

要注重居安思危。"凡事预则立,不预则废。""居安思危,思则有备,有备无患。"只有增强忧患意识,从最坏处着想、向最好处努力,才能从容应对风险,并把风险带来的损害降到最低程度。

要把握安全规律。事物发生发展总有其规律可循,应急管理也不例外,要在风险排查中找准重点,在隐患治理中找到规律,在安全事件对比中找出异同,做到风险出现时及时化解,隐患显现时及时消除,牢牢守住安全底线。

要抓早抓小抓苗头。对安全风险点,以更加积极主动的态度,勤检查、细检查、严检查,做到早发现、早通报、早处理,将重大风险消灭在萌芽状态,最大限度把安全问题解决在初始阶段,避免小问题酿成大问题,避免小隐患酿成大事故。

4.4.2 防范遏制重特大事故发生

重特大事故直接影响安全生产,严重冲击人民群众的安全感。深刻认识到重特大事故的严重危害性,把防范和遏制重特大事故的成效,作为检验一个地区经济社会协调发展能力、一个行业领域持续健康发展能力、一个企业科学系统管理能力的重要指标。各地区、各部门、各单位要把防范和遏制重特大事故这个"牛鼻子"作为安全生产工作的关键环节,在考虑全局性工作时有重中之重的意识,在具体安排上有重中之重的硬招,在调动各方面力量上有重中之重的举措,特别是在压责任抓整治、重服务、强基础等方面持续发力,以防范和遏制重特大事故为牵引,带动安全生产水平整体提升,牢牢守住安全生产这个基本盘。

1. 完善和落实安全生产责任制

全面抓好安全生产责任制和管理、防范监督、检查、奖惩措施的落实,要细化落实各级党委和政府的领导责任、相关部门的监管责任、企业的主体责任。责任制是安全生产的灵魂。只有织密安全生产责任制度体系,严格落实地方党政领导责任、相关部门监管责任、企业主体责任,才能同心协力筑牢守好安全生产堤坝,有效防范和遏制重特大事故发生。

(1) 坚持党政同责、一岗双责、齐抓共管、失职追责

党政同责、一岗双责、齐抓共管、失职追责,这是习近平总书记对安全生产做出的重大制度设计,充分彰显了中国特色社会主义制度优势,深刻体现了安全生产科学管理的内在要求。

健全完善地方党委政府安全生产领导责任制度。党的十八大以来,中央层面制定出台一系列政策措施,明确和加强地方党委政府安全生产领导责任。2016年12月,《中共中央 国务院关于推进安全生产领域改革发展的意见》印发,以中央文件的形式明确了地方党委政府安全生产领导责任。2018年4月,中共中央办公厅、国务院办公厅印发的《地方党政领导干部安全生产责任制规定》,是安全生产领域第一部党内法规,进一步细化了地方各级党委主要负责人,县级以上地方各级政府主要负责人以及地方各级其他领导干部的安全生产责任,地方党政领导责任得到持续强化。31个省级政府和新疆生产建设兵团全部实现由主要负责同志担任安全生产委员会主任,有的省份实行党委、政府"一把手"同时担任本级安全生产委员会主任的"双主任制"。地方党委政府制定党政领导干部安全生产职责清单和"年度任务清单"并推进落实,省市县各级政府均由担任本级党委常委的政府领导干部分管安全生产工作。

严格落实地方党委安全生产责任。安全生产工作,不仅政府要抓,党委也要抓。党委要管大事,发展是大事,安全生产也是大事。强化各级党委安全生产责任是中国共产党的领导优

势、组织优势在安全生产领域的集中展现。地方各级党委必须牢固树立安全发展理念,严格落实《地方党政领导干部安全生产责任制规定》,综合运用巡查督查、考核考察、惩戒等措施加强对安全生产工作的组织领导,加大安全生产等约束性指标在经济社会发展考核评价体系中的权重,将履行安全生产责任情况作为对党委政府领导班子和有关领导干部考核、有关人选考察的重要内容。党委主要负责人是本地区安全生产第一责任人,要亲力亲为、靠前协调,定期主持党委常委会会议研究应急管理部门领导班子、干部队伍、执法力量建设等重大问题,确保加强党的全面领导和安全生产工作的正确政治方向。

严格落实地方政府安全生产责任。在地方党委领导下,地方政府要将安全生产工作作为必须履行的重要职责,坚持发展绝不能以牺牲安全为代价,宣传贯彻党和国家安全生产方针政策和法律法规,执行上级和有关部门做出的安全生产决定,把安全发展理念落实到本地区经济社会发展各领域各环节,组织排查治理安全生产风险隐患,纠治安全生产非法违法行为,强化安全生产基础建设,坚决防范和遏制重特大事故发生。地方政府主要负责人与党委主要负责人同为本地区安全生产第一责任人,应当定期或及时主持召开政府常务会议,落实上级和同级党委安全生产决策部署,研判重大安全风险隐患,研究安全生产领域突出问题,制定安全生产政策措施,部署安全生产执法检查、重大隐患排查、专项整治和打非治违等工作,把安全生产抓实抓细。持续强化"一岗双责"和齐抓共管合力。在地方党委政府"一把手"亲自抓的引领带动下,党委政府其他负责同志要严格落实"一岗双责"要求,抓细抓实分管行业领域安全生产工作。分管安全生产工作的副职领导是本地区安全生产责任人,负责组织制定贯彻落实安全生产方针政策和法律法规的具体措施,组织开展本地区安全生产监督检查和考核,以及风险隐患排查、应急救援处置、事故调查处理等工作。分管其他工作的党政副职领导,按照职责分工对分管范围内的安全生产工作负直接领导责任,负责组织分管行业领域、部门单位健全落实安全生产责任制,将安全生产工作与业务工作同时安排部署、同时组织实施、同时监督检查。党委政府领导班子成员在本地区党委和党政主要负责人的领导下,分工合作、齐抓共管、严格履职,形成强大合力。

严肃追究安全生产领导责任和监管责任。《中国共产党问责条例》明确规定,党的领导干部履行管理、监督职责不力,职责范围内发生重特大生产安全事故,造成重大损失或者恶劣影响的,要予以问责。《地方党政领导干部安全生产责任制规定》明确,对发生生产安全事故负有领导责任的,应当根据情况采取通报、诫勉、停职检查、调整职务、责令辞职、降职、免职或者处分等方式问责;涉嫌职务违法犯罪的,由监察机关依法调查处置。失职追责是安全生产责任制度的内在要求,具有惩前毖后、警钟长鸣的重要作用。安全生产十五条硬措施规定,对不认真履行职责,发生较大及以上生产安全事故的,不仅要追究直接责任,而且要追究地方党委和政府领导责任、有关部门的监管责任,特别是重特大事故要追究主要领导、分管领导的责任。对非法煤矿、违法盗采等严重违法违规行为没有采取有效制止措施甚至放任不管的,要依规依纪依法追究县、乡党委和政府主要负责人的责任,构成犯罪的移交司法机关追究刑事责任。

(2)坚持管行业必须管安全、管业务必须管安全、管生产经营必须管安全坚持最严格的安全生产制度,什么是最严格？就是要落实责任。要把安全责任落实到岗位、落实到人头,坚持管行业必须管安全、管业务必须管安全,加强督促检查、严格考核奖惩,全面推进安全生产工作。之后进一步要求管生产经营必须管安全,由此形成"三管三必须"原则。这一原则被纳入《中共中央 国务院关于推进安全生产领域改革发展的意见》和2021年修改的《安全生产法》中。它是对很多重特大事故"血的教训"的科学总结,有利于强化行业监管、配优行政资源、拧紧监管链条；是做好安全生产工作、防范遏制重特大事故的专业要求和责任界定。

强化行业监管。要发挥好应急管理部门的综合优势和各相关部门的专业优势,根据职责分工承担各自责任,没有哪一个部门能够独自承担所有行业领域的安全监管职责。应急管理部门承担综合监管职责,并不取代有关部门的行业监管职责,还要充分发挥各部门的专业优势,形成综合监管、行业监管有机融合的协同效应和工作合力。在实际工作中,有的部门对"三管三必须"理解把握存在偏差,有的甚至片面认为只用管行业或管业务、不用管安全,需要进一步深化思想认识、主动上前一步、认真履职尽责。

配优行政资源。安全生产涉及所有行业领域,融汇在各项生产经营活动之中。行业和业务主管部门管安全生产,能够更精准地明晰本行业领域的风险隐患,更有针对性地做好安全生产工作；由一个部门管所有行业领域的安全,既不够专业、也不现实、更缺乏效率。"三管三必须"是配优行政资源、节省行政成本、提高行政效率的内在要求和必然选择。

拧紧监管链条。防范和遏制重特大事故,必须加强事前、事中、事后全链条安全监管,防风险、除隐患,及时阻断事故因果链。强化事前监管,严格高危行业领域安全准入条件,严格落实安全生产许可事项和办理程序；严格事中监管,认真开展安全检查,严厉打击非法违法行为；事后严肃追责,对事故发生负有重大责任的相关人员依法严肃追究法律责任。

（3）所有企业都必须认真履行安全生产主体责任

所有企业都必须认真履行安全生产主体责任,做到安全投入到位、安全培训到位、基础管理到位、应急救援到位,确保安全生产。加强安全生产工作说到底还是要靠企业。全面落实企业安全生产主体责任,重点落实企业主要负责人安全生产第一责任人责任,广泛落实全员安全生产责任,是做好安全生产工作、防范遏制重特大事故的主要载体和基础支撑。企业主体责任是安全生产责任体系的重中之重。企业作为市场经济活动的主体和直接参与者,其安全生产职责履行情况特别是企业主要负责人履职情况,直接决定了安全生产状况的好坏。企业落实安全生产主体责任是法定义务,是整个安全生产责任体系的关键环节和重中之重。2021年修改的《安全生产法》,从企业安全保障、政府监管监察及法律责任等不同层面,专门对企业安全生产职责进行了具体规定,要求企业落实安全生产主体责任。许多重特大事故都暴露出相关企业落实安全生产主体责任不到位、不履行法定职责甚至知法犯法等问题。2020年4月,国务院安委会组织开展的全国安全生产专项整治三年行动,单独设立"落实企业安全生产主体责任"专题,进一步加大整治力度,推动企业依法履行主体责任。

企业主要负责人是本企业安全生产第一责任人。《安全生产法》强调,"生产经营单位的主要负责人是本单位安全生产第一责任人,对本单位的安全生产工作全面负责",明确了企业主要负责人建立健全并落实本单位全员安全生产责任制、组织制定并实施本单位安全生产规章制度和操作规程、组织制订并实施本单位安全生产教育和培训计划、保证本单位安全生产投入的有效实施等七项职责。根据安全生产十五条硬措施,企业法定代表人、实际控制人、实际负责人,都要严格履行安全生产第一责任人责任。对故意增加管理层级、层层推卸责任、设置追责"防火墙"的,发生重特大事故要直接追究集团公司主要负责人、分管负责人的责任。对发生重特大事故负有主要责任的在追究刑事责任的同时,明确终身不得担任本行业单位主要负责人,国务院安委会组织开展的全国重大事故隐患专项排查整治 2023 行动,突出主要负责人第一责任带动企业全员安全生产责任落实,切实提高企业隐患排查和整改质量。

企业全员都是安全生产责任人。《安全生产法》要求,企业"建立健全全员安全生产责任制和安全生产规章制度"。全面加强企业全员安全生产责任制工作,建立起安全生产"层层负责、人人有责、各负其责"的工作体系,是推动落实安全生产主体责任的重要抓手,有利于减少企业违章指挥、违章作业、违反劳动纪律等现象的发生,防范人为因素造成的生产安全事故。企业安全生产工作不仅仅是本单位安全管理部门、安全管理人员的责任,每个部门、每个岗位、每个员工都不同程度涉及安全生产工作,必须坚持"管生产经营必须管安全",明确所有层级、各类岗位从业人员的安全生产责任,把安全生产责任有效传导、细化落实到企业生产经营建设全过程的每个岗位、每个层级和每个员工,并通过加强教育培训、强化管理考核和严格奖惩等方式,形成安全生产全员参与、全员负责、齐抓共管的良好局面,营造人人关注安全、人人参与安全、人人监督安全的浓厚氛围。

(4) 发挥各级安委会指导协调、监督检查、巡查考核的作用

发挥各级安委会指导协调、监督检查巡查考核的作用,形成上下合力,齐抓共管。综合运用巡查督查、考核考察、激励惩戒等措施,强化地方各级党政领导干部"促一方发展、保一方平安"的政治责任。各级安委会充分发挥统筹协调优势,在推动落实地方党委和政府领导责任和行业监管责任上下更大功夫,推动各方面力量拧成一股绳,提高安全生产工作质量。安全生产具有复杂性、长期性、反复性等特点,需要各级党委政府从整体上加强组织领导,需要一个机构从具体落实层面来统筹推进安全生产工作,对整体风险加强系统研判和前瞻性研究,凝聚各方力量集中精力"办大事"。安委会作为议事协调机构,承担研究部署、指导协调、监督检查安全生产工作等职责。多年来,各级安委会加强指导协调,逐步建立健全监督检查、巡查考核、约谈通报、挂牌督办等制度机制,在推动健全安全生产责任体系、开展重点行业领域安全风险专项整治、加强安全生产依法治理等方面发挥了重要作用。

加强督导检查和暗查暗访。国务院安委会常态化组织工作组开展督导检查,定期开展 32 个省级单位全覆盖的现场督导或暗查暗访采取"四不两直"①、宣传曝光等手段,强化督导检查的权威性。对检查发现的问题隐患移交地方并及时督促其依法严肃查处,并向省级安委会印发整改督办函,督促问题隐患闭环整改到位。

---

① 四不两直:不发通知、不打招呼、不听汇报、不用陪同接待,直奔基层、直插现场。

发挥巡查考核"指挥棒""风向标"作用。2016年起,组织开展省级政府安全生产工作考核、安全生产巡查。2019年起,按照中央有关规定,将安全生产工作考核、安全生产巡查、消防工作考核合并,统筹实施省级政府安全生产和消防工作巡查考核。2021年起组织开展国务院安委会成员单位安全生产工作考核。通过对各地区和国务院安委会成员单位量身定制明确具体、简单量化的考核指标,现场深入查找问题,有力推动了各项重点工作落实,解决了一批"久推不动"的重点难点问题。各地区也均参照国家层面做法开展巡查考核工作。

严肃事故挂牌督办和约谈通报。国务院安委会出台《重大事故查处挂牌督办办法》《安全生产约谈实施办法(试行)》,发生重大生产安全事故,向有关省级人民政府下发挂牌督办通知书,对事故查处实行挂牌督办,加强督促指导,确保事故结论科学严谨、客观公正。同时,由国务院安委会办公室相关负责人约谈省级人民政府分管负责人或市(州)人民政府主要负责人,就安全生产有关问题进行提醒、告诫并督促整改。针对安全生产突出问题,国务院安委会办公室向有关部门印发建议函,督促采取针对性防范措施。

2. 深入开展安全生产专项整治

深入开展安全生产专项整治,就要把解决普遍问题与重点问题结合起来,坚持"以面提点,以点带面",在健全常态化安全检查机制、加强重点行业领域安全整治、解决突出问题上下功夫,推动防范化解重大安全风险,从根本上消除事故隐患,坚决防范和遏制重特大事故发生。

(1) 健全常态化的安全生产检查机制

健全常态化的安全生产检查机制,定期不定期开展不打招呼、一插到底和谁检查、谁签字、谁负责的安全生产大检查,对检查发现的问题要厉行整改,切实消除隐患,确保万无一失。安全检查是及时发现隐患、治理隐患、预防事故的有效手段。开展常态化、广覆盖的安全生产大检查,是防患于未然、把问题解决在萌芽状态的关键路径,也是各地区、各部门、各企业安全生产工作的重要载体和方法手段。生产经营是一个持续动态的过程,人机环管等要素时刻处于变化之中,风险隐患"此消彼长",不可能一蹴而就、一劳永逸,需要压茬推动、持续发力、递进攻坚。2020年以来,陆续开展全国安全生产专项整治三年行动、全国安全生产大检查、全国重大事故隐患专项排查整治2023行动,为健全常态化安全生产检查机制"打样子、做示范",进一步积累了经验,持续夯实和巩固了安全生产基本盘。

深入开展全国安全生产专项整治三年行动。针对安全生产事故主要特点和突出问题,层层压实责任,狠抓整改落实,强化风险防控,从根本上消除事故隐患,有效遏制重特大事故发生。我国安全生产总体仍处于爬坡过坎期,传统高危行业风险需要进一步有效防控,一些新兴领域新情况、新风险又不断涌现。特别是安全发展理念还不够牢固、安全责任落实不够到位、本质安全水平不够高、安全预防控制体系不够完善等瓶颈性、根源性、本质性问题仍未得到根本性解决。2020年4月至2022年年底,国务院安委会组织全国各地区、各有关部门和单位,聚焦风险高隐患多、事故易发多发的煤矿、非煤矿山、危险化学品、消防、道路运输、民航铁路等交通运输、工业园区、城市建设、危险废物等9个行业领域,深入开展安全生产专项整治三年行动,深化源头治理、系统治理和综合治理,完善和落实重在"从根本上消除事故隐患"的责任链条、制度成果、管理办法、重点工程和保障机制,建立安全隐患排查和安全预防控制体系,扎实推进安全生产治理体系和治理能力现代化。

深入开展全国安全生产大检查。2022年,"3·21"东方航空MU5735航空器飞行事故发生后,根据党中央、国务院决策部署和全国安全生产大检查工作安排,自4月中旬至6月底,国务院安委会组织16个综合检查组,对31个省(自治区、直辖市)和新疆生产建设兵团安全生产大检查情况进行综合督导,并同步开展国务院2021年度省级政府安全生产和消防工作考核巡查及国务院安委会成员单位安全生产工作考核。全国安全生产大检查,将安全风险隐患排查整治、项目审批安全红线把守、违法分包转包挂靠资质行为查处、劳务派遣和灵活用工人员安全管理、打非治违工作开展等工作作为重中之重。16个综合检查组,对大检查情况进行督导检查和"回头看",强化了重点攻坚和整体提升,形成了一批制度成果和经验做法。与此同时,各地、各有关部门和单位开展全面自查和重点领域专项督查,排查风险隐患,精准发现和严厉打击各类安全生产非法违法行为,有力推动了"查大风险、除大隐患、防大事故"。

深入开展全国重大事故隐患专项排查整治2023行动。2023年以来,随着新型冠状病毒感染疫情防控平稳转段,企业全面复工复产,各种不确定因素明显增多,安全生产面临的风险挑战依然严峻复杂。习近平总书记作出重要指示,对排查整改重大隐患、坚决防范遏制重特大事故等提出明确要求。国务院安委会印发《全国重大事故隐患专项排查整治2023行动总体方案》,围绕切实提高风险隐患排查整改质量、切实提升发现问题和解决问题的强烈意愿和能力水平,不搞"大而全",避免抓小放大、眉毛胡子一把抓,突出煤矿、非煤矿山、危险化学品交通运输、建筑施工、消防、燃气、渔业船舶、工贸等重点行业领域,兼顾新业态、新领域,聚焦易造成群死群伤的重大事故隐患,开展针对性排查整治。推动重点行业领域重大事故隐患判定标准和重点检查事项应出尽出,强化宣讲解读、执法人员培训。创新日常调度、责任倒查、定期通报、宣传曝光等工作机制,建设自下而上的全国重大事故隐患数据库,推动各地区各部门建立闭环管理机制。各地区、各有关部门和企业迅速行动,结合实际细化工作方案,强化动员部署围绕重点任务,在企业自查、部门帮扶、精准执法、巩固提升等方面持续发力,取得实实在在的效果。

实践证明,常态化安全生产检查是我国安全生产工作的重要特色,是标本兼治破解安全生产难题的有效手段,有利于推动各方责任的落地落实,有利于保持打非治违的高压态势,有利于及时发现和有效化解倾向性苗头性问题,有效推动重大安全隐患的消除,有力推动安全生产形势持续稳定好转。

(2)加强重点行业领域安全整治

党的二十大报告强调,加强重点行业、重点领域安全监管。这就要求抓住关键、找准重点,把防范遏制重特大事故作为首要目标,以危险化学品、矿山等重点行业、重点领域为突破口开展安全整治,把风险查清、把问题找准,精确制导、精准发力、常抓不懈。

全面布控,强化危险化学品安全整治。化工生产工艺过程复杂,反应条件苛刻,危险化学品易燃易爆、有毒有害,安全风险高。当前,我国已成为世界第一化工大国,化学品销售额占全世界的40%以上,化工产业正处于由大到强的转型期,安全基础薄弱、本质安全水平不高的问题尚未根治。党中央、国务院高度重视,中共中央办公厅、国务院办公厅2020年2月印发了《关于全面加强危险化学品安全生产工作的意见》。各地区各相关部门将防范化解危险化学品安全风险作为重中之重,深入开展危险化学品安全专项整治三年行动和危险化学品安全风险集中治理。整治聚焦"一防三提升"①,加强"两重点一重大"②安全监管,建立"消地协作"检查督导、高危细分领域管控机制,每年组织对全国7000余家危险化学品重大危险源企业的24万余处重大危险源以及硝酸铵和硝化企业开展全覆盖安全专项检查,及时整改问题隐患。针对近年来出现的新情况新问题,组织开展化工产业转移、化工园区、精细化工"四个清零"③、非法违法"小化工"、化工企业老旧装置、化工装置带"病"运行、油气储存企业、烟花爆竹、石油天然气开采和油气长输管道等数十个专项整治。这些举措全面强化了源头治理、综合治理、精准治理,有效防范化解了系统性安全风险,推动全国化工事故总量持续下降。

综合施策,强化矿山安全整治。矿山生产过程中,存在着煤与瓦斯突出、水害、冲击地压、火灾等重大灾害风险,为有效防范重特大生产安全事故,矿山安全监管监察部门始终坚持推进矿山重大灾害超前治理。在瓦斯治理方面,按照先抽后建、先抽后掘、先抽后采原则,推行瓦斯"零超限"目标管理;在水害防治方面,实施可采区、缓采区、禁采区"三区"管理;在冲击地压方面,对采深超千米的冲击地压和煤与瓦斯突出矿井全面排查,消除隐患;在火灾防治方面,重点抓规范动火作业、机电设备管理。同时,深入组织开展"一通三防"④、防溃水溃砂、尾矿库"头顶库"、隐蔽致灾因素普查治理等专项检查,有效防控重大灾害事故风险。2023年,矿山安全监管监察部门以"控大风险、除大隐患、治大灾害、防大事故"为目标,一体推进生产、建设、整改矿山安全生产综合整治和重大事故隐患专项排查整治、露天矿山专项整治等工作,聚焦重大灾害治理、采掘接续、露天矿山、尾矿库、运输车辆、外包工程、违规动火作业等重大问题开展专项治理,对检查发现的重大隐患和严重违法违规行为,"由事见人、由矿到企"开展穿透式责任倒查。全国矿山安全监管监察机构检查执法矿次、查处隐患数量、行政处罚数量、责令停产整顿和停止作业次数均显著增加。

突出重点,强化工贸行业安全整治。工贸企业量大面广,安全基础薄弱,事故总量较大,重特大事故时有发生。各级应急管理部门以坚决遏制重特大事故为目标,以高风险行业领域专项治理为重点,聚焦突出问题,滚动推进,持续深化高温熔融金属、冶金煤气、粉尘涉爆、涉氨制冷、有限空间作业等重点行业领域专项治理。2022年针对工贸行业事故频发的苗头性、趋势性问题,应急管理部门组织开展了工贸行业安全生产专项整治"百日清零行动",紧紧围绕钢

---

① 一防三提升:防控重大安全风险,提升本质安全水平、提升人员技能素质水平、提升信息化智能化管控水平。
② 两重点一重大:重点监管的危险化工工艺、重点监管的危险化学品,危险化学品重大危险源。
③ 四个清零:反应安全风险评估"清零"、自动化控制装备改造"清零"、从业人员学历资质不达标"清零"、人员密集场所搬迁改造"清零"。
④ 一通三防:是对煤矿安全生产中的矿井通风、防治瓦斯、防治煤尘以及防火灭火的技术管理工作的简称。

铁、铝加工、粉尘涉爆3个重点行业领域,精准聚焦"钢8条""铝7条""粉尘6条"重大隐患,按照企业自查自改、属地专项检查、市级交叉检查、省级核查抽查、部级督促指导等5个环节开展集中治理攻坚,共排查整改重大隐患6250项。深入开展工贸行业重大事故隐患专项排查整治2023行动,聚焦落实企业主要负责人安全生产第一责任人责任、全员安全生产责任、危险作业整治、外包外租整治、应急救援演练等5项重点工作要求,企业严格按照《工贸企业重大事故隐患判定标准》对标对表开展自查,应急管理部门加强帮扶。2023行动开展以来,全国工贸行业领域共查处各类重大安全隐患5.1万余条,停产停业整顿1762家,取缔关闭93家。

(3) 集中力量解决突出问题

我国工业门类齐全,行业领域众多,安全风险量大面广,企业的基础水平、管理能力、专业特点、风险状况千差万别。一些非传统高危行业领域重特大事故时有发生,教训惨重,严重冲击了人民群众的安全感和幸福感。在推进道路交通、建筑施工、水上交通、特种设备等重点行业领域专项整治的基础上,各地区各有关部门聚焦经营性自建房、城镇燃气、消防安全等行业领域和新业态,组织开展安全整治,消除各类安全隐患,有效提升安全生产水平。

集中开展经营性自建房安全专项整治"百日行动"。2022年4月29日,湖南长沙居民自建房发生倒塌事故,造成重大人员伤亡。为全面消除自建房安全隐患,国务院办公厅印发方案,在全国开展自建房安全专项整治"百日行动",重点排查3层及以上、人员密集违规改扩建等容易造成重大安全事故的经营性自建房风险隐患,对危及公共安全的经营性自建房快查快改、立查立改。在百日行动基础上,各地继续推进分类整治,消化存量,对存在结构倒塌风险、危及公共安全的,立即停用、封闭处置、现场排险,该拆除的依法拆除,力争用3年左右时间完成全部自建房安全隐患整治。同时,完善相关制度,严格审批监管,严控增量,逐步建立城乡房屋安全管理长效机制。

组织开展城镇燃气安全专项整治。2023年6月21日,宁夏回族自治区银川市兴庆区富洋烧烤店发生燃气爆炸事故,造成重大人员伤亡。为深刻汲取事故教训,国务院安委会组织开展全国城镇燃气安全专项整治,既整治设施设备环境的"硬伤",更补上制度管理和从业人员素质的"软肋"。专项整治聚焦企业经营、生产充装、输送配送、用户使用、燃气具生产流通使用、监管执法等各环节,紧盯餐饮企业等人员密集场所燃气安全风险隐患,抓紧解决瓶装液化石油气全链条安全管理的突出问题,统筹推进老化管道更新改造、城市生命线安全工程建设等工作,全面消除燃气安全重大风险隐患。力争到2025年年底前,建立严进、严管、重罚的燃气安全管理机制,完善相关法规标准体系,提升本质安全水平,夯实燃气安全管理基础,基本建立燃气安全管理长效机制。

深入开展消防安全重大风险隐患专项排查整治。2023年3月至4月,我国接连发生3起重大火灾事故。为进一步压紧压实消防安全责任,坚决防范和遏制群死群伤火灾事故发生,国家消防救援局在全国集中组织开展消防安全重大风险隐患专项排查整治,将人员密集场所、敏感特殊场所、混合生产经营场所作为重点整治对象,将火源电源管理、安全疏散、初期处置等作为排查整治重点,通过指导单位自查、组织基层排查、推动条线检查、深化消防检查等方式促进重大火灾隐患整改,推动建立消防安全治理长效机制。

积极开展新领域、新业态专项整治。随着经济社会快速发展,涌现许多新领域、新产业、新业态,产生许多新问题、新风险、新挑战,需要及时应对解决。国务院安委会印发文件,进一步明确了有关部门在学校、农村燃气、自助游和自驾游、小型游乐设施、高风险性体育项目等方面,以及电动自行车、玻璃栈道等新领域、新业态的安全监管职责。国务院安委办组织开展电化学储能电站安全风险隐患专项整治,消防、住建部门组织开展建筑外墙保温材料专项检查、疏散通道专项综合治理,体育部门组织开展室内冰雪运动场所安全生产专项检查……这些措施强化了相关企业落实安全生产主体责任,有效避免了"管不到、想不到"的问题,有力推动了防范遏制重特大事故工作。

3. 加强安全生产指导帮扶

党的十八大以来,党中央坚持一切行政机关为人民服务、对人民负责、受人民监督,创新行政方式,提高行政效能,建设人民满意的服务型政府。在安全生产工作中,各地区各部门找准发展和安全的动态平衡点,坚持监管与服务相结合,强化服务意识、拓展服务路径、提升服务效能,聚焦重点行业领域和重点地区提供精准安全服务,帮助基层和企业解决安全生产突出问题,推动提升防范遏制重特大事故能力水平,以高水平安全服务高质量发展。

(1)抓重点、抓关键、抓薄弱环节

维护公共安全,要坚持问题导向,从人民群众反映最强烈的问题入手,高度重视并切实解决公共安全面临的一些突出矛盾和问题,着力补齐短板、堵塞漏洞、消除隐患,着力抓重点、抓关键、抓薄弱环节,不断提高公共安全水平。重点行业领域往往事故多发易发,是安全生产工作特别是遏制重特大事故的主攻方向,也是安全生产服务的重点对象,尤其是矿山、危险化学品、工贸等行业企业。对此,应急管理部门面向基层和企业组织开展专家指导服务,深入一线帮助指导企业发现、解决问题隐患,传授先进技术经验,推动提升企业安全管理水平,切实做好事故源头防范。

深入开展矿山行业专家会诊和督导帮扶。国家矿山安全监察局组织开展"煤矿安全科技进企业"、煤矿重大灾害风险专家会诊式监察、瓦斯治理专家"会诊"、煤矿会诊式检查与技术服务等活动,为提升煤矿安全科技水平和安全保障能力,促进煤炭行业安全高质量发展发挥了重要作用。组织开展"双50个重点县"[①]安全攻坚战、煤矿"9+4"[②]和非煤矿山"8+30"[③]重点督导帮扶等,实行检查隐患、研判风险、提出建议"三同时",进行"解剖式"检查和"解读式"反馈,推动各级地方政府及有关部门采取一系列治本措施,破解非法违法开采、瓦斯等级鉴定、双回路供电等一批根本性、深层次、"老大难"问题。

深入开展危险化学品领域专家指导服务。截至2023年,应急管理部组织开展9轮对53

---

① "双50个重点县"是2批各50个重点产煤县。
② "9+4"包括9个重点地区和4个重点企业。
③ "8+30"包括8个重点地区和30个重点县。

个国家级危险化学品重点县专家指导服务,完成 50 个化工产业转移重点县、172 个化工园区以及硝酸铵、硝化、氟化、光气(光气化)、重氮化、有机硅、多晶硅、苯乙烯、丁二烯、过氧化氢生产、液氯和氯乙烯等高危细分领域专家指导服务,共指导企业 1200 余家(次),帮助企业发现问题隐患近 9 万项,同时带动各省份对 261 个省级重点县开展专家指导服务。坚持问题导向,为基层和企业把脉问诊,帮助精准发现问题,提出隐患整改建议,带动基层监管人员和企业技术人员跟学,召开反馈培训会,梳理研判问题,交流经验做法,促进区域安全水平提升。深化"一园一策""一企一策"整治,从安全管理、工艺设计、人员素质等方面追根溯源、对症下药,提出针对性解决措施,指导有关地方和企业补短板、强弱项。组织开展中小油气储存企业安全风险评估整治专家指导服务,共排查出问题隐患 15 577 项,其中重大隐患 229 项,核定高风险企业 83 家、较高风险企业 120 家、中风险企业 158 家、低风险企业 585 家。对烟花爆竹 9 个产区 70 家生产企业开展对标改造、提升专家指导服务,共发现问题隐患 1646 项,其中重大隐患 216 项,帮扶指导企业落实"一企一策"改造方案,切实提升了安全基础保障水平。

深入开展有限空间作业专家指导服务。突出蔬菜腌制、皮革、毛皮、羽毛(绒)加工、造纸和印染等企业聚集地区,按照"动员培训、现场会诊、交流研讨、讲评反馈"四位一体模式,深入开展有限空间作业专家指导服务。2022 年和 2023 年,应急管理部完成 28 个重点县专家指导服务工作,各省级应急管理部门按照统一模式对 185 个重点县开展帮扶指导,市县级应急管理部门对辖区重点企业全面开展指导服务。各省级应急管理部门组织 114 个专家组,完成指导服务 686 家企业,指导整改问题 7863 项,其中重大隐患 290 项。市县级应急管理部门指导服务重点企业 11 012 家,指导整改问题 62 386 项;其中重大隐患 1632 项。通过深入一线、以点带面,帮助企业严格落实有限空间作业安全管控措施,提升企业负责人、监管执法人员发现问题和解决问题的能力水平,有效遏制了有限空间作业较大事故频发势头。

(2)"吃小灶"查安全生产

彻底整治多年想解决而没有解决的重大风险隐患。抓好安全生产特别是抓好重特大事故防范,必须直面经济长期快速发展积累的深层次问题,正视交织叠加的新旧风险,迎难而上,发现问题、解决问题。自 2019 年 11 月起,由应急管理部牵头成立的国务院督导组,与中共江苏省委省政府同心同向、齐心协力,以前所未有的力度、超乎常规的措施、攻坚克难的劲头,开展了为期一年的集中整治,推动了江苏各类事故大幅下降。不仅安全生产整体水平提高了,而且发展的后劲更足了、空间更大了、质量更高了。就整治力度最大的化工行业而言,该省关停并转 1218 家不达标企业,2021 年营收却创历史新高,达到 1.36 万亿元,同比增长 30%。

充分推广运用"开小灶"探索形成的好经验好做法。"开小灶"的重要决策部署,为解决江苏安全生产问题提供了行动指南,开拓创新解决安全生产突出问题和深层次矛盾的科学方法,对全国安全生产起到了以点带面的放大效应。国务院安委会办公室、应急管理部运用"开小灶"过程中探索形成的经验做法集中各有关部门力量,先后在贵州、新疆、山东等地组织开展安全生产督导帮扶,帮助被帮扶的地区找问题、找路子、找方法,进一步筑牢安全发展理念、压紧压实安全责任、健全完善长效机制、有效化解重大风险。比如,2022 年年初,国务院安委会组成督导帮扶组,分为矿山、建筑施工和燃气、道路交通、水上交通、危险化学品和烟花爆竹、工贸、消防等7个专项组和1个综合组,先后选派620余名专家对贵州省安全生产开展专项督导帮扶,共发现风险隐患16 036条,其中重大隐患1668条,有力推动集中整治一批重大风险隐患,有效提升了地区整体安全生产水平。

(3) 寓服务于监管执法之中

党的十九大报告指出,转变政府职能,深化简政放权,创新监管方式,增强政府公信力和执行力,建设人民满意的服务型政府。要坚持监管执法与服务并重,创新监管执法方式,寓服务于监管执法之中,既严格监管,又优化服务,逐步推动企业构建自我约束、持续改进的安全生产内生机制。

以法治服务推动企业主体责任落实。加大普法宣传力度,在监管执法过程中做好法治服务,以案普法、以案释法,以服务促执法,教育引导全体从业人员特别是生产经营单位主要负责人牢固树立安全生产法治意识,推动履行安全生产主体责任,做到安全投入到位、安全培训到位、基础管理到位、应急救援到位。指导企业依法建立健全从主要负责人到一线岗位员工、覆盖管理和操作岗位的安全生产责任制、严格落实安全生产法律法规各项规定,开展风险隐患自查自改,帮助企业及时发现消除事故隐患。

以专业服务推动企业安全管理能力提升。用好专家指导服务这一有效手段,对重点企业开展"一企一策"专业指导,针对高危工艺设备、物品、场所和岗位等安全风险点,帮助企业查找风险管控工作的漏洞和不足,提出改进建议和防范措施,切实帮助企业精准辨识风险、有效管控风险,从而带动提升企业自主开展安全风险辨识评估管控的能力水平。坚持执法与服务相结合,做好执法检查"交流反馈",针对检查发现的问题隐患,充分向企业说明危害后果并提出专业化整改建议,推动企业不断改进安全管理工作、提升安全管理水平。

以技术服务推动企业安全保障能力提升。建立健全第三方安全生产技术服务制度规范,改革完善安全生产技术服务机构资质管理办法,支持相关机构开展安全生产评价等技术服务,严格实施评价公开制度,进一步激活和规范专业技术服务市场,切实为企业提供优质的安全生产技术咨询、项目评估、人员培训、设备检测等多元化安全服务。鼓励中小微企业订单式、协作式购买运用安全生产管理和技术服务,有效发挥技术服务机构的专业化优势,帮助企业进一步做好制度建设、设备选型、风险评估、安全检查、知识技能培训等相关工作,进一步夯实企业安全管理基础。

4. 夯实安全生产基础

求木之长者,必固其根本。要实现安全发展,必须强基固本,从体系化建设入手,加快织密安全生产保障网。

(1) 持续强化安全投入

安全生产投入是安全生产的前提和保障,是绝不能被"省掉"的。为此,要建立中央、地方、企业等方面共同承担、各负其责的安全投入长效机制。

加大安全生产投入。中央和大部分地方财政均以不同形式设立了安全生产专项资金。

2016年,国家在清理整顿专项资金的情况下,专门设立安全生产及应急救援资金,并出台《安全生产预防及应急专项资金管理办法》,在中央层面对资金管理和使用提出具体要求。《"十四五"国家安全生产规划》要求,按照中央与地方财政事权和支出责任划分,健全完善财政支持安全生产政策,强化中央和地方财政经费保障,优化安全生产支出结构;集中力量办大事,向监管监察能力建设、重点行业领域风险防控等工作倾斜;实行全面预算绩效管理,加强绩效评价,强化审计监督,把安全生产财政资金管好用好。

完善税收优惠政策。市场经济条件下,政府对安全生产实施监督管理主要依靠法律、行政和经济手段。2018年8月,财政部、国家税务总局、应急管理部联合印发《安全生产专用设备企业所得税优惠目录(2018年版)》,对企业购置并实际使用安全生产专用设备享受企业所得税抵免优惠政策的适用目录进行适当调整;企业购置安全生产专用设备,自行判断其是否符合税收优惠政策规定条件,自行申报享受税收优惠,相关资料留存备查,税务部门依法加强后续管理;建立部门协调配合机制,切实落实安全生产专用设备税收抵免优惠政策,充分发挥引导推动作用。

建立企业增加安全投入的激励约束机制。2004年制定的《煤炭生产安全费用提取和使用管理办法》,规定煤炭生产安全费用的提取和使用由企业自行管理,以后逐步扩大到烟花爆竹、非煤矿山、危险化学品、民用爆炸物品、交通运输、建筑施工等高危行业领域。2012年2月修订发布《企业安全生产费用提取和使用管理办法》,扩大到冶金、机械制造、武器装备研制生产与实验(含民用航空及核燃料)等行业领域。2022年11月,财政部、应急管理部再次修订《企业安全生产费用提取和使用管理办法》,新增民用爆炸品生产、电力生产与供应两类行业(企业),调整交通运输、冶金、机械制造三类行业(企业)范围,单列石油天然气开采企业;适度提高煤炭生产、非煤矿山开采、建设工程施工、危险品生产与储存、烟花爆竹生产、机械制造六类行业(企业)安全费用提取标准,有效调动企业增加安全投入的积极性。

(2) 持续强化安全管理

构建双重预防机制是企业主要负责人的重要职责,是安全生产标准化体系建设的核心内容,对推动全员全方位全过程安全管理具有重要意义。

加强安全生产标准化建设。安全生产标准化是中国特色的安全管理体系,是强化企业安全生产主体责任、提升企业安全基础管理水平的重要抓手。要推动企业建立并保持安全生产管理体系,全面管控生产经营活动各环节的安全生产工作,实现安全管理系统化、岗位操作行为规范化、设备设施本质安全化、作业环境器具定置化并持续改进。引导企业健全以安全风险分级管控和隐患排查治理双重预防机制为核心的安全生产标准化管理体系,进一步夯实安全基础,提高企业本质安全水平。

加强风险分级管控。企业要坚持关口前移,定期组织全体员工开展全过程、全方位的风险辨识,建立健全风险评估制度。针对高风险工艺、高风险设备、高风险场所、高风险岗位和高风险物品,建立分级管控制度,通过实施制度、技术、工程、管理等措施,有效防控各类安全风险,防止风险演变引发事故。

加强隐患排查治理。隐患不除,事故难消。企业针对自身类型和特点,制定隐患排查治理清单,明确和细化隐患排查事项、内容和频次,并将责任逐一落实,采取安全奖惩等有效措施,推动全员系统排查治理生产工艺、设备设施、作业环境、人员行为和管理体系等方面的安全隐患。对于排查发现的重大事故隐患,在向负有安全生产监督管理职责的部门报告的同时,制订并实施严格的隐患治理方案,做到责任、措施、资金、时限和预案"五落实",实现隐患排查治理闭环管理,坚决防范重特大事故发生。

(3) 持续强化人防、物防、技防

构建公共安全人防、物防、技防网络,实现人员素质、设施保障、技术应用的整体协调。夯实安全生产基础,必须综合施策,从提升行业企业从业人员安全素质、安全生产装备保障水平、安全科技和信息化支撑能力等方面发力,持续强化安全生产整体防控能力。

提升行业企业从业人员安全素质。煤矿、非煤矿山、危险化学品、烟花爆竹等所有行业企业从业人员都应当接受安全培训,熟悉有关安全生产规章制度和安全操作规程,具备必要的安全生产知识,掌握本岗位的安全操作技能,增强预防事故、控制职业危害和应急处置能力。严格企业主要负责人、安全生产管理人员安全生产知识和管理能力考核,以及特种作业人员安全技能培训考核。发挥"三项岗位人员"安全生产考试作用,一体推进政策标准体系、考试内容体系和考务组织体系建设,以考促培,推动公共安全治理模式向事前预防转型。推动重点行业领域规模以上企业组建安全生产管理和技术团队,加强注册安全工程师等职业资格管理。

提升安全生产装备保障水平。实施安全装备应用试点示范和高风险行业事故预防装备推广工程,引导高危行业重点领域企业配强安全装备。在矿山、危险化学品、油气输送管道、烟花爆竹、工贸等重点行业领域开展危险岗位机器人替代示范工程建设。比如,在矿山行业,大力推广智能化采掘设备、自动巡检机器人等先进装备应用,截至2022年年底,全国煤矿建成智能化采掘工作面1156个,31种机器人在矿山行业得以应用。在化工行业,鼓励采用微通道反应器、全密闭连续自动生产装置。在烟花爆竹行业,鼓励支持本质安全型机械设备和机械化自动化生产线的研发应用。在工贸行业,推广应用湿法除尘工艺、铝加工(深井铸造)自动化监测报警和联锁装置等先进装备。

提升安全科技支撑能力。开展事故预防理论研究和关键技术装备研发,加快成果转化和推广应用。加强政产学研用有机结合,打造安全生产重大科技成果研发、试验、检测、孵化、生产、应用、推广功能完整的安全生产技术支撑链,形成门类齐全、领域广泛、布局合理、支撑有力的支撑平台,促进安全科技转化为保障安全生产的现实生产力。加强安全生产理论和政策研究,运用大数据技术开展安全生产规律性、关联性特征分析,提高安全生产决策科学化水平。

提升安全信息化水平。制定完善安全生产信息化标准规范,提高信息化系统的整体适配度,拓展和深化安全生产数字化应用场景。加强重点行业领域企业安全生产风险监测预警系统建设,实现分级分类、实时监测、动态评估和及时预警。汇聚安全风险感知数据,构建基于工业互联网的安全感知、评估、监测、预警与处置体系。引导矿山、化工等高危行业领域企业开展安全风险分级管控和隐患排查治理双重预防机制数字化建设,提升安全管理智能化水平。

（4）持续强化准入退出

要完善安全生产许可制度，严把安全准入关。在矿山、危险化学品等高危行业领域实施安全生产许可制度，是加强安全生产源头监管的重要手段。要坚持安全生产高标准、严要求，招商引资、上项目要严把安全准入关，做到不安全的项目不批、不安全的企业不建，同时充分运用法治化、市场化手段以及安全等标准，加快淘汰落后产能，提高安全保障能力。

严格安全准入。加强矿山、危险化学品等高危行业领域和工业园区等重点区域安全管理，建立更加严格规范的安全准入体系，制定"禁限控"目录。严格建设项目安全设施同时设计、同时施工、同时投入生产和使用制度，健全重大项目决策安全风险评估与论证机制。严格高风险非煤矿山建设项目安全设施设计审查，推动各地明确主要矿种最小开采规模和最低服务年限标准，对低于国家规定中型矿山最低开采规模的非煤矿山，一律不予准入，严防非煤矿山"先天不足"，制定《危险化学品生产建设项目安全风险防控指南》，强化源头准入和本质安全设计，明确危险化学品生产建设项目决策咨询服务以及安全审查、建设、试生产、竣工验收等环节安全风险和管控措施。完善危险化学品登记管理数据库和动态统计分析功能，推动建立高危行业领域建设项目安全联合审批制度，强化特别管控危险化学品全生命周期管理。

完善落后产能化解机制。加快淘汰矿山、危险化学品、烟花爆竹等生产企业落后产能及不符合安全生产强制性标准的工艺技术和装备设施，防范产业升级过程中的系统风险。在矿山行业，坚持淘汰落后与释放先进并重，强力推进非煤矿山淘汰退出一批、整合重组一批、改造提升一批的"三个一批"措施，持续推动矿山产业发展由"多小散乱"逐步向规模化、集约化转变。在危险化学品行业，按照危险化学品企业安全分类整治目录、淘汰落后危险化学品安全生产工艺技术设备目录，全面开展企业安全条件精准化排查评估，严格"一企一策"治理，实现规范达标一批、改造提升一批、依法退出一批，全国危险化学品生产企业由2008年时最多的2.4万家降至2022年的1.2万家；在烟花爆竹行业，淘汰手工装药等落后工艺和安全条件差的落后企业，全国烟花爆竹生产企业已从2005年的7000多家减少到2022年年底的近1500家。落后产能化解退出机制的完善和实施，有力推动了产业转型升级和高质量发展。

5. 治本攻坚行动

进一步夯实安全生产工作基础，从根本上消除事故隐患，有效防范遏制重特大生产安全事故，2024年2月国务院安委会印发《安全生产治本攻坚三年行动方案（2024—2026年）》，部署各地区、各有关部门和单位深入开展安全生产治本攻坚三年行动，着重在安全理念、安全责任、安全规划、安全法治、安全标准、安全科技、安全工程、安全素质等方面补短板、强弱项，切实提高风险隐患排查整改质量，切实提升发现问题和解决问题的强烈意愿和能力水平，推动重大事故隐患动态清零，不断提升本质安全水平，加快推进安全生产治理体系和治理能力现代化，努力推进高质量发展和高水平安全良性互动。

《安全生产治本攻坚三年行动方案（2024—2026年）》共提出了八个方面20条具体措施，同时国务院安委会办公室集中印发了各部门牵头制定的31个部门子方案，形成了"1＋31"的安全生产治本攻坚行动总体框架，利用三年时间，深入开展生产经营单位主要负责人安全教育培训、重大事故隐患判定标准体系提升、重大事故隐患动态清零、安全科技支撑和工程治理、生产经营单位从业人员安全素质能力提升、生产经营单位安全管理体系建设、安全生产精准执法和帮扶、全民安全素质提升"八大行动",推动地方党委政府、部门及生产经营单位进一步强化统筹发展和安全的理念;重点行业领域建立健全全链条排查整治重大事故隐患的责任体系,安全监管能力显著提升;2024年年底前基本消除2023年及以前排查发现的重大事故隐患存量,2025年年底前有效遏制重大事故隐患增量,2026年年底前形成重大事故隐患动态清零的常态化机制;针对重大安全风险的一批"人防、技防、工程防、管理防"措施落地见效,本质安全水平大幅提升;全国安全生产形势持续稳定向好,重特大生产安全事故多发势头得到有效遏制。

4.4.3 提升综合防灾减灾救灾能力

党的十八大以来,党中央高度重视防灾减灾救灾工作,做出一系列重大决策部署,习近平总书记多次就防灾减灾救灾作出重要指示批示,多次主持召开会议研究部署防灾减灾救灾工作,提出"两个坚持、三个转变"防灾减灾救灾理念,亲自谋划部署实施自然灾害防治"九项重点工程",对加强洪涝干旱、地震、地质灾害、森林草原火灾等灾害防治,妥善做好灾后救助与恢复重建提出明确要求,为全面提高国家综合防灾减灾救灾能力指明了方向、提供了根本遵循。

1. 实施自然灾害防治"九项重点工程"

自然灾害防治关系国计民生,要建立高效科学的自然灾害防治体系,提高全社会自然灾害防治能力,为保护人民群众生命财产安全和国家安全提供有力保障。

针对自然灾害防治关键领域和薄弱环节,"九项重点工程"推动实施:实施灾害风险调查和重点隐患排查工程,掌握风险隐患底数;实施重点生态功能区生态修复工程,恢复森林、草原、河湖、湿地、荒漠、海洋生态系统功能;实施海岸带保护修复工程,建设生态海堤,提升抵御台风、风暴潮等海洋灾害能力;实施地震易发区房屋设施加固工程,提高抗震防灾能力;实施防汛抗旱水利提升工程,完善防洪抗旱工程体系;实施地质灾害综合治理和避险移民搬迁工程,落实好"十三五"地质灾害避险搬迁任务;实施应急救援中心建设工程,建设若干区域性应急救援中心;实施自然灾害监测预警信息化工程,提高多灾种和灾害链综合监测、风险早期识别和预报预警能力;实施自然灾害防治技术装备现代化工程,加大关键技术攻关力度,提高我国救援队伍专业化技术装备水平。这"九项重点工程"是强化防灾减灾救灾能力、抵御各种自然灾害风险的重大战略部署,这些基础性、修复性、加固性、保障性工程,将有力推进自然灾害防治水平的提升。

(1) 实施"九项重点工程"意义重大

实施"九项重点工程"是统筹发展和安全的战略考量。"九项重点工程"不是九个工程,而是由一系列重大工程项目构成的工程体系,既有防汛抗旱水利提升工程等建设类项目,又有自然灾害监测预警信息化、防治技术装备现代化等支撑保障类项目。实施"九项重点工程",对于全面提升全社会自然灾害综合防御能力,推动实现更高质量、更有效率、更加公平、更可持续、更为安全的发展具有深远影响。

实施"九项重点工程"是用大工程保障大安全的重大举措。"九项重点工程"一头连着安全、一头连着民生、一头连着促发展、一头连着防风险。加快实施"九项重点工程",建成一批自然灾害防御标志性重点工程,有利于打通防灾减灾救灾的堵点、难点,健全自然灾害防治体系,全面提升安全保障支撑能力。

实施"九项重点工程"是提升自然灾害防治能力的迫切需要。我国经济社会快速发展,人口、房屋、基础设施、产业、资源环境等各类承灾体和致灾害因素都在不断发生变化,实施"九项重点工程"特别是灾害风险普查、地震易发区房屋设施加固、防汛抗旱水利提升等工程,有利于掌握灾害演变规律特点、摸清风险隐患底数、查准抗灾设防能力,有利于服务防灾减灾和应急科学决策,有利于发现自然灾害防治突出短板和问题,有针对性加强重点领域抗灾设防补短板建设,筑牢夯实自然灾害防治基础。

(2)"九项重点工程"建设取得明显成效

"九项重点工程"启动以来,经国务院同意建立由应急管理部、国家发展和改革委员会、财政部共同牵头,14个部门和单位组成的自然灾害防治工作部际联席会议制度,协调解决"九项重点工程"项目论证和实施中的重大问题,指导、督促有关部门、单位和各地扎实有效推进工程建设,基本完成三年时间明显见效目标。

① 灾害风险调查和重点隐患排查工程。国务院办公厅印发《关于开展第一次全国自然灾害综合风险普查的通知》,在全国开展普查调查,全面获取了数十亿条重大自然灾害事件、重点灾害隐患等各类数据,第一次全面摸清了全国房屋建筑、市政设施和森林可燃物载量的"家底",第一次补齐了灾害数据短板,第一次形成了覆盖"全国—省—市—县—乡镇(街道)—社区(村)—家(户)"的综合减灾能力调查数据集,组织灾害风险评估和防治区划编制,为新时代自然灾害防治提供了科学的决策依据。

② 重点生态功能区生态修复工程。8个山水林田湖草沙生态保护修复试点工程基本完成,先期解决了青藏高原、黄土高原等区域生态系统一批突出问题。

③ 海岸带保护修复工程。完成了一大批红树林、沙质海岸、防护林和连岛海堤修复,建立了海岸带综合防护体系。

④ 地震易发区房屋设施加固工程。对设防烈度8度以上及重点区域的229个县(市、区)开展了示范性抗震加固工程377万处,形成了可复制推广的模式。

⑤ 防汛抗旱水利提升工程。国务院确定的60座补短板重点城市易涝区段得到基本治理,除险加固8000余座病险水库,大江大河干流及大湖Ⅰ~Ⅲ级堤防达标率提升至84%。

⑥ 地质灾害综合治理和避险移民搬迁工程。完成9200余处地质灾害隐患点工程治理、14万余处排危除险,组织避险搬迁38万余人。

⑦ 应急救援中心建设工程。着眼防范应对地震、森林火灾、洪涝、台风等区域性重特大灾害,按照"一个机构、四个基地"(指挥协调机构,综合救援、实训演练、装备储运、航空保障基地)的功能定位进行规划布局,分别在河北省张家口市、黑龙江省大庆市、湖北省武汉市、广东省潮州市、四川省成都市、甘肃省兰州市开工建设、有序推进。

⑧ 自然灾害监测预警信息化工程。优化升级重点地区气象观测站网和水文监测站点,新安装普适型地质灾害监测预警设备25万余套,初步形成"空、天、地"一体化、广域覆盖的综合监测感知网络,3小时内强降水预报准确率提升50%以上,主要江河关键期洪水预报精准度超过90%,地震预警网在重点地区推广覆盖。

⑨ 自然灾害防治技术装备现代化工程。在新型应急指挥通信、特种交通应急保障、智能无人应急救援、监测预警和灾害信息获取等方面取得多项重大突破。

(3) 久久为功推进"九项重点工程"

2022年4月26日,习近平总书记主持召开中央财经委员会第十一次会议,听取了"九项重点工程"实施成效和后续工作建议汇报。会议强调,要坚持问题导向、目标导向,统筹发展和安全,系统谋划、整体协同,精准补短板、强弱项,优化基础设施布局、结构、功能和发展模式,构建现代化基础设施体系。

各重点工程牵头部门将一大批后续工程项目纳入"十四五"应急体系规划、综合防灾减灾规划及各相关领域规划,围绕解决城乡、区域、行业自然灾害防治不平衡的问题,找准短板,补齐弱项,持续推进实施。

进一步统筹城乡防灾减灾、统一规划实施应急避难场所等设施建设;统筹城市外洪和内涝风险隐患治理,健全防洪排涝设施,推动重点城市易涝积水整治;加强三峡库区及长江沿岸危岩崩塌等地质灾害风险治理工程建设;健全自然灾害综合监测预警体系,拓展卫星遥感、无人机等灾害综合监测手段运用;加大灾害基础研究和关键技术装备研发力度,加快技术装备成果在典型区域、场景中配备应用。

注重在强基础、利长远上下功夫,结合"十四五"应急体系规划、综合防灾减灾规划等各项规划的实施,推动自然灾害防治纳入国土空间利用规划,融入国家重大战略、重大工程,加快实施一批城市防洪排涝、地震易发区房屋设施加固工程等防灾减灾基础设施建设项目,加大重点林区防火道路、隔离带建设,推动自然灾害防治资源向基层倾斜。

2. 绷紧防大汛、抗大洪、抢大险、救大灾这根弦

要把防汛抗洪救灾工作作为重大任务,把确保人民群众生命安全放在首位,绷紧防大汛、抗大洪、抢大险、救大灾这根弦,进一步强化措施、落实责任,突出防御重点。要确保大江大河重要堤防、大中型水库、重要基础设施的防洪安全。坚持预防预备和应急处突相结合,加强统筹协调,强化协同配合,抓实抓细防汛救灾各项措施。党的十八大以来,各级党委、政府和有关部门深入贯彻落实习近平总书记重要指示批示,积极构建防汛抗旱新格局,不断完善责任体系,健全防御体系,提升应急处置能力,防汛抗旱救灾工作取得明显成效。

(1) 形成统分结合、防救协同的工作格局

要发挥好应急管理部门的综合优势和各相关部门的专业优势,根据职责分工承担各自责任,衔接好"防"和"救"的责任链条,确保责任链条无缝对接,形成整体合力。防汛抗旱工作是一项系统性工程,必须牢固树立"一盘棋"思想,为防范化解灾害风险提供全链条支撑,既讲究分工又强调合作,从密切监测雨情水情变化,到强化地质灾害点隐患排查,再到加强行洪河道、

蓄洪区围堤等巡查防护和应急处置,都要绷紧弦、不松劲。

国家防总充分发挥牵头抓总和统筹协调作用,修订完善国家防总工作规则,制定《国家防汛抗旱应急预案》,明确各成员单位职责,印发健全地方防汛抗旱工作机制的指导意见,推动各级应急管理部门发挥综合优势。各成员单位分工负责,充分发挥专业优势,加强部门联动、央地协作、军地协同,建立风险联合会商研判、防范救援救灾一体化、扁平化应急指挥等工作机制,基本形成统分结合、防救协同工作格局。进一步完善统分结合、防救协同工作格局,要紧紧围绕"完善国家应急管理体系"目标,坚持统一指挥、分级负责的原则,健全理顺权责明确、权威高效的防汛指挥体系。强化各级防汛抗旱指挥部统筹协调和牵头抓总作用,各成员单位和有关部门按照职责分工承担各自责任,衔接好"防"和"救"的责任链条。各级防办完善会商研判、信息共享、临灾预警、调度指挥、协同处置等工作机制,充分发挥好参谋助手作用。

(2) 完善党政共管、逐级包保的责任体系

各级党委和政府要切实担负起促一方发展、保一方平安的政治责任,严格落实责任制。各级党委和政府要坚持人民至上、生命至上,加强汛情监测,及时排查风险隐患,抓细抓实各项防汛救灾措施。防汛责任制是取得防汛抢险胜利的重要保证,也是历来防汛斗争中行之有效的措施。防汛抢险需要动员和调动各部门各方面的力量,党、政、军、民全力以赴,发挥各自的职能优势,同心协力共同完成。

国家防总、应急管理部紧紧抓住责任制,多管齐下压实各环节责任,每年汛前及时通报全国防汛抗旱行政责任人以及大江大河、大型及防洪重点中型水库、主要蓄滞洪区、重点防洪城市等防汛行政责任人和沿海地区防台风行政责任人,接受社会监督。各级地方党委和政府发挥防灾救灾的主体责任,强化了行政责任人、分区包保责任人、风险巡查防守责任人三个责任的落实,把责任体系延伸到了最末端,一直延伸到村、社区。

进一步完善党政共管、逐级包保的责任体系,要重点在发挥责任人作用上下功夫,强化防汛抗旱隐患排查、监测预报、预警发布、会商研判、调度指挥全链条职责。继续坚持关口前移,强化预警和应急响应联动,落实直达基层责任人的临灾预警"叫应"机制,确保基层防汛责任人第一时间被叫应。落实预警和应急响应联动机制,针对高等级灾害预警及时启动应急响应,为群众转移避险赢得宝贵时间。深入开展风险隐患排查,加强源头治理、加快整治修复,全面落实工程修复、抢险队伍、应急物资、培训演练、科普宣传等各项防汛举措,做好应对洪涝干旱台风灾害的万全准备。

(3) 健全洪涝灾害防御体系

我国水旱灾害多发频发,水情复杂、江河治理难度大、治水任务繁重,健全水旱灾害防御体系,提升水旱灾害防御能力需要"软硬并举",工程性和非工程性防范措施要齐头并进。党的十八大以来,我国不断完善流域防御体系,强化预报预警预演预案措施,成功战胜黄河、长江、淮河、海河、珠江、松花江、辽河、太湖等大江大河大湖严重洪涝灾害,水旱灾害防御能力实现整体性跃升。

在防御工程体系方面,2018—2023 年,新增水库库容 1.051×10^{11} m³、5 级以上堤防

56 500 km,先后实施了黄河下游防洪工程、西江大藤峡水利枢纽、淮河入海水道二期工程等一批流域防洪工程建设,大江大河基本形成以河道及堤防、水库、蓄滞洪区等组成的流域防洪工程体系,通过综合采取"拦、分、蓄、滞、排"措施,基本具备防御中华人民共和国成立以来实际发生的最大洪水能力;通过综合采取"蓄、引、提调、送"等措施,可确保城乡供水安全,最大限度减轻干旱损失。非工程措施上,监测预报预警能力显著提升,全国各类水情站点由2012年的7万多处增加到2021年的12万处;至2022年9月乡镇地面气象观测站覆盖率达100%,建成10 930个国家级地面气象观测站,数量是2012年的4.5倍。长江、黄河、珠江、淮河、松花江等流域水工程实现联合调度,以防洪调度为主兼顾发电调度、航运调度和生态调度的综合调度取得显著效益。

在非工程体系方面,修订《国家防汛抗旱应急预案》,经国务院批准颁布实施。强化对高温干旱的分类指导,加强旱情发展研究,优先保障群众生活用水需求,调拨使用抗旱物资,加强应急送水保障,帮助解决群众饮水困难。针对极端灾害天气增多增强给防汛抗旱工作带来的挑战,落实部门联合风险会商研判、灾情获取和共享、统一指挥调度等机制。推动将气象预警作为应急响应启动条件,强化灾害预警和应急响应联动,建立直达基层责任人的临灾预警"叫应"机制,在风险区预置抢险救援力量,提前转移受威胁群众,同时引导社会公众提高防灾避险意识。

进一步健全洪涝灾害防御体系,针对防汛抗旱面临的主要风险,增强洪水调蓄能力,提高河道泄洪能力,确保蓄洪区分蓄洪功能;强化山洪灾害防治,因地制宜推进山洪沟治理,加强城市防洪重点涝区排涝和沿海防台防潮能力建设,补齐防洪短板弱项;按照应修尽修、注重实用的原则,指导各级防指加快防汛抗旱应急预案修订,重点解决基层预案适用性针对性不强、预警与响应不联动、应急响应行动措施不具体等突出问题,加强应急预案的实战演练,通过演练磨合指挥协调机制,完善联动响应措施。

(4) 提升洪涝灾害应急处置能力

党的十八大以来,国家防总、应急管理部不断完善应急救援力量体系,全方位推进专业队伍和基层社区应急能力建设,基本构建起以国家综合性消防救援队伍为主力军、有关部门和央企专业救援队伍为协同、解放军和武警部队为突击、社会力量为辅助的抢险救援力量体系;防灾减灾救灾科技、物资、装备等投入的力度逐步加大,应对大灾峰值需求的物资保障能力进一步提升,现代化技术装备配备大幅提高。

进一步提升洪涝灾害应急处置能力,要坚持科技引领,推动抢险救援装备现代化,加快实施《"十四五"国家应急体系规划》,加大政策引领和资金投入,支持抢险救援先进适用装备的研发、应用和配备,全面提高抢险救援的科学化、专业化、智能化水平。强化应急救援队伍战斗力建设,抓紧补短板、强弱项,提高各类灾害事故救援能力。推进国家、流域、区域防汛抢险和应急救援力量建设,完善专业抢险救援力量布局,加强军地力量对接,支持基层组建抢险救援队伍第一时间开展先期处置。加快完善应急物资储备布局,优化储备品种和规模,努力建成统一领导、分级管理、规模适度、种类齐全、布局合理、多元协同、反应迅速、智能高效的全过程多层次应急物资保障体系,提升应急物资保障服务水平。

3. 提升防震减灾、抗震救灾能力

我国地震及灾害特点是地震多、强度大、震源浅、分布广、灾害重。20 世纪全球因地震造成 120 万人死亡,其中我国就达 60 万人,造成千人以上死亡的地震有 22 次。我国陆地面积仅占全球陆地面积的 7%,却承受了全球 35% 的 7.0 级以上大陆强震。提升防震减灾、抗震救灾能力是我国经济社会发展的必然要求。

(1) 防震减灾造福人民

防震减灾是造福人民的崇高事业,造福人民是防震减灾的永恒追求。防范化解重大地震灾害风险,切实守护人民群众生命财产安全,服务保障现代化强国建设,是防震减灾的光荣使命。回顾防震减灾救灾事业发展走过的不平凡道路,中国共产党始终以对人民高度负责的精神,加强对防震减灾工作的组织领导,推动防震减灾能力持续提升。

党的十八大以来,我国地震监测预警实现跨越式发展,全社会抵御地震灾害风险能力显著提升,应急救援能力不断加强,地震灾害防范应对准备更加扎实,实现了全国基本具备综合抗御 6 级左右地震能力的防震减灾奋斗目标,成功应对处置了云南鲁甸 6.5 级、四川芦山 7.0 级和四川泸定 6.8 级等多次重大地震,夺取了抗震救灾的伟大胜利。

践行"防震减灾造福人民",要深刻认识地震安全是国家安全的重要组成部分,始终把确保人民生命安全放在首位,一切工作围绕有效减轻地震灾害损失展开,做到居安思危、未雨绸缪。充分发挥党的集中统一领导最大优势、社会主义集中力量办大事的显著优势,把制度优势转化为治理效能,既做到重大灾害面前一方有难、八方支援,又完善日常工作机制,做到风险防范工作综合协调、各负其责,全面做好防、抗、救各项工作。加快推进防震减灾现代化建设,全面提升全社会抵御地震灾害综合防范能力,最终实现更加有力有序有效的预防和应急,保护好人民群众生命财产安全,维护好社会稳定,更好满足人民对包括地震安全在内的美好生活向往。

(2) 加强和改进地震监测预报预警

地震监测预报预警是防震减灾救灾的核心基础业务,是减轻地震灾害风险的重要支撑,是实现地震之前向党和人民"打个招呼"的关键手段。党的十八大以来,地震监测预报预警取得了长足进步。

地震监测方面,我国已建成由 2 万多个地震监测站点组成,覆盖国家、省和市(县)三级的数字化、网络化地震监测站网(包括测震站网和地球物理站网),地震监测仪器核心技术实现自主创新可控,成功发射电磁监测试验卫星"张衡一号",全国大部分地区地震监测能力达到 20 级,东部人口稠密地区达到 15 级,其中首都圈地区达到 10 级。

地震预测预报方面,经过长期的地震预报研究和实践,形成了"长、中、短、临"渐进式地震预报思路,发展多学科综合方法,建立了年度、年中、月、周常规会商和紧急、加密、专题震情会商的工作机制,研究发布《全国地震重点监视防御区(2021—2030 年)》十年尺度的长期预报,每年组织召开年度全国地震趋势会商会,确定全国年度地震重点危险区,建立了国家、省、市(县)地震部门和中心站结合的震情监视跟踪工作机制,着力把握大地震活动规律和地震高危险性区域分布,十年尺度的中长期预测对西部7级和东部6级左右地震把握较好,年度地震重点危险区对6级左右地震总体预测效果较好,近年来在多次地震前做出了有一定减灾实效的预测。

地震预警方面,国家大力推进地震烈度速报与预警工程建设,自2018年以来,历经5年建成15 391个地震预警站、3个国家级预警中心、31个省级预警中心、173个地(市)级信息发布中心,基本实现全国分钟级地震烈度速报能力和重点地区秒级地震预警能力,地震预警服务在北京、天津、河北、福建、云南、四川等地区试点开展,对云南漾濞6.4级、四川泸定6.8级、山东平原5.5级等多次地震成功预警,为目标区内重点行业和社会公众采取紧急处置和应急避险赢得宝贵时间。

全面提升地震监测预报预警能力和服务水平,要深入落实十年尺度地震重点监视防御区、年度地震重点危险区各项工作任务,加快推进《"十四五"国家防震减灾规划》落地见效。加强地震趋势动态跟踪研究,完善震情跟踪会商机制,不断提高中强地震前兆信息捕捉能力,健全群测群防工作体系,扎实做好重点地区、重要地区和重要时段地震安保服务。加快中国地震科学实验场建设,推进华北强震预测与致灾机理研究,持续深化对地震灾害孕育、发生、发展和灾害链规律的认识。强化"一带一路"地震监测站网建设。推动国家地震监测台(站)网智能化提升工程立项实施,建设火山和海洋地震观测站网,提高京津冀、川滇、甘青和东南沿海等地震易发区和重点地区地球物理站网密度,逐步建成"空、天、地、海"一体化智能监测业务体系。推动建设基于手机大数据的新一代中国地震预警网,推进秒级地震预警能力由重点地区向全国拓展。

(3)努力把地震灾害风险和损失降至最低

我国地震灾害风险高,约57%的人口、51%的城市和58%的国土位于地震高风险区。地震灾害十分严重的基本国情,决定了有效减轻地震灾害损失必须坚决遵循习近平总书记"两个坚持、三个转变"方针,全面提升各环节、全过程、多层次抵御重大地震灾害风险的综合防范能力。

"地下搞清楚"。印发实施《中国地震构造环境探查规划》,先后对100多座大中城市开展地震活动断层探查,完成首次全国地震灾害风险普查。开展百年尺度的地震风险预测,开展青藏高原东北缘地震灾害风险评估,为重大基础设施建设及运行安全提供地震科技保障。发布了第5代《中国地震动参数区划图》,明确一般建筑抗震设防要求。完成5万余项地震安全性评价工作,为合理确定三峡大坝、西气东输等重大工程抗震设防要求提供基本依据。

"地上搞结实"。截至2023年,建成地震安全农居2400余万户,加固中小学校舍近3.5×10^9 m^2。实施地震易发区房屋设施加固工程,完成229个重点区县居民小区、学校、医院、农村民居以及交通生命线、电力和电信网络、水库大坝、危险化学品厂库等377万处房屋设施加固任务。减震隔震技术在大兴国际机场、港珠澳大桥等重大工程中广泛应用。

"公众搞明白"。推进地震科普"进学校、进机关、进企事业单位、进社区、进农村、进家庭"。截至2022年年底,认定国家防震减灾科普教育基地132个、示范学校518所,面向7000余所学校开展以图书捐赠、讲座、演练等为主要内容的"地震科普 携手同行"主题活动,累计建成应急避难场所12.7万余座,占地面积约2.38×10^{10} m²,可容纳约7.4亿人。积极推进地震巨灾保险工作,累计为全国1600多万户家庭提供地震风险保障。

"准备搞充分"。充分做好预案、力量、物资、机制、保障准备。在全国形成横向到边、纵向到底、上下衔接的地震应急预案体系。发挥国家综合性消防救援队伍主力军和国家队作用,组建地震专业救援队伍。基本建成"中央—省—市—县—乡"五级救灾物资储备体系,实现灾后12小时内快速运抵灾区。国务院抗震救灾指挥部定期召开全体会议,研究部署防震减灾救灾工作,指挥部办公室每年印发加强地震灾害防范应对工作的通知,部署地震重点危险区应急准备,对重点省份开展防范应对准备检查,针对可能出现的断路、断网、断电等突出问题,强化、细化、实化防范措施。举行"应急使命"抗震救灾演习;初步形成"空、天、地"一体化的应急通信保障系统,构建起以国家自然灾害灾情管理系统为主干的灾情管理体系。全面提升地震灾害防范应对准备能力,确保大震来临时应对及时高效、行动有力有序。

把地震灾害风险和损失降至最低。要针对一些地方城市高风险、农村不设防的状况,坚持"宁可千日不震,不可一日不防",不断提升城乡抗震设防能力。加快大震危险源和承灾体风险源探查,优先在华北、长三角等6个区域开展活断层探查,常态化开展全国房屋设施抗震设防能力调查。编制第6代《中国地震动参数区划图》,科学提高全国抗震设防标准。加强和规范重大建设工程、重点区域地震安全性评价,推动地震重点危险区、大中城市和城市群、乡镇房屋设施国家重大战略基础设施、能源开发以及海洋等地震灾害风险防控,持续推进地震易发区房屋设施加固工程,大力推进地震灾害情景构建平台建设,广泛推广减隔震、建筑健康监测等新技术应用,着力提高城乡抗御大震韧性。常态化、制度化开展年度地震重点危险区预评估、地震高烈度区重大基础设施地震灾害隐患排查与风险评估。推进京津冀、长三角、粤港澳大湾区等区域建立重特大地震灾害联防联控机制。开展公众体验式地震科普基地建设,提高全社会地震灾害风险防范意识和应急避险能力。

(4) 全力组织抗震救灾

党的十八大以来,面对四川芦山、九寨沟、长宁、泸定,云南鲁甸、漾濞,青海玛多等多次重特大地震灾害,在党中央坚强领导下,国务院抗震救灾指挥部、中央和国家机关有关部门,地方各级党委和政府坚决贯彻党中央、国务院部署要求,坚持人民至上、生命至上,把抢救生命作为首要任务,坚持属地为主、分级负责,及时启动应急响应,全力组织抗震救灾。应急管理部充分发挥国务院抗震救灾指挥部办公室统筹协调作用,协调各成员单位、解放军和武警部队,协助地方全力开展人员搜救、伤员救治、受灾群众紧急安置、基础设施抢险保通、震情趋势研判、灾害调查、次生灾害排查除险、新闻宣传等工作。国家综合性消防救援队伍发挥主力军和国家队作用,争分夺秒搜救人员,千方百计拯救生命。地方各级党委和政府迅速响应,成立联合指挥机构,扁平化高效指挥,就地开展抢险救援、疏散安置、物资调配、舆论引导等工作。各方高效联动,有序参与,社会各界齐心协力,多次夺取抗震救灾全面胜利。

做好抗震救灾工作,要大力弘扬伟大抗震救灾精神,全面提升防范化解地震灾害风险能力。健全防震减灾救灾体系,进一步完善防震减灾救灾体制机制,充分发挥国家和地方抗震救灾指挥机构的指挥协调职能,压紧压实各地防震减灾救灾主体责任。强化大震防范应对准备,组织地震应急救援培训和实战演练,加强铁路、公路、民航、水路和应急通信等抗灾能力建设,增强"水、陆、空"立体应急运输和区域整体运输协调能力。提升航空应急救援能力,在高海拔地区、偏远山区乡镇统筹直升机救援相关设施规划建设。加强基层应急救援队伍前置物资储备,加强偏远山区乡镇、村庄通信设备配备,强化灾情速报员培训,确保灾时第一时间上报灾情信息、救灾需求。强化值班值守,枕戈待旦,确保地震发生后,高效有力有序开展抗震救灾行动。

4. 加强地质灾害防治

我国山地丘陵分布广泛,地质灾害隐患数量多、分布广,国土面积40%以上属于高、中地质灾害易发区,截至2022年年底,全国登记在册地质灾害隐患点共有28万余处,是世界上地质灾害最严重、受威胁人口最多的国家之一,地质灾害呈现出多发、频发、群发及与地震、洪涝等灾害复合的态势,防治形势十分严峻。各级自然资源部门和应急管理部门密切配合、通力协作,按照"全力防、配合救"和"综合防、全力救"的职责划分,充分发挥专业优势和综合优势,形成了地质灾害防范应对的整体合力,地质灾害造成人员死亡失踪人数不断降低。

(1) 形成部门协同整体合力

2018年机构改革以来,新组建成立的自然资源部和应急管理部,全面梳理划分原国土资源部与应急管理部的地质灾害职责分工。自然资源部主要负责组织指导协调和监督地质灾害综合防治工作,承担地质灾害应急救援的技术支撑工作;应急管理部主要负责指导地质灾害等防治,负责重大地质灾害应急救援。科学划分职责,形成了两部门协同、共同履行地质灾害防治职责的新模式,既有利于发挥自然资源部门的专业优势和技术优势,又可以发挥应急管理部门的综合优势和力量优势。各级应急管理部门和自然资源部门不断梳理衔接"防"与"救"的责任链条,积极推进地质灾害调查评价,强化监测预警体系建设,逐步完善地质灾害防治和应急体系,协力推进重点工程建设,协同应对处置重特大突发地质灾害,地质灾害防治工作成效明显。

进一步强化部门协同整体合力,要牢固树立防范意识,把人民的生命安全放在第一位,层层压紧压实防灾救灾各项责任,建立政府主导、人人参与、共享平安的地质灾害防治新格局,健全完善协同联动工作机制,探索构建市场主导、政策支持的地质灾害保险体系,引入社会力量有效应对地质灾害风险,坚决避免群死群伤,最大限度降低灾害损失。

(2) 提升地质灾害综合防治能力

要加强气象、洪涝、地质灾害监测预警,紧盯各类重点隐患区域,开展拉网式排查,要加强风险评估和监测预警,加强对危险化学品、矿山、道路交通、消防等重点行业领域的安全风险排查,提升多灾种和灾害链综合监测、风险早期识别和预报预警能力。各地区各有关部门要本着对人民极端负责的精神,积极组织力量,认真排查险情隐患,加强预报预警,强化灾害防范,切实落实工作责任,保护好人民群众生命财产安全。党的十八大以来,地质灾害隐患风险评价、地质灾害监测预警体系、基层地质灾害防治能力持续加强。

地质灾害隐患风险评价方面,全面推进1∶5万地质灾害风险调查,开展重点城镇精细化调查,认真落实汛期"三查"机制[①],进一步查明孕灾地质条件、隐患点及风险区分布特征和风险等级等,推进防控方式由"隐患点防控"逐步向"隐患点+风险区双控"转变,在高易发区涉及的县(市、区)探索开展隐患综合遥感识别,初步建立"空、天、地"一体化地质灾害多尺度调查和风险评价体系,进一步掌握调查区地质灾害隐患风险底数。

地质灾害监测预警方面,建立完善以县、乡、村、组四级和26万余名基层群众为主体的群测群防体系。2022年年底,17个省份实现实时互联预警系统,自动化监测已覆盖6万余处地质灾害隐患点,全国305个市1806个县开展了地质灾害气象风险预警工作,基本做到了中、高易发区全覆盖,"人防+技防"不断壮大和推广,初步建起了国家地质灾害智能化监测预警网络。

基层地质灾害防治能力方面,针对威胁人口众多、财产巨大的地质灾害隐患点开展工程治理;针对不宜采取工程治理措施的、受地质灾害威胁严重的居民点,实行主动避让、易地搬迁。2018—2022年,全国共对2.1万余处地质灾害隐患点完成工程治理;对2.9万处地质灾害隐患点受威胁的64.1万人实施避险搬迁,有效保护了272万人和1181亿元财产安全。同时,组织各级地质灾害防治知识培训32万余场,应急演练49万余次,参加人员1226万余人次,编制发放宣传材料3200万余份,基层地质灾害防灾意识和防治能力进一步提升。

提升地质灾害综合防治能力,要加强地质灾害隐患综合遥感识别,充分利用基于星载、航空、地面的"空、天、地"一体化立体观测体系,开展多方法、分层次、多尺度综合遥感动态调查,掌握地质灾害隐患底数及动态变化。开展1∶10 000地质灾害风险调查,加强地质灾害成灾机理研究,掌握地质灾害隐患和潜在致灾体的结构特征、稳定性变化趋势、威胁范围和风险等级。全面推进各地地质灾害综合防治体系建设,聚焦防灾减灾关键领域、关键问题、关键环节及重点地区、重点隐患和重点时段,分类施策,努力提高地质灾害综合防治水平。提高地质灾害防御工程标准,切实减轻地质灾害风险。

(3) 强化应急准备和救援处置

做好地质灾害监测预警、隐患识别、预案方案、救灾物资等各项应急准备和救援工作,全面提高灾害防御能力,尽最大努力减少人员伤亡,最大限度降低灾害风险,保障人民群众生命财产安全。

扎实做好地质灾害应急准备。整合各部门、各类应急资源,开展地质灾害抢险救援,进一步完善会商研判、信息共享、联动响应、区域联防等机制,加强地质灾害防治跨部门、跨区域的协同联动、快速响应、高效处置,督促指导地方全面做好会商研判、监测预警、预案方案、培训演练、力量装备、救灾物资、专家队伍、避难场所和信息化等各项应急救援准备,以更加扎实有力的行动全力以赴保障人民群众生命财产安全。

---

① 汛期"三查"机制主要包括雨前排查、雨中巡查和雨后核查三个环节,旨在确保汛期安全。

有效处置地质灾害突发事件。2018年以来,面对甘肃舟曲"7·12"滑坡、四川金沙江两次山体滑坡、西藏雅鲁藏布江两次泥石流、山西乡宁"3·15"山体滑坡、贵州水城"7·23"滑坡、湖北五峰"7·8"山体滑坡、2020—2023年汛期群发性地质灾害、四川泸定6.8级地震次生地质灾害等重特大地质灾害突发事件,各级党委、政府和有关部门高效开展应急处置,第一时间启动应急响应,及时开展人员搜救、抢险保通、救灾安置等各项工作,协调拨付中央自然灾害救灾资金,支持做好应急救援处置,最大限度保障人民群众生命财产安全。强化应急准备和救援处置,要坚持"宁可备而不用,不可用而无备",分级分类储备应急抢险救灾物资和装备设备,把抢险物料储备到一线、落实在现场,确保一旦有险情灾情,能够迅速投入使用。

5. 全面提升森林草原火灾综合防控能力

森林和草原对国家生态安全具有基础性、战略性作用,林草兴则生态兴。森林草原资源富集地区发生火灾就很可能发展成为大火巨灾。我国局部地区森林草原资源珍稀富集,发生大火巨灾的风险极大,一旦发生,必然会给我国生态文明建设和美丽中国建设造成不可估量的损失。必须坚持"预防为主、积极消灭、生命至上、安全第一",全面提升森林草原火灾综合防控能力,防患于未然,"打早打小打了",最大限度降低森林草原火灾发生率,最大限度减少森林草原灾害损失。

(1) 突出预防为主,推进关口前移

我国曾是森林草原火灾多发国家。1950—2017年,我国累计发生森林火灾约82万起,年均12万起,受害森林面积约3814万公顷;发生草原火灾约5.8万起,年均850余起,受害草原面积约2亿公顷。复盘中华人民共和国成立以来的森林草原火灾,成灾原因主要是事前预防不力、源头管控不严。

党的十八大以来,各级党委、政府和有关部门把源头管控作为防范火灾的"第一道防线",突出预防为主,推动关口前移,大力倡导"无火便是功""打小火立大功",扭住灾害链的源头协同发力,筑牢人民防线,强化野外火源管控"关键一招",压实各级各类责任"根本一环",突出早期处理"先发制胜",全力由事后发力向事前预防转型,全力从源头上防范化解重大安全风险,森林草原火灾发生起数逐年下降。据统计,2018—2022年累计发生森林火灾7301起,年均1460起,其中2021年、2022年连续两年均保持在千位数以下的历史低位。

突出预防为主,推进关口前移,要扎实做好森林草原火灾综合防控工作。着力强化防控责任,严格落实林长制,压实属地领导责任部门监管责任、经营单位主体责任和个人责任,构建起纵向到底、横向到边的"网格化"管理责任体系,形成高度闭合"防""救"责任链条,做到每一个工作环节都责任明晰,每一个大火巨灾隐患区域都有人护有人管。着力增强防火意识,定期组织召开新闻发布会,在主流媒体主动发布防火信息,开展防火宣传"五进"活动,持续推进群防群治和联防联控,形成人人有责的社会氛围。着力加强研判预警,加快森林草原防火监测预警、火险因子采集、防火指挥等设施和管理系统标准化、体系化建设,建立航空和地面观测相结合的火情自动识别应用系统,搭建信息资源共享平台和通道。着力强化火源管控,严格落实野外火源管理规定,加强防火期农事野外用火审批管理,重点地段增设防火检查卡、哨、站,聚焦重点时段、区域、部位、群体,健全防控网络,加强防火巡护和重点人群管控,严防意外失火。加强与有关邻国合作,建立中俄、中蒙、中哈、中缅等联防联控机制,及时妥善处置边境火情。

(2) 狠抓隐患排查,全力化解风险

森林草原火灾风险隐患是引发森林草原火灾的直接原因,扎实做好森林草原火灾隐患排查、风险治理,是做细做实森林草原防灭火工作,有效遏制重大风险的根本保证。

党的十八大以来,各级党委、政府和有关部门坚持紧盯重大风险超常应对,狠抓隐患排查,全力化解风险,组织对森林草原火灾重大风险隐患全方位、拉网式地排查整治。深入排查重要目标、重要设施周边的森林草原火灾隐患,严防重要目标受到火灾威胁;深入排查城市森林公园、城市面山、居民点等重要部位的森林草原火灾隐患,严防"家火上山、山火围城";深入排查风景名胜区、国家公园自然保护区、重点国有林区、边境地区等重点区域森林草原火灾隐患,严防森林草原火灾发生;深入排查输配电线路、风电站、通信塔等设施森林草原火灾隐患,严防线路老化、脱落等原因引发火灾事故;深入排查林区、牧区在建工程施工现场用火隐患,严防生产用火导致森林草原火灾发生,有效遏制森林草原大火巨灾和次生灾害的发生。

狠抓隐患排查,全力化解风险,必须把系统性风险防控和治理作为经常性、基础性工作和战略工程,聚焦治理顽疾,突出防范重点。坚持长短结合抓灾害预防规划管理,将森林草原大火巨灾风险预防纳入城市乡镇规划布局、产业发展规划,做到工程建设与防火建设"四同步"(同步规划、同步设计、同步施工、同步验收),构建灾备数据系统、灾害模拟信息系统,提高灾害预测能力、应急反应速度。坚持标本兼治,抓重大风险隐患治理,紧盯重要部位、重点设施、重点区域、重点工程,开展专项行动,将森林草原防灭火工作纳入各地"林长制"和地方政府绩效考核。坚持瞄准前沿抓科技防灾水平,推动跨部门、跨层级、跨区域的互联互通、信息共享和业务协同,强化数字技术在灾害事故应对中的运用,系统推进"智慧防火"建设,建立符合大数据发展规律的应急数据治理体系。

(3) 实施系统治理,不断提质增效

我国的森林草原火灾95%以上由农事用火、祭祀用火、林牧区施工生产用火、野外违规用火等人为因素引发。特别是近年来户外活动逐年增多,野外违规用火屡禁不止,火源管控难度与日俱增。必须实施系统性治理,形成"防、备、救、查"闭环治理链条,切实提升森林草原防灭火质效。

党的十八大以来,各级党委、政府和有关部门对森林草原火灾坚持系统治理,森林草原防灭火工作不断提质增效。狠抓法律法规制度建设,中共中央办公厅、国务院办公厅印发《关于全面加强新形势下森林草原防灭火工作的意见》,国务院办公厅印发《国家森林草原火灾应急预案》,推进《森林草原防灭火条例》等法规制定修订工作,健全优化森林草原防灭火标准体系,组建技术组织,制定相关标准,完善防灭火工作监督、检查、考评和火灾调查评估等制度。狠抓突出问题治理,精心开展森林草原防灭火专项整治督导,在上下共同努力下,形成一整套比较成熟的森林草原火灾综合防控经验做法,复制推广后将推动全国森林草原防灭火管理水平不断提升。狠抓队伍建设,组织开展"森林草原防灭火业务大讲堂"、教官团送教下基层、扑火安全专题培训、"扑火安全警示教育整治周"等活动,在全国部署国家综合性消防救援队伍2万余人、地方专业队10.8万人、航空消防飞机62架,组织队伍跨省份机动驻防,及时应对处置森林草原火灾。实施系统治理,不断提质增效,着力推动《关于全面加强新形势下森林草原防灭火工作的意见》落地落实见效。加强执法和追责问责,健全火灾责任追究制度,严肃追究火灾肇事者法律责任,对防灭火工作中失职失责、造成严重后果或者恶劣影响的,依规依纪依法追究地方党委和政府、有关部门、经营单位及有关人员的责任。加强设施建设,强化生物阻隔,探索实施生态防火工程建设,开展耐火树种选育推广;强化自然阻隔,因地制宜加强森林草原防火应急路网建设,力争到2025年国有林区路网密度达到3.1 m/公顷,重点林区林火阻隔网密度达到4.7 m/公顷,边境草原防火隔离带建设基本实现机械化;强化工程阻隔,加快环区域、环目标核心圈的防火道、隔离带、视频监控及应急消防站、蓄水池等防灭火设施建设,建强"空、天、地"一体化应急通信网络。加强科技赋能,加快雷击火、悬崖火、边境火等难点、堵点和痛点问题针对性措施、先进战术研究创新和"卡脖子"技术攻关,加快特种装备、大型重型装备和智能装备等革新升级,加大灭火大飞机、远程灭火装备、原始林区运输装备和高山峡谷等特殊地形灭火装备的研发和配备。

(4)提升扑救能力,精准高效处置

森林草原火灾具有发展蔓延快、破坏性强、扑救难度大、风险高等特点,稍有疏忽就会造成严重损失。精准高效处置森林草原火灾,最大限度降低灾害损失,是防灾减灾救灾能力和水平的重要体现。

党的十八大以来,各级党委、政府和有关部门在复盘历年典型案例的基础上,结合森林草原火灾新趋势、新特点,总结经验做法,实施科学指挥、安全扑救,出台《扑救森林草原火灾现场指挥机制》、扑火指挥"十个严禁"、扑火安全"十个必须"等规定,形成了一套"统一指挥、重兵封控、地空一体、合力制胜"适应多种火情的有力有效战术战法,加强救援队伍专业训练,不断提升扑救能力,成功处置了2018年6月1日在大兴安岭汗马自然保护区、2019年3月29日在山西沁源、2022年夏季在重庆、2023年4月11日在云南玉溪等地发生的一系列重大森林火灾。

提升扑救能力,精准高效处置,要坚持抓住关键要害,突破瓶颈,深化研究集团作战行动。着力构建"集中统一、专业高效"的指挥模式,建立"统一、联合、权威、专业、高效"的指挥机构,形成扁平化组织链条,刚性落实专业指挥制度,统住"力量、车辆、道路、水源、空域、装备、保障、信息"八个要素,果断决策、高效指挥,牢牢把握灭火作战主动权。着力构建"重兵封控、合力制胜"的作战模式,始终把保人和保重要目标安全放在首位,聚焦"转、保、打",确定人员疏散转移、重点目标保卫、火场全面封控的作战目标,根据火场规模和发展趋势,按照"一线就近用兵、二线快速增援、三线梯次投入"的原则,构建"森林消防主战主攻、地方专业队伍协同、空中和大型机械力量辅攻、其他队伍清理看守、地方群众配合保障"的协同作战模式,先控制、后消灭,先重点、后一般,运用以水灭火、远程灭火、大飞机灭火等手段,形成整体封控态势,集中优势兵力打歼灭战。着力构建"融合高效、持续有力"的保障模式,建立"集中管理、统一调拨、平时服务、战时应急,采储结合、节约高效"的应急物资保障体系,加强重点地区森林草原防灭火物资储备库建设,优化重要物资产能保障和区域布局,建立集中生产调度机制,坚持属地为主、统一调配、保障亟须,及时启动国家、地方、市场、队伍"四位一体"保障机制,确保转移人员出得去、救援力量进得来、装备补充供得足、给养物资用得上,切实为处置大火巨灾提供持续有力的保障支撑。

6. 妥善做好灾后救助与恢复重建

(1) 妥善安置受灾群众

坚持人民至上、生命至上,妥善安置受灾群众,是灾后救助工作的出发点和落脚点。

妥善安置受灾群众,必须坚持人民至上、生命至上,提前周密部署、充分准备,紧盯灾害应急期和灾后过渡期,聚焦科学化、规范化、精细化,采取务实管用措施,保障受灾群众基本生活。充分做好安置准备,周密制定安置工作预案和方案,精准落实因灾转移安置特别是集中安置工作措施;加强安置点建设,提前规划储备集中安置场所,确保遇到灾害后能够立即按需开放使用;前置储备救灾物资,加大救灾物资采购财政投入力度,建立健全救灾物资协议储备和产能储备机制,确保救灾物资能够第一时间投入救灾救助。全力做好应急期安置,加强安置点人员管理,部署专门力量,发挥基层组织作用,引导受灾群众进行自我管理;精心保障基本生活,做好物资发放登记,加强老年人、病残人员特殊关照,最大限度改善安置点条件、提升保障水平,满足受灾群众饮食、洗浴、文化生活等多样化需求,加强安全隐患排查,严防次生衍生灾害事故发生;强化人文关怀,及时引入专业机构开展心理疏导,做好心理抚慰。有序做好过渡期安置,及时调查了解过渡期安置受灾群众的困难和需求,纳入重点监测范围,给予重点救助;及时制定灾害救助具体实施标准,明确过渡期救助标准;统筹考虑集中安置的受灾群众,兼顾分散安置的受灾群众,及时安排救灾资金发放到位,让受灾群众无后顾之忧。

(2) 扎实做好帮扶救助

党的十八大以来,各级党委、政府和有关部门紧紧围绕切实保障受灾群众基本生活这一目标,健全受灾群众帮扶救助政策和工作机制。2019 年,应急管理部、民政部印发《关于进一步加强衔接配合受灾群众基本生活保障工作的意见》,加强受灾人员救助政策和临时救助等相关社会救助政策有效衔接;2020 年,财政部、应急管理部印发《中央自然灾害救灾资金管理暂行办法》,规范救灾救助资金的预算、申请、下达、管理、监督等工作;2022 年,国家乡村振兴局等 9 部门联合印发《关于建立健全防范因灾返贫长效机制的通知》,指导各地做好受灾群众动态监测和帮扶,明确分类救助标准。以 2021 年为例,应急管理部、财政部安排下拨应急期中央自然灾害救灾资金(生活救助方向)45 亿元,支持地方做好受灾群众紧急转移安置、过渡期生活救助、倒损民房恢复重建等工作,有效保障受灾群众的基本生活;应急管理部会同国家粮食和物资储备局向山西、陕西、黑龙江等 13 个省份调拨中央救灾物资 23.79 万件,会同财政部下拨 2021—2022 年度中央冬春救灾资金 51.98 亿元,用于支持受灾群众基本生活保障,及时送去党和政府的温暖。

扎实做好帮扶救助,要加强灾害损失、人员受灾等情况动态监测和评估分析,对灾害多发易发、防范因灾返贫任务艰巨地区,协调加大资金和政策倾斜支持力度。适当提高对脱贫户、监测户等特殊困难群体的补助标准,形成受灾群众救助和灾后恢复重建工作的支持合力。加强对因灾致贫风险人员的监测管理,对符合条件的及时实施临时救助,切实防止因灾致贫返贫,确保受灾群众基本生活不受影响。

(3) 加快推进灾后恢复重建

2008年以来,国家先后对汶川、玉树、芦山、鲁甸等地震灾后恢复重建工作进行规划,出台相关支持政策措施意见,建立特大地震对口支援模式,举全国之力共御巨灾。通过恢复重建,灾区规划建设整体性提高,实现基础设施根本性改善、产业发展再生性跨越、城乡面貌历史性改变,汶川、玉树、芦山、鲁甸及九寨沟等地震灾后恢复重建取得举世公认的成效。应急管理部组建以来,联合有关部门制修订《关于做好特别重大自然灾害灾后恢复重建工作的指导意见》《自然灾害情况统计调查制度》《因灾倒塌、损坏住房恢复重建救助工作规范》,明确灾后重建启动程序、损失评估、隐患排查、受损鉴定、资金筹措、配套政策和规划编制,强化地方主体作用和保障措施。会同有关部门加强对地方因灾倒损住房恢复重建工作的督促和指导,定期统计和通报房屋重建和修缮完成进度,支持帮助受灾群众及时入住新居。

加快推进灾后恢复重建,要强化组织领导和责任落实,坚决落实地方属地责任和党委政府主体责任,强化统筹协调,科学制订恢复重建工作方案,明确牵头和参与部门,细化职责分工。组织开展房屋受损鉴定评估,精准统计、摸排、核查因灾倒损住房情况,逐户建立需重建和修缮户台账,因户施策、逐户推进,精准组织实施;协调做好过渡期安置救助,妥善保障受灾群众基本生活。加大政策资金支持力度,研究提高倒损住房恢复重建补助标准,确保因灾倒损住房恢复重建方案有效实施,重建补助政策落实到位;发挥灾害民生保险、住房保险等作用,指导做好保险理赔,提高对受灾群众的帮扶救助水平。

第 5 章　新时代应急管理法制

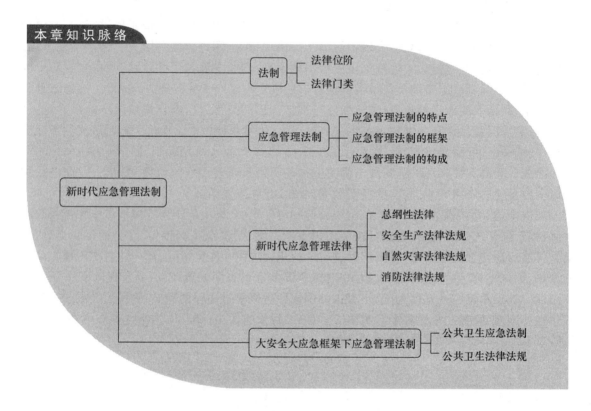

体制具有刚性,并制约着机制。法制是将应急体制与机制的核心设计用法律的形式稳定下来。依法应急是依法治国的一项基本内容。

5.1　法　　制

"法制"一词,我国古已有之。然而,直到现代,人们对于法制概念的理解和使用还是各有不同。其一,狭义的法制,即法律和制度,是指掌握政权的社会集团按照自己的意志,通过国家政权建立起来的法律和制度。其二,广义的法制,是指一切社会关系的参加者严格地、平等地执行和遵守法律,依法办事的原则和制度。其三,法制是一个多层次的概念,它不仅包括法律制度,而且包括法律实施和法律监督等一系列活动和过程。

根据法理和宪法、立法法的规定,我国现行有效的所有法律构成统一的法律体系。每一部法律都是该法律体系的有机组成部分,并且在法律体系中处于特定的位阶,归属于特定的门类。法律分类定位的基本原理如下。

5.1.1 法律位阶

所谓法律位阶,是指法律的纵向等级,法律位阶的划分标准是创制主体的权威性大小、调整事项的重要性高低和法律规范的抽象性程度强弱,法律分根本法(宪法)、基本法律、普通法律、行政法规、地方性法规和规章等位阶。仅从创制主体来看,这些不同位阶的法律的立法者分别是:全国人民代表大会(2/3 代表通过)、全国人民代表大会(1/2 代表通过)、全国人民代表大会常务委员会、国务院、省级人民代表大会及其常务委员会、国务院组成部门和省级地方政府。《突发事件应对法》由全国人民代表大会常务委员会立法,故属于法律位阶中的普通法律。

5.1.2 法律门类

所谓法律门类,是指依照法律的调整对象和方法而对法律所作的分类。法律共分为公法、私法和社会法三大类别,每一类别的法律又可区分为不同的部门。如公法就由宪法性法律、行政法、刑事法等实体法和诉讼法等程序法这些法律部门构成;私法主要由民法、商法、知识产权法等部门法构成;社会法由劳动法、社会保障法、弱势群体保护法等部门法构成。《突发事件应对法》属于公法中的行政法律部门,《紧急状态法》(《戒严法》等)属于公法中的宪法性法律部门。每一个部门法又可由若干子部门构成。同一类别的法律按照其适用范围和调整对象的相似性再构成相应的部门。如作为公法的宪法性法律部门《紧急状态法》和行政法法律部门《突发事件应对法》,可以合称为应急管理法。

特定法律部门的法律可以由不同位阶的法律规范构成。如作为公法的应急管理法,就由根本法(《宪法》)规范、基本法律(如《刑法》中的紧急避险条款就属于应急法律规范)、普通法律(如《突发事件应对法》《防洪法》等)、行政法规(如《汶川地震灾后重建条例》)、地方性法规和规章等法律规范构成。根据立法技术,部门法又可由一般的法典和单行的法律构成。突发事件应对法作为行政法的一个子部门,就由作为一般法典的《突发事件应对法》和一些单行的法律法规(如《防震减灾法》《防洪法》《传染病防治法》《安全生产法》等)构成。

为尽可能消除突发公共事件对社会造成的危害,政府需要法律赋予的更强的行政权力,以便采取各种有效的应急措施,组织社会力量,开展应对活动。在此期间,国家权力之间、国家权力与公民权利之间、公民权利之间的各种社会关系需要做相应的调整,政府的行政权力会得到相应的加强,公民的权利会受到相应的限制。在法制社会中,这些权力的加强与权利的限制必须限定在法律许可的范围之内。如果逾越法律规定的界限,即使这些权力与权利的调整符合社会公共的利益,会产生良好的整体效果,但仍是违背宪法原则的,政府不能在没有宪法明确授权的情况下行使额外的行政权力。因此,做好公共安全应急活动首先应实现应急活动的法治化。

5.2 应急管理法制

突发事件往往意味着社会进入了一种紧急状态,在这种状态下,为了更好、更快速地对突发事件进行处理,行政机关被赋予了在社会常态状态下所不能拥有的行政紧急权,而这些权力都可能对于公民的人身权和财产权造成侵犯。例如对于紧急状态的宣布与采取的措施,人、财、物资源的储备与调配,交通、医疗等公共事务的管控等。应急管理法制就是为了防范和应对各类突发事件而制定的各种法律制度所形成的法律体系。紧急和正常是两种截然不同的状态,在正常社会状态下运行的法律法规无法完全覆盖紧急状态下的所有特殊情况,需要有应急法律法规对紧急状态下国家权力之间、国家权力与公民权利之间、公民权利之间的各种社会关系进行调整和规范。突发事件的应急处置走向规范化、制度化和法制化,能够使政府和公民在突发事件中明确权利、义务,使政府得到高度授权,维护国家利益和公共利益,使公民基本权益得到最大限度的保护。

5.2.1 应急管理法制的特点

应急管理法制适用于紧急状态下的应急活动的行为规范,与正常社会状态的法律体系不尽相同,它具备以下几方面的特点。

(1) 权力优先性

在紧急状态下,与立法、司法等其他国家权力及法定的公民权利相比,行政紧急权力具有更大的权威性和某种优先性。例如可以限制或暂停某些宪定或法定公民权利的行为。

(2) 紧急处置性

在紧急状态下,即便没有针对某种特殊情况的具体法律规定,政府也可进行紧急处置,以防止公共利益和公民权利受到更大损害。

(3) 程序特殊性

在紧急状态下,行政紧急权力的行使可遵循一些特殊的法定程序,例如可通过简易程序紧急出台某些政令和措施,或者对某些政令和措施的出台设置更高的事中或事后审查门槛。

(4) 社会配合性

在紧急状态下,社会组织和公民有义务配合政府对行政紧急权力的实施,并在必要时提供各种帮助。

(5) 救济有限性

在紧急状态下,政府依法行使行政紧急权力,有时会造成公民合法权益的损害。有些损害可能是普遍而巨大的,政府可只提供有限的救济,如适当补偿(但不违背公平负担的原则)。

5.2.2 应急管理法制的框架

从法制的统一性和完结性的角度来讲,应急管理法制应该是一个完整体系,并行于正常社会状态下发挥作用的法律法规体系。从此种意义上,整个社会存在两套完整的法律法规体系:一套是在正常社会状态下发挥社会调节器作用的法律法规体系,它使整个社会处于有序状态之中;另一套是在紧急状态下和其范围内发挥社会调节器作用的法律法规体系,也就是应急管理的法律法规体系,它使社会在紧急状态下和其范围内同样处于一种有序状态之中。两者归结于宪法,它们的结合使法治走向统一和完结。

从宏观角度来看,应急管理法制由与应急活动有关的四个层次的法律法规内容组成,如图5-1所示。

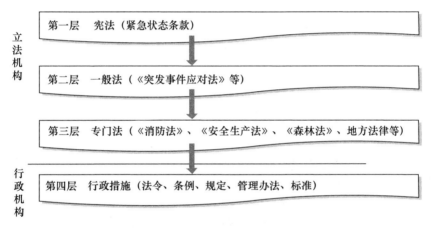

图 5-1 应急管理法制框架

应急法律法规体系是在国家应急法律法规体系的基础上,结合自身具有的特殊性,由国家及各地市有关应急活动法律法规制度构成的统一整体。第一,有关紧急状态下发挥作用的法律法规体系,以宪法为指导和纲领;体系内包含的各种法律、法规、规章和措施都要服从和统一于宪法,不得与宪法相冲突、相抵触。第二,体系内所有内容保持相互一致,互为补充和支持,体现出法制的连续性和一致性。第三,体系具有明显的层次结构,是由纲到目,从上到下的各级、各类法律法规构成的贯穿一致的有机整体。

总的来讲,应急法律法规体系分为四个层次:

第一层:宪法(关于紧急状态制度的内容)。

应急管理法制是整个社会法律法规体系在紧急状态下的具体表现,对维护公共安全、快速恢复社会秩序起着非常重要的作用,紧急状态制度入宪是客观事实所决定的。

① 宪法是一个国家的根本大法,宪法的核心任务和内容是规范国家权力的有效运行和保

障公民的基本权利。凡是涉及根本的国家权力体制问题和公民的基本权利问题,都需要宪法来做出规定,包括紧急状态下的国家权力与公民权利。

② 在国家和社会管理过程中,宪法的地位和作用是至高无上的,具有最高的法律效力,是一切机关、组织和个人的根本行为准则。应急法律法规制度入宪是保障宪法至上所必需的。

③ 在紧急状态下,往往需要权力的高度集中,以便能够迅速做出决策并下达命令。为保证这一目的的实现,在紧急状态下可以暂时停止部分法律的实施,甚至暂停宪法中某些条款的实施。这种极端的措施必须要有宪法的授权。

由于宪法的性质和紧急状态制度的特殊性,完整的应急管理法制的第一层次或最高层次应体现在宪法上。

第二层:一般法。

根据宪法制定统一的《突发事件应对法》,为应急管理法制提供基本的框架,确立我国突发事件应对法制的法律基础,具有重要意义。

第三层:专门法。

《突发事件应对法》只是提供了应急管理的基本准则、基本职权和基本程序,它不是对现行应急管理方面的立法的汇编,不会简单地替代专门应急方面的法律,而是为现行和将来的专门应急立法规定标准和要求。因此,需要统一立法与专门立法相结合。

专门立法可以是"一事一法",即分别针对不同类型的突发事件专门立法,如《防洪法》《中华人民共和国消防法》(简称《消防法》)等;也可以是"一阶段一法",即针对突发事件不同处理阶段的特点来分别立法,如灾害预防法、灾害救助法等。

第四层:行政措施。

宪法、统一和专门的立法需要由立法机关起草、表决、通过和颁布,一般有一个较长的制定和形成过程,而且一旦形成,就会在很长的一段时间内发挥效能。对于具有短期行为、变动性比较强、具有区域效应、社会性较弱和技术性很强等特点的、与应急活动有关的管理,在保持与宪法、一般法和专门法中应急法律法规内容要求一致的基础上,政府可采用行政措施的方式进行颁布和实施,如条例、管理办法、应急规划、应急预案、技术标准等。

5.2.3　应急管理法制的构成

我国从1954年首次规定戒严制度至今,已经颁布了一系列与应急管理有关的法律、行政法规、部门规章,各地方根据这些法律、法规又颁布了适用于本行政区域的地方法规,从而构建了一个从中央到地方的应急法律规范体系。2018年之前我国应急法律与规范如表5-1所示。

表 5-1　我国应急法律与规范(2018年以前,部分法律法规)

类型	综合类	自然灾害类	事故灾难类	公共卫生事件类	社会安全事件类
法律	宪法 突发事件应对法 保守国家秘密法 公益事业捐赠法 产品质量法 国务院组织法 民族区域自治法 行政处罚法 行政复议法 行政监察法 兵役法 国防法	防洪法 防沙治沙法 防震减灾法 气象法 森林法 水法 水土保持法	水污染防治法 安全生产法 大气污染防治法 固体废物污染环境防治法 海上交通安全法 海洋环境保护法 环境保护法 环境噪声污染防治法 环境影响评价法 电力法 建筑法 煤炭法 水污染防治法 消防法 矿山安全法 清洁生产促进法 道路交通安全法 放射性污染防治法	食品安全法 传染病防治法 动物防疫法 国境卫生检疫法 进出境动植物检疫法 食品卫生法 野生动物保护法 职业病防治法 进出口商品检验法(修正) 药品管理法	戒严法 反分裂国家法 国家安全法 集会游行示威法 保险法 价格法 领海及毗连区法 民用航空法 人民航空法 人民警察法 商业银行法 银行业监督管理法 证券法 中国人民银行法 刑法(修正) 治安管理处罚法 反洗钱法 证券投资基金法 公民出境入境管理法
行政规范	汶川地震灾后恢复重建条例 信息公开条例 工伤保险条例 国务院关于特大安全事故行政责任追究的规定	气象灾害防御条例 抗旱条例 森林防火条例 草原防火条例 水文条例 地质灾害防治条例 防汛条例 破坏性地震应急条例 人工影响天气管理条例	道路运输条例 电力监管条例 道路交通安全法实施条例 石油天然气管道保护条例 矿山安全法实施条例 烟花爆竹安全管理条例 使用有毒物品作业场所劳动保护条例 防止拆船污染环境管理条例 防止船舶污染海域管理条例 防治海岸工程建设项目污染损害海洋环境管理条例	食品安全法实施条例 乳品质量安全监督管理条例 药品管理法实施条例 麻醉药品和精神药品管理条例 进出口商品检验法实施条例 农药管理条例 农业转基因生物安全管理条例	非法金融机构和非法金融业务活动取缔办法 人民币管理条例 公民出境入境管理法实施细则 娱乐场所管理条例 宗教事务条例 企业事业单位内部治安保卫条例 民用爆炸物品安全管理条例 国防交通条例

续表

类型	综合类	自然灾害类	事故灾难类	公共卫生事件类	社会安全事件类
行政规范	军队参加抢险救灾条例 劳动保障监察条例 企业劳动争议处理条例 失业保险条例 行政机关公务员处分条例 蓄滞洪区运用补偿暂行办法 军事设施保护法实施办法 行政复议法实施条例	森林病虫害防治条例 森林法实施条例 自然保护区条例 水土保持法实施条例 水库地震监测管理办法	放射性同位素与射线装置安全和防护条例 国务院关于预防煤矿生产安全事故的特别规定 河道管理条例 核电厂核事故应急管理条例 机动车交通事故责任强制保险条例 建设工程安全生产管理条例 煤矿安全监察条例 民用核设施安全监督管理条例 内河交通安全管理条例 生产安全事故报告和调查处理条例 水库大坝安全管理条例 水污染防治法实施细则 特种设备安全监察条例 铁路运输安全保护条例 海洋石油勘探开发环境保护管理条例 安全生产许可证条例 危险化学品安全管理条例	兽药管理条例 饲料和饲料添加剂管理条例 突发公共卫生事件应急条例 重大动物疫情应急条例	计算机信息系统安全保护条例 殡葬管理条例 粮食流通管理条例 民用航空安全保卫条例 民用运力国防动员条例 期货交易管理暂行条例 信访条例 营业性演出管理条例 中央储备粮管理条例

1. 综合类

(1)《宪法》中的原则性规定

我国现行的《宪法》于1982年12月4日第五届全国人民代表大会第五次会议通过,1982年12月4日全国人民代表大会公告公布施行。根据1988年4月12日第七届全国人民代表大会第一次会议通过的《中华人民共和国宪法修正案》、1993年3月29日第八届全国人民代表大会第一次会议通过的《中华人民共和国宪法修正案》、1999年3月15日第九届全国人民代表大会第二次会议通过的《中华人民共和国宪法修正案》、2004年3月14日第十届全国人民代表大会第二次会议通过的《中华人民共和国宪法修正案》和2018年3月11日第十三届全国人民代表大会第一次会议通过的《中华人民共和国宪法修正案》修正《宪法》在第六十七条中规定全国人民代表大会常务委员会职权第二十一条"决定全国或者个别省、自治区、直辖市进入紧急状态";第八十条中规定,中华人民共和国主席根据全国人民代表大会的决定和全国人民代表大会常务委员会的决定"宣布进入紧急状态";第八十九条规定的国务院职权第十六项"依照法律规定决定省、自治区、直辖市的范围内部分地区进入紧急状态"。

(2)《突发事件应对法》

2007年第十届全国人民代表大会常务委员会第二十九次会议通过的《突发事件应对法》立法初衷是将从在我国发生概率很小的紧急状态转为集中规范普通的应急管理,涉及的突发事件包括自然灾害、事故灾难、公共卫生事件和社会安全事件四类,即将焦点由小概率事件转为对高发频率应急事件的管理与关注,对我国行政应急法制的建设具有里程碑意义。随着2018年应急管理体制改革之后出现的一些新情况,以及新冠疫情防控所提出的新的制度需求,2024年6月28日第十四届全国人民代表大会常务委员会第十次会议修订,修订后的《突发事件应对法》自2024年11月1日起施行。

(3)综合类法律

综合类法律如公民权利救济法律规范,即涉及公民、法人和其他组织的合法权益受到损害之后的补救机制,包括行政复议、行政诉讼、国家赔偿和补偿方案的法律规范,但一般情况下我们认为主要为宪法原则性规定和《突发事件应对法》。

2. 突发事件单项应急法

突发事件主要分为:自然灾害、事故灾难、公共卫生事件和社会安全事件。2018年之前相应的单项立法如表5-1所示,详情如下。

(1)自然灾害类

自然灾害主要包括水旱灾害、气象灾害、地震灾害、地质灾害、海洋灾害、生物灾害和森林草原火灾等,相关的法律为《防洪法》《防沙治沙法》《防震减灾法》《气象法》《森林法》《水法》《水土保持法》等。

(2)事故灾难类

事故灾难主要包括工矿商贸等企业的各类安全事故、交通运输事故、公共设施和设备事故、环境污染和生态破坏事件等,相关的法律为《水污染防治法》《安全生产法》《大气污染防治法》《海洋环境保护法》《道路交通安全法》等。

(3)公共卫生事件类

公共卫生事件主要包括传染病疫情、群体性不明原因疾病、食品安全和职业危害、动物疫情以及其他严重影响公众健康和生命安全的事件,相关的法律为《食品安全法》《传染病防治法》《动物防疫法》《中华人民共和国国境卫生检疫法》(简称《国境卫生检疫法》)、《药品管理法》等。

(4)社会安全事件类

社会安全事件主要包括恐怖袭击事件、经济安全事件和涉外突发事件等,相关的法律包括《紧急状态法》《反分裂国家法》《国家安全法》《人民防空法》《银行业监督管理法》《中国人民银行法》《公民出境入境管理法》等。

3. 行政规范

应急管理法制还包括行政规范，这类规范较多，除具有规范指引作用外，还具有实践指导功能，是应急管理法制中的重要组成部分。应急行政规范主要包括如何处理四大类突发事件的具体规定。我国针对各种突发事件制定了大量应急管理行政规范，立法范围非常广泛，立法形式涉及行政法规、行政规章。具体如表 5-1 所示。

4. 香港、澳门基本法中的原则性规定

《中华人民共和国香港特别行政区基本法》第十八条规定："全国人民代表大会常务委员会决定宣布战争状态或因香港特别行政区内发生香港特别行政区政府不能控制的危及国家统一或安全的动乱而决定香港特别行政区进入紧急状态，中央人民政府可发布命令将有关全国性法律在香港特别行政区实施。"《中华人民共和国澳门特别行政区基本法》第十八条规定："全国人民代表大会常务委员会决定宣布战争状态或因澳门特别行政区内发生澳门特别行政区不能控制的危及国家统一或安全的动乱而决定澳门特别行政区进入紧急状态时，中央人民政府可发布命令将有关全国性法律在澳门特别行政区实施。"

总之，2018 年应急管理改革之前，我国制定了一系列《突发事件应对法》等相关法律和行政法规。其中，《突发事件应对法》系统规定了应对突发事件的领导体制、管理机制、制度措施等，为应急管理法律体系的形成奠定了坚实基础。各部门及行业领域加大配套行政法规建设力度，出台了一系列应急管理法规和应急管理部门规章，各地也结合工作实际分别制定了应急管理地方性法规和地方政府规章，初步形成了以《突发事件应对法》为引领的应急管理法律体系。

5.3 新时代应急管理法律

法律是治国之重器，良法是善治的前提。2018 年党和国家机构改革以来，各级应急管理部门围绕应急管理法治①建设重大理论和实践问题，系统梳理和修订应急管理相关法律法规，深入研究应急管理法律体系，推动应急管理工作实践亟须的法律法规制定修改，系统构建"1＋5"应急管理法律体系骨干框架。其中，"1"是指应急管理领域的基础法、综合法——《突发事件应对法》，"5"是指《安全生产法》《自然灾害防治法》《消防法》《国家消防救援人员法》《应急救援队伍管理法》等 5 部骨干法。在这个大框架下，又划分了安全生产、自然灾害防治、消防 3 个子体系。

5.3.1 总纲性法律

在对应急管理领域法律法规全面梳理的基础上，提出的"1＋5"应急管理法律骨干框架中，"1"是应急管理领域的基础法、综合法——《突发事件应对法》。

---

① 法制与法治的差别：法制是"法律制度"或者"法律和制度"的简称；法治是法律运行的状态、方式、程度和过程。

《突发事件应对法》是 2007 年 8 月 30 日第十届全国人民代表大会常务委员会第二十九次会议通过的,2007 年 8 月 30 日中华人民共和国主席令第 69 号公布,自 2007 年 11 月 1 日起施行。《突发事件应对法》于 2024 年 6 月 28 日第十四届全国人民代表大会常务委员会第十次会议修订,自 2024 年 11 月 1 日起施行。修订后共八章,106 条,结构上分为总则、管理与指挥体制、预防与应急准备、监测与预警、应急处置与救援、事后恢复与重建、法律责任和附则。

《突发事件应对法》是突发事件应对领域的基础性、综合性法律,这次全面修订,是应急管理法治建设进程中具有里程碑意义的一件大事,将为应急管理事业高质量发展提供有力法治保障。

1. 修订《突发事件应对法》的重大意义

(1) 修订《突发事件应对法》是深入贯彻习近平总书记关于应急管理重要论述精神的迫切要求。应急管理是国家治理体系和治理能力的重要组成部分,承担防范化解重大安全风险、及时应对处置各类灾害事故的重要职责。党的十八大以来,习近平总书记站在维护国家安全和社会稳定,实现中华民族伟大复兴的战略高度,就应急管理做出一系列重要论述,科学回答了事关应急管理事业全局和长远发展的重大理论和实践问题,为做好突发事件应对工作指明了前进方向,提供了根本遵循。深入贯彻落实习近平总书记关于应急管理重要论述精神,迫切需要修订《突发事件应对法》,把坚持党对突发事件应对工作的领导,坚持总体国家安全观,统筹发展与安全,坚持人民至上、生命至上等思想精髓充分体现到法律制度和措施规定上,为全面加强突发事件应对工作打下坚实法制根基。

(2) 修订《突发事件应对法》是全面落实党中央关于应急管理体制改革重大决策部署的有力保障。习近平总书记强调,凡属重大改革都要于法有据。2018 年在深化党和国家机构改革中,党中央决定组建应急管理部和国家综合性消防救援队伍,对我国应急管理体制进行系统性、整体性重构,推动我国应急管理事业取得历史性成就、发生历史性变革。2024 年修订的《突发事件应对法》,及时把应急管理体制改革成果上升为法律制度,强调国家建立统一指挥、专常兼备、反应灵敏、上下联动的应急管理体制和综合协调、分类管理、分级负责、属地管理为主的工作体系,进一步强化了突发事件应对工作的综合管理、全过程管理和力量资源优化管理,确保在法治轨道上深化改革,做到改革和法治相统一。

(3) 修订《突发事件应对法》是系统总结应对突发事件经验做法的重要成果。中华人民共和国成立后,党和国家始终高度重视应急管理工作,我国应急管理体系不断调整和完善,应对自然灾害和生产事故灾害能力不断提高,成功应对了一次又一次重大突发事件,有效化解了一个又一个重大安全风险,创造了许多抢险救灾、应急管理的奇迹。2024 年修订的《突发事件应对法》,认真总结应对实践经验、吸取事件教训,将建立健全突发事件新闻采访报道制度,对未成年人、老年人、残疾人、孕产期和哺乳期的妇女、需要及时就医的伤病人员等群体给予特殊、优先保护,地方人民政府之间建立协同应对机制等总结提炼上升为法律规定,做到法律制度根源于实践、服务于实践。

2. 修订《突发事件应对法》的工作过程

2020 年,全国人民代表大会常务委员会将修改《突发事件应对法》列入年度立法工作计划。2021年12月，根据国务院提出的《关于提请审议修订〈中华人民共和国突发事件应对法〉的议案》，第十三届全国人民代表大会常务委员会第三十二次会议对《突发事件应对管理法（草案）》进行了初次审议。2023年12月，第十四届全国人民代表大会常务委员会第七次会议再次进行了审议。按照立法程序，人大常委会法制工作委员会将草案印发部分省（自治区、直辖市）人大、中央有关部门、基层立法联系点、部分高等院校和研究机构征求意见；两次在中国人大网公布草案全文，征求社会公众意见。宪法和法律委员会、社会建设委员会、人大常委会法制工作委员会共同召开座谈会，听取中央有关部门、专家学者、全国人大代表的意见。宪法和法律委员会、人大常委会法制工作委员会先后赴河南、广东、湖北、黑龙江、内蒙古、山东、上海、江苏等地及有关部门、单位开展调研。在此基础上，草案内容不断修改完善，并出于保持法律名称简明及法律制度和相关工作稳定性、连续性考虑，吸收了关于法律名称不作修改的意见，继续使用"突发事件应对法"的名称。2024年6月，第十四届全国人民代表大会常务委员会第十次会议审议通过修订后的《突发事件应对法》。

3. 修订《突发事件应对法》的总体思路

《突发事件应对法》贯彻落实党中央关于突发事件应对有关重大决策部署，积极回应人民群众呼声和社会关切，充分体现以下总体思路：

一是坚持以习近平新时代中国特色社会主义思想为指导，贯彻落实党的二十大精神和党中央关于突发事件应对工作的决策部署，把坚持中国共产党对突发事件应对工作的领导、深化党和国家机构改革、加强我国应急管理体系和能力建设的新成果新经验，上升为制度规范，以法律形式予以明确。

二是坚持问题导向，针对现行法施行以来反映出的问题与不足，系统总结多年来突发事件应对工作的正反两方面经验，进一步完善相关制度措施、健全相关体制机制，切实提高本法的针对性、实效性和可操作性。

三是坚持《突发事件应对法》作为突发事件应对领域基础性、综合性法律的定位不变，处理好与本领域其他专门立法的关系，做到相互衔接、有效配合、并行不悖。《突发事件应对法》规定，《传染病防治法》等有关法律对突发公共卫生事件应对做出规定的，适用其规定；有关法律没有规定的，适用《突发事件应对法》。

四是明确突发事件应对工作应当坚持的基本原则，即坚持总体国家安全观，统筹发展与安全；坚持人民至上、生命至上；坚持依法科学应对，尊重和保障人权；坚持预防为主、预防与应急相结合。这些原则贯穿本法全篇，体现在具体条文和制度设计之中。

4. 《突发事件应对法》在应急管理法律制度体系中的定位

《突发事件应对法》修订过程中，根据各方面意见，在第一条中增加规定"根据宪法"作为制定依据，进一步体现了《突发事件应对法》作为突发事件应对领域、应急管理工作基础性、综合性的法律的性质和定位。

一是有利于明确《突发事件应对法》对于实施《宪法》相关制度的重要意义，为有效应对突发事件提供坚实法治保障。在现有的突发事件应对相关制度体系中，《突发事件应对法》规范和保障各类突发事件的应对活动,明确相关体制机制和制度措施,发挥了基础性、综合性、统领性作用,保证宪法确立的相关制度、原则、规则得到全面实施。

二是《突发事件应对法》规定的重要制度充分体现出我国社会主义宪法的性质特征和制度优势。《突发事件应对法》贯彻"中国共产党领导是中国特色社会主义最本质的特征"的宪法规定,明确规定坚持中国共产党的领导,有效发挥中国共产党领导和我国社会主义制度能够集中力量办大事的政治优势;坚持以人民为中心,在具体法律条文中贯彻尊重和保障人权的宪法原则,切实保护公民基本权利;在《宪法》关于国家机构规定的基本框架内,合理配置相关国家机构在突发事件应对工作中的职权职责,着力建立健全集中统一、高效权威的领导体制,完善相关治理体系。

三是稳妥处理突发事件应对和紧急状态的关系,做好制度之间的有效衔接。《突发事件应对法》对2004年宪法修正案关于紧急状态规定的制度内涵做出重要发展完善的同时,在附则中与《宪法》规定的紧急状态制度做出衔接,规定"发生特别重大突发事件,对人民生命财产安全、国家安全、公共安全、生态环境安全或者社会秩序构成重大威胁,采取《突发事件应对法》和其他有关法律、法规、规章规定的应急处置措施不能消除或者有效控制、减轻其严重社会危害,需要进入紧急状态的,由全国人民代表大会常务委员会或者国务院依照宪法和其他有关法律规定的权限和程序决定。紧急状态期间采取的非常措施,依照有关法律规定执行或者由全国人民代表大会常务委员会另行规定。"

5.《突发事件应对法》修订的主要内容

《突发事件应对法》涉及条文多,较大幅度对突发事件应对法律规范进行了完善。主要包括以下内容:

(1) 坚持和加强党对突发事件应对工作的全面领导。中国共产党领导是中国特色社会主义最本质的特征,是中国特色社会主义制度的最大优势,是实现中华民族伟大复兴的根本保证。实践证明,党的集中统一领导是战胜一切风险和突发事件的"定海神针",党的领导核心作用是我们成功应对重大突发事件的关键所在。2024年修订的《突发事件应对法》增加规定,突发事件应对工作坚持中国共产党的领导,坚持以习近平新时代中国特色社会主义思想为指导,建立健全集中统一、高效权威的中国特色突发事件应对工作领导体制,完善党委领导、政府负责、部门联动、军地联合、社会协同、公众参与、科技支撑、法治保障的治理体系,把坚持党的领导最高政治原则贯彻到突发事件应对工作全过程各方面。

(2) 坚持人民至上。2024年修订的《突发事件应对法》深入贯彻以人民为中心的发展思想,贯彻尊重和保障人权的宪法原则,切实保护人民群众生命财产安全。一是在总则中增加规定,突发事件应对工作应当"坚持人民至上、生命至上","坚持依法科学应对,尊重和保障人权"。二是完善突发事件应对措施体现比例原则的规定,要求"有多种措施可供选择的,应当选择有利于最大程度地保护公民、法人和其他组织权益,且对他人权益损害和生态环境影响较小的措施,并根据情况变化及时调整,做到科学、精准、有效"。三是加强个人信息保护的相关内容,严格规范个人信息处理活动。四是充分保障社会各主体合法权益,增加规定国家在突发事件应对工作中应当对未成年人等群体给予特殊、优先保护；明确为受突发事件影响无人照料的无民事行为能力人和限制民事行为能力人提供及时有效帮助。五是规定对受突发事件影响的各类人群开展心理援助工作。

（3）健全管理与指挥体制。2024年修订的《突发事件应对法》增设专章，对管理与指挥体制做出系统规定。一是规定国家建立统一指挥、专常兼备、反应灵敏、上下联动的应急管理体制和综合协调、分类管理、分级负责、属地管理为主的工作体系。二是明确县级以上人民政府及其应急管理、卫生健康、公安等有关部门在突发事件应对中的职责。三是明确跨行政区域突发事件应对及协同应对机制。四是规定突发事件应急指挥机构的设立和人员组成，明确突发事件应急指挥机构在突发事件应对过程中发布的决定、命令、措施，与设立它的人民政府发布的决定、命令、措施具有同等效力，法律责任由设立它的人民政府承担。五是明确乡镇街道、村（居）委会以及武装力量等在突发事件应对工作中的职责，鼓励支持引导社会力量依法有序参与突发事件应对工作，进一步形成突发事件应对工作合力，提升全社会突发事件应对的整体水平。

（4）完善突发事件信息报送和发布制度。为确保突发事件相关信息及时上传下达，2024年修订的《突发事件应对法》推动进一步畅通报送渠道、完善发布机制。一是建立健全网络直报和自动速报制度。二是加强应急通信系统、应急广播系统建设。三是明确规定报送报告突发事件信息要做到及时、客观、真实，不得迟报、谎报、瞒报、漏报或者授意他人迟报、谎报、瞒报，不得阻碍他人报告信息。四是规定国家建立健全突发事件信息发布制度，有关人民政府和部门及时向社会公布突发事件相关信息和决定、命令、措施等信息；对于虚假或者不完整信息，应当及时发布准确的信息予以澄清。五是规定新闻采访报道制度，支持新闻媒体开展采访报道和舆论监督。新闻媒体采访报道突发事件应当及时、准确、客观、公正。

（5）强化应急保障。为了加强应急物资、运输、能源保障，推动有关产业发展和场所建设，为突发事件应对工作提供坚实物质基础，2024年修订的《突发事件应对法》做出规定：一是建立健全应急物资储备保障制度，县级以上地方人民政府根据需要，依法与有条件的企业签订协议，企业根据协议进行应急救援物资等的生产、供给。二是建立健全应急运输保障、能源应急保障等体系。三是加强应急避难场所的规划、建设和管理工作。四是发布警报，进入预警期后，对重要商品和服务市场情况加强监测，并与《价格法》等有关法律作了衔接规定。

（6）加强突发事件应对能力建设。为了有效提高突发事件应对能力，为突发事件应对工作提供更坚实的制度支撑、人才保障和技术支持，2024年修订的《突发事件应对法》做出规定：一是明确国家综合性消防救援队伍是应急救援的综合性常备骨干力量，增加基层应急救援队伍、社会力量建立的应急救援队伍的有关规定，并明确政府应当推动专业应急救援队伍与非专业应急救援队伍联合培训、联合演练，提高合成应急、协同应急的能力。二是规定应急预案的制定、完善、演练。制定应急预案应当广泛听取各方面意见，并根据实际需要、情势变化、应急演练中发现的问题等及时作出修订；人民政府、基层组织、企业事业单位、学校等应当分别面向社会公众、居民、村民、职工、学生及教职工开展应急宣传教育和应急演练。三是发挥科学技术在突发事件应对中的作用,在突发事件应对中加强现代技术手段的依法应用,加强应急科学和核心技术研究,加大应急管理人才和科技人才培养力度,不断提高突发事件应对能力。

(7) 全流程完善突发事件应对制度体系。2024年修订的《突发事件应对法》牢牢把握事前、事中、事后三个环节,着力完善全覆盖全链条的突发事件应对制度体系。一是建立健全突发事件监测制度。对可能发生的突发事件进行监测,通过多种途径收集突发事件信息,对突发事件隐患和监测信息及时汇总、分析、评估、报告。二是建立健全突发事件预警制度。明确发布警报应当明确的内容,以及宣布进入预警期后人民政府可以采取的措施;建立健全预警发布平台和预警信息快速发布通道,特别要求公共场所和其他人员密集场所要确保突发事件预警信息及时、准确接收和传播。三是建立健全突发事件应急响应制度。在规定突发事件应急响应级别划分标准由国务院或者国务院确定的部门制定的基础上,增加规定县级以上人民政府及其有关部门应当在突发事件应急预案中确定应急响应级别,给予地方一定自主权;明确人民政府可以采取的应急处置措施。四是完善事后恢复与重建的相关规定。在突发事件的威胁和危害得到控制或者消除后,在原法规定停止执行相关应急处置措施的基础上,增加规定人民政府应当宣布解除应急响应的程序。同时,对受突发事件影响地区的人民政府组织协调尽快恢复秩序、开展恢复重建的各类措施做出具体规定。

(8) 充分发挥社会力量在突发事件应对中的作用。为了充分调动社会各方力量参与突发事件应对工作的积极性、主动性,进一步形成合力,2024年修订的《突发事件应对法》做出规定:一是建立突发事件应对工作投诉、举报制度,鼓励人民群众监督政府及部门等的不履职行为。二是完善表彰、奖励制度,对在突发事件应对工作中做出突出贡献的单位和个人,按照国家有关规定给予表彰、奖励。三是建立健全突发事件专家咨询论证制度,发挥专业人员在突发事件应对工作中的作用。四是支持、引导红十字会、慈善组织以及志愿服务组织、志愿者等社会力量参与应对突发事件。五是鼓励公民、法人和其他组织储备基本的应急自救物资和生活必需品,居委会、村委会等基层组织在紧急情况下立即组织群众开展自救与互救等先期处置工作。

(9) 完善相关法律责任规定。一是增加对在突发事件应对处置中违反法律规定采取应对措施,侵犯公民生命健康权益的法律责任。二是增加对于违反突发事件应对中个人信息保护规定的法律责任。三是考虑到突发事件应对处置往往情势紧迫,对于法律责任的追究,增加规定要"综合考虑突发事件发生的原因、后果、应对处置情况、行为人过错等因素",做到过罚相当,鼓励一线干部在临机处置时勇于担当作为。四是考虑到在突发事件应对过程中,往往会有公民为了避免人身、财产损害而采取避险行为的情况,在本法中增加与《民法典》《刑法》等法律关于紧急避险的衔接性规定,为公民在突发事件应急处置中开展自救互救、减少损失提供法律依据。

5.3.2 安全生产法律

安全生产法制建设是健全安全生产责任体系,加强安全生产监管执法,严惩安全违法行为,构建系统完备的安全生产法律体系。具体包括修改《安全生产法》、制定《生产安全事故应急条例》《煤矿安全生产条例》,推动在刑法修正案(十一)中增加危险作业罪等规定,配合最高人民法院、最高人民检察院出台《关于办理危害生产安全刑事案件适用法律若干问题的解释(二)》,完成《工贸企业重大事故隐患判定标准》等8部安全生产领域部门规章的制定修订。

1. 安全生产立法修订过程

我国安全生产立法经历了漫长而曲折的过程,法律名称也几经变更。1981年3月国务院批准由国家劳动总局牵头起草《劳动保护法(草案)》。随后的征求意见和修改过程中,改名为《劳动安全卫生条例(草案)》。1996年4月劳动部与国务院法制局协商决定,将正在起草的《劳动安全卫生条例》《安全生产法》和《职业病防治条例》三个法律、法规合并为《劳动安全卫生法(草案)》。1998年国务院机构改革后,承担了安全生产综合管理职能的国家经贸委在原劳动部制定的《劳动卫生法(草案)》基础上,起草了《职业安全法(草案)》并报国务院法制办审查。2000年12月,国务院法制办将法律名称修改为《安全生产法》。《安全生产法》的公布施行具有重要的里程碑意义,标志着我国安全生产法律体系已经确立。

《安全生产法》由第九届全国人民代表大会常务委员会第二十八次会议于2002年6月29日通过,自2002年11月1日起施行。

《安全生产法》公布施行后,在增强社会公众安全法治意识、依法开展政府安全监管工作、规范企业安全生产活动等方面收到了显著成效。但在法律的贯彻执行过程中,也反映和暴露出一些问题,主要是对企业主体责任的法律约束较弱,对企业长期存在的重大隐患、严重非法违法行为的处罚力度不够;政府监督还存在不少薄弱环节,监管范围未能实现全覆盖;执法监督机制不完善,一些监管人员不能履职尽责。2011年甬温线"7·23"特别重大铁路交通事故发生后,时任总理温家宝针对存在的问题,提出要对《安全生产法》进行修订,进一步完善安全生产法律制度。2014年8月31日第十二届全国人民代表大会常务委员会第十次会议通过了《全国人民代表大会常务委员会关于修改〈中华人民共和国安全生产法〉的决定》,《安全生产法》(2014修正)自2014年12月1日起施行。

党的十八大以来,党中央对安全生产工作高度重视,做出了一系列重大决策部署。2016年12月印发的《中共中央 国务院关于推进安全生产领域改革发展的意见》,对安全生产工作总体要求、基本原则、奋斗目标和改革措施等提出了具体要求。2017年11月,党的十九大对安全生产工作提出了新要求,强调了坚持以人民为中心,树立安全发展理念,弘扬生命至上、安全第一的思想,完善安全生产责任制,坚决遏制重特大事故。2018年,国务院机构改革,原安全监督管理总局有关职责划入应急管理部。为全面贯彻落实习近平总书记关于安全生产的重要论述和党的十九大精神,落实国务院机构改革方案要求,将《中共中央 国务院关于推进安全生产领域改革发展的意见》有关政策要求法律化,确保有关改革举措落地见效。

2019年1月,应急管理部向国务院报送了《〈中华人民共和国安全生产法〉修正案(草案送审稿)》。2019年1月和2020年2月司法部先后两次征求有关部门、省级政府和部分研究机构、行业协会、企业的意见,并会同应急管理部进一步开展了实地调研、专家座谈、沟通协调,反复修改完善,形成了《中华人民共和国安全生产法(修正草案)》。根据2021年6月10日第十三届全国人民代表大会常务委员会第二十九次会议《关于修改〈中华人民共和国安全生产法〉的决定》第三次修正,新的《安全生产法》于2021年9月1日重新公布。

2. 2021年修改的《安全生产法》的解读

(1) 修改背景

《安全生产法》于2002年制定,2009年和2014年进行两次修改,2021年进行第三次修改。这部法律对预防和减少生产安全事故发挥了重要作用。我国生产安全事故死亡人数从历史最高峰2002年的约14万人,降至2020年的2.71万人,下降80.6%;重特大事故数从最多时的2001年的140起下降到2020年的16起,下降88.6%。

但是,过去长期积累的传统隐患还没有完全消除,有的还在集中暴露,新的风险又不断涌现,虽然全国生产安全事故总体上呈下降趋势,但开始进入一个瓶颈期、平台期,而且稍有不慎,重特大事故还会出现反弹。

同时,新发展阶段、新发展理念、新发展格局又对安全生产工作提出了更高的要求,因此,安全生产工作仍处于爬坡期、过坎期。在这个阶段,尤其是全国正在开展安全生产三年行动、制定实施"十四五"安全生产规划的关键时期,对《安全生产法》进行修改,正当其时、十分必要,为安全生产工作提供了有力的法律武器。

(2) 修改内容

2021年修改的《安全生产法》涉及条款42条,约占原来条款的1/3。此次大幅修改,进一步压实监管部门和生产经营单位的责任,符合新发展阶段对安全生产提出的更高要求,符合当前国家及人民对安全生产的期待,新修正的《安全生产法》的主要内容有:

一是贯彻新思想、新理念。将习近平总书记关于安全生产工作一系列重要指示批示的精神转化为法律规定,增加了安全生产工作坚持人民至上、生命至上,树牢安全发展理念,从源头上防范化解重大安全风险等规定,为统筹发展和安全两件大事提供了坚强的法治保障。

二是落实党中央决策部署。这次修改深入贯彻中央文件的精神,增加并规定了重大事故隐患排查治理情况的报告、高危行业领域强制实施安全生产责任保险、安全生产公益诉讼等重要制度。

三是健全安全生产责任体系。第一,强化党委和政府的领导责任。这次修改明确了安全生产工作坚持党的领导,要求各级人民政府加强安全生产基础设施建设和安全生产监管能力建设,所需经费列入本级预算。第二,明确了各有关部门的监管职责。规定安全生产工作实行"管行业必须管安全、管业务必须管安全、管生产经营必须管安全"。同时,对新兴行业、领域的安全生产监管职责,如果不太明确,法律规定了由县级以上地方人民政府按照业务相近的原则确定监管部门。第三,压实生产经营单位的主体责任,明确了生产经营单位的主要负责人是本单位的安全生产第一责任人。同时,要求各类生产经营单位落实全员安全生产责任制、安全风险分级管控和隐患排查治理双重预防机制,加强安全生产标准化建设,切实提高安全生产水平。

四是强化新问题、新风险的防范应对。深刻汲取近年来的事故教训,对安全生产事故中暴露的新问题作了针对性规定。比如,要求餐饮行业使用燃气的生产经营单位要安装可燃气体报警装置,并且保障其正常使用;要求矿山等高危行业施工单位加强安全管理,不得非法转让施工资质,不得违法分包、转包;还比如,要求承担安全评价的一些机构实施报告公开制度,不得租借资质、挂靠、出具虚假报告。同时,对于新业态、新模式产生的新风险,也强调了应当建立健全并落实安全责任制,加强从业人员的教育和培训,履行法定的安全生产义务。

五是加大对违法行为的惩处力度。第一,罚款金额更高。现在对特别重大事故的罚款,最高可以达到1亿元。第二,处罚方式更严,违法行为一经发现,即责令整改并处罚款,拒不整改的,责令停产停业整改整顿,并且可以按日连续计罚。第三,惩戒力度更大。采取联合惩戒方式,最严重的要采取行业或者职业禁入等联合惩戒措施。通过"利剑高悬",有效打击震慑违法企业,保障守法企业的合法权益。

(3) 修订亮点

2021年《安全生产法》修改存在十大亮点:

一是将"三个必须"写入了法律。在第三条第三款中进一步明确了各方的安全生产责任,建立起了一套比较完善的责任体系。具体地说:

管行业必须管安全,阐明安全生产不仅仅是应急管理部门的职责,行业主管部门同样负有所在行业的安全监督管理职责。

管业务必须管安全,即除了企业的主要负责人是第一责任人外,其他的副职都要根据分管业务对安全生产工作负责。

管生产经营必须管安全,即抓生产的同时必须兼顾安全,抓好安全,否则出了事故,管生产的要担责。

二是进一步明确了各部门的安全监督管理职能。在第十条、第十七条中明确:

① 交通运输、住房和城乡建设、水利、民航等有关部门在各自的职责范围内对相关行业、领域的安全生产工作实施监督管理;

② 新兴行业、领域由县级以上政府按照业务相近的原则确定监督管理部门;

③ 相关部门要建立相互配合、齐抓共管、信息共享、资源共用,依法加强安全生产监督管理的工作机制;

④ 安全生产权力和责任清单编制规定是此次新增加的条文,以防止有关部门推诿扯皮,压实相关部门责任。

三是进一步压实了生产经营单位的安全生产主体责任。

① 建立全员安全生产责任制。在第二十二条、第一百零七条中表明,生产经营单位的每一个部门、每一个岗位、每一个员工都是安全生产的责任主体,只有把生产经营单位全体员工的积极性和创造性调动起来,才能从整体上提升安全生产水平。

② 建立安全风险分级管控机制、重大事故隐患排查及报告制度。在第四十一条中明确,

生产经营单位应建立安全风险分级管控机制,定期组织开展风险辨识评估,严格落实分级管控措施,防止风险演变为安全事故。

隐患排查治理是《安全生产法》已经确立的重要制度,这次修改又补充增加了重大事故隐患排查治理情况要及时向有关部门报告的规定,目的是使生产经营单位在监管部门和本单位职工的双重监督之下,确保隐患排查治理到位。

四是增加了生产经营单位对从业人员的人文关怀。第四十四条第二款虽属于倡导性条款,没有对应法律责任,但也着实具有重大意义和现实需要。一个有社会责任感的企业,都会从人文关怀的角度,给每一位员工最大爱护。也只有员工身心健康,才会以饱满的精力投入工作,为单位乃至社会创造更大价值。

五是对矿山项目建设外包、危险作业等做了针对性修改。针对矿山安全生产,完善了两方面内容。

① 第四十九条第三款规范了矿山建设项目外包施工管理。

② 第一百零一条第三项严格了动火、临时用电等危险作业要求。在原来规定的爆破、吊装等作业基础上,这次增加了动火、临时用电作业时应当安排专门人员进行现场安全管理,确保操作规程的遵守和安全措施的落实。

六是规定了安全生产的公益诉讼制度。第七十四条第二款明确了有权提起安全生产公益诉讼的机关只能是人民检察院。提起安全生产公益诉讼的范围,可以是因安全生产违法行为造成的重大事故隐患或者导致的重大事故,致使国家利益或者社会公共利益受到侵害的。

对存在重大事故隐患而提起公益诉讼,是预防性的,检察机关提起民事或行政公益诉讼,督促行政管理相对人消除事故隐患,或者督促行政机关履行法定职责。发生重大事故后提起公益诉讼,其诉讼请求应当是消除事故影响、赔偿因事故而造成的损失等。

七是增加了违法行为的处罚范围。《安全生产法》增加了很多必须规制的违法行为。比如,第九十九条第四项,关闭、破坏直接关系生产安全的监控、报警、防护、救生设备、设施,或者篡改、隐瞒、销毁其相关数据、信息的;第八项,餐饮等行业的生产经营单位使用燃气未安装可燃气体报警装置的。

八是加大对违法行为的惩处力度,表现在:

① 增加了按日计罚制度。其中第一百一十二条规定,生产经营单位违反本法规定,被责令改正且受到罚款处罚,拒不改正的,负有安全生产监督管理职责的部门可以自做出责令改正之日的次日起,按照原处罚数额按日连续处罚。进一步加大了安全生产违法成本。

② 罚款的金额更高。《安全生产法》对相关违法行为普遍增加了罚款金额,其中,第一百一十四条规定,发生特别重大事故,情节特别严重、影响特别恶劣的,应急管理部门可以按照罚款数额的 2 倍以上 5 倍以下,对负有责任的生产经营单位处以罚款,最高可至 1 亿元。

③ 惩戒力度更大。根据第九十二条规定,对第三方机构出具虚假报告等严重违法行为,一方面不仅处罚额度大幅增加;另一方面规定五年内不得从事相关工作,情节严重的,实行终身行业和职业禁入。

九是高危行业的强制保险制度。在第五十一条第二款、第一百零九条中,明确高危行业必须投保安全生产责任保险,根据《中共中央 国务院关于推进安全生产领域改革发展的意见》,高危行业领域主要包括八大类行业:矿山、危险化学品、烟花爆竹、交通运输、建筑施工、民用爆炸物品、金属冶炼、渔业生产。安全生产责任保险的保障范围,不仅包括本企业的从业人员,还包括第三方的人员伤亡和财产损失,以及相关救援救护、事故鉴定、法律诉讼等费用。因此,投保安全生产责任保险是有效转移风险、及时消除事故损害的一种行之有效的做法。

十是增加了事故整改的评估制度。第八十六条第三款新增事故整改评估内容,根据安全生产领域的"海因里希法则",在一件重大事故背后必有 29 件轻度事故,还有 300 件潜在隐患。因此,实行事故整改和防范措施落实情况评估,是监督整改实效,防范事故再次发生的有力举措。

5.3.3 安全生产法规

1.《生产安全事故应急条例》

我国安全生产处在脆弱期、爬坡期和过坎期,形势复杂严峻。自 2018 年 4 月应急管理部成立以来,我国发生了好几起重大事故。"6·29"京港澳高速衡阳衡东段大型客车与危险化学品车辆相撞事故,"7·12"四川省江安县阳春工业园区内宜宾恒达科技有限公司爆燃事故,"8·6"贵州省盘州市梓木戛煤矿煤与瓦斯突出事故,"9·13"福建东山沉船事故,"10·20"山东郓城冲击地压事故,"10·28"重庆万州公交车坠江事件,"11·28"河北张家口盛华化工厂重大爆燃事故,2019 年 2 月内蒙古银漫矿业重大事故,等等。这些事故的发生暴露了我国在生产安全事故应急实践中,存在应急救援预案实效性不强、应急救援队伍能力不足、应急资源储备不充分、事故现场救援机制不够完善、救援程序不够明确、救援指挥不够科学等问题,尤其是在一些基层企业违章指挥、盲目施救现象时有发生。这些都严重影响到应急能力的提升,有时还造成次生灾害。

针对上述问题和薄弱环节,国务院制定专门的行政法规,进一步规范指导生产安全事故应急工作,提高应急能力,切实减少事故灾难造成的人员伤亡和财产损失。它不仅是贯彻落实以人民为中心的发展思想的务实举措,也是加强安全生产依法行政的现实需求。2018 年 12 月 5 日国务院第三十三次常务会议通过《生产安全事故应急条例》,自 2019 年 4 月 1 日起施行。

(1)《生产安全事故应急条例》在应急管理法律体系中的地位

出台《生产安全事故应急条例》既是坚决遏制重特大事故、减少人员伤亡的重大举措,也是构建应急管理法律体系的重要步骤和内容。为此,应急管理部始终把安全生产工作作为整个应急工作的基本盘、基本面。《生产安全事故应急条例》是应急管理部组建以来国家出台的第一部安全生产领域的法规。

从《生产安全事故应急条例》内容本身来看,根据《立法法》,该条例属于国务院根据《安全生产法》《突发事件应对法》制定的行政法规,是应急管理法律体系中安全生产领域的配套法规,在加强生产安全事故应急工作中,具有重要的基础性、规范性作用,其目的就是通过进一步规范生产安全事故应急工作,保障人民群众生命和财产安全。《生产安全事故应急条例》对《安全生产法》《突发事件应对法》的有关内容进行了细化,其精神与上位法的有关规定是一脉相承的,特别是总结了以往事故应对中的好经验、好做法,增加了《生产安全事故应急条例》的操作性和执行性,用以系统地规范和指导生产安全事故的应急工作。

(2)《生产安全事故应急条例》提出的规范和要求

《生产安全事故应急条例》分5章、35条,该条例对生产安全事故应急体制、应急准备、现场应急救援及相应法律责任等内容提出了规范和要求。从章节上来对比,《生产安全事故应急条例》(2019)与2002年版、2014年版《安全生产法》都有总则、法律责任、附则3章。《生产安全事故应急条例》(2019)重点凸显了"应急准备"和"应急救援"两大核心内容。"法律责任"一章也是对"应急准备"和"应急救援"管理责任的强化。

2.《生产安全事故应急预案管理办法》

生产安全事故应急预案是应急管理的重要组成部分。为贯彻落实十三届全国人民代表大会第一次会议批准的《国务院机构改革方案》和《生产安全事故应急条例》《国务院关于加快推进全国一体化在线政务服务平台建设的指导意见》,应急管理部对《生产安全事故应急预案管理办法》做出修订。《生产安全事故应急预案管理办法》(简称《预案管理办法》)2016年6月3日国家安全生产监督管理总局令第88号公布,根据2019年7月11日应急管理部令第2号《应急管理部关于修改〈生产安全事故应急预案管理办法〉的决定》修正。

(1)修订背景

机构改革后,应急管理部加快推进有关规章清理工作。据介绍,《预案管理办法》的修改主要基于三个方面的考虑:一是贯彻落实国务院有关要求的需要。2018年10月,国务院办公厅印发了《关于加快推进与政务服务"一网通办"不相适应的法规规章修订等工作的通知》,明确要求国务院有关部门修订与政务服务"一网通办"不相适应的法规规章,《预案管理办法》在应当修订的范围之列。二是贯彻落实国务院《生产安全事故应急条例》有关规定的需要,《生产安全事故应急条例》对重点生产经营单位应急预案的备案、演练等方面做出了新的要求,《预案管理办法》需要与之相配套衔接。三是贯彻落实《国务院机构改革方案》的需要。机构改革后,应急部门作为新组建部门,应急预案的主管部门应当由"安全生产监督管理部门"修改为"应急管理部门"。

应急管理部党组高度重视《预案管理办法》的修订工作。应急管理部政策法规司在救援协调和预案管理局、国家安全生产应急救援中心等单位大力配合下,认真研究生产安全事故应急预案管理现状,提出具体修改条款,征求了国家发展和改革委员会、教育部、科技部、工业和信息化部、公安部、司法部、生态环境部、住房和城乡建设部、交通运输部、农业农村部、文化和旅游部、国家卫生健康委员会、国务院国有资产监督管理委员会、国家市场监督管理总局、国家国防科技工业局等15个国务院有关部门的意见,在充分吸收各方意见的基础上进一步完善后,报请应急管理部部务会审议通过。2019年7月11日应急管理部以部令第2号公布《应急管理部关于修改〈生产安全事故应急预案管理办法〉的决定》,新的

《预案管理办法》自 2019 年 9 月 1 日起施行。

(2) 修订内容

生产安全事故预案管理涉及方方面面。《预案管理办法》修改任务重,时间紧。应急管理部政策法规司会同有关方面深入研究预案管理工作存在的问题,在明确工作总的思路基础上,突出预案管理亮点,既要坚决贯彻落实国务院关于"放管服"改革的有关要求,进一步精简应急预案备案相关材料,方便生产单位和企业备案,又要严格对照《生产安全事故应急条例》的新要求,找差距、强弱项,突出应急预案的重点领域、重点风险的防控,确保《预案管理办法》修改与《生产安全事故应急条例》充分衔接,有效发挥预案在风险管控、隐患治理、应急演练、应急救援等方面的基础保障作用。此外,要遵循规章立法技术要求,对违反生产安全预案管理有关规定的行为,严格遵照《生产安全事故应急条例》进行处罚,不得突破上位法,确保不设立法规之外的其他义务。

《预案管理办法》修订涉及 19 项内容,涵盖生产安全事故应急预案的编制、评审、公布、备案、实施及监督管理工作。修改的主要内容包括:将《预案管理办法》第二十七条规定的生产经营单位申报应急预案备案应当提交"应急预案文本及电子文档",修改为"应急预案电子文档",减少企业和群众办事"线下跑",进一步落实"让信息多跑路,企业和群众少跑腿";依据《生产安全事故应急条例》第七条中关于重点生产经营单位应急预案备案的有关规定,对《预案管理办法》第二十六条作相应修改,规定易燃易爆物品、危险化学品等危险物品的生产、经营、储存、运输单位,矿山、金属冶炼、城市轨道交通运营、建筑施工单位等有关重点单位,按照分级属地原则,向有关部门进行应急预案备案;依据《生产安全事故应急条例》第八条中关于政府部门和重点生产经营单位应急预案演练的有关规定,对《预案管理办法》第三十二条和第三十三条中关于应急预案演练的相关内容作了相应修改,明确其他有关单位预案管理职责,对储存、使用易燃易爆物品、危险化学品等危险物品的科研机构、学校、医院等单位的应急预案的管理,参照本办法的有关规定执行。此外,对生产经营单位未按照规定进行应急预案备案的,根据《生产安全事故应急条例》要求做出相应处罚。

(3) 贯彻落实

生产安全事故应急预案管理直接关系到应急救援的效率,直接关系到人民群众的生命财产安全。要以开展"不忘初心、牢记使命"主题教育为契机,全面学习贯彻落实习近平总书记关于应急管理的重要论述,贯彻落实党中央、国务院决策部署,紧紧围绕应急管理部中心工作,进一步加强生产安全预案管理的各项工作,严格取消生产安全事故应急预案备案的纸质要求,将企业便利备案落地到位;加强对危险物品的生产、经营、储存、运输单位,矿山等重点监管单位,以及宾馆等重点经营单位的应急预案制修订、演练和实施情况的监督检查,进一步细化落实生产安全事故应急预案的各项要求,持续提升应急预案的系统性、科学性,推动应急预案管理更好地服务大国应急事业改革发展的需要。

3.《煤矿安全生产条例》

《煤矿安全生产条例》于 2024 年 1 月 24 日公布,自 2024 年 5 月 1 日起施行。《煤矿安全生产条例》出台是推进煤矿安全生产依法治理的重要体现,有助于确认和巩固国家监察、地方监管、企业负责的体制机制,进一步完善煤矿安全生产法律法规体系,促进煤矿安全生产监管监察更好地融入国家治理体系,更好地释放治理效能。

(1)《煤矿安全生产条例》的背景和总体思路

党中央、国务院高度重视煤矿安全生产工作。为了加强煤矿安全生产工作,防止和减少煤矿生产安全事故,保障人民群众生命财产安全,有必要制定专门的行政法规,为煤矿安全生产提供更加有力的法治保障。

起草过程中主要把握以下思路:一是贯彻落实习近平总书记关于安全生产工作的重要指示批示精神和党中央、国务院有关决策部署。二是坚持预防为主,严格落实安全风险分级管控、隐患排查治理等措施。三是压实各方责任,进一步完善国家监察、地方监管、企业负责的体制。

(2)《煤矿安全生产条例》制定出台的重要意义

① 《煤矿安全生产条例》制定恰逢其时。

《矿山安全法》制定年代久远,《安全生产法》虽历经多次修改,但作为一部调整全行业、各领域的综合性法律,在煤矿安全生产领域直接适用一直面临"不够用"的尴尬。国务院分别于 2000 年和 2005 年出台了《煤矿安全监察条例》和《国务院关于预防煤矿生产安全事故的特别规定》,随着煤矿安全生产改革发展,基于煤矿安全生产法律法规规范体系化的理性分析和从遏制重特大事故的现实考量出发,需要制定一部综合性的行政法规,既适应新时代新要求,做好煤矿安全生产治理的顶层设计,又能对制约煤矿安全生产发展的诸多堵点、难点开出法治良方,真正在煤矿安全生产法律法规体系中发挥承上启下的重要作用。鉴于此,《煤矿安全生产条例》的出台可谓恰逢其时。

② 巩固和确立煤矿安全生产依法治理的基本框架。

《煤矿安全生产条例》在充分吸收《煤矿安全监察条例》和《国务院关于预防煤矿生产安全事故的特别规定》等立法经验的基础上,着力构建以"国家监察、地方监管、企业负责"为基本框架的煤矿安全生产依法治理体系。"国家监察、地方监管、企业负责",成为新时代煤矿安全生产法治化的基本表征。

《煤矿安全生产条例》在总则中明确规定,煤矿安全生产工作按照国家监察、地方监管、企业负责,强化和落实安全生产责任;在第二章至第四章,分别对煤矿企业的安全生产责任、煤矿安全生产监督管理、煤矿安全监察进行规定。之所以按照这样的体例结构和顺序进行制度安排,主要原因在于:一方面,煤矿安全生产风险是煤矿企业生产经营过程中产生的,按照"谁制造风险,谁应对风险负责"的逻辑,煤矿企业理应对从业人员承担起首要的安全保障义务,即我们通常所说的"企业主体责任"。另一方面,进一步发挥煤矿安全生产监管监察体制机制优势,需要理顺部门间职责关系,推进机构、职能、权限、程序、责任法定化。中共中央、国务院印发的

《法治政府建设实施纲要(2021—2025年)》提出,要形成边界清晰、分工合理、权责一致、运行高效、法治保障的政府机构职能体系。这意味着,在每一个监管环节上都不应存在漏洞。我国煤矿安全生产目前采取的是分级属地监管与垂直国家监察相结合的模式,即我们通常所谓的"国家监察"+"地方监管"。但是,在实际运行中,煤矿安全监察、监管的部分职责尚需进一步明确,协调机制和自身体系建设有待完善。因而,《煤矿安全生产条例》立法的一项重要任务,就是从权限和程序上厘清煤矿安全生产国家监察与地方监管的职责分工和工作衔接机制,推动形成煤矿安全生产监管监察工作的合力。

《煤矿安全生产条例》的一大亮点,就是在第四章对国家监察职能定位予以明确,确认和巩固了国家矿山安全监察体制改革的成果,使得矿山安全监察机构履行煤矿安全监察职能更加理直气壮。国家监察的核心内容可以概括为"督政查企":所谓"督政",即矿山安全监察机构对地方政府煤矿安全生产监管工作进行监督检查;所谓"查企",即矿山安全监察机构对煤矿企业贯彻执行安全生产法律法规情况进行监督检查。与公共安全其他领域采取单轨制的监督相比,煤矿安全生产较早实施了双重监督模式,即在地方监管部门对煤矿企业实施属地监管之外,矿山安全监察机构依法对煤矿企业开展监督检查。二者在形式上虽有重叠,但目的和侧重点不同。"查企"是矿山安全监察机构履行国家监察职责的重要方式,旨在验证地方监管部门的履职情况及其成效。

③ 着力压实煤矿企业安全生产主体责任。

在"国家监察、地方监管、企业负责"的煤矿安全生产治理体系中,"企业负责"一直是痛点和难点。这意味着《煤矿安全生产条例》必须在顶层设计上拿出真招、实招,对煤矿企业责、权、利做出细致周密的制度安排。为此,《煤矿安全生产条例》通过构筑以责任制、风险管理、分类治理等为主干的制度体系,明确行为规范,加强制度供给,解决突出问题。

一是更加强调全员安全生产责任。责任制是安全生产的灵魂。围绕建立并落实全员安全生产责任制,《煤矿安全生产条例》明确了煤矿企业主要负责人(包括实际控制人)、安全生产管理机构和安全生产管理人员、从业人员的不同职责,并在《安全生产法》规定的基础上,进一步提高了要求,比如完善了安全生产管理机构和安全生产管理人员的职责,同时要求煤矿企业配备"五职矿长"(矿长、总工程师、生产副矿长、安全副矿长、机电副矿长),高瓦斯、冲击地压、水文地质类型复杂等类型的煤矿还应当配备专职副总工程师。

二是更加注重防范化解重大安全风险。毋庸置疑,我国煤矿安全生产正在从控制事故向防范化解重大风险转型。为此,《煤矿安全生产条例》明确要求煤矿企业建立安全风险分级管控和隐患排查治理双重预防制度,开展安全风险辨识评估,及时发现并消除事故隐患。重大事故隐患排查治理情况要向地方政府煤矿安全生产监管部门和所在地矿山安全监察机构"双报告";同时,结合近年来煤矿安全生产实践经验,明确了属于重大事故隐患的17项情形,要求存在重大事故隐患的煤矿企业立即停止受影响区域生产、建设,并及时消除事故隐患。

三是更加注重分类管理、重点治理。《煤矿安全生产条例》坚持分类施策,针对井工煤矿、露天煤矿的不同特点,采取不同安全管理措施,特别是汲取露天煤矿重特大事故教训,建立露天煤矿边坡稳定性评价制度,并要求煤矿企业加强边坡监测;同时进一步完善作业人员、安全设备设施以及危险作业等基础性管理制度,增设安全限员、灾害治理、煤矿开采专项设计等重点制度,旨在消除事故隐患、防患于未然。

④ 推动煤矿安全生产从行政管制到多元共治。

适应合作行政发展的新需要,《煤矿安全生产条例》着力构建政府主导、部门联动、企业主责、社会广泛参与的多元共治体系,重点从发展与安全如何统筹,政府、企业、社会如何协同推进,监管监察等如何发挥合力等三个维度,清晰定位和解答事关煤矿安全发展的理念、体系和工作机制等关键问题。

第一,立足于统筹发展与安全,《煤矿安全生产条例》在立法目标设定上,明确规定煤矿安全生产的最终目标是"保障人民群众生命财产安全",旗帜鲜明地提出煤矿安全生产工作应当以人为本,坚持人民至上、生命至上,把保护人民生命安全摆在首位,这是以人民为中心的发展思想在煤矿安全生产领域的鲜明体现。

第二,立足于打造大安全大应急的框架,协同推进政府、企业与社会共治。做好煤矿安全生产,政府守土有责。为此,《煤矿安全生产条例》明确规定县级以上人民政府负有煤矿安全生产监督管理职责的部门,以及其他有关部门,应当按照职责分工履行煤矿安全生产监管以及相关的职责。除了在第二章对煤矿企业安全生产主体责任规定外,《煤矿安全生产条例》还赋予社会公众及安全生产技术服务机构等参与煤矿安全生产治理的权利,并明确相应义务,比如《煤矿安全生产条例》规定任何单位和个人对事故隐患或者安全生产违法行为,有权向煤矿安全监管监察部门举报,受理举报的部门应当依法及时处理。

第三,立足于形成治理合力,推动单独执法向联合执法转变。煤矿安全生产涉及多个环节,客观上需要行政机关之间采取联合行动,合力解决跨部门的突出问题。《煤矿安全生产条例》秉持合作治理的理念,在依法理顺国家监察与地方监管部门的职能定位和工作分工基础上,对停产整顿煤矿验收、失信联合惩戒等涉及跨部门安全生产监管的事项做出部署,旨在构建既分工负责、各司其职,又齐抓共管、协同高效的执法机制。比如,规定矿山安全监察机构和县级以上人民政府有关部门应当建立信息共享、案件移送机制,加强协作配合。

⑤ 将严的基调贯穿于《煤矿安全生产条例》始终。

煤矿安全生产是民生大事,须臾不可放松。唯有坚持"零容忍",方能实现长治久安。从《煤矿安全生产条例》的立法理念及其设定的义务来看,这种"严"的基调,主要体现为以下三个方面:

一是严格准入门槛。按照"先取证后生产"原则实施准入管理,明确煤矿企业进行生产前,应当依照《安全生产许可证条例》规定的条件取得安全生产许可证。重申了煤矿新建、改建和扩建工程项目安全设施设计审查的要求,并要求对重大变更也实施审批管理。同时,《煤矿安全生产条例》建立健全严重违法违规煤矿企业的退出机制,规定未依法取得安全生产许可证等擅自进行生产的,以及3个月内2次或者2次以上发现有重大事故隐患仍然进行生产等情形,由地方政府依法予以关闭,进一步为煤矿企业划出安全"红线"。

二是严密责任体系。依靠严密责任体系增强安全防范治理能力,是煤矿安全生产全面践行"两个根本"的当务之急。其一,围绕坚持党政同责、一岗双责、齐抓共管、失职追责的安全生产责任体系,落实中共中央办公厅、国务院办公厅印发的《地方党政领导干部安全生产责任制规定》,《煤矿安全生产条例》明确规定煤矿安全生产工作坚持中国共产党的领导,实行地方党政领导干部安全生产责任制。其二,在巩固国家监察、地方监管、企业负责的煤矿安全生产体制机制基础上,《煤矿安全生产条例》强调煤矿安全生产工作实行管行业必须管安全、管业务必须管安全、管生产经营必须管安全,将安全生产责任进一步分类分级细化。其三,打通基层监管"最后一公里"。规定乡镇人民政府在所辖区域内发现未依法取得安全生产许可证等擅自进行煤矿生产的,应当采取有效措施制止,并向县级人民政府相关主管部门报告。

三是严肃失职问责。《煤矿安全生产条例》坚持过罚相当,根据违法行为的严重程度,设置了从经济处罚、责令停产整顿直至关闭的行政处罚措施。煤矿企业大都经济体量较大,这意味着适用一般的处罚手段往往对其不奏效。为此,《煤矿安全生产条例》突出重典治乱,综合运用民事、行政、刑事等手段,对违法煤矿企业及其相关责任人设定了更为严厉的处罚,确保行政执法"长牙带刺"。《煤矿安全生产条例》一方面提高了部分违法行为的起罚点,比如发生一般事故的,规定处50万元以上100万元以下的罚款。另一方面,对于严重违法行为,普遍设置了"双罚制",既对煤矿企业进行处罚,同时处罚直接负责的主管人员和其他直接责任人员,其目的就是通过强化对组织成员的惩处,进一步向煤矿企业传导安全生产的压力。此外,《煤矿安全生产条例》还补充和细化了对地方政府和煤矿安全监管监察部门有关人员依法给予处分的情形,架设起追责问责的"高压线"。

(3)《煤矿安全生产条例》主要规定

① 贯彻安全发展理念。

《煤矿安全生产条例》坚持人民至上、生命至上,把保护人民生命安全摆在首位;坚持安全第一、预防为主、综合治理的方针,以严查风险隐患为抓手,强化源头治理。一是要求煤矿企业自查自改。煤矿企业应当开展安全风险辨识评估,及时发现并消除事故隐患;重大事故隐患排查治理情况要向负有煤矿安全生产监督管理职责的部门、矿山安全监察机构书面报告。二是要求监管部门督办。负有煤矿安全生产监督管理职责的部门应当建立健全重大事故隐患治理督办制度,督促煤矿企业消除重大事故隐患。三是对"带病生产"企业责令停产整顿或者关闭。对有存在重大事故隐患仍然进行生产等严重违法情形的煤矿企业,依法采取责令停产整顿直至关闭的处罚措施。

② 煤矿企业主体责任。

《煤矿安全生产条例》主要从三个方面夯实煤矿企业主体责任。一是严格准入条件。煤矿建设项目应当进行安全设施设计,安全设施经验收合格后,煤矿企业还应取得安全生产许可证,方可进行生产。二是落实企业全员安全生产责任制。明确煤矿企业主要负责人(含实际控制人)、安全生产管理机构和人员、从业人员的全员安全生产责任。三是加强煤矿灾害治理。要求煤矿企业进行煤矿灾害鉴定并按照灾害程度和类型进行治理。

③ 政府监管责任。

《煤矿安全生产条例》主要从三个方面严格落实政府监管责任。一是坚持地方党政同责。要求煤矿安全生产实行地方党政领导干部安全生产责任制。二是明确监管部门。县级以上人民政府负有煤矿安全生产监督管理职责的部门对煤矿安全生产实施监督管理。三是明确监管职责。省(自治区、直辖市)人民政府负有煤矿安全生产监督管理职责的部门负责审查煤矿建设项目安全设施设计,颁发煤矿企业安全生产许可证;县级以上地方人民政府负有煤矿安全生产监督管理职责的部门监督检查煤矿企业特别是一线生产作业场所安全生产情况,对停产整顿的煤矿企业整改情况组织验收。

④ 矿山安全监察机构的职责。

《煤矿安全生产条例》主要从三个方面明确矿山安全监察机构的职责。一是监督检查地方政府监管工作。矿山安全监察机构负责对地方政府煤矿安全生产监管工作进行监督检查,提出改善和加强煤矿安全生产工作的监察意见和建议。二是有权进入煤矿现场并采取处置措施。矿山安全监察机构履行煤矿安全监察职责,有权进入煤矿作业场所,发现现场存在事故隐患或者有安全生产违法行为的,有权要求立即排除或者停止作业等;发现紧急情况时,有权要求撤出作业人员。三是组织事故调查。对煤矿重大、较大、一般事故,由矿山安全监察机构依法组织调查处理。

⑤ 煤矿安全生产违法行为的法律责任。

《煤矿安全生产条例》加大对煤矿安全生产违法行为的惩处力度,规定了罚款、行业和职业禁入、责令停产整顿、予以关闭等法律责任。同时,对违反《煤矿安全生产条例》规定的监管、监察部门及其有关人员,严格追究法律责任。

4.《工贸企业重大事故隐患判定标准》

2023年4月应急管理部印发《工贸企业重大事故隐患判定标准》(中华人民共和国应急管理部令第10号,简称《判定标准》),自2023年5月15日起施行。

《判定标准》是应急管理部深入贯彻落实习近平总书记关于安全生产的重要论述,坚持人民至上、生命至上,统筹发展和安全,按照"从根本上消除事故隐患、从根本上解决问题"的要求,在分析研究近年来工贸行业典型事故、科学总结实践经验的基础上,组织对《工贸行业重大生产安全事故隐患判定标准(2017)》(简称2017年版《判定标准》)进行了修订,形成《工贸企业重大事故隐患判定标准》。

(1) 主要工作

一是精准聚焦,进一步补充完善新要求新措施。2017版判定标准已经使用了五年多,一方面,生产经营单位不断自查自改、各级应急管理部门反复执法检查,特别是2022年"百日清零行动"集中整改了一大批重大事故隐患,加上企业本质安全水平不断提升,部分重大事故隐患的安全风险程度显著降低或已基本整改完毕;另一方面,随着新技术、新设备投运,出现了一些容易引发重特大事故的新情况、新问题,亟须纳入判定标准范围。

二是统一标准,进一步明确检查尺度。从对各地执法督导以及与各级应急管理部门和企业座谈来看,2017 版判定标准在执行过程中存在理解不统一、尺度把握不一的问题,通过 2023 年的修订,尽可能列明全部情形,包括涉及的场所、部位和设备、设施、装置,因篇幅所限不能逐一列明的,也在配套的解读材料中逐项明确。

三是充分论证,进一步提高标准适用性。修订过程中,充分征求有关部委、各级应急管理部门、部内相关司局和有关企业、行业协会,以及专家意见,两次通过部政府网站和司法部中国政府法制信息网公开征求意见,共收到 551 家次单位和个人提出的 1627 条意见。采用现场研讨和视频交流等方式,多次组织行业专家和企业代表进行研讨,逐条讨论研究意见。在 2020 年 6 月至 2022 年 12 月工贸行业安全生产专项整治三年行动、"百日清零行动"中,还组织部分企业对拟修改的判定情形进行了论证,并进一步修改完善。

(2) 新变化

2017 年版《判定标准》自实施以来,在强化工贸行业重大事故隐患排查治理、防范化解重大安全风险等方面发挥了重要作用。

2023 年版《判定标准》,充分分析了近年来工贸企业事故情况,聚焦可能造成群死群伤的重大安全风险。结合工贸行业安全生产专项整治三项行动、"百日清零行动"成效,共形成了管理类、行业类和专项类重大事故隐患判定标准 64 项,与 2017 年版相比,增加了 5 项,其中专项类中的粉尘涉爆、涉氨制冷和有限空间作业等领域的重大事故隐患判定标准,适用于工贸 8 个行业。

2023 年版《判定标准》与 2017 年版相比有三个特点:一是更加权威。2021 年修改的《安全生产法》对建立健全重大事故隐患治理督办制度、督促生产经营单位消除重大事故隐患提出了明确的要求,规定国务院应急管理部门和其他有关部门根据职责分工,制定相关行业、领域重大事故隐患判定标准。2017 年版的判定标准属于部门规范性文件,现行的判定标准上升为部门规章,增强了法律效力。二是更加聚焦。2023 年版判定标准,一方面,突出事故导向,针对近年来因承包、承租单位管理混乱、无证作业引发事故增多的趋势,新增承包、承租单位的安全管理,特种作业人员持证上岗,金属冶炼企业主要负责人和安全管理人员考核合格等 3 项涉及管理方面的判定标准。另一方面,集中治理各行业易发生群死群伤的重大事故隐患,比如,冶金、有色行业聚焦高温熔融金属和有毒有害气体,建材行业聚焦事故多发的清库作业、可燃和有毒气体,机械行业聚焦铸造工艺熔融金属、可燃气体防爆,轻工行业聚焦高风险的设备设施,纺织行业聚焦高风险设备设施附近人员场所设置、禁忌物料混合存储,烟草行业聚焦熏蒸作业场所、烟丝制造中中毒窒息等重大风险环节。三是更加科学。比如,对涉及重大事故隐患的有限空间作业范围进行了调整,限定在存在硫化氢、一氧化碳等中毒风险有限空间作业的辨识、审批和作业等要求,这与重大风险息息相关,条款内容更加科学。

5.3.4 自然灾害法律法规

自然灾害防治法制建设是围绕努力实现从注重灾后救助向灾前预防转变、从应对单一灾种向综合减灾转变、从减少灾害损失向减轻灾害风险转变,抓紧构建涵盖各灾种的防灾减灾救灾法律体系,研究制定自然灾害防治法,推动完成《自然灾害救助条例》《地震安全性评价管理条例》等行政法规修订,积极推动一系列应急预案的修订。

1. 防震减灾相关法律法规

(1)《防震减灾法》

1997年12月29日第八届全国人民代表大会常务委员会第二十九次会议通过的《防震减灾法》,明确了防震减灾工作实行预防为主、防御与救助相结合的方针,并对地震监测预报、地震灾害预防、地震应急三大工作体系做了规定。2008年5月12日发生的汶川特大地震也反映出了防震减灾工作遇到的一些新问题。2008年12月27日第十一届全国人民代表大会常务委员会第六次会议通过《防震减灾法》的修订,自2009年5月1日起施行。

修订后的法律在保留原法总体结构的基础上,新增加了两章:一章是防震减灾规划,另一章是监督管理。原法共48条,修订后为93条,新增加条文45条。对原法律40余条进行了修改、完善,仅个别条款未做修改。重点对防震减灾规划、地震监测预报、地震灾害预防、地震应急救援、震后恢复重建等做了修改、完善,新增了地震灾后过渡性安置和监督管理等方面的内容。

(2)《地震安全性评价管理条例》

《地震安全性评价管理条例》于2001年11月15日由中华人民共和国国务院令第323号公布,自2002年1月1日起施行。根据2017年3月1日国务院令第676号公布的《国务院关于修改和废止部分行政法规的决定》和2019年3月2日国务院令第709号公布的《国务院关于修改和废止部分行政法规的决定》修正。修正的内容有:

① 将《地震安全性评价管理条例》第二章名称修改为"地震安全性评价单位"。

② 删去第六条、第八条、第十条、第二十条。

③ 第七条改为第六条,修改为"从事地震安全性评价的单位应当具备下列条件:

(一)有与从事地震安全性评价相适应的地震学、地震地质学、工程地震学方面的专业技术人员;

(二)有从事地震安全性评价的技术条件。"

④ 第九条改为第七条,修改为"禁止地震安全性评价单位以其他地震安全性评价单位的名义承揽地震安全性评价业务。禁止地震安全性评价单位允许其他单位以本单位的名义承揽地震安全性评价业务。"

⑤ 第二十一条改为第十七条,修改为"违反本条例的规定,地震安全性评价单位有下列行为之一的,由国务院地震工作主管部门或者县级以上地方人民政府负责管理地震工作的部门或者机构依据职权,责令改正,没收违法所得,并处1万元以上5万元以下的罚款:

(一)以其他地震安全性评价单位的名义承揽地震安全性评价业务的;

(二)允许其他单位以本单位名义承揽地震安全性评价业务的。"

⑥ 第二十二条改为第十八条,修改为"违反本条例的规定,国务院地震工作主管部门或者省、自治区、直辖市人民政府负责管理地震工作的部门或者机构不履行审定地震安全性评价报

告职责,国务院地震工作主管部门或者县级以上地方人民政府负责管理地震工作的部门或者机构不履行监督管理职责,或者发现违法行为不予查处,致使公共财产、国家和人民利益遭受重大损失的,依法追究有关责任人的刑事责任;没有造成严重后果,尚不构成犯罪的,对部门或者机构负有责任的主管人员和其他直接责任人员给予降级或者撤职的处分。"

(3)《国家地震应急预案》

《国家地震应急预案》于 2012 年 8 月 28 日修订。该预案以依法科学统一、有力有序有效地实施地震应急,最大限度减少人员伤亡和经济损失,维护社会正常秩序为编制目的,适用于我国发生地震及火山灾害和国外发生造成重大影响地震及火山灾害的应对工作。

2. 其他自然灾害相关法律法规

(1)《防洪法》

《防洪法》于 1997 年 8 月 29 日在第八届全国人民代表大会常务委员会第二十七次会议上通过;2009 年 8 月 27 日根据中华人民共和国主席令第 18 号《全国人民代表大会常务委员会关于修改部分法律的决定》第一次修正;2015 年 4 月 24 日根据第十二届全国人民代表大会常务委员会第十四次会议《关于修改〈中华人民共和国港口法〉等七部法律的决定》第二次修正;2016 年 7 月 2 日根据第十二届全国人民代表大会常务委员会第二十一次会议《关于修改〈中华人民共和国节约能源法〉等六部法律的决定》第三次修正。

现行《防洪法》共 8 章 65 条,包括总则、防洪规划、治理与防护、防洪区和防洪工程设施的管理、防汛抗洪、保障措施、法律责任和附则。

(2)《自然灾害救助条例》

《自然灾害救助条例》于 2010 年 6 月 30 日由国务院第 117 次常务会议通过,2010 年 7 月 8 日中华人民共和国国务院令第 577 号公布,自 2010 年 9 月 1 日起施行。根据 2019 年 3 月 2 日国务院令第 709 号公布的《国务院关于修改和废止部分行政法规的决定》修正。

修正的内容为:将《自然灾害救助条例》第三条、第十六条、第十七条第一款、第二十一条第二款、第二十二条、第二十四条第二款、第三十条、第三十一条、第三十三条中的"民政部门"修改为"应急管理部门"。

第十条第一款修改为"国家建立自然灾害救助物资储备制度,由国务院应急管理部门分别会同国务院财政部门、发展改革部门、工业和信息化部门、粮食和物资储备部门制定全国自然灾害救助物资储备规划和储备库规划,并组织实施。其中,由国务院粮食和物资储备部门会同相关部门制定中央救灾物资储备库规划,并组织实施。"

第十三条、第十九条第三款、第二十条中的"民政等部门"修改为"应急管理等部门"。

第二十六条第一款、第二十八条中的"民政、财政等部门"修改为"应急管理、财政等部门"。

(3)《国家自然灾害救助应急预案》

2024 年 1 月 20 日,国务院办公厅印发《国家自然灾害救助应急预案》。该预案将以习近平新时代中国特色社会主义思想为指导,深入贯彻落实习近平总书记关于防灾减灾救灾工作的重要指示批示精神,加强党中央对防灾减灾救灾工作的集中统一领导,按照党中央、国务院决策部署,建立健全自然灾害救助体系和运行机制,提升救灾救助工作法治化、规范化、现代化水平,提高防灾减灾救灾和灾害处置保障能力,最大限度减少人员伤亡和财产损失,保障受灾群众基本生活,维护受灾地区社会稳定为编制目的,适用于我国境内遭受重特大自然灾害时国家层面开展的灾害救助等工作。

该预案共包括8个部分,分别为总则、组织指挥体系、灾害救助准备、灾情信息报告和发布、国家应急响应、灾后救助、保障措施、附则。

(4)《国家防汛抗旱应急预案》

2022年5月30日,国务院办公厅印发《国家防汛抗旱应急预案》。该预案将以习近平新时代中国特色社会主义思想为指导,深入贯彻落实习近平总书记关于防灾减灾救灾的重要论述和关于全面做好防汛抗旱工作的重要指示精神,按照党中央、国务院决策部署,立足新发展阶段,完整、准确、全面贯彻新发展理念,构建新发展格局,坚持人民至上、生命至上,统筹发展和安全,进一步完善体制机制,依法高效有序做好水旱灾害突发事件防范与处置工作,最大限度减少人员伤亡和财产损失,为经济社会持续健康发展提供坚强保证作为指导思想,适用于我国境内突发性水旱灾害的防范和处置。突发性水旱灾害包括:江河洪水和渍涝灾害、山洪灾害(指由降雨引发的山洪、泥石流灾害)、台风风暴潮灾害、干旱灾害、供水危机以及由洪水、风暴潮、地震等引发的水库垮坝、堤防决口、水闸倒塌、堰塞湖等次生衍生灾害。

该预案共包括7个部分,分别为总则、组织指挥体系及职责、预防和预警机制、应急响应、应急保障、善后工作和附则。

(5)《国家森林草原火灾应急预案》

2020年10月26日,国务院办公厅印发《国家森林草原火灾应急预案》。该预案以习近平新时代中国特色社会主义思想为指导,深入贯彻落实习近平总书记关于防灾减灾救灾的重要论述和关于全面做好森林草原防灭火工作的重要指示精神,按照党中央、国务院决策部署,坚持人民至上、生命至上,进一步完善体制机制,依法有力有序有效处置森林草原火灾,最大限度减少人员伤亡和财产损失,保护森林草原资源,维护生态安全为指导思想,适用于我国境内发生的森林草原火灾应对工作。

该预案共包括9个部分,分别为总则、主要任务、组织指挥体系、处置力量、预警和信息报告、应急响应、综合保障、后期处置和附则。

自然灾害种类繁多,由此制定的各项法律法规也非常多,因此对各项法律法规进行及时梳理,有利于自然灾害的综合减灾工作的开展。

5.3.5 消防法律法规

消防法制建设围绕有序推进消防领域改革、平稳实现消防救援队伍转制,抓紧构建运行有效的消防法律体系,推动两次修改《消防法》,扎实推进《国家消防救援人员法》制定,制定消防救援衔条例、消防救援衔标志式样和佩带办法,出台《高层民用建筑消防安全管理规定》和《社会消防技术服务管理规定》等消防领域部门规章。

1. 《消防法》修订历史背景

火灾防范和救援工作一向受到党和政府高度重视,1953年9月,国务院下发了首个消防工作的规范性文件——《关于加强消防工作的指示》,要求所有城市尤其是新兴工业城市必须建立公安消防队伍,消防警力不足的要加以充实;规模较大、火灾危险性较多的企业单位,应当单独建立专职消防队。随后发布的《消防监督条例》,明确规定在"企业、事业、合作社实行防火责任制度",建立由公安消防队伍、地方政府专职消防队、企业专职消防队所构成的消防体系。1995年3月日本东京地铁沙林毒气事件后,我国在各个大中型城市建立了特勤消防大队和中队,承担毒气、危险化学品泄漏等特殊灾害的处置和救援工作。

1998年9月1日《消防法》开始施行,有力地推动了我国消防法治建设、社会化消防管理、公共消防设施建设以及消防监督执法规范化、提升政府应急救援能力、火灾隐患整改等工作,对预防和减少火灾危害,保护人身、财产安全,维护公共安全,发挥了重要作用。

随着我国经济社会的发展和政府职能的转变,面临着社会和广大人民群众对消防安全的新需求、新期待,面对以人为本、保障和改善民生、强化社会管理和公共服务的新要求,1998年《消防法》的一些规定已经难以适应新时期消防工作的需要。

《消防法》于1998年4月29日第九届全国人民代表大会常务委员会第二次会议通过之后,分别于2008年10月28日第十一届全国人民代表大会常务委员会第五次会议修订,2019年4月23日第十三届全国人民代表大会常务委员会第十次会议《关于修改〈中华人民共和国建筑法〉等八部法律的决定》第一次修正;2021年4月29日第十三届全国人民代表大会常务委员会第二十八次会议《关于修改〈中华人民共和国道路交通安全法〉等八部法律的决定》第二次修正。

修订后的《消防法》共包括7章,分别为总则、火灾预防、消防组织、灭火救援、监督检查、法律责任和附则。

除了《消防法》的修订之外,消防法律体系还包括其他规定、办法,如表5-2所示。

表5-2 消防法律法规修订历程

时间	法律法规
1957年11月30日	国务院公布《消防监督条例》
1984年5月13日	国务院公布《中华人民共和国消防条例》
1998年4月29日	全国人民代表大会常务委员会发布《消防法》
2008年10月28日	全国人民代表大会常务委员会修订《消防法》
2011年12月30日	国务院发布2011(46号)文件《国务院关于加强和改进消防工作的意见》
2012年7月6日	公安部部长办公会出台《公安部关于修改〈火灾事故调查规定〉的决定》(公安部令第121号发布)
2014年2月3日	公安部部长办公会出台《社会消防技术服务管理规定》(公安部令第129号)
2016年1月14日	公安部令第136号修订《社会消防技术服务管理规定》

续表

时间	法律法规
2018 年	10月公安消防部队、武警森林部队退出现役,组建国家综合性消防救援队伍
	10月28日第十一届全国人民代表大会常务委员会第五次会议修订
	11月国务院公布《中华人民共和国消防救援衔标志式样和佩带方法》
	12月国务院办公厅印发《关于国家综合性消防救援车辆悬挂应急救援专用号牌有关事项的通知》
2019年4月23日	《全国人民代表大会常务委员会关于修改〈中华人民共和国建筑法〉等八部法律的决定》修订《消防法》
2021年4月29日	第十三届全国人民代表大会常务委员会第二十八次会议《关于修改〈中华人民共和国道路交通安全法〉等八部法律的决定》,《消防法》第二次修正

总之,我国消防法律体系如图 5-2 所示。

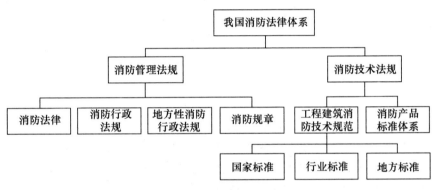

图 5-2　消防法律体系

2. 法律责任

2021年《消防法》的修订,本质上是顺应国家机构职能改革的宏观细节表现,更是深入贯彻改革思路的一种体现。

(1)《消防法》修订后的关键点

一是体现政府机构职能改革转变的成果;

二是将原消防救援部门承担的一些职责(建设工程消防设计审查验收职责),划入住房和城乡建设部门,使《消防法》执法主体,不仅包含应急管理部门及消防救援机构,还包括住房和乡村建设主管部门以及公安派出所。

(2) 2021年《消防法》修改的深远意义

《消防法》的修改结合了 2021 年 3 月 1 日起施行的《中华人民共和国刑法修正案(十一)》理解。该修正案新增了"危险作业罪"、修改了"强令违章冒险作业罪""提供虚假证明文件罪",增加了事前处罚,有效弥补了法律空白,大大提高震慑力,充分展示了国家防范化解重大风险的决心。就消防领域而言,刑法修正案加大了对消防安全违法犯罪行为的打击力度,强化了消防安全主体责任落实。2021年修改后，《消防法》不再是单纯的行政管理法，增加了民商管理和刑事管理的色彩，对于防范重特大火灾事故发生和监管思路转变，具有深远意义。

总的来说，《消防法》经过2019年、2021年两次修改，把职能调整和中共中央办公厅、国务院办公厅《关于印发〈关于深化消防执法改革的意见〉的通知》的文件精神及成熟做法全部法制化。《消防法》授权给住建部门、消防救援机构自行制定管理办法的方面，尚无改革措施使其上升到法律层面。

(3) 修改内容解读

① 单位在公众聚集场所投入使用、营业前可选择两种审批方式。一种是告知承诺制，即单位按要求承诺后，消防救援机构审查材料后即许可，随后核查单位不选择告知承诺方式的，在提报申请材料后，由消防救援机构在规定期限进行检查，并做出许可。该条的修改主要基于国务院"放管服"的要求，为单位提供了可选择的便利。

② 取消了消防技术服务机构资质审批，改为符合从业条件。取消了消防产品质量认证的表述，将"消防设施检测、消防安全监测"改为"消防设施维护保养检测、消防安全评估"，并取消了资质审批的要求，改为符合从业条件。该条的修改是基于"放管服"和消防技术服务机构的定位、服务内容的改变。

③ 增加了对公众聚集场所告知承诺许可后，核查不合格的处罚。在给公众聚集场所提供服务的同时，执法也更加严格，凡核查发现与承诺不符合的，即进行处罚（停业，处3万～30万元罚款）；同时责令限期改正，逾期不改正的，撤销许可。

④ 增加了对消防技术服务机构不符合从业条件的处罚，增加了对消防技术服务机构不按标准开展技术服务的处罚。因为取消了消防技术服务机构的资质审批，因此凡不符合从业条件的将责令改正，并处罚款；同时，增加了不按标准服务的处罚（责令改正，对技术服务机构处5万元以下罚款，对责任人处1万元以下罚款）。此外，本条明确了技术服务机构由"消防救援机构"实施监管，对技术服务机构出具失实文件，造成重大损失的，增加了"吊销营业执照，对有关责任人终身禁入"的处罚。

3. 其他消防规定

(1)《高层民用建筑消防安全管理规定》

为了加强高层民用建筑消防安全管理，预防火灾和减少火灾危害，应急管理部制定了《高层民用建筑消防安全管理规定》，自2021年8月1日起施行。

① 出台背景。

高层民用建筑包括高层住宅建筑和高层公共建筑。高层住宅建筑是指建筑高度大于27 m的住宅建筑；高层公共建筑是指建筑高度大于24 m的非单层公共建筑，包括办公建筑、科研建筑、文化建筑、商业建筑、体育建筑、医疗建筑、交通建筑、旅游建筑、通信建筑、宿舍建筑、公寓建筑等。随着我国经济社会的快速发展，高层民用建筑数量剧增，随之而来的消防安全问题日益突出，近年来火灾多发，造成大量人员伤亡和财产损失，消防安全形势十分严峻，主要体现在：一是建筑体量大、功能复杂，整体风险高。二是消防安全条件不达标，历史遗留问题突出。三是日常消防管理不到位,自防自救能力弱。四是一旦发生火灾,火势蔓延途径多、速度快,人员疏散困难,救援难度大。

我国有关高层民用建筑的消防安全管理要求散见于各种规定、规范性文件和技术标准中,内容不够系统、具体,难以适应工作需要,有必要出台一部全面规范和加强高层民用建筑消防安全管理工作的规定。应急管理部经过调查研究、广泛征求意见,反复修改完善,制定了《高层民用建筑消防安全管理规定》。该规定于2020年12月28日经应急管理部第39次部务会议审议通过,2021年6月21日以应急管理部令第5号发布。

② 重要意义。

《高层民用建筑消防安全管理规定》对高层民用建筑的消防安全职责、消防安全管理、消防宣传教育和灭火疏散预案、法律责任等方面做出了系统性规定。该规定的制定是贯彻落实中央深化消防执法改革等决策部署和贯彻实施《消防法》等法律规定的重要举措。该规定的出台,进一步完善了我国消防法律法规体系,对防范化解高层民用建筑重大安全风险、落实各方消防安全责任、提升消防安全管理水平、预防火灾和减少火灾危害,最大限度地保护人民群众生命财产安全具有重要意义。

(2)《社会消防技术服务管理规定》

为进一步规范社会消防技术服务活动,维护消防技术服务市场秩序,促进提高消防技术服务质量,应急管理部制定了《社会消防技术服务管理规定》,自2021年11月9日起施行。

① 出台背景。

原《社会消防技术服务管理规定》(公安部令第129号)于2014年2月3日发布施行,2016年1月14日对部分条款进行修改,对于规范社会消防技术服务活动、促进提高消防技术服务质量发挥了重要作用。但随着我国经济社会发展和"放管服"改革深入推进,原规定的部分内容已不适应当前形势,迫切需要进行修改,主要表现在:一是中共中央办公厅、国务院办公厅《关于深化消防执法改革的意见》明确取消消防技术服务机构资质许可,《消防法》也做出相应修改,社会消防技术服务活动的监管方式发生重大变化。二是机构设立条件过高、存在从业地域限制,导致经营成本投入大,不利于消防技术服务机构发展。三是对实践中暴露出的消防技术服务机构违规从业、服务活动不规范等问题,缺乏明确规定和必要的惩戒措施。应急管理部经过调查研究、广泛征求意见,反复修改完善,重新制定了《社会消防技术服务管理规定》。该规定于2021年8月17日经应急管理部第27次部务会议审议通过,2021年9月13日以应急管理部令第7号发布。

② 重要意义

《社会消防技术服务管理规定》对消防技术服务机构从业条件、社会消防技术服务活动、监督管理、法律责任等方面做出了系统性规定。该规定的制定是落实《关于深化消防执法改革的意见》和贯彻实施《消防法》的重要举措。《社会消防技术服务管理规定》的出台,对加强消防技术服务机构管理、规范社会消防技术服务活动、推进消防工作社会化、提升社会防控火灾能力具有十分重要的意义。

5.4 大安全大应急框架下应急管理法制

5.4.1 公共卫生应急法制

2003年"非典"疫情以来,我国逐步加强卫生应急法治化建设,出台了一系列公共卫生事件防控相关法律规范,卫生应急法律体系逐步充实与完善,为卫生应急实践提供了法治保障。

"非典"疫情期间紧急出台的《突发公共卫生事件应急条例》是我国首部专门针对突发公共卫生事件的行政法规,明确了我国应对突发公共卫生事件遵循的方针和原则,界定了各相关主体的责权利。2007年《突发事件应对法》出台,其作为突发事件的专门立法,对包括突发公共卫生事件在内的四类突发事件的应对原则、基本制度、预防与控制措施等做出明确规定。2004年和2013年两次修改《传染病防治法》,对重大传染病疫情类突发公共卫生事件的预防、监测、报告、处置等内容提出具体要求。2020年6月1日开始实施的《中华人民共和国基本医疗卫生与健康促进法》(简称《基本医疗卫生与健康促进法》)作为我国卫生健康领域的基础性综合性法律,也明确了突发事件卫生应急体系建设、预案制度、应急处置与医疗救援等规定。

党的十八大以来,党中央就人民健康、公共卫生安全做出了一系列重大部署,党的十八届五中全会明确提出推进健康中国建设,2016年出台《"健康中国2030"规划纲要》,党的十九大强调实施健康中国战略。我国公共卫生领域相关法律法规不断健全,形成了由《基本医疗卫生与健康促进法》《传染病防治法》《突发事件应对法》《国境卫生检疫法》《突发公共卫生事件应急条例》《国家突发公共卫生事件应急预案》等多部法律、行政法规、国务院文件和地方性法规等共同构成的、较为完善的公共卫生法律体系,内容覆盖传染病防治、突发公共卫生事件应急、疾病预防控制体系建设等领域。这些法律法规是公共卫生领域依法防疫的基本法律遵循。尤其在新型冠状病毒感染疫情应对过程中,我国的公共卫生法律制度为各项预防控制治疗措施的开展提供了法律依据,为有效应对突发公共卫生事件、保障人民群众生命健康发挥了重要作用。但此次疫情也暴露了现有法律存在的一些短板和不足。如,部分法律法规之间不够顺畅协调,部分法律法规较为原则、可操作性有待加强,部分法律法规存在落实效果不佳的情况,等等。

新型冠状病毒感染疫情防控期间,党中央多次强调,强化公共卫生法治保障,坚持依法防控,完善疫情防控相关立法。全国人民代表大会常务委员会做出了"系统考虑、统筹安排,立足于体系建设"的立法修法安排,专门制定了《十三届全国人大常委会强化公共卫生法治保障立法修法工作计划》,对公共卫生领域相关立法修法工作做出统筹安排。《全国人大常委会2020年度立法工作计划》也已将《传染病防治法》(修改)列入初次审议的法律案范围。我国以宪法为纲,以《基本医疗卫生与健康促进法》等数量众多的法律、法规、规章为主体的卫生应急法律体系,将通过修法立法工作得到提升和完善。

5.4.2 公共卫生法律法规

1. 公共卫生法律

(1)《传染病防治法》

《传染病防治法》为了预防、控制和消除传染病的发生与流行,保障人体健康和公共卫生而制定。1989年2月21日第七届全国人民代表大会常务委员会第六次会议通过,2004年8月28日第十届全国人民代表大会常务委员会第十一次会议修订,2004年8月28日中华人民共和国主席令第17号公布。根据2013年6月29日第十二届全国人民代表大会常务委员会第三次会议通过,2013年6月29日中华人民共和国主席令第5号公布,自公布之日起施行的《全国人民代表大会常务委员会关于修改〈中华人民共和国文物保护法〉等十二部法律的决定》修正。

(2)《基本医疗卫生与健康促进法》

《基本医疗卫生与健康促进法》2019年12月28日第十三届全国人民代表大会常务委员会第十五次会议通过,于2020年6月1日起施行。

该法为了发展医疗卫生与健康事业,保障公民享有基本医疗卫生服务,提高公民健康水平,推进健康中国建设,从事医疗卫生、健康促进及其监督管理活动而制定。共分10章,包括总则、基本医疗卫生服务、医疗卫生机构、医疗卫生人员、药品供应保障、健康促进、资金保障、监督管理、法律责任和附则。

2. 公共卫生法规

(1)《突发公共卫生事件应急条例》

《突发公共卫生事件应急条例》为有效预防、及时控制和消除突发公共卫生事件的危害,保障公众身体健康与生命安全,维护正常的社会秩序而制定。2003年5月7日国务院第七次常务会议通过。该条例包括总则、预防与应急准备、报告与信息发布、应急处理、法律责任和附则共6章。

(2)《国家突发公共卫生事件应急预案》

《国家突发公共卫生事件应急预案》以有效预防、及时控制和消除突发公共卫生事件及其危害,指导和规范各类突发公共卫生事件的应急处理工作,最大限度地减少突发公共卫生事件对公众健康造成的危害,保障公众身心健康与生命安全为编制目的。该预案于2006年2月26日发布并实施,分为总则,应急组织体系及职责,突发公共卫生事件的监测、预警与报告,突发公共卫生事件的应急反应和终止,善后处理,突发公共卫生事件应急处置的保障,预案管理与更新和附则8个部分。

第 6 章 应急自救互救能力建设

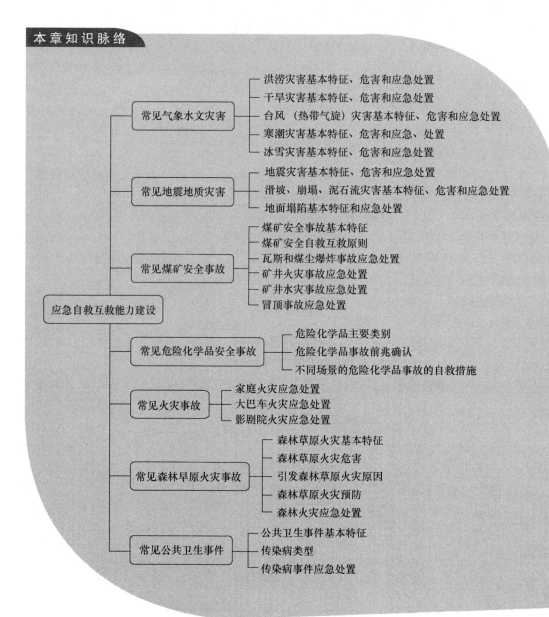

面对灾害事故,如何有效实现应急处置呢?本章选取了影响范围广、危害程度深的灾害事故,分别从灾害事故的基本特征、危害性和自救互救方法三个方面给予阐述。为了保证自救互救方法的科学性,本章提供的方法根据国家应急信息网的科普知识进行整理。

6.1　常见气象水文灾害

6.1.1　洪涝灾害

洪涝灾害是因降雨、融雪、冰凌、溃坝(堤)、风暴潮等引发江河洪水、山洪泛滥以及渍涝等,对人类生命财产、社会功能等造成损害的自然灾害。

1. 洪涝灾害的基本特征

洪涝灾害包括洪水和内涝两类灾害。

(1) 洪水

洪水是指江、河、湖、海所含水体水量迅猛增加、水位急剧上涨超过常规水位的自然现象。洪水现象的出现,常会威胁到沿河、滨湖、近海地区的安全,一旦洪水泛滥,就会对人类的生命和财产造成巨大损失,我们称之为洪水灾害。而洪水是否具有灾害性,与当地的各种自然环境条件以及人为因素有密切关系。

一般来说,洪水灾害的发生与三个因素有关:一是存在诱发水灾的因素——如暴雨、地震、火山爆发、海啸等;二是存在受危害的对象,如受洪水淹没而遭受损害的人及其财产;三是人的防御和抵抗能力。

洪水在对人类的生活造成灾害影响的同时,也有它有利的一面,例如,洪水可以延缓植被侵占河槽的速度,抑制某些有害水生植物的过度生长,为鱼类提供更好的产卵基地,为动物群落提供更好的觅食、隐蔽和繁衍栖息的场所和生活环境;另外,洪水携带的泥沙在下游淤积,经过一段时间的累积,就会形成富饶的冲积平原和河口三角洲。

(2) 内涝

洪水在城市中发生就被称为内涝。内涝是指由于强降水或连续性降水超过城市排水能力致使城市内产生积水灾害的现象。

2. 洪涝灾害的危害

洪水的分类方法很多,一般按洪水的成因,将洪水分为暴雨洪水、融雪洪水、冰凌洪水、暴潮洪水等。其中暴雨洪水指的是由暴雨引起的江河水量迅增、水位急涨的洪水。相对于其他类型的洪水而言,暴雨洪水一般强度大、历时长、面积广。

我国绝大多数河流的洪水都是暴雨产生的,且多发生在夏秋季节,发生的时间由南往北推迟。

3. 洪涝灾害应急处置

暴雨是洪涝灾害的重要影响因素。那么暴雨来临时,我们需要掌握一些暴雨预防及避险自救的方法，以应对暴雨来袭。

(1) 暴雨引发山洪

在暴雨引发山洪暴发的情况下应注意：

① 保持冷静，尽快向山上或较高地方转移；

② 不要沿着行洪道方向跑，而要向两侧快速躲避；

③ 千万不要轻易涉水过河；

④ 如被山洪困在山中，应及时与当地有关部门取得联系，或发出求救信号，寻求救援。

(2) 暴雨伴随雷击

雷击是常见的暴雨天气灾害，多发生在户外，虽不受人们重视，但其破坏性是巨大的。

A. 户外活动如何避免雷击

① 遇到突然的雷雨，可以蹲下，降低自己的高度，同时将双脚并拢，以减少跨步电压带来的危害。

② 不要在大树底下避雨。

③ 不要在水体边（江、河、湖、海、塘、渠等）、洼地及山顶、楼顶上停留。

④ 不要拿着金属物品及接打手机。

⑤ 不要触摸或者靠近防雷接地线、自来水管、用电器的接地线。

B. 如何预防室内雷击

① 打雷时，关好门窗、远离进户的金属水管和与屋顶相连的下水管等。

② 尽量不要拨打、接听电话或使用电话上网，应拔掉电源和电话线及电视天线等可能将雷击引入的金属导线。稳妥科学的办法是在电源线上安装避雷器并做好接地。

③ 在雷雨天气不要使用太阳能热水器洗澡。

(3) 暴雨引发积水

暴雨天气可能会导致大面积积水，那么，面对积水导致的车辆浸水、溺水等情况我们该如何应对呢？

A. 当发生溺水且不熟悉水性时，可采取以下自救法：除呼救外，取仰卧位，头部向后，使鼻部露出水面呼吸。呼气要浅，吸气要深。此时千万不要慌张，不要将手臂上举乱扑动，否则身体会下沉更快。

B. 如果在车中，需要：

① 解开安全带，解车门安全锁，立即完全打开车窗，安定情绪，进行深呼吸。车辆入水后，水会快速涌进车内，这时水压非常大，车内的人很难打开车门逃生。只有当车内充满了水，车门两侧压力相等时，才有可能打开门。

② 如果没有及时打开窗，可通过破窗锤（或从座椅上拔出插枕）来击碎车窗玻璃，让水尽快进入车内，增加逃生机会。此外，要注意：通过猛踢、用手机砸等方式无法有效地打破玻璃。

③ 打开车门后，尽快向旁边游开。

6.1.2 干旱灾害

1. 干旱灾害的基本特征

干旱指因降水少、河川径流及其他水资源短缺,对城乡居民生活、工农业生产以及生态环境等造成损害的自然灾害。

干旱主要存在气象、水文、农业、社会经济学四种释义,四种释义的侧重点不同:气象干旱通常是强调区域大气状态在变干时期的持续时间和与多年平均状态相比的干旱程度;水文干旱一般是与降水量(包括降雪量)不足时期对地表或地下水供给(河流的流速与流量,湖泊与水库的水位,地下水)造成的影响相联系的;农业干旱将农业对气象干旱(或水文干旱)响应的多种特征联系起来,主要表现在降水量的不足、土壤水的不足、地下水或水库水位的下降等方面;社会经济学干旱是指由于气象干旱(或水文干旱和农业干旱)的发生,社会对一些经济物资(水、食物、草料、水力电能等)的需要量超过供给量的社会经济学现象。

随着人类的经济发展和人口膨胀,水资源短缺现象日趋严重,这也直接导致了干旱地区的扩大与干旱化程度的加重,干旱化趋势已成为全球关注的问题。

2. 干旱灾害的危害

干旱是对人类社会影响最为严重的气候灾害之一,它具有出现频率高、持续时间长、波及范围广的特点。干旱的频繁发生和长期持续,不但会给社会经济,特别是农业生产带来巨大损失,还会造成水资源短缺、荒漠化加剧、沙尘暴频发等诸多生态和环境方面的不利影响。

3. 干旱灾害的防御指南

干旱预警信号分二级,分别以橙色、红色表示。干旱指标等级划分,以国家标准《气象干旱等级》(GB/T 20481—2006)中的综合气象干旱指数为标准。

(1) 橙色预警

A. 标准:预计未来1周综合气象干旱指数达到重旱(气象干旱为25~50年一遇),或者某一县(区)有40%以上的农作物受旱。

B. 防御指南:

① 有关部门按照职责做好防御干旱的应急工作;

② 有关部门启用应急备用水源,调度辖区内一切可用水源,优先保障城乡居民生活用水和牲畜饮水;

③ 压减城镇供水指标,优先经济作物灌溉用水,限制大量农业灌溉用水;

④ 限制非生产性高耗水及服务业用水,限制排放工业污水;

⑤ 气象部门适时进行人工增雨作业。

(2) 红色预警

A. 标准:预计未来1周综合气象干旱指数达到特旱(气象干旱为50年以上一遇),或者某一县(区)有60%以上的农作物受旱。

B. 防御指南:

① 有关部门按照职责做好防御干旱的应急和救灾工作;
② 各级政府和有关部门启动远距离调水等应急供水方案,采取提外水、打深井、车载送水等多种手段,确保城乡居民生活和牲畜饮水;
③ 限时或者限量供应城镇居民生活用水,缩小或者阶段性停止农业灌溉供水;
④ 严禁非生产性高耗水及服务业用水,暂停排放工业污水;
⑤ 气象部门适时加大人工增雨作业力度。

6.1.3 台风(热带气旋)灾害

1. 台风灾害的基本特征

台风是热带气旋中的一级。热带气旋是发生在热带、亚热带地区海面上的气旋性环流,是地球物理环境中最具破坏性的天气系统之一。按照世界气象组织(World Meteorological Organization,WMO)统一规定,热带气旋共分 5 级,按风速从小到大分为热带低压、热带气旋、热带风暴、强热带风暴和台风。其中,中心最大风力达到 8~9 级的热带气旋称为热带风暴,达到 10~11 级的称为强热带风暴,风力超过 12 级的称为台风。热带气旋分类如表 6-1 所示。

表 6-1 热带气旋分类

分类		风速/(km·h^{-1})	引起海浪高/m	描述
Ⅰ	热带低压	118~153	>1.2	基本无破坏
Ⅱ	热带气旋	154~177	>1.8	轻微破坏
Ⅲ	热带风暴	178~210	>2.7	破坏
Ⅳ	强热带风暴	211~249	>4.0	严重破坏
Ⅴ	台风	>249	>5.5	毁坏性破坏

台风和飓风的差别在于产生的海域不同而称谓不同。在大西洋、加勒比海地区和东太平洋地区的热带气旋称为飓风(hurricane),西太平洋地区及南海上的热带气旋称为台风(typhoon),印度洋地区称为旋风(cyclone)。它们本质相同,只是由于发生地不同而拥有了不同的名字。

2. 台风灾害的危害

每年的夏秋季节,我国毗邻的西北太平洋上会生成不少名为台风的猛烈风暴,有的消散于海上,有的则登上陆地,带来狂风暴雨。台风给人们的生产生活带来了巨大的破坏。

台风预警信号一共分四级,分别是:蓝色、黄色、橙色、红色。台风分级标准及应对方法如表 6-2 所示。

表 6-2　台风分级标准及应对方法

台风预警信号	分级标准	应对方法
蓝色	24 小时内可能或已受台风影响,平均风力达 6 级以上或阵风 8 级以上	做好防风准备,关注台风信息
黄色	24 小时内可能或已受台风影响,平均风力达 8 级以上或阵风 10 级以上	进入防风状态,停止户外大型集会,停课
橙色	12 小时内可能或已受台风影响,平均风力达 10 级以上或阵风 12 级以上	进入紧急防风状态,停止大型集会,停业停课,转移疏散,人员躲避
红色	6 小时内可能或已受台风影响,平均风力达 12 级以上或阵风 14 级以上	停止集会,停业停课,人员躲避

但是,科学研究发现,台风除了给登陆地区带来暴风雨等严重灾害外,也有一定的好处:它为人类带来了丰沛的淡水,凭着这巨大的能量流动使地球保持着热平衡,使人类安居乐业,生生不息。

3. 台风灾害的应急处置

在台风来临的不同时间阶段,我们可采取的应急措施也有所不同。

(1) 台风来临前的准备

① 及时收听、收看或上网查阅台风预警信息,了解政府的防台风行动对策。

② 关闭门窗,加固易被风吹动的搭建物。

③ 从危旧房屋中转移到安全处。

④ 处于可能受淹的低洼地区的居民要及时转移。

⑤ 检查电路、炉火、煤气等设施是否安全。

⑥ 幼儿园、学校应采取暂避措施,必要时停课。

(2) 台风来临时的避险

① 尽量不要外出。如果在外面,则不要在临时建筑物、广告牌、铁塔、大树等附近避风避雨。

② 如果开车的话,应立即将车开到地下停车场或隐蔽处。

③ 如果住在帐篷里,应立即收起帐篷,到坚固的房屋中避风。

④ 如果在结实的房屋里,应小心关好窗户,在窗玻璃上用胶布贴成"米"字图案,以防窗玻璃破碎。

⑤ 如果在水面上(如游泳),应立即上岸避风避雨。

⑥ 如遇打雷,要采取防雷措施。

⑦ 台风过后需要注意环境卫生,注意食物、水的安全。

⑧ 露天集体活动或室内大型集会应及时取消,并做好相关人员疏散工作。

⑨ 不要到台风经过的地区旅游或在海滩游泳,更不要乘船出海。

(3) 如何判断台风是否远离

当风雨骤然停止时,有可能是进入台风眼的现象,并非台风已经远离,短时间后狂风暴雨将会突然再发生。此后,风雨渐次减小,并变成间歇性降雨,慢慢地,风变小,云升高,雨渐停,这才是台风离开了。如果台风眼并未经过当地,但风向逐渐从偏北风变成偏南风,且风雨渐小,气压逐渐上升,云也逐渐消散,天气转好,这也表示台风正处于远离中。

6.1.4 寒潮灾害

1. 寒潮灾害的基本特征

强冷空气入侵或持续低温使农作物、动物、人类和设施因环境温度而受到损伤,并对生产生活等造成损害则称之为低温灾害。寒潮是一种常见低温灾害。什么是寒潮呢？寒潮是冬季的一种灾害性天气,群众习惯把寒潮称为寒流。所谓寒潮,是指来自高纬度地区的寒冷空气,在特定的天气形势下迅速加强并向中低纬度地区侵入,造成沿途地区大范围剧烈降温、大风和雨雪天气。这种冷空气南侵达到一定标准的就称为寒潮。

入侵中国的寒潮主要有三条路径：第一条是西路,从西伯利亚西部进入中国新疆,经河西走廊向东南推进；第二条是中路,从西伯利亚中部和蒙古国进入中国后,经河套地区和华中南下；第三条是东路,从西伯利亚东部或蒙古国东部进入中国东北地区,经华北地区南下。

2. 寒潮灾害的危害

寒潮是一种大型天气过程,寒潮造成的大面积降雪会导致沿途大范围的剧烈降温、大风和风雪天气,由寒潮引发的大风、霜冻、雪灾、雨凇等灾害对农业、交通、电力、航海以及人们的健康都有很大的影响。寒潮和强冷空气带来的大风、降温天气,是中国冬季半年主要的灾害性天气。寒潮大风对沿海地区威胁很大。

3. 寒潮灾害的应急处置

寒潮来临时的注意事项：

① 当气温发生骤降时,要注意添衣保暖,特别是要注意手、脸的保暖；

② 关好门窗,加固室外搭建物；

③ 外出时当心路滑跌倒；

④ 老弱病人,特别是心血管病人、哮喘病人等对气温变化敏感的人群尽量不要外出；

⑤ 注意休息,不要过度疲劳；

⑥ 采用煤炉取暖的家庭要提防煤气中毒；

⑦ 应关注天气预报,提前了解准确的寒潮消息或警报；

⑧ 事先对农作物、畜群等做好防寒准备。

6.1.5 冰雪灾害

1. 冰雪灾害的基本特征

降雪大到导致大范围积雪、暴风雪、雪崩或路面、水面、设施结冰,严重影响人畜健康与生存,或对交通、电力、通信系统等造成损害的自然灾害称为冰雪灾害。拉尼娜现象是造成低温冰雪灾害的主要原因之一。拉尼娜现象是厄尔尼诺现象的反相,指赤道附近东太平洋水温反常下降的一种现象,表现为东太平洋明显变冷,同时伴随着全球性气候紊乱,总是出现在厄尔尼诺现象之后。

人类对自然资源和环境的不合理开发和利用及全球气候系统的变化,也正在改变雪灾等气象灾害发生的地域、频率及强度分布。植被覆盖度的减少、裸地的增加,导致草地退化,为冰雪灾害灾情的放大提供了潜在条件。

2. 冰雪灾害的危害

研究表明,中国冰雪灾害东起渤海,西至帕米尔高原,南自高黎贡山,北抵漠河。纵横数千千米的国土,每年都受到不同程度冰雪灾害的影响。历史上我国的冰雪灾害不胜枚举。冰雪灾害多发生在山区,一般对人身和工农业生产的直接影响不大。其最大危害是对公路交通运输造成影响,由此造成一系列的间接损失。

3. 冰雪灾害的应急处置

① 非机动车驾驶员应给轮胎少量放气,增加轮胎与路面的摩擦力;
② 冰雪天气行车应减速慢行,转弯时避免急转以防侧滑,踩刹车不要过急过死;
③ 在冰雪路面上行车,应安装防滑链,佩戴有色眼镜或变色眼镜;
④ 路过桥下、屋檐等处时,要迅速通过或绕道通过,以免其上所结冰凌因融化突然脱落而伤人;
⑤ 在道路上撒融雪剂,以防路面结冰;
⑥ 及时组织扫雪。

6.2 常见地震地质灾害

6.2.1 地震灾害

1. 地震

地震(earthquake)俗称地动,实际上是地球构造运动的一种表现形式,它是地球内部介质运动的结果。如同刮风、下雨、洪涝、山崩、火山爆发一样,地震是经常发生的一种突发性自然现象。据统计,地球上每年平均要发生 500 万次地震,其中人们能感觉到的有 5 万多次,会给人类社会造成不同程度破坏的约有 1000 次,而形成严重灾害的 7 级以上地震平均每年约 20 次,8 级或 8 级以上的特大地震每年 1~2 次。

2. 地震灾害及相关概念

地壳快速释放能量过程中造成强烈地面振动及伴生的地面裂缝和变形,对人类生命安全、建(构)筑物和基础设施等财产、社会功能和生态环境等造成损害的自然灾害被称为地震灾害。

(1) 地震波

地震发生时,激发出一种向四周传播的弹性波,称为地震波(earthquake wave)。地震波主要包含纵波(P 波)和横波(S 波)。纵波能引起地面上下颠簸振动,横波引起地面的水平晃动。横波是地震时造成建筑物破坏的主要原因。由于纵波在地球内部传播速度大于横波,所以地震时,纵波总是先到达地表,人们先感到上下颠簸,数秒到十几秒后才感到有很强的水平晃动。纵波的到达,警告人们应尽快做好防备。

地震有强有弱。用来衡量地震强度大小的"尺子"有两把:一个是地震震级,另一个是地震烈度。

(2) 地震震级

地震震级(earthquake magnitude)是根据地震时释放能量的多少来划分的,可以通过地震仪记录的地震波形计算得出。震级越高,表明地震释放的能量越多。一次地震只有一个震级。各国和各地区的地震分级标准不尽相同,大家较为熟悉的震级标准叫"里氏震级"。里氏震级(M_L),又称地方震震级,是查尔斯·里克特(1900—1985)[①]根据地震波振幅随传播距离的衰减规律给出的用特定仪器确定地震震级的方法。该方法只能用于浅源地近震(震中距小于 600 km)。对于远震,引入了面波震级(M_S)。面波震级是根据面波计算出来的震级,是通用的震级。

(3) 地震烈度

地震烈度(seismic intensity)是指地面及房屋等建筑物受地震影响和破坏的程度,用"度"来表示。地震烈度与震级大小、震中距离、震源深度和地质条件等因素有关。对同一个地震而言,因其对不同地方的影响程度不同,故各地方所表现的烈度大小也不一样。一般而言,距离震中近的地方破坏大,烈度高;距离震中远的地方破坏小,烈度低。

烈度的大小是根据人的感觉、室内物体设施的反应、建筑物的破坏程度以及地面的破坏现象等综合评定的。用来划分地震烈度的标准是地震烈度表。根据《中国地震烈度表》(GB/T 17742—2008)规定,地震烈度分为 12 个等级,分别为 Ⅰ、Ⅱ、Ⅲ、Ⅳ、Ⅴ、Ⅵ、Ⅶ、Ⅷ、Ⅸ、Ⅹ、Ⅺ、Ⅻ,依次反映地震及其破坏从弱到强的程度。中国地震烈度评定如表 6-3 所示。

---

① 还有文献记载里氏震级是里克特和古登堡于 1935 年共同提出的震级标度。

表 6-3 中国地震烈度

地震烈度	人的感觉	房屋震害		平均震害指数	其他震害现象	水平向地震动参数	
		类型	震害程度			峰值加速度/(m·s^{-2})	峰值速度/(m·s^{-1})
Ⅰ	无感	—	—	—	—	—	—
Ⅱ	室内个别静止中的人有感觉	—	—	—	—	—	—
Ⅲ	室内少数静止中的人有感觉	—	门、窗轻微作响	—	悬挂物微动	—	—
Ⅳ	室内多数人、室外少数人有感觉,少数人梦中惊醒	—	门、窗作响	—	悬挂物明显摆动,器皿作响	—	—
Ⅴ	室内绝大多数、室外多数人有感觉,多数人梦中惊醒	—	门窗、屋顶、屋架颤动作响,灰土掉落,个别房屋墙体抹灰出现细微裂缝,个别屋顶烟囱掉砖	—	悬挂物大幅度晃动,不稳定器物摇动或翻倒	0.31 (0.22~0.44)	0.03 (0.02~0.04)
Ⅵ	多数人站立不稳,少数人惊逃户外	A	少数中等破坏,多数轻微破坏和(或)基本完好	0.00~0.11	家具和物品移动;河岸和松软土出现裂缝,饱和砂层出现喷砂冒水;个别独立砖烟囱轻度裂缝	0.63 (0.45~0.89)	0.06 (0.05~0.09)
		B	个别中等破坏,少数轻微破坏,多数基本完好				
		C	个别轻微破坏,大多数基本完好	0.00~0.08			
Ⅶ	大多数人惊逃户外,骑自行车的人有感觉,行驶中的汽车驾乘人员有感觉	A	少数毁坏和(或)严重破坏,多数中等破坏和(或)轻微破坏	0.09~0.31	物体从架子上掉落;河岸出现塌方,饱和砂层常见喷水冒砂,松软土地上地裂缝较多;大多数独立砖烟囱中等破坏	1.25 (0.90~1.77)	0.13 (0.10~0.18)
		B	少数中等破坏,多数轻微破坏和(或)基本完好				
		C	少数中等和(或)轻微破坏,多数基本完好	0.07~0.22			
Ⅷ	多数人摇晃颠簸,行走困难	A	少数毁坏,多数严重和(或)中等破坏	0.29~0.51	干硬土上亦出现裂缝,饱和砂层绝大多数喷砂冒水;大多数独立砖烟囱严重破坏	2.50 (1.78~3.53)	0.25 (0.19~0.35)
		B	个别毁坏,少数严重破坏,多数中等和(或)轻微破坏				
		C	少数严重和(或)中等破坏,多数轻微破坏	0.20~0.40			

续表

地震烈度	人的感觉	房屋震害 类型	房屋震害 震害程度	平均震害指数	其他震害现象	水平向地震动参数 峰值加速度/(m·s^{-2})	水平向地震动参数 峰值速度/(m·s^{-1})
Ⅸ	行动的人摔倒	A	多数严重破坏和(或)毁坏	0.49~0.71	干硬土上多处出现裂缝,可见基岩裂缝、错动、滑坡、塌方常见;独立砖烟囱多数倒塌	5.00 (3.54~7.07)	0.50 (0.36~0.71)
Ⅸ	行动的人摔倒	B	少数毁坏,多数严重和(或)中等破坏	0.49~0.71	干硬土上多处出现裂缝,可见基岩裂缝、错动、滑坡、塌方常见;独立砖烟囱多数倒塌	5.00 (3.54~7.07)	0.50 (0.36~0.71)
Ⅸ	行动的人摔倒	C	少数毁坏和(或)严重破坏,多数中等和(或)轻微破坏	0.38~0.60	干硬土上多处出现裂缝,可见基岩裂缝、错动、滑坡、塌方常见;独立砖烟囱多数倒塌	5.00 (3.54~7.07)	0.50 (0.36~0.71)
Ⅹ	骑自行车的人会摔倒,处不稳状态的人会摔离原地,有抛起感	A	绝大多数毁坏	0.69~0.91	山崩和地震断裂出现,基岩上拱桥破坏;大多数独立砖烟囱从根部破坏或倒毁	10.00 (7.08~14.14)	1.00 (0.72~1.41)
Ⅹ	骑自行车的人会摔倒,处不稳状态的人会摔离原地,有抛起感	B	大多数毁坏	0.69~0.91	山崩和地震断裂出现,基岩上拱桥破坏;大多数独立砖烟囱从根部破坏或倒毁	10.00 (7.08~14.14)	1.00 (0.72~1.41)
Ⅹ	骑自行车的人会摔倒,处不稳状态的人会摔离原地,有抛起感	C	多数毁坏和(或)严重破坏	0.58~0.80	山崩和地震断裂出现,基岩上拱桥破坏;大多数独立砖烟囱从根部破坏或倒毁	10.00 (7.08~14.14)	1.00 (0.72~1.41)
Ⅺ	—	A	绝大多数毁坏	0.89~1.00	地震断裂延续很长;大量山崩滑坡	—	—
Ⅺ	—	B	绝大多数毁坏	0.89~1.00	地震断裂延续很长;大量山崩滑坡	—	—
Ⅺ	—	C	绝大多数毁坏	0.78~1.00	地震断裂延续很长;大量山崩滑坡	—	—
Ⅻ	—	A	几乎全部毁坏	1.00	地面剧烈变化,山河改观	—	—
Ⅻ	—	B	几乎全部毁坏	1.00	地面剧烈变化,山河改观	—	—
Ⅻ	—	C	几乎全部毁坏	1.00	地面剧烈变化,山河改观	—	—

表 6-3 中相关名词解读:

① 评定地震烈度时,Ⅰ~Ⅴ度应以地面上以及底层房屋中的人的感觉和其他震害现象为主;Ⅵ~Ⅹ度应以房屋震害为主,参照其他震害现象;Ⅺ度和Ⅻ度应综合房屋震害和地表震害现象。

② 震害指数和平均震害指数

● 震害指数(damage index),是房屋震害程度的定量指标,以 0.00~1.00 的数字表示由轻到重的震害程度。

● 平均震害指数(mean damage index),是指同类房屋震害指数的加权平均值,即各级震害的房屋所占比率与其相应的震害指数的乘积之和。

震害程度与平均震害指数评定结果不同时,应以震害程度评定结果为主,并综合考虑不同类型房屋的平均震害指数。

震害指数与房屋破坏等级相对应。房屋破坏等级分为基本完好、轻微破坏、中等破坏、严重破坏和毁坏五类。其定义和对应的震害指数 d 如下:

● 基本完好,指承重和非承重构件完好,或个别非承重构件轻微损坏,不加修理可继续使用。对应的震害指数范围为 $0.00 \leqslant d < 0.10$。
- 轻微破坏,指个别承重构件出现可见裂缝,非承重构件有明显裂缝,不需要修理或稍加修理即可继续使用。对应的震害指数范围为 $0.10 \leqslant d < 0.30$。
- 中等破坏,指多数承重构件出现轻微裂缝,部分有明显裂缝,个别非承重构件破坏严重,需要一般修理后可使用。对应的震害指数范围为 $0.30 \leqslant d < 0.55$。
- 严重破坏,指多数承重构件严重破坏,非承重构件局部倒塌,房屋修复困难。对应的震害指数范围为 $0.55 \leqslant d < 0.85$。
- 毁坏,指多数承重构件严重破坏,房屋结构濒于崩溃或已倒毁,已无修复可能。对应的震害指数范围为 $0.85 \leqslant d < 1.00$。

③ 数量词的界定

数量词采用个别、少数、多数、大多数和绝大多数,其范围界定如下:个别为10%以下;少数为10%~45%;多数为40%~70%;大多数为60%~90%;绝大多数为80%以上。

④ 房屋类型

用于评定烈度的房屋,包括三种类型:

a类:木构架和土、石、砖墙建造的旧式房屋;

b类:未经抗震设防的单层或多层砖砌体房屋;

c类:按照Ⅶ度抗震设防的单层或多层砖砌体房屋。

⑤ 峰值加速度和峰值速度

- 峰值加速度(peak acceleration),是地震震动过程中,地表质点运动的加速度最大绝对值。
- 峰值速度(peak velocity),是地震震动过程中,地表质点运动的速度最大绝对值。

(4) 震源、震中、震中距、震源深度

地震震动的发源处称为震源;地面上与震源正对着的地方,称为震中;地面上其他地点到震中的距离,称为震中距;从震中到震源的垂直距离,称为震源深度。

3. 地震灾害危害

我国位于环太平洋和喜马拉雅世界两大地震带的交汇部位,大地构造位置决定了我国是世界上地震活动最强烈和地震灾害最严重的国家之一。

我国人口占全球人口的1/5左右,面积占全球面积的1/15,而陆地地震占全球同类地震的1/3左右。中华人民共和国成立以来,除浙江和贵州外,全国其他省份均发生过破坏性地震。20世纪全球大陆35%的7级以上地震发生在我国,全球因地震死亡120余万人,我国占59万人。我国大陆地区,大多位于地震烈度Ⅵ度以上区域,其中50%的国土面积位于Ⅶ度以上的地震高烈度区域,包括23个省会城市和2/3的百万人口以上的大城市。

我国地震活动在空间分布上具有很强的不均匀性,它们往往集中发生在某些地区或某些地带上。空间不均匀性最明显的表现是地震成带分布,各地震区地震活动也不均匀。

根据地震活动,我国可划分为8个地震区:① 台湾地震区,指台湾地区及附近海域;② 青藏高原地震区,主要指西藏、四川西部和云南中西部;③ 西北地震区,主要指河西走廊、青海、宁夏、天山;④ 华北地震区,主要指太行山两侧、汾渭河谷、阴山燕山带、山东中部和渤海湾;

⑤ 华南地震区,主要指福建、广东、广西等地;⑥ 东北地震区;⑦ 华中地震区;⑧ 南海地震区。大地震主要分布在前五个地震区。台湾地震区和青藏高原地震区分别位于环太平洋地震带和地中海—喜马拉雅地震带上。

我国地震活动亦呈带状分布,大致划分为 23 个地震带。其中:

A. 单发式地震带:① 郯城—庐江带;② 燕山带;③ 山西带;④ 渭河平原带;⑤ 银川带;⑥ 六盘山带;⑦ 滇东带;⑧ 西藏察隅带;⑨ 西藏中部带;⑩ 东南沿海带。

B. 连发式地震带:⑪ 河北平原带;⑫ 河西走廊带;⑬ 天山—兰州带;⑭ 武都—马边带;⑮ 康定—甘孜带;⑯ 安宁河谷带;⑰ 腾冲—澜沧带;⑱ 台湾西部带;⑲ 台湾东部带。

C. 活动方式未定的地震带:⑳ 滇西带;㉑ 塔里木南缘带;㉒ 南天山带;㉓ 北天山带。

据统计,20 世纪我国每个省(自治区、直辖市)均曾发生过 5 级以上地震,有 22 个曾发生过 6 级以上地震,有 14 个曾发生过 7 级以上地震,如果从有史料记载以来计算,则有 20 个省(自治区、直辖市)曾遭 7 级以上地震袭击。

并不是所有的地震都会造成灾害。地震种类不同,危害程度也不同。

(1) 地震的种类

地震的种类有很多,从不同的角度可以分成不同的类型,如图 6-1 所示。

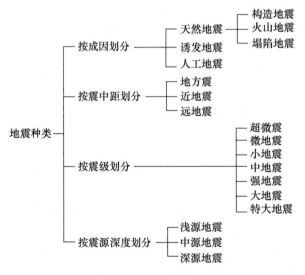

图 6-1 地震的分类

① 按成因划分,可分为天然地震、诱发地震和人工地震三类。天然地震是自然界发生的地震,包括构造地震、火山地震及塌陷地震。构造地震是由于地下岩层错动和破裂所造成的地震,全球 90% 以上的天然地震都是构造地震;火山地震是由于火山喷发或气体爆炸等引起的地震,占全球天然地震总数的 7%;塌陷地震是由于地层陷落或矿坑下塌等原因引起的地震,约占总数的 3%。诱发地震是在特定的地区因某种地壳外界因素诱发而引起的地震,其中比

较常见的是由矿山冒顶、水库蓄水引发的地震。人工地震是人类的工程活动引发的地震,如爆破、核爆炸、物体坠落等。

② 按震中距大小不同划分,可分为地方震(震中距小于 100 km)、近地震(震中距 100～1000 km)和远地震(震中距 1000 km 以上)。

③ 按震级大小不同划分,可分为超微震(震级小于 1 级)、微地震(震级大于或等于 1 级小于 3 级)、小地震(也叫有感地震,震级大于或等于 3 级小于 4.5 级)、中地震(震级大于或等于 4.5 级小于 6 级)、强地震(震级大于或等于 6 级小于 7 级)、大地震(震级大于或等于 7 级)和特大地震(震级大于或等于 8 级)。迄今为止,世界上记录到最大的地震为 8.9 级。

④ 按震源深度划分,可分为浅源地震(震源深度小于 60 km)、中源地震(震源深度为 60～300 km)和深源地震(震源深度大于 300 km)。目前记录到的地震中最深震源达 720 km。地球上 75% 以上的地震是浅源地震。

我国多大的地震会造成灾害?一般而言,4.0 级以上地震就可能造成房屋破坏,有时甚至造成人员死亡。有时候小地震可能导致大灾害,例如,2012 年 9 月云南彝良 5.7 级地震及其引发的滑坡、崩塌等造成 81 人死亡。有时大地震也会造成小损失,例如,2014 年 10 月 7 日云南省普洱市景谷傣族、彝族自治州发生 6.6 级地震,造成 1 人死亡。

(2) 地震伤亡的主要影响因素

① 活断层。

地壳岩层因受力超过岩石的抗拉或抗剪强度而发生破裂,并沿破裂面有明显相对移动的构造或强线性流变带称断层。地震往往是由断层活动引起的,是断层活动的一种表现,所以地震和断层的关系十分密切。与地震发生关系最为密切的是在现代构造环境下曾有活动的那些断层,即活断层。活断层一般是指晚更新世(约 10 万年前)以来曾经活动、未来仍可能活动的断层。按照其运动性质的不同,活断层有走滑断层、正断层和逆断层以及其他的一些过渡类型。活断层活动方式有两类:一类是快速的错动,称为黏滑;另一类是缓慢的蠕动,称为蠕滑或平滑。

● 走滑断层,也是平移(或平推、平错)断层,是走向滑动断层的简称,其特点是两盘的地层上下部位没有相对变化,但在水平方向沿断层两边发生了相对错移。当观察者站在断层的一盘,面对着另一盘,若看到对面一盘是向左手方向移动,则称为左旋(或左)平移断层;反之,若看到对面一盘是向右手方向移动,则称为右旋(或右)平移断层。

● 正断层,是断层形成后上盘相对下降、下盘相对上升的断层。其特点是断层的一盘顺重力的趋势往下滑动,使时代较新的地层居于较低的层位,断层面倾角较陡,通常在 45°以上。

● 逆断层,又称逆冲断层,其特点与正断层相反,由于水平挤压作用,逆重力上冲把时代较新的地层推到较高的层位。

● 黏滑错动,是两侧岩石在长期黏结后断层面突然发生的快速错动(相对位移)。断层运动速度大约在几秒至十几秒钟。

● 蠕滑错动,是断裂两盘岩块在长时间内相对作极其缓慢的平稳滑动。断层的蠕滑错动一般发生在断层的某一段落，运动速度极慢，不易被人察觉。

② 建筑。

地震伤亡与当地建筑有着密切关系。俗话说杀人的不是地震，而是建筑。从 2017 年 8 月九寨沟地震的报道来看，人员伤亡主要是建筑物倒塌和山体滑坡的巨石造成的。相关资料显示，地震中人员伤亡总数 95% 以上是由房屋倒塌造成的，仅有不足 5% 是直接由地震及地震引发的水灾、海啸和山体滑坡等次生灾害导致。①

4. 地震应急工作

我国现代地震应急工作始于 1966 年 3 月的邢台地震，当时周恩来总理曾做出"牢记血的教训，开展地震预报预防"的指示。邢台地震后，20 多年的时间里，地震应急一直是作为一种临时性的行为，而不是作为一个体系。

地震应急作为科学的一个学术分支，其提出在 20 世纪 80 年代后期，但当时仅仅提出了一个基本概念，并没有实质性的内容。其最早的理论基础和技术基础主要脱胎于震害防御系统，包括风险、保险、评估等技术和概念。

1991 年，《国内破坏性地震应急反应预案》的问世是当时地震应急理论成果的一次集中体现。1995 年国务院颁布实施了《破坏性地震应急条例》，搭建了地震应急理论框架和体系内涵。1997 年是地震应急工作的一个重要年份，我国第一个地震应急的专门实体系统"中国地震应急信息快速响应系统"被提出，并立项开始建设，这个系统是地震应急指挥技术系统的前身。2000 年，地震应急工作正式作为防震减灾三大工作体系登上历史舞台，建设初期主要是体系架构的搭建，包括救援队、应急工作队、全国指挥技术系统。2001 年 4 月成立了国家地震灾害紧急救援队。2002 年 9 月成立了地震现场科学考察应急工作队。

5. 地震灾害应急处置

(1) 震后救活率统计

据统计，震后伤亡人员中有 50% 立即伤亡，30%~40% 因未获得及时救助而死亡，10%~20% 因次生灾害陆续死亡。被救出的人员中 60%~80% 是灾区当地人民救出的，其余的来自外部救援。

地震发生后数小时至 72 小时是从残垣断壁中救人的关键时段。无数的事实已经表明，震后及时采取科学、迅速、有针对性的应急措施是减少人员伤亡的有效方法之一。因此，需掌握必要的地震应急技能，在地震来临时，争取成功自救。

(2) 地震发生时如何自救？

破坏性地震从人感觉地在震动到建筑物被破坏平均只有 12 s。因此，在这短短的时间内

---

① 杀人的不是地震，而是建筑. (2017-08-09)[2019-05-1]. http://www.sohu.com/a/163435571_498867.

千万不可以惊慌失措,要保持冷静,根据所处环境迅速做出保障安全的抉择:[①]

① 卧室。

千万别钻床底下。地震后房屋倒塌有时会在室内形成三角空间,这些地方是人们得以幸存的相对安全地点,可称其为避震空间,它包括床沿下、坚固家具下、内墙墙根、墙角等开间小的地方。以前人们认为钻到床底下最安全,但床底下能躲不能逃,并非最佳的躲藏之处。

躲开头上悬挂物。要选择上面没有悬挂物、附近没有电源插头的地方,以防上面的悬挂物落下砸伤及电源线着火引发的次生灾害。

绝不能进衣柜。唐山地震时,有人钻进衣柜躲藏,几天后救援队发现时,人的身体是完好的,但已经窒息而死了。

把门打开。躲藏地点离门近点,门最好打开,可以背靠在门框上,手抱头,待地震结束时准备随时转移,为逃生准备活路。

② 客厅。

把客厅当成转移地带。客厅是四通八达且没有堆积物的地方,地震中应把客厅当成安全的转移地带。把逃生用具放在客厅明显处。中国人的传统习惯是将逃生用具锁在柜子深处,一旦用到时却发挥不了作用。逃生用具应放在客厅明显处,方便各个房间的人拿起就跑。

③ 卫生间。

如果地震发生时,恰好在卫生间,那么生存概率要大很多。地震时,空间尺度越小的房间越安全;尺度越大,震动越大,越容易倒塌。卫生间的墙多是承重墙,房顶坠落物少,相对更安全。

水源很重要。守着水源是卫生间的一大优势,唐山地震时有人靠水维持了很长时间。

人不要扎堆。都知道卫生间最安全,但地震发生时,切莫全家人都一起躲在卫生间,分散躲藏可以增加生存概率。因为,地震时哪里最安全并不确定,只是相对的安全,人员分散躲藏意味着总有人在外面以防万一,可以在震后及时展开救援。

④ 高楼。

远离高层楼的窗户。地震时,高层楼面向马路的那面墙很不稳定,高层楼的窗户更要远离。现在的楼一般都是框架式结构,砖起到的作用是隔风隔雨,但不承重。地震时,常常是框架在,墙没了,如果人躲在窗户下,很容易被甩出去。

千万不能乘电梯。地震发生时,千万不能使用电梯。一旦断电,就会卡在里面出不来。万一在搭乘电梯时遇到地震,可将操作盘上各楼层的按钮全部按下,一旦停下,迅速离开电梯,确认安全后避难。

往哪儿跑要看情况。地震发生后,一定要往下跑吗?答案是不一定。尤其是对于住在高

---

① 地震自救手册,关键时刻能救命!(2019-03-09)[2019-06-01]. http://www.emerinfo.cn/2019-03/09/c_1210076986.htm.

楼层的住户而言,往哪儿跑的原则应该是就近——离地面近就往地面跑,离楼顶近就往楼顶跑。总之,"见天见地"都能够和外界接触,相对更安全。

确认逃生通道还是过火通道。逃生时,一定要走逃生通道。高楼本身就是拔火罐,现在的高楼在设计时,有的设计了专门的过火通道,是用于疏通火情的,千万要分清楚。

逃生绳使用分人群。有的家庭备有逃生设备,比如速降绳,使用时一定要在一轮地震波结束后的平静期。需要注意的是,使用速降绳的人一定是经过训练的,速降过程中需要脚的借力支撑,否则跟跳楼没什么区别,只是多了根绳而已。

⑤ 矮楼。

砖混楼更容易坍塌。在同等条件下比较,砖混结构的主要承重材料砖砌体为脆性材料,抗震性能较差,框架结构稍胜之。地震发生后,住在砖混楼里面的人应更主动地寻找机会,迅速撤离。

一定要按顺序逃离。2008年在汶川地震现场救援时发现,一些楼内的遇难人员是在过道、楼梯或者屋门口附近发现的。这表明地震时人们在外逃,但是还来不及到达安全地点就被倒塌的房屋掩埋。地震时,群体一定要按顺序逃离,前面的人为后面的人逃生留下时间。

低楼层也不能跳楼。住在一、二层楼,也不要选择跳楼逃生,跳楼不仅会造成骨折,还会被高处坠落的重物砸伤。

⑥ 平房。

室内坠物最危险。住平房的居民,如地震发生时在室内,应立即躲到炕沿、墙根下、桌子及床下。要尽量利用身边物品,如棉被、枕头等保护住头部。因为平房内空间狭窄,屋内东西多且多放置于高处,地震时很容易造成坠落伤害。

逃出谨防断电线。若正处在门边、窗边,且窗外无其他危险建筑,可立即逃到院子中间空地上。平房区电线凌乱,地震时火灾发生率特别高,尤其要防范。

最大的危险是街道。平房胡同内路面狭窄,四处皆是自建房,倒塌的房屋可能把路面覆盖住,逃生之路并不顺畅。

最不可取的行为。千万不要躲在房梁下,不要躲在窗户边。切忌逃出后又返回取财物。

⑦ 学校。

课桌就是救命稻草。正在学校上课时,如果发生地震,要在教师指挥下迅速抱头,躲在各自的课桌下。

有序撤离,远离楼转角。震后要按照平时的逃生训练,在老师安排下有序地向教室外面转移。撤离过程中,在楼梯转角处最容易发生踩踏事件,要有序通过。

操场最安全。在操场或室外时,可原地不动蹲下,双手护住头部,注意避开高大建筑物或危险物。

⑧ 汽车。

千万别躲在车里。汽车看起来很结实,但其实只是薄薄的一层,不堪一击。发生大地震时,如果在驾车,汽车会像轮胎泄了气似的,无法把握方向盘,难以驾驶。此时应避开十字路口,将车子靠路边停下,然后立即下车抱头蹲在车边。

抓牢扶手,降低重心。如果地震时正坐在行驶的电(汽)车内,那么只好就地抓牢扶手,降低重心,躲在座位附近。

⑨ 公共场所。

千万不要慌乱涌向出口。能否逃离,一切取决于是否有良好的制度保障。震后,公共场所一片漆黑,惊恐的嚎叫声四处而起。千万不要慌乱涌向出口,避开人流的拥挤,避免被挤到墙或栅栏处。

躲在近处的大柱子旁边。与其乱冲乱撞,不如就地蹲下或趴在排椅下,避开吊灯、电扇等悬挂物,保护好头部。在商场、书店、展览馆、地铁等处应选择结实的柜台或柱子边以及内墙角等处就地蹲下。

此外,远离玻璃橱窗、门窗或玻璃柜台;避开高大不稳或摆放重物、易碎品的货架;避开广告牌、吊灯等悬挂物。

⑩ 户外。

就近选择开阔地。立即蹲下或趴下,以免摔倒;不要乱跑,避开人多的地方。

避开高大建筑物。要躲开建筑物,特别是有玻璃幕墙的高大建筑;不要停留在过街天桥、立交桥的上面和下方。

避开危险物、高耸物或悬挂物。要注意躲开广告牌、街灯、物料堆放处;要避开变压器、电线杆、路灯等;还应该注意自动售货机翻倒伤人。

避开其他危险场所。避开狭窄的街道、危旧房屋、围墙、女儿墙、高门脸、雨篷下等处,还要注意避开高压线和下水道。

要保护好头部。在繁华街、楼区,最危险的是玻璃窗、广告牌等物坠落砸伤人,要注意用手或手提包等物保护好头部。

⑪ 海边。

越高越好,越远越好。在海岸边,有遭遇海啸的危险。感知地震或听到海啸警报的话,要尽快向远离海岸线的地方转移,以避免地震可能产生的海啸的袭击。要往高处跑,越高越好。

如果海啸时你在船上,那么就随船往深海走,因为发生海啸时越在边上越危险。

总之,就是掌握七不要:①

a. 不要惊慌,伏而待定。
b. 不要站在窗户边或阳台上。
c. 不要跳楼、跳车或破窗而出。如果在平房,地震时,门变形打不开,可以"破窗而出"。
d. 不要乘坐电梯。
e. 不要因寻找衣物、财物耽误逃生时间。

---

① 地震中要做到什么不要?(2019-5-20)[2019-6-2]. http://www.emerinfo.cn/2019-05/20/c_1210138809.htm.

f. 不要躲避在电线杆、路灯、烟囱、高大建筑物、立交桥、玻璃建筑物、大型广告牌及悬挂物、高压电设施、变压器附近。

g. 不要在石化、煤气等易爆、有毒的工厂或设施附近。不要位于明火的下风。

6.2.2 滑坡、崩塌、泥石流灾害

1. 滑坡、崩塌、泥石流灾害基本特征

滑坡是指斜坡部分岩(土)体主要在重力作用下发生整体下滑,对人类生命财产造成损害的自然灾害。例如,2019年3月15日,山西乡宁山体滑坡致楼房坍塌,导致7人死亡、13人失联。

与滑坡关系十分密切的有崩塌和泥石流灾害。

崩塌是指陡崖前缘的不稳定部分主要在重力作用下突然下坠滚落,对人类生命财产造成损害的自然灾害。滑坡和崩塌如同孪生姐妹,甚至有着无法分割的联系。它们常常相伴而生,产生于相同的地质构造环境中和相同的地层岩性构造条件下,且有着相同的触发因素,容易产生滑坡的地带也是崩塌的易发区。例如,宝成铁路宝鸡至绵阳段,即是滑坡和崩塌多发区。另外,滑坡和崩塌也有着相同的次生灾害和相似的发生前兆。

泥石流是指由暴雨或水库、池塘溃坝或冰雪突然融化形成强大的水流,与山坡上散乱的大小石块、泥土、树枝等裹在一起后,在沟谷内或斜坡上生成快速运动的特殊流体,对人类生命财产造成损害的自然灾害。典型泥石流发生机理如图6-2所示。

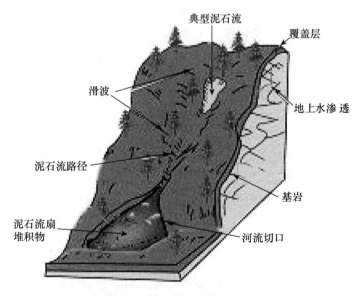

图6-2 典型泥石流发生机理

2. 滑坡、崩塌、泥石流灾害危害

滑坡、崩塌与泥石流的关系也十分密切。易发生滑坡、崩塌的区域也易发生泥石流,只不

过泥石流的暴发多了一项必不可少的水源条件。再者,崩塌和滑坡的物质经常是泥石流的重要固体物质来源。滑坡、崩塌还常常在运动过程中直接转化为泥石流,或者滑坡、崩塌发生一段时间后,其堆积物在一定的水源条件下生成泥石流,即泥石流是滑坡和崩塌的次生灾害。

3. 滑坡、崩塌、泥石流灾害应急处置

(1) 如何判断是否发生了山洪泥石流

在及时认真收听是否有暴雨的天气预报的前提下,可以根据山洪泥石流的前兆来判断。

① 第一是看。观察到河(沟)床中正常流水突然断流或洪水突然增大并伴有较多的柴草树木,可确认河(沟)上游已形成泥石流。

② 第二是听。深谷或沟内传来类似火车轰鸣声或闷雷声,哪怕极其微弱,也可认定泥石流正在形成。另外,沟谷深处变得昏暗并伴有轰鸣声或轻微的振动声,也说明沟谷上游已发生泥石流。

泥石流固然可怕,但只要我们抓住泥石流发生和行进的规律,采取必要的防范措施,可以将泥石流造成的损失降到最低。因此,在山区建设工作中必须把泥石流的因素考虑进去。在泥石流多发季节,不要到泥石流多发山区去旅游。

(2) 面对泥石流如何防范

① 生活在泥石流多发地区的居民要随时注意暴雨预警预报,选好躲避路线,避免到时措手不及,留心周围环境,特别警惕远处传来的土石崩落、洪水咆哮等异常声响,积极做好防范泥石流的准备。

② 在上游地区的人,如果发现了泥石流迹象,应设法立即通知泥石流可能影响的下游村庄、学校、厂矿等,以便及时躲避泥石流。

③ 发生泥石流时,不要留恋财物,要听从指挥,迅速撤离危险区。

④ 在沟谷内逗留或活动时,一旦遭遇大雨、暴雨,要迅速转移到安全的高地,不要在低洼的谷底或陡峭的山坡下躲避、停留。

⑤ 发现泥石流袭来时,千万不要顺沟方向往上游或下游跑,向与泥石流方向垂直的两边山坡上面爬,且不要停留在凹坡处。

⑥ 千万不要在泥石流中横渡。

⑦ 在泥石流发生前已经撤出危险区的人,千万不要返回收拾物品或锁门。

⑧ 尽快与有关部门取得联系,报告自己的方位和险情,积极寻求救援。

(3) 在山区旅游时如何躲避泥石流

① 在泥石流多发季节(比如夏季)内,尽量不要到泥石流多发的山区旅游。

② 出行前收听当地天气预报,在大雨天或在连续几天阴雨、当天仍有雨的情况下不要贸然成行,进入山区沟谷旅游。

③ 最好聘请一位当地向导,从而可避开一些地质不稳定的地区。

④ 准备一些必要的食品、药品、饮用水以及救生用的器材。

⑤ 野外扎营时,要选择平整的高地作为营址,尽量避开有滚石和大量堆积物的山坡下或

山谷、沟底。

⑥ 在沟谷内游玩时,一旦遭遇大雨、暴雨,要迅速转移到安全的高地,不要在低洼的谷底或陡峭的山坡下躲避、停留。

⑦ 碰上泥石流,不能沿沟向下或向上跑,而应向两侧山坡上跑,离开沟道、河谷地带。但注意不要在土质松软、土体不稳定的斜坡停留,应选择在基底稳固又较为平缓开阔的地方停留。

⑧ 暴雨停止后,不要急于返回沟内住地,应等待一段时间。

6.2.3 地面塌陷

1. 地面塌陷基本特征

地面塌陷是指地面因采空塌陷或岩溶塌陷,对人类生命财产造成损害的自然灾害。

2. 地面塌陷应急处置

① 采取措施,减少地表水的下渗。首先,应注意雨季前疏通地表排水沟渠,降雨季节时刻提高警惕,加强防范意识,发现异常情况及时躲避;其次,加强地下输水管线的管理,发现问题及时解决;再次,做好地表和地下排水系统的防水工作,特别应加强居民厨房下水道的防水。

② 合理采矿,预留保护煤柱。合理科学的采矿方案,可以防止或减少塌陷的发生,特别是小煤窑不能影响国矿的安全和开采规划。

③ 加强采空区的地质工程勘察工作。地面塌陷的不断发生,另一个原因是采空区上的地质工程勘察工作做得不够,应加强采空区的地质工程勘察工作。

④ 防治结合,加强工程自身防护能力。在采空区进行工程建设时,应尽可能绕避最危险的地方。对不能绕避的塌陷区、采空区,根据实际情况采取压力灌浆等工程措施,对已坍塌的地区进行填堵、夯实,条件许可时还可采取直梁、拱梁、伐板等方法跨越塌陷坑。设计时要加强建筑物的整体刚度和整体性,并加强工程本身的防护能力,如采取缩短变形缝、防渗漏等措施。

6.3 常见煤矿安全事故

6.3.1 煤矿安全事故基本特征

煤是最主要的固体燃料,是可燃性有机岩的一种。它是由一定地质年代生长的繁茂植物,在适宜的地质环境中,逐渐堆积成厚层,并埋没在水底或泥沙中,经过漫长地质年代的天然煤化作用而形成的。煤矿是人类在开掘富含有煤炭的地质层时所挖掘的合理空间,通常包括巷道、井硐和采掘面等。常见的煤矿生产安全事故主要有五类:

① 瓦斯爆炸事故(煤与瓦斯突出)。瓦斯是指井下各种有毒、易燃易爆的气体。瓦斯爆炸事故是可燃性气体甲烷与空气混合形成的混合物浓度达到爆炸极限,接触火源而引起的化学

性爆炸。

瓦斯爆炸的三个条件：瓦斯浓度在爆炸界限内，一般为5%～16%；混合气体中的氧气浓度不低于12%；有足够能量的点火源，一般为650～750℃。

② 煤尘爆炸事故（瓦斯与煤尘爆炸）。煤尘是指能爆炸的煤尘和浓度达到可以导致尘肺的煤尘。

煤尘爆炸的三个条件：煤尘本身具有爆炸性，且煤尘浮游在空气中并达到一定浓度（45～2000 g/cm³）；有能引起爆炸热源的存在（610～1050℃）；氧气浓度不低于18%。

③ 矿井火灾事故（外因火灾和内因火灾，又称为明火火灾和自燃火灾）。巷内火灾是煤矿事故中最坏的情况。与一般的火灾不同，矿井周围有大量可燃物（煤）存在。若巷道被热及烟堵住出口，同时发生缺氧的情况，通常会造成重大伤亡。

④ 矿井水灾事故（突水或透水）。指在地下开采或其他巷道作业时，或地下水层在水压、矿压的作用下，地下水突然涌入矿井、巷道而造成的伤亡事故，不包括地面水害事故。一般发生在水底（海底、湖泊或水库附近）的矿区，是比巷内火灾更糟糕的情况，几乎没有生还的可能。大量洪水在很短的时间内将巷道吞没，造成全体工作人员死亡。通常生还者无法救援、遗体无法回收，巷道也同样被放弃。

在承压水上采煤和小煤窑破坏区复采，也有可能发生突水、透水事故。井下突水和小煤窑透水事故远多于水体下采煤透水事故。

⑤ 冒顶事故。随着工作面的开采，煤层上面的顶板岩层失去了支撑，原来的压力平衡遭到破坏，煤层顶板在上覆岩层压力的作用下，发生变形、破坏。如果支护不及时或支护强度不够，很容易使工作面的顶板岩层发生断裂和冒落，造成人员伤亡和财产及设备的损失，这就是冒顶事故，也称为顶板事故。顶板事故是煤矿最常见、最容易发生的事故。在煤矿五大灾害（煤尘、水、火、瓦斯、顶板）中，无论是发生次数，还是死亡人数，顶板事故都居煤矿各类事故之首。

6.3.2 煤矿安全自救互救原则

煤矿事故发生时，如何在矿难中自救互救显得十分重要。每位井下人员仅仅知道怎样防止和排除事故是不够的，还必须知道并且熟练地掌握怎样正确而又迅速地进行自救和互救，使自己和其他人员能安然脱险得救。

自救就是井下发生意外灾变时，在灾区或受灾变影响的区域内的每位工作人员进行避灾和保护自己的方法。互救是在有效地进行自救的基础上，去救护灾区内受伤人员的方法。为了达到矿工自救和互救的目的，每位井下工作人员必须熟悉并掌握所在矿井的灾害预防，熟练地使用自救器，掌握发生各种灾害事故的预兆、性质、特点和避灾方法，抢救灾区受伤人员的基本方法以及学会最基本的现场急救操作技术等。

每位煤矿的领导者，应有计划地对所有煤矿工作人员进行自救互救培训，不能熟练地掌握自救互救和现场急救操作技术的人员,就不能算是一名合格的矿工,不允许其下井作业。

① 迅速撤离灾区。当发生重大灾害事故时,灾区不具备事故抢险的条件,或者在抢救事故时可能危及营救人员自身安全时,应迅速撤离现场,躲避到安全地点或撤到井上。

② 及时报告灾情。在灾害事故发生初期,现场作业人员应尽量了解和判断事故性质、地点和灾害程度,在积极、安全地消除或控制事故的同时,要及时向矿调度室报告灾情,并迅速向事故可能波及区域人员发出警报。

③ 积极消除灾害。利用现场条件,在保证自身安全的前提下,采取积极有效的措施和方法,及时投入现场抢救,将事故消灭在初始阶段或控制在最小范围内,最大限度减少事故造成的损失。抢救人员时要做到"三先三后"(先抢救生还者,后抢救已死亡者;先抢救伤势较重者,后抢救伤势较轻者;对于窒息或心跳、呼吸停止不久,出血和骨折的伤工,先复苏、止血和固定,然后搬运)。

④ 妥善安全避灾。当灾害事故发生后,避灾路线因冒顶、积水、火灾或有害气体等原因造成阻塞,现场作业人员无法撤退时,或自救器有效工作时间内不能达到安全地点时,应迅速进入避难硐室和灾区较安全地点,或者就近快速构造临时避难硐室,进行自救互救,妥善安全避灾,努力维持和改善自身生存条件,等待营救。

6.3.3 瓦斯和煤尘爆炸事故应急处置

1. 煤与瓦斯突出的预兆

瓦斯被称为煤矿安全"第一杀手"。我国煤矿瓦斯灾害严重,几乎所有矿井都存在着瓦斯煤尘爆炸的可能性。

(1) 有声预兆

① 响煤炮。突出在煤体深处发出大小、间隔不同的响声。有的像炒豆声、有的像鞭炮声、有的像机枪连射声、有的像闷雷声。特别是煤炮声由小到大、由远到近、由稀到密是突出较危险的信号。

② 气体穿过含水裂缝时的吱吱声。

③ 因压力突然增大而出现的支架嘎嘎响,劈裂折断声,煤岩壁开裂声。

(2) 无声预兆

① 煤层结构构造方面。其表现为:煤层层理紊乱,煤变软、变暗淡、无光泽、煤层干燥、煤尘增大,煤层受挤压褶曲、变粉碎、厚度不均,倾角变化。

② 矿山压力显现方面。其表现为:压力增大使支架变形;煤壁外臌,片帮、冒顶次数增多,底臌严重;炮眼变形快,装药困难,打炮眼时易顶钻、卡钻、喷钻、垮孔。

③ 其他方面。其表现为:瓦斯涌出量忽大忽小;煤尘增大;空气气味异常,忽冷忽热。

2. 瓦斯煤尘爆炸时自救要点

当瓦斯煤尘爆炸时,现场和附近巷道的工作人员,千万不可惊慌失措。当听到爆炸声和感到冲击波造成的空气震动气浪时,应迅速背朝爆炸冲击波传来方向卧倒,脸部朝下,把头放低些,在有水沟的地方最好侧卧在水沟里边,脸朝水沟侧面沟壁,然后迅速用湿毛巾将口、鼻捂住,同时用最快速度戴上自救器,拉严身上衣物盖住露出的部分,以防爆炸的高温灼伤。在听到爆炸瞬间,最好尽力屏住呼吸,防止吸入有毒高温气体灼伤内脏。

事故既然发生,不要过于紧张,冷静下来,判断自己所在的位置和巷道名称,并迅速辨清方向,按照避灾路线以最快速度赶到新鲜风流方向。外撤时,要随时注意巷道风流方向,要迎着新鲜风流走。

用好自救器是自救的主要环节,当戴上自救器后,绝不可轻易取下而吸外界气体,以免遭受有害气体的毒害,要一直坚持到安全地点方可取下。

3. 井下有害气体中毒人员的救护措施

对于有害气体中毒遇险人员,应立即将遇险人员抬到有新鲜风流的巷道或地面,根据中毒情况采取急救措施。

① 一氧化碳中毒。一氧化碳中毒,呼吸浅而急促,失去知觉时面颊及身上有红斑,嘴唇呈桃红色。对中毒伤员可采用人工呼吸或用苏生器输氧。输氧时可渗入 5%~7% 的二氧化碳,以兴奋呼吸中枢,促进恢复呼吸机能。

② 硫化氢中毒。硫化氢中毒除施行人工呼吸或苏生器输氧外,还可将浸有氯水溶液的棉花团、手帕等放入口腔内,氯是硫化氢的良好解毒物。

③ 二氧化硫中毒。由于二氧化硫遇水生成硫酸,对呼吸系统有强烈的刺激作用,严重时可能灼伤,所以除了施行人工呼吸或苏生器输氧外,应给中毒伤员服牛奶、蜂蜜或用苏打溶液漱口,以减轻刺激。

④ 二氧化氮中毒。二氧化氮中毒最突出的特征是指尖、头发变黄,还有咳嗽、恶心、呕吐等症状。因为二氧化氮中毒时,伤员会发生肺浮肿,因而不能采用人工呼吸,若必须用苏生器苏生时,在纯氧中不能掺二氧化碳,避免刺激伤员肺脏。最好是在苏生器供氧的情况下,使伤员能进行自主呼吸。

⑤ 二氧化碳及瓦斯窒息。二氧化碳及瓦斯窒息造成假死的伤员,除了进行人工呼吸和苏生器输氧外,还要摩擦其皮肤或使之闻氨水,以促进呼吸。

6.3.4 矿井火灾事故应急处置

1. 矿井火灾事故救护原则

处理矿井火灾事故时,应遵循以下基本技术原则:
① 控制烟雾的蔓延,不危及井下人员的安全;
② 防止火灾扩大;
③ 防止引起瓦斯、煤尘爆炸,防止火风压引起风流逆转而造成危害;
④ 保证救灾人员的安全,并有利于抢救遇险人员;

⑤ 创造有利的灭火条件。

2. 井下火灾的常用扑救方法

① 直接灭火方法。用水、惰气、高泡、干粉、砂子(岩粉)等,在火源附近或离火源一定距离直接扑灭矿井火灾。

② 隔绝方法灭火。隔绝灭火就是在通往火区的所有巷道内构筑防火墙,将风流全部隔断,制止空气的供给,使矿井火灾逐渐自行熄灭。

③ 综合方法灭火。先用密闭墙封闭火区,待火区部分熄灭和温度降低后,采取措施控制火区,再打开密闭墙用直接灭火方法灭火;先将火区大面积封闭,待火势减弱后,再锁风逐步缩小火区范围,然后进行直接灭火。

6.3.5 矿井水灾事故应急处置

水害是制约煤炭资源开发的重要因素之一。

矿井是形成地下煤矿生产系统的井巷、硐室、装备、地面建筑物和构筑物的总称。有时把矿山地下开拓中的斜井、竖井、平硐等也称为矿井。每一座矿井的井田范围大小、矿井生产能力和服务年限的确定,是矿井自体设计中必须解决好的关键问题之一。

矿井在建设和生产过程中,地面水和地下水通过各种通道涌入矿井,当矿井涌水超过正常排水能力时,就造成矿井水灾。矿井水灾(通常称为透水),是煤矿常见的主要灾害之一。一旦发生透水,不但影响矿井正常生产,而且有时还会造成人员伤亡,淹没矿井和采区,危害十分严重。所以做好矿井防水工作,是保证矿井安全生产的重要内容之一。

1. 矿井透水的自救要点与自救程序

发现透水预兆要立即向调度室汇报,若是情况紧急,透水即将发生,必须立即发出警报,迅速采取果断措施进行处理,防止透水发生,防止淹井,并及时撤出所有受水害威胁的人员。

2. 水害发生后自救注意事项

① 井下突然出现透水事故时,井下工作人员应绝对听从班组长统一指挥,按预先安排好的退却路线进行撤退。万一迷失方向,必须朝有风流通过的上山巷道方面撤退。撤离时要服从命令,不可慌乱。

② 位于透水点下方的工作人员,撤离时遇到水势很猛和很高的水头时,要尽力屏住呼吸,用手拽住管道等物,防止呛水和溺水,奋勇用力闯过水头,借助巷道壁及其他物体,迅速撤往安全地点。

③ 当外出道路已被水阻隔,无法撤出时,应选择地势最高、离井筒或大巷最近的地点,或上山独头巷道暂时躲避。被堵在上山独头巷道内的人员,要有长时间被堵的思想准备,要节约使用矿灯和食品,有规律地敲打金属器具,发出求救信号。同时要发扬团结互助的精神,共同克服困难,坚信安全脱险。要忍饥静卧,降低消耗,饮水延命,等待救援脱险。

④ 若透水来自老巷、老窑积水,因同时会有大量有毒气体涌出,撤离时每人都要迅速戴好自救器,或用湿毛巾掩住口鼻,以防中毒或窒息。

⑤ 撤离途中经过水闸门时,最后的一个人撤出后要立即紧紧关闭水闸门。水泵司机在没有接到救灾指挥部撤离命令前,绝对不准离开工作岗位。

3. 井下透水他救注意事项

进行营救时,首先要寻找渗水源,查清进水点,采取紧急措施,堵截地下水。判断井下被困人员可能躲避的地点,有序组织井下人员撤离、升井、避难。根据涌水量计算,采用临时水泵,将大量井下积水排向地表。当遇险人员躲避地点比外部水位高时,应尽快排水救人。如果排水时间较长,应设法向险区输送氧气和食品,以维持遇险人员生存条件。当遇险人员低于透水后的水位时,严禁向这些地点打钻,防止空气外泄,水位上升,危及被困人员生命安全。

6.3.6 冒顶事故应急处置

1. 冒顶事故的处理方法

① 局部小冒顶的处理。回采工作面发生冒顶的范围小,顶板没有冒实,而顶板矸石已暂时停止下落,这种局部小冒顶比较容易处理。一般采取掏梁窝、探大梁,使用单腿棚或悬挂金属顶梁的方法处理。

② 局部冒顶范围较大的处理。一种是伪顶冒落直接顶未落,一般采取从冒顶两端向中间进行探梁处理;另一种是直接顶冒落,而且冒落区不停地沿煤壁空隙往下淌碎矸石,一般采取打撞楔的办法处理。

③ 大冒顶的处理。缓倾斜薄煤层和中厚煤层,尤其是中厚煤层处理工作面大冒顶的方法基本上有两种:一是恢复工作面的方法;二是另掘开切眼或局部另掘开切眼的方法。

2. 冒顶事故抢救的一般原则

① 矿井发生冒顶事故后,矿山救护队的主要任务是抢救遇险人员和恢复通风。

② 在处理冒顶事故之前,矿山救护队应向事故附近地区工作的干部和工人了解事故发生原因、冒顶地区顶板特性、事故前人员分布位置、瓦斯浓度等,并实地查看周围支架和顶板情况,必要时加固附近支架,保证退路安全畅通。

③ 抢救遇险人员时,可用呼喊、敲击的方法听取其回击声,或用声响接收式和无线电波接收式寻人仪等装置,判断遇险人员的位置,与遇险人员保持联系,鼓励他们配合抢救工作。对于被堵人员,应在支护好顶板的情况下,掘小巷、绕道通过冒落区或使用矿山救护轻便支架穿越冒落区接近他们。

④ 处理冒顶事故的过程中,矿山救护队始终要有专人检查瓦斯和观察顶板情况,发现异常,立即撤出救护人员。

⑤ 清理堵塞物时,使用工具要小心,防止伤害遇险人员;遇有大块矸石、木柱、金属网、铁架、铁柱等物压人时,可使用千斤顶、液压起重器、液压剪刀等工具进行处理,绝不可用镐刨、锤砸等方法扒人或破岩。

⑥ 对抢救出的遇险人员,要用毯子给其保温,并迅速运至安全地点进行创伤检查,在现场开展输氧和人工呼吸、止血、包扎等急救处理,危重伤员要尽快送医院治疗。对长期困在井下的人员,不要用灯光照射其眼睛,饮食要由医生决定。

3. 抢救遇险人员方法

① 顶板冒落范围不大时,如果遇险人员被大块矸石压住,可采用千斤顶、撬棍等工具把大块矸石顶起,将遇险人员迅速救出。

② 顶板沿煤壁冒落,矸石块度比较破碎,遇险人员又靠近煤壁位置时,可沿煤壁方向掏小洞,架设临时支架维护顶板,边支护边掏洞,直到救出遇险人员。

③ 如果遇险人员位置靠近放顶区,可沿放顶区方向掏小洞,架设临时支架,背帮背顶,或用前探棚边支护边掏洞,把遇险人员救出。

④ 冒落范围较小,矸石块度小,比较破碎,并且继续下落,矸石扒一点、漏一些。在这种情况下处理冒顶和抢救人员时,可采用撞楔法处理,以控制顶板。

⑤ 分层开采的工作面发生事故,底板是煤层,遇险人员位于金属网或荆笆假顶下面时,可沿底板煤层掏小洞,边支护边掏洞,接近遇险人员后将其救出;如果底板是岩石,遇险人员位于金属网或荆笆假顶下面时,可沿煤壁掏小洞,寻找和救出遇险人员。

⑥ 冒落范围很大,遇险人员位于冒落工作面的中间时,可采用掏小洞和撞楔法处理。当时间长不安全时,也可采取另掘开切眼的方法处理,边掘进边支护。

⑦ 如果工作面两端冒落,把人堵在工作面内,采用掏小洞和撞楔法穿不过去,可采取另掘巷道的方法,绕过冒落区或危险区将遇险人员救出。

6.4 常见危险化学品安全事故

6.4.1 危险化学品主要类别

根据《危险化学品安全管理条例》(2013 修订),危险化学品简称"危化品",是指具有毒害、腐蚀、爆炸、燃烧、助燃等性质,对人体、设施、环境具有危害的剧毒化学品和其他化学品。

常用的危险化学品有八类,分别为:① 爆炸品;② 压缩气体和液化气体;③ 易燃液体;④ 易燃固体、自燃物品和遇湿易燃物品;⑤ 氧化剂和有机过氧化物;⑥ 有毒品;⑦ 放射性物品;⑧ 腐蚀品。

6.4.2 危险化学品事故前兆确认

在化工区或有警告标志的化工产品容器附近,应该注意发现前兆异常:

① 有色气体或液体出现跑、冒、滴、漏现象,并伴有怪味。

② 大批人员同时出现头痛(晕)、心悸、烦闷、呼吸困难、呕吐、视物模糊、有刺激感、惊厥、抽筋、步履蹒跚等不适症状。

③ 动物异常(数量大、范围广)。如许多蜂、蝇、蝴蝶等昆虫飞行不稳、抖翅、挣扎;大量青蛙、麻雀、鸽子、家禽、家畜等出现眨眼、散瞳、缩瞳、流口水、站立不稳、呼吸困难、抽筋现象;很多鱼、虾、蚂蟥等水生生物活动加快、乱蹦乱爬,尔后活动困难。

④ 植物异常。如许多种类植物的颜色发生变化。

6.4.3 不同场景的危险化学品事故的自救措施

1. 爆炸现场[①]

与普通爆炸和火灾不同,危险化学品爆炸的危害更大,更有可能引发连环爆炸和有害气体蔓延。那么,在这种突发情况下,普通人该如何自救呢?

① 如果在现场,原则只有一个——向上风方向快速撤离。一定要牢牢记住这一条。如果爆炸点在你的上风口,尤其要注意,一般下意识就是背对爆炸点的方向跑,如果爆炸后的气体有毒,这样始终会在毒气的前进路线上。正确的方式是绕开爆炸点,然后向上风口撤离。

② 附近居民千万不要围观,不要自发组织救人;保证交通,服从指挥;不要盲目恐慌,不听信谣言;保持镇静,做好防护。

③ 救助人员在保证个人安全的情况下,才能救助伤员。根据爆炸的五种伤害机制进行应急处理:气压伤只能尽快送到医院接受正规治疗;碎片伤要想办法止血;撞击伤要观察体表,是否出现手脚发凉、面色苍白等状况;烧烫伤早期处理就是冷水冲;爆炸物本身造成伤害,急救方法就是"洗消":浑身彻底清洁,能够避免化学放射性损伤90%的伤害。

④ 转移。转移时保持镇定,安全转移,及时调整,正确呼救,保持体力,保证呼吸。火灾通常伴随着浓烟,而烟尘里有化学物质,可以用手帕、毛巾蘸湿捂住口鼻,因为烟雾比空气轻,在30~60 cm处比较安全,大概是一个成年人半蹲的姿势。

2. 中毒现场

中毒现场急救第一原则——马上离开毒源!对有害气体吸入性中毒者,将其搬至空气新鲜的地方,除去其口鼻中的异物。对皮肤黏膜沾染接触性中毒者,脱去其受污染的衣物并用清水冲洗其体表。对食物中毒者,用催吐、洗胃、导泻等方法让其排出毒物。

3. 窒息现场急救

脱离不良环境,松开其身上过紧的衣服,使其呼吸道顺畅。轻拍其背部或用手指清除其口、鼻、呼吸道中的分泌物和异物,施以人工呼吸或者面罩吸氧。进行心脏按压,建立静脉通道。

4. 眼睛烧伤现场急救

要在现场迅速用清水进行冲洗。应使用流动的清水,冲洗时将其眼皮掰开,把裹在眼皮内的化学品彻底冲洗干净。现场若无冲洗设备,可将其头埋入清洁盆水中,掰开其眼皮,让其眼球来回转动以进行洗涤。若电石、生石灰颗粒溅入眼内,应当用蘸有石蜡或植物油的棉签去除颗粒,之后再用清水冲洗。

---

① 8句话读懂危化品爆炸后如何自救. (2019-06-03)[2019-06-12]. http://www.emerinfo.cn/2019-06/03/c_1210150403.htm.

6.5 常见火灾事故

根据《消防词汇第1部分：通用术语》(GB/T 5907.1—2014)规定，火灾是在时间和空间上失去控制的燃烧。这种燃烧可以发生在各个场所。针对不同场所的火灾有不同的自救和互救处置。

6.5.1 家庭火灾

居住在城市中的居民最易遇到的火灾是家庭火灾。家庭火灾一般是由于人们疏忽大意造成的，常常事发突然，令人猝不及防，后果严重。

发现火情，应该迅速采取措施，尽快扑灭初起之火，或设法延缓火势的发展蔓延。毗邻房间发生火灾，烟雾弥漫时，不要盲目开门，可向门上泼冷水降温，用浸湿的衣服、被褥堵住门窗缝隙。同时，应立刻向窗外挂出醒目物件，以示室内有人，也可以大声呼喊，便于营救。

火势较大时，可向头部、身上浇冷水或用湿毛巾、湿被单将头部包好，用湿棉被、湿毯子将身体裹好，再冲出险区。如住在比较低的楼层，可以利用结实的绳索或将床单、窗帘布撕成条拧成绳，拴在牢固的窗框、床架上，沿绳缓缓爬下。但是如果居住在楼层较高的房间，建议不要盲目采取逃生措施，应做好防护准备，等待消防人员救援。

6.5.2 大巴车火灾

大巴车是人们出行时较为常用的交通工具之一。近年来，大巴车起火事故时有发生，一旦发生火灾，到底该如何逃生才能将伤害降到最低？

1. 大巴车火灾特点

(1) 空间狭小，逃生困难

车辆内部空间狭小，一旦发生火灾，如不及时逃离，将很可能被困车内。当车辆处于隧道、地下车库等特殊场所时，逃生不仅仅是逃离车辆，还必须及时逃离事故场所。

(2) 易造成爆炸事故，扩大事故面

最为危险的是车辆内储存的油气。汽油及天然气均是可燃易爆物质，一旦发生车辆火灾，泄漏出来的油气遇见火花就有可能发生爆炸，波及周边，扩大整个事故面，使救援更加难以开展。

(3) 火势蔓延快、温度高、烟气浓

车上空间较小，单位面积火灾荷载较高，如车内装饰材料、轮胎等燃烧，会产生极高的温度，同时车辆在燃烧过程中易产生大量有毒浓烟，当车辆着火后，车内人员的疏散极为困难。

(4) 易造成遇险人员群死群伤

车辆火灾，尤其是大型的公共交通工具一旦发生火灾，内部司乘人员逃生困难，极易造成群死群伤事故。

2. 汽车起火原因分析

(1) 燃油系统故障

汽车燃油系统故障引起火灾的原因主要有以下两种：供油系统容器和管路破裂或管路松动引起漏油而造成火灾；发动机汽缸内的混合气体比例失调，化油器回火引起火灾。

(2) 电路系统故障

汽车的电路系统比较复杂，电气线路密布，根据各部分电路的功能可将汽车电路系统分为7个系统：电源系统、启动系统、点火系统、仪表系统、照明系统、音响系统及信号系统。汽车电路系统在正常情况下火灾危险性较小，但会因驾驶员违章操作或电路某处故障引发火灾。

(3) 高温引起自燃

夏天是汽车火灾高发的季节，主要是高温所致，机械部件散热慢，部分电气线路绝缘护套烤焦、短路引起火灾。汽车高温自燃一般都有前兆，如冒蓝烟、黑烟，有焦糊味等。主要原因是汽车缺乏保养，车辆电器件及线路老化，车内化油器等部件漏油、油管封闭不严，高温自燃引起火灾。

(4) 机械部件摩擦

汽车发动机的润滑系统缺油，机件的表面相互接触并作相对摩擦产生高温，接触到可燃物引起火灾。汽车制动片间隙调节过紧也会引起火灾。轮胎摩擦过热也可能引起火灾。

(5) 吸烟

吸烟者常在烟头或火柴未熄灭的情况下乱抛乱扔，若烟头接触易燃的座椅坐垫，或烟头直接掉落在可燃物、可燃装饰材料上常会引发火灾事故。尤其当汽车行驶中司乘人员将烟蒂从窗口往外扔时，由于风的作用可能会将烟蒂吹回车内引发火灾。

(6) 停车位置不当

现在生产的汽车一般都装备三元催化反应器，而这个位于排气管上的装置温度很高。大多数汽车上的三元催化反应器位置都比较低，如果将汽车停放在易燃物附近，极易引起易燃物燃烧。

3. 大巴车火灾逃生

(1) 保持冷静，迅速将火情向司机反映

在大巴车上遭遇火灾时，首先要保持冷静，保持头脑清醒才能抓住逃生机会。每辆大巴车上都会配备车载灭火器。乘客发现火情时，要在第一时间通知司机，司机可视火情大小使用车载灭火器灭火；如果不能解决，可立即拨打119求救。乘客要听从指挥，不要拥挤，从最近的出口有序逃生。

(2) 首选前后车门逃生，启用应急开关

车门逃生是首选的逃生方法，乘客就近从前后车门下车。先逃离乘客可协助司机，疏导其他乘客撤离事故现场。逃生时,要让老人、小孩先离开。如果火焰已经破坏电气控制系统,车门不能自动打开,这时候可以打开前后车门上方的红色应急开关,旋转阀门就能打开车门。

(3) 打开车窗跳车,不要轻易从天窗逃生

如果车门实在无法开启,车窗也是一个有利的逃生出口。大部分大巴车车窗都可以打开。一旦发生火情,可迅速开窗逃生。

在车辆没有侧翻的时候,乘客从车顶上的天窗逃生是不明智的选择。一方面,需要足够的力气才能攀爬上去;另一方面,火灾烟雾往上升,往上爬反而不利于逃生。但在车辆侧翻的时候,乘客可以选择从天窗逃生,这样能快速撤离危险之地。

(4) 空调车无法开窗,砸窗逃生

如果乘坐的是密封玻璃的空调车,窗户不能开启,则需要使用车上的安全锤敲碎玻璃窗,从窗口逃生。一般每辆大巴车都配备了安全锤,而且很多长途空调车会在玻璃窗上标明敲击的位置。

如果找不到安全锤,可利用一切尖锐且坚硬的物品敲碎玻璃。敲打玻璃时,不要从玻璃的正中敲击,应从玻璃的边缘和四角下手,尤其是玻璃上方边缘最中间的位置,那是车玻璃最薄弱的地方。从窗户出来的时候,要注意破口处的碎玻璃,不要被刺伤、刮伤。

(5) 处境安全之后,尽可能帮助他人

确保自己逃出车外,并且处境安全之后,可捡起路边的砖头等坚硬物体,打碎车窗玻璃,帮助车内的老人、妇女、孩子等逃离危险。如果乘客的衣服起火了,可用水帮助其扑灭。最好不要用灭火器对人直接喷射,灭火器中的药剂可能会造成伤口感染。如果自己身上有火,千万不要奔跑,流动的空气会让火越烧越旺,最好的办法是躺在地上打滚灭火。

(6) 远离易燃易爆区

如果大客车是在加油站、加气站等容易发生爆炸的场所起火,驾驶员应视实际情况尽可能地将车辆驶离,以免造成更大的事故。

还需强调的是,一旦大客车起火,不要恐慌,只有保持冷静,才可有序撤离。恐慌使人失控,失控的人群容易发生推挤、踩踏,如果人人试图推开他人先逃出去,现场往往会更加混乱,逃生概率也会降低。

4. 大巴车逃生安全装置

(1) 自动灭火装置

自动灭火装置一般安装在大巴车的发动机舱、前门的电器集成处。当车内温度超过170℃时,自动灭火装置将通过高压喷淋方式灭火。

(2) 手动灭火装置

手动灭火装置主要是指干粉灭火器。干粉灭火器通常放在司机座椅靠背的后面、后门附近以及后置发动机机箱三个位置上。当发生火灾时,乘客可以自行寻找。

(3) 安全锤

安全锤一般放在前车厢和后车厢的车窗上方位置。紧急情况下,乘客可用安全锤迅速

猛击玻璃的四个角,玻璃往往会从被敲击点向四周开裂。用脚将玻璃踹出,便可以跳窗逃生。

(4) 逃生应急开关

有些逃生应急开关在司机座位的旁边,有些在车门顶部,旋转或拉开后,推开车门就能逃生。

6.5.3 影剧院火灾

影剧院是公众场所,聚集大量的人流。在影剧院发生火灾需要安全疏散观众。

① 当观众厅发生火灾时,火灾蔓延的主要方向是舞台,其次是放映厅。遇险人员可利用舞台、放映厅和观众厅的各个出口迅速疏散。

② 当舞台发生火灾时,火灾蔓延的主要方向是观众厅。厅内不能及时疏散的遇险人员,要尽量靠近放映厅的一侧,掌握时机逃生。

③ 当放映厅发生火灾时,由于火势对观众厅的威胁不大,遇险人员可以利用舞台和观众厅的各个出口进行疏散。

④ 发生火灾时,楼上的观众可从疏散门由楼梯向外疏散,楼梯如果被烟雾阻隔,在火势不大时,可以从火中冲出去,虽然可能会受点伤,但可避免生命危险。此外,还可就地取材,利用窗帘布等自制救生工具,开辟疏散通道。

⑤ 人员疏散时要听从影剧院工作人员的指挥,切忌互相拥挤,乱跑乱窜,堵塞疏散通道,影响疏散速度。

⑥ 疏散时,观众要尽量靠近承重墙或承重构件部位行走,以防坠物砸伤。特别是在观众厅发生火灾时,观众不要在剧场中央停留。

⑦ 若烟气较大时,宜弯腰行走或匍匐前进,因为靠近地面的空气较为清洁。

6.6 常见森林草原火灾事故

6.6.1 森林草原火灾基本特征

森林草原是宝贵的自然资源,它不仅能够为我国社会主义建设事业和人民生产、生活的需要提供大量的物质财富,而且能涵养水源、保持水土、调节气候、防风固沙、保护农田、美化环境、净化大气、防治污染、维持生态平衡,对加强国防建设也有极其重要的作用。

我国是一个少林的国家,但森林火灾造成的损失却十分严重。由于森林与草原通常具有地理上的相邻性,森林火灾可能会引发草原火灾。

火灾是指由雷电、自燃导致的,或是在一定有利于起火的自然背景条件下由人为原因导致的,发生于森林或草原,对人类生命财产、生态环境等造成损害的自然灾害。

森林火灾位居破坏森林的三大自然灾害(火灾、病害、虫害)之首,每年都会给林业生产带来严重损失,影响着森林资源的保护和发展。森林火灾发生面广、突发性强、破坏性大,处置扑救较为困难。联合国粮食及农业组织将大面积的森林火灾列为世界八大自然灾害之一。控制森林火灾是世界性的难题。

6.6.2 森林草原火灾危害

2019年3月14日和29日,山西沁源县在半个月内发生两次森林火灾,尤其是3月14日的大火造成6名消防员不幸遇难。牺牲的6名消防队员大多为"90后",其中一名出生于2000年2月,年仅19岁。3月30日,四川凉山州木里县因雷击发生森林火灾,共遇难31人,其中27名为专业消防员,4名为地方扑火人员。牺牲的27名森林消防指战员,平均年龄仅23岁。同日,北京密云区发生森林火灾,并波及平谷区。

在森林火灾扑救过程中,三种特殊火情极其危险,易导致人员伤亡,分别是爆燃、飞火、火旋风。

(1) 爆燃

林火爆燃通常指爆炸性燃烧,与森林灭火时说的"轰燃"相近,往往发生突然,会瞬间形成巨大火球、蘑菇云,温度极高。

一般而言,爆燃的原因主要有两种。一种是林内可燃物堆积时间长,发生腐烂,产生以沼气为主的可燃性气体,突然遇火再加上细小可燃物作用,产生爆燃。截至2019年12月,我国森林面积达到2.2亿公顷,成为全球森林资源增长最多的国家。特别是全面停止天然林商业采伐后,林区内林下可燃物积累加快,大小兴安岭、长白山、滇北、川西等大面积的原始林区,可燃物载量已达近20年峰值。另一种是林火烧到狭窄的山脊、单口山谷、陡坡、鞍部、草塘沟、山岩凸起等特殊地形,使可燃物同时预热,共同燃烧,瞬时形成巨大火球和蘑菇云。比如狭窄山脊线,受热辐射和热对流影响,温度极高,而且容易形成飘忽不定的气流,山火方向难以预测。

林火爆燃的危害十分严重:一是烧死大量地被植物,给当地的生态环境和人民群众的生命财产造成危害;二是会产生大量高温有害气体,易烫伤受困者的呼吸道,同时受困者因吸入大量有害气体,会导致其中毒、昏迷甚至直接死亡;三是产生的高温热浪易对受困者造成灼伤,严重时会直接将受困者烧死。

(2) 飞火

高能量火势会形成强大的对流柱,上升气流可以将燃烧着的可燃物带到高空,在风的作用下,可吹落到火头前方形成新的火点。飞火产生的原因有三种:一是地面强风作用;二是由火场的涡流或对流烟柱将燃烧物带到高空,由高空风传播到远方;三是由火旋风刮走燃烧物,产生飞火。

(3) 火旋风

火旋风是指在燃烧区内高速旋转的火焰涡旋,是高能量火的主要特征之一,高速旋转运动和上升气流足以抬升一定颗粒大小的可燃物。火旋风产生的原因与强烈的对流柱活动和地面受热不均有关,当两个速度不同的火头相遇或燃烧重型可燃物时可发生火旋风,火锋遇到湿冷森林和冰湖可产生火旋风,火锋遇到地形障碍物或大火越过山脊的背风面时也可形成火旋风。

6.6.3 引发森林草原火灾原因

(1) 自然原因

自然原因是指气温、风力、可燃物载量等因素的综合作用,经火山、雷击、摩擦等自然现象所引发的火灾,例如,沁源 2019 年 3 月 29 日火灾,源于一养鸡场使用的架空铝绞线,在强风作用下发生碰撞接触放电,产生的高温金属熔化物掉落,引燃地面干枯杂草,导致蔓延成灾。

(2) 人为原因

人为原因是导致森林草原火灾发生最主要的因素,历史上发生的重大森林草原火灾中 98% 以上都是人为引发的。根据其行为又分为两种:一种是故意放火;另一种是过失起火,主要是人们在日常生活、生产中缺乏足够的防火思想认识,对火源管理不当而引发(如非生产性用火中野外吸烟、上坟烧纸、燃放鞭炮、烤火、野炊、驱避野生动物等;生产性用火中烧荒、烧秸秆、烧田埂、烧山、施工爆破等)。例如,沁源"3·14"森林火灾,其原因系该县 1 个村民在地里耕作时使用明火造成。北京密云区发生森林火灾,其原因是 6 个村民修理水管时,不慎将水管下方土坑内的杂草点燃引发了山火。

6.6.4 森林草原火灾预防

多年来的实践,特别是近些年森林草原防火工作的经验充分表明,森林草原火灾虽然是危害性大的自然灾害,不可能完全避免,但是从森林草原火灾成因角度来看,人类活动导致火灾占相当大的比重,因此"管火先管人",必须规范人们的用火行为,提高防火意识和法律意识,积极落实"预防为主,防消结合,积极消灭"的方针。各级领导在思想上要高度重视,认真落实以森林草原防火行政领导负责制为主体的各种责任制,充分调动社会各方面的积极性,采取切实有效的措施。只要预防得力,扑救及时,方法得当,就能够最大限度地减少森林火灾的发生,就能把森林火灾造成的损失降到最低程度。

6.6.5 森林火灾应急处置

当发现森林火灾时,可以采取下述应急处置措施:

① 发现森林火灾,应及时拨打报警电话,报告起火方位、面积及燃烧的植被种类。身处火场时,要判明火势大小、风向,用湿衣服包住头,逆风逃生。

② 如果被大火包围,要迅速向植被稀少、地形平坦开阔地段转移。如果被大火包围在半山腰,要往山下跑。当无法脱险时要选择植被少的地方卧倒,扒开浮土直到见着湿土,把脸贴近坑底,用衣服包住头,双手放在身体下面避开火头。

6.7 常见公共卫生事件

6.7.1 公共卫生事件基本特征

在我国所报告的公共卫生事件中,以传染病事件为主,占全部事件的78%,食物中毒占10%。

传染病类事件以水痘、流行性腮腺炎、手足口病、季节性流感和诺如病毒病等常见传染病为主,这些事件多发生在学校和托幼机构中,占所有报告公共卫生事件的70%～80%。引发食物中毒事件的主要原因有微生物(沙门氏菌、金黄色葡萄球菌、副溶血性弧菌等)、毒蘑菇及有毒动植物(四季豆、乌头、河豚等)、化学品(亚硝酸盐、甲醇、农药等)。传染病事件涉及的发病人数较多,占全部发病人数的85%,食物中毒事件造成的死亡人数较多,占全部死亡人数的42%。

突发急性传染病事件数虽少,但后果严重,如2009年甲型H1N1流感大流行、2013年人感染H7N9禽流感、2019年北京和内蒙古两地鼠疫疫情、2020年新型冠状病毒感染疫情等,常常构成重大甚至特别重大的公共卫生事件。

公共卫生事件呈现明显的季节性,常常在春季和秋季开学后形成两个高峰,这是由于学校发生的传染病疫情事件进入高发期。夏季食物中毒(尤其是毒蘑菇中毒)多见,冬季则是采暖设施使用不当导致的非职业性一氧化碳中毒事件多见,一些新发呼吸道传染病(SARS、H7N9病毒、新型冠状病毒等)往往最初发现都在冬春季。

6.7.2 传染病类型

《传染病防治法》规定的传染病分为甲类、乙类和丙类三类。

甲类传染病2种:鼠疫、霍乱。

乙类传染病26种:传染性非典型肺炎、艾滋病、病毒性肝炎、脊髓灰质炎、人感染高致病性禽流感、甲型H1N1流感、麻疹、流行性出血热、狂犬病、流行性乙型脑炎、登革热、炭疽、细菌性和阿米巴性痢疾、肺结核、伤寒和副伤寒、流行性脑脊髓膜炎、百日咳、白喉、新生儿破伤风、猩红热、布鲁菌病、淋病、梅毒、钩端螺旋体病、血吸虫病、疟疾。

丙类传染病11种:流行性感冒、流行性腮腺炎、风疹、急性出血性结膜炎、麻风病、斑疹伤寒、黑热病、包虫病、丝虫病,除霍乱、细菌性和阿米巴性痢疾、伤寒和副伤寒以外的感染性腹泻病,手足口病。

2020年1月将新型冠状病毒感染纳入乙类传染病,参照甲类管理;2023年1月将新型冠状病毒感染调整为乙类传染病进行管理;2023年9月20日将猴痘纳入乙类传染病管理。

6.7.3 传染病事件应急处置

传染病事件是公共卫生事件中最常见的一类事件,其中突发性传染病事件虽然少见,但是危害更严重。

1. 常见传染病事件应急处置

(1) 常见传染病事件应急处置

常见传染病事件应急处置的核心就是及时采取控制措施,救治病人,防止疫情进一步扩散,尽快查明致病病原及传播、扩散的原因和风险,采取有针对性的防控措施。

(2) 基本控制措施

传染病的传播过程指病原体从传染源传播给易感宿主的过程,无论何种传染病,其传播过程均需具备三个相互联系的条件,即传染源、传播途径和易感人群,被称为传染病的三个基本环节。

传染源是指体内有病原体生长、繁殖并且能排出病原体的人和动物,一般传染源主要指病人、病原携带者和动物。传播途径为病原体从传染源传播到易感宿主的途径或方式。易感人群指由于缺乏对某种病原体的足够抵抗力,不能预防暴露后发生感染或发病的人群。所有传染病的防控措施均围绕传染病传播过程的三个环节开展,其中"早发现、早报告、早隔离、早治疗"等"四早"措施,是控制传染病的核心措施。

① 早发现和早报告。

及早发现传染病病例,可以及时发现疫情,采取控制措施,缩减疫情扩散时间。传染病病例发现的主要渠道是一线临床医务人员。一旦发现了传染病病例,需要按规定及时报告给疾控机构,特殊疫情还要及时报告属地卫生健康行政部门。甲类传染病要求 2 小时内报告,乙类、丙类传染病要求 24 小时内报告。我国实行首诊医生负责制,由首先接诊的医生和医疗机构负责病例报告和初步处置。及时发现可疑传染病病人,除了具备专业知识和技能外,最重要的还是意识。为及时发现疫情,我国在重点地区还广泛发动群众参与病例的发现和报告工作。

② 病例隔离治疗。

传染病病人是特殊病人,因其能对外排出致病微生物而造成环境污染或感染其接触者,因此一般需要对其进行隔离治疗。

实施隔离治疗和隔离场所条件要求取决于病原体种类、传播途径、病人数量和供给条件等,病原致病性越高,隔离要求越严格。可以经飞沫、气溶胶传播的,往往要求隔离病房具备负压条件;可以经蚊媒传播的,需要病房具备防蚊防蝇条件。条件允许时,患者尽量单间隔离,但如果条件有限,可以将确诊患者在同一病房隔离治疗。在做好病例隔离的同时,医生、护士等可能接触人员需要按要求采取相应的防护措施,对于患者的分泌物、排泄物及其污染物品,要及时做好消毒。在病例可能就诊和聚集的急诊、发热门诊、腹泻门诊和输液室等场所,更应按要求采取严格措施,防止院内感染。

③ 接触(暴露)者管理。

通过对病例的流行病学调查,及时掌握病例的接触者或污染环境的共同暴露者,可以及时发现可能感染者,第一时间采取治疗和干预措施,降低疾病严重程度,同时,可以及早将此部分人员管理起来,防止疫情进一步扩散。医学观察措施通常可以划分为集中医学观察、居家医学观察和健康随访等措施。集中医学观察是将密切接触者(暴露者)集中于具备条件的隔离场所进行医学观察的措施。对于不具备集中隔离场所,或者观察对象不适于集中隔离,如小孩、老人或慢性病患者,可采取居家医学观察。对于医学观察对象,要限制其活动范围,每日了解其健康状况,测量体温,并做好登记。对于一般接触者或者风险不高但亦需要掌握的人群,可进行健康随访,做好登记,一般不限制其活动,要求其有发热等异常情况时,及时报告。

④ 消毒。

消毒主要是通过使用消毒制剂杀灭物体和环境表面的病原体。根据病原体种类、污染范围和污染物种类,使用不同的消毒方法和消毒剂进行消毒,要强调消毒措施的针对性,避免漫无目的消毒,既可减少不必要的资源浪费,也可避免环境污染。

⑤ 媒介生物和动物控制。

对媒介生物传播疾病,通过使用杀虫剂、灭鼠剂等杀灭措施降低媒介密度,减少人群感染风险。对于动物传染源,如对人类危害大且无经济价值的动物,应予以消灭并无害化处理,如灭鼠等;对危害性较大的病畜或野生动物,应予以捕杀、焚烧、深埋,如感染高致病性禽流感的家禽和感染炭疽的家畜等;危害不大且有经济价值的病畜,亦应予以隔离治疗。

⑥ 特异性预防措施。

特异性预防措施,指采取疫苗、药物等措施,预防感染、减轻发病的措施。疫苗预防,即在疫情暴发或局部流行时,通过对一定范围的易感人群进行应急接种,减少发病,提高群体免疫力,从而阻断疾病的传播。药物预防,即通过对易感人群进行预防性服用有效药物,从而实现减少发病的目的。

⑦ 个人防范和防护措施。

当传染病暴发或流行时,通过风险沟通和健康教育,使公众正确认识传染病流行的风险,掌握相关防治知识,主动采取防范措施,做好戴口罩、保持手口卫生、通风、合理休息和补充营养、提高免疫力等措施,提高个体防护能力。

⑧ 社会管控措施。

当传染病疫情出现较大规模暴发和流行,特别是在疫情传播较快时,为了减缓疫情的发展速度,政府可以采取社会管控措施,主要是通过限制人群活动、增加社交距离等措施,减少公众不必要的出行和活动,减少公众可能的接触和暴露传染源的机会,如关闭公共场所、停止大型集会、停课、停业等。

⑨ 疫区(点)封锁。

当传染病疫情在局部出现较大规模暴发和流行时,有时会采取疫区封锁措施。首先确定疫情波及范围,随后对该区域实施交通管制,禁止人和动物及车辆等进入和外出,从而阻断疫情传播。根据《传染病防治法》规定,我国各省(自治区、直辖市)人民政府可以决定对本行政区域内的甲类传染病疫区实施封锁,但封锁大、中城市的疫区和封锁跨省(自治区、直辖市)的疫区以及封锁疫区导致中断干线交通或者封锁国境的,由国务院决定。因此,疫区封锁措施应慎重选择,需进行认真评估后提出。

⑩ 重点场所、重点人群措施。

传染病的感染和发病与人体免疫力有很大关联,老人、儿童、孕妇或免疫缺陷者,一旦感染发病,往往结局更为严重,因此,要尽量减少这些人群感染和发病的机会。同时,在一些群体性工作和生活场所,如学校、养老院、康复中心等,由于人和人接触机会多,容易发生传播,需要采取针对性措施,减少传染源输入和扩散、传播。

2. 突发急性传染病事件应急处置

(1) 突发急性传染病事件的应急处置复杂原因

① 事件发生之初往往不知道致病病原和传播因素,无法采取有针对性的防控措施;

② 疫情的控制涉及病例的发现、诊断、救治、风险人员医学观察、传播因素控制、风险沟通和社会动员等诸多环节;

③ 疫情波及范围广影响的群体大,容易受全社会关注;

④ 事件的处置周期长,需要参与事件处置的部门机构较多;

⑤ 事件控制过程中,既有疫情的控制,还有舆情的引导;

⑥ 在制定处置措施时需充分平衡疫情控制和社会经济发展,兼顾法律、道德、伦理、科技等多种因素。

因此,突发急性传染病事件的处置工作更需要强有力的政府领导、高效合理的指挥组织体系、科学有效的防控措施、充分的部门配合和社会动员。

(2) 突发急性传染病事件的应急处置

事件发生后,各级政府及有关部门按照分级响应的原则和要求启动相应级别的应急响应,并采取一系列的控制措施,包括:成立应急指挥部,组织协调有关部门参与事件处置,采取疫情控制措施,信息通报,健康宣教,事件评估及社会维稳,等等。同时,根据事件发展趋势,结合实际需要及时调整响应级别。应急响应结束后,应及时开展处置过程及恢复重建需求评估,并完成责任追究、奖励、抚恤和补助、征用物资和劳务的补偿等善后工作。

第 7 章 综合性应急救援能力建设

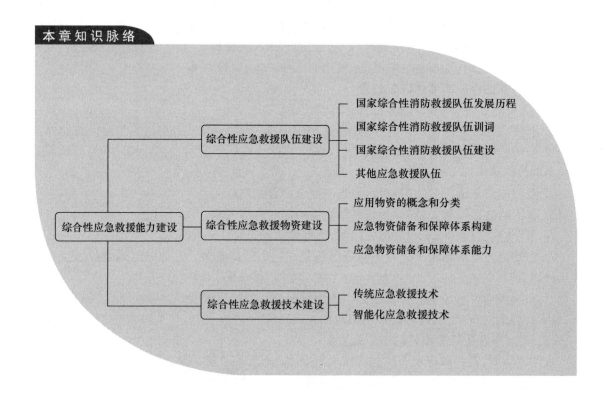

7.1 综合性应急救援队伍建设

7.1.1 国家综合性消防救援队伍发展历程

国家综合性消防救援队伍由原公安消防部队、武警森林部队转制而来。

1. 消防队伍由公安机关管理

公安消防部队于 1949 年 10 月伴随着中华人民共和国诞生而建立,按照军事化的运作模式。

1957 年 11 月,我国颁布了第一部消防法规《消防监督条例》,此时的消防体制是由公安机关管理,由于消防队伍执行灭火任务具有高度地方化特征,力量布局分散,所以消防遵循"以块为主,条块结合"的原则,消防工作落实"以防为主,以消为辅"的方针。由党和政府统一领导的群众性治保组织参与的"专群结合"是当时消防工作的一个突出特点。

2. 公安消防队伍纳入武警序列

这个阶段的消防建设与经济建设的发展不同步。在城市化进程中,城市规模日益扩大,高层建筑、地下建筑以及人员密集的公共娱乐场所、大型建筑越来越多,给火灾防范与处置提出新的挑战。同时,在防火方面,只有少数大城市设有防火科,专业监督人员很少。公众的安全意识薄弱,社会抗御火灾的能力薄弱。与高风险的城市形成对照,农村基本处于不设防状态。远离中心城市的地区一旦发生火灾,只能以公众自发扑救为主。

改革开放释放出的经济活力、火灾形势的日益严峻与消防建设的落后之间矛盾突出。这种情况下,消防事业进行了大规模的改革,将公安消防队伍纳入武警序列。武警森林部队于1948年8月在东北清山剿匪中诞生,前身是中国人民解放军野战部队,1982年6月19日,我国组建中国人民武装警察部队,消防成为武警部队的一个警种,并实行"统一规划""分级管理、分级指挥"原则。1982年10月,公安部、城乡建设环境保护部颁发《城镇消防站与技术装备标准》,明确城镇消防站布局要求:从接警起5 min到达责任区。20世纪90年代后,全国各地消防总队和支队两级机关,在各级政府和国家财政支持下,陆续建立了消防指挥中心,对接警、调动、指挥、反馈等环节进行信息化管理。

1980年后,大规模消防灭火行动的需求增多,集团性灭火作战和跨区域应急联合作战的需求增多。针对这种情况,我国在经济发展迅速的大中城市设立了消防特勤队伍,直属于消防部队,以扑救、处置重特大火灾、事故以及进行跨地区紧急机动救援为主要使命。1984年,国务院颁布《中华人民共和国消防条例》,明确提出"预防为主,防消结合"的方针,替代了"以防为主,以消为辅"的方针。

1998年,《消防法》颁布,这是调整我国火灾应对的一部专项法律。

3. 公安消防部队成为综合应急救援队伍

进入21世纪后,我国经济转轨、社会转型速度加快,火灾及其他灾害或灾难频繁发生,给社会公众的生命、健康和财产安全带来严重的威胁。21世纪的灾害或灾难复杂性与不确定性明显增强。面对新时期、新任务,我国提出努力构建"政府统一领导、部门依法监管、单位全面负责、群众积极参与"的消防格局。2009年5月1日,新《消防法》实施,提出要建立健全社会化的消防工作网络,强调政府、部门、单位和公民都是消防工作的主体,体现了新的治理理念。2006年5月10日公布的《国务院关于进一步加强消防工作的意见》指出:"公安消防队在地方各级人民政府统一领导下,除完成火灾扑救任务外,要积极参加以抢救人员生命为主的危险化学品泄漏、道路交通事故、地震及其次生灾害、建筑坍塌、重大生产安全事故、空难、爆炸及恐怖事件和群众遇险事件的救援工作,并参与配合处置水旱灾害、气象灾害、地质灾害、森林、草原火灾等自然灾害,矿山、水上事故,重大环境污染、核与辐射事故和突发公共卫生事件。"可见,公安消防是自然灾害、事故灾难、公共卫生事件和社会安全事件的应急处置的重要救援力量。2007年《突发事件应对法》颁布,要求县级以上人民政府建立综合性应急救援队伍。从各地的实践来看，公安消防部队成了综合应急救援队的不二人选。

4. 公安消防部队转制综合性消防救援队伍

2018年，按照"军是军，警是警，民是民"的军改原则，原来作为武警一个警种的公安消防部队集体退役，由应急管理部管理。公安消防部队、武警森林部队转制后，与安全生产等应急救援队伍一并作为综合性常备应急骨干力量，由应急管理部管理，实行专门管理和政策保障，制定符合其自身特点的职务职级序列与管理办法，提高职业荣誉感，保持有生力量和战斗力。

2018年10月18日，中共中央办公厅、国务院办公厅印发《组建国家综合性消防救援队伍框架方案》，该方案推进了公安消防与武警森林部队的转制和国家综合性消防救援队的建设，基本原则是坚持党对国家综合性消防救援队伍的绝对领导，发展方向是正规化、专业化、职业化，具体目标是建设一支政治过硬、本领高强、作风优良、纪律严明的中国特色综合性消防救援队伍，发挥的作用是中国应急救援的主力军和国家队。

2018年11月9日，习近平总书记亲自向国家综合性消防救援队伍授旗并致训词，标志着一支全新的人民队伍举旗定向、踏上征程。

2022年2月，中共中央、国务院印发《国家综合性消防救援队伍整合改革方案》，明确整合应急管理部消防救援局和森林消防局职责，组建国家消防救援局，作为国家综合性消防救援队伍的领导指挥机关，为应急管理部管理的副部级国家局，将消防救援队伍和森林消防队伍整合为一支队伍。

2023年1月6日，新组建的国家消防救援局正式挂牌。

2024年6月28日，修订后的《突发事件应对法》增加国家综合性消防救援队伍的相关内容：一是明确县级以上地方人民政府设立的突发事件应急指挥机构，应当包括国家综合性消防救援队伍有关负责人；二是明确国家综合性消防救援队伍是应急救援的综合性常备骨干力量。

7.1.2 国家综合性消防救援队伍训词

2018年11月9日，习近平总书记在人民大会堂亲自为国家综合性消防救援队伍授旗并致训词，鲜明提出对党忠诚、纪律严明、赴汤蹈火、竭诚为民"四句话方针"。训词是国家元首、军队统帅发布命令指示的一种特殊形式，具有神圣性、权威性、统领性。习近平总书记专门向国家综合性消防救援队伍致训词，饱含着习近平总书记和党中央的政治关怀、殷切期望和千钧重托，既是对国家综合性消防救援队伍的专门要求，也是对全国应急管理队伍的一致要求，为应急管理队伍指明了前进方向、赋予了职责使命、立起了建设标准、确立了价值追求，是推动新时代应急管理事业高质量发展的强大动力源泉。

1. 对党忠诚是应急管理队伍的政治灵魂

对党忠诚，在应急管理队伍"四句话方针"中居于首位，集中反映了应急管理队伍的政治属性，是应急管理队伍"对谁忠诚""听谁指挥"的政治标定。永远做党和人民的忠诚卫士，是党中央对应急管理队伍提出的根本政治要求。"永远"是时间要求，体现了永恒性；"做"是行动要求，体现了实践性；"党和人民"是属性要求，体现了一致性；"卫士"是使命要求，体现了职业性；

"忠诚"是标准要求,体现了纯洁性、坚定性和自觉性的有机统一,是必须达到的政治建设标准,也是检验应急管理队伍政治上是否过硬的标准。

对党忠诚是建队之魂,是永恒不变的政治信仰。应急管理队伍是党的队伍、人民的队伍,应急管理部门是习近平总书记亲自决策组建的部门,国家综合性消防救援队伍是习近平总书记亲自缔造的队伍,对党忠诚是其最鲜明的政治本色、最突出的政治品格、最坚定的政治信仰,任何时候任何情况下都必须听党话、跟党走,坚定拥护"两个确立"、坚决做到"两个维护"。

2. 纪律严明是应急管理队伍的重要保证

党面临的形势越复杂、肩负的任务越艰巨,就越要加强纪律建设,越要维护党的团结统一,确保全党统一意志、统一行动、步调一致前进。应急管理队伍是党领导下的纪律队伍,是应急的队伍、打仗的队伍、冲锋的队伍,没有严明的纪律,就没有过硬的战斗力。纪律严明是落实应急管理队伍建设标准的必然要求,坚持纪律严明建设标准,做到集中统一、步调一致,必须始终坚持挺纪在前、执纪从严,切实把严格纪律规矩贯穿到管党治队各领域、全过程。纪律严明是保持应急管理队伍纯洁巩固的必然要求,明知会有牺牲、毅然逆向而行,靠的绝不是一时的心血来潮,靠的是长期常态的严格教育、严格训练、严格管理、严格要求,培养形成铁的纪律和过硬战斗作风。纪律严明是确保应急管理队伍担当尽责的必然要求,唯有执行严格的训练和战备纪律,才能确保应急管理队伍始终保持枕戈待旦、箭在弦上的良好备战状态,做到遇有情况第一时间报告、第一时间响应、第一时间调度、第一时间高效处置。

纪律严明是治队之基,是推进应急管理队伍建设发展的重要保证。要按照统一指挥、统一制度、统一纪律、统一训练的标准要求,建立严格的备战秩序以保证任务完成,建立严格的训练秩序以增强应急能力,建立严格的工作秩序以提升业务效能,建立严格的生活秩序以形成优良作风,实现组织性、计划性、准确性、纪律性的有机统一。

3. 赴汤蹈火是应急管理队伍的使命要求

应急管理部门全年365天、每天24小时应急值守,随时可能面对极端情况和生死考验。应急管理队伍奉献很多、牺牲很大,职业使命具有特殊性,职业对象具有复杂性,职业行为具有危险性,赴汤蹈火既是职业属性的鲜明特征,也是应急管理队伍必备的战斗精神和职业操守。

敢于赴汤蹈火,就要随时准备出动,分秒不可懈怠。敢于赴汤蹈火,就要练就过硬本领,面对"全灾种、大应急"形势任务,科学高效应对处置各类灾害事故,如果关键时刻顶不上去、拿不下来,就无法向党和人民交代。敢于赴汤蹈火,就要英勇顽强、不怕牺牲,无论遇到多么危险的环境,都毫不畏惧,毫不退缩,召之即来、战之必胜,关键时刻不惜牺牲个人生命。

4. 竭诚为民是应急管理队伍的根本宗旨

永远竭诚为民,是应急管理队伍践行党的宗旨的集中体现,就是要坚持全心全意为人民服务这个根本宗旨,始终把人民放在心中最高位置、把人民褒奖作为最高荣誉、把人民需要作为最高指引,并为之付出最大努力、竭尽所有力量、贡献全部智慧。永远竭诚为民,是推进应急管理事业发展的力量源泉,应急管理事业为了人民、依靠人民,之所以取得一个又一个胜利,其中一个重要法宝就是始终保持同人民群众的血肉联系,从人民群众中汲取战胜困难、攻坚克难的智慧和力量。永远竭诚为民,是应急管理队伍的根本价值追求,应急管理队伍来自人民,服务人民、维护人民群众利益是价值取向的根本要求,必须当好民生民安的守护者、人民美好生活的保卫者、党和政府温暖的传递者。

竭诚为民是立队之本,是应急管理队伍价值追求的实践落点。竭诚为民越坚定、越彻底,就越显示出职责的神圣与光荣,就越显示出事业的价值与荣耀。应急管理队伍作为党领导的人民队伍,要在救民助民、便民利民、亲民爱民的具体实践中,不断增强人民群众的获得感、幸福感、安全感。

7.1.3 国家综合性消防救援队伍建设

1. 组建国家综合性消防救援队伍意义

组建国家综合性消防救援队伍,是党中央适应国家治理体系和治理能力现代化做出的战略决策,是立足我国国情和灾害事故特点、构建新时代国家应急救援体系的重要举措,对提高防灾减灾救灾能力、维护社会公共安全、保护人民生命财产安全具有重大意义。

中国特色社会主义进入新时代,对党和国家机构设置及职能配置提出了新要求。我国应急救援队伍原来分散在公安消防、森林消防、抗洪抢险、地震救援、水上搜救、铁路救援、民航救援、危险化学品救援和矿山救援等多个行业领域,存在与"优化、协同、高效"要求不适应不协调的问题。党中央着眼推进国家治理体系和治理能力现代化,组建国家综合性消防救援队伍,将公安消防部队、武警森林部队转隶划归应急管理部管理,理顺了军地之间的关系,整合优化了应急力量资源,健全完善了应急管理体制机制。实践证明,这有利于消防救援队伍的转型升级和职业发展,有利于国家对应急救援力量、装备、物资等资源的统一调度和统筹使用,有利于提高综合应急救援能力和救援效能,必将有力推动和促进国家治理体系和治理能力现代化。

组建国家综合性消防救援队伍是立足我国国情和灾害事故特点构建新时代国家应急救援体系的重要举措。随着我国工业化和城市化进程加快,各类传统、非传统的致灾因素不断增多,各种灾害事故多发易发。面对越来越复杂多样的重大风险,亟须构建统一领导、权责一致、权威高效的国家应急能力体系。组建国家综合性消防救援队伍、顺应了健全国家安全体系的时代要求,借鉴了国外应急救援体系建设的有益做法,适应了消防救援队伍专业化、职业化发展规律。实践证明,这有利于发挥体制优势、专业优势、力量优势,有利于关键时刻冲得上、救得下、打得赢,有利于探索走出具有中国特色的应急救援新路子,必将为新时代国家应急救援体系建设提供有力支撑。

组建国家综合性消防救援队伍是提高防灾减灾救灾能力、维护社会公共安全、保护人民生命财产安全的需要。国家综合性消防救援队伍承担各种灾害事故和以抢救人员生命为主的应急救援任务,实现从应对"单一灾种"向"全灾种、大应急"的转变,需要多能一体、高效救援,不断提升综合性应急救援能力。转制以来,通过多种形式的联战联演联训,有力推动了队伍的能力建设。在各类灾害事故救援中,消防、安全生产等多种救援力量联合应对处置,在参战队伍多、力量构成多元的情况下,指挥顺畅、配合默契,大应急体制下的综合救援能力得到充分体现。实践证明,组建国家综合性消防救援队伍能够更好地提高国家防灾减灾救灾能力,更好地顺应人民群众对美好生活和公共安全的期待,更好地服务人民、保障人民幸福安康,实现国家长治久安。

2. 国家综合性消防救援队伍管理

国家综合性消防救援队伍吸收现役制和职业制两方面优势,坚持党的绝对领导,坚持正规化、专业化、职业化建设方向,形成了一套符合消防救援职业特点的政策制度保障体系。

在领导体制上,实行统一领导、分级指挥;中央主建、地方主用。

在组织架构上,按照"国家消防救援局—总队—支队—大队—站(中队)"架构设立,把支部建在站(中队)上,继续实行党委统一的集体领导下的首长分工负责制和政治委员、政治机关制。

在衔级设置上,第十三届全国人民代表大会常务委员会第六次会议通过《中华人民共和国消防救援衔条例》专门设立消防救援衔。

在执勤模式上,实行24小时驻勤备战。

在队伍管理上,坚持纪律部队建设标准,严格教育、严格训练、严格管理、严格要求,保持纪律严明的队伍作风。

在职业荣誉上,设置专门的队旗、队徽、队训、队服,建立符合职业特点的表彰奖励制度,享受国家和社会给予的优待。

在人员招录、使用和退出上,根据消防救援职业特点,实行专门的管理办法,确保队伍战斗力。

3. 国家综合性消防救援队伍职责

改革转制后,国家综合性消防救援队伍作为应急救援的主力军和国家队,承担着防范化解重大安全风险、应对处置各类灾害事故的重要职责。

新定位、新职责明确队伍更广的职能范围。国家综合性消防救援队伍的职责主要包括火灾预防、监督执法、火灾扑救、事故调查以及特种灾害救援等任务。防范化解重大安全风险,除了"高地大化"①"老幼古"②"三合一""多合一"③等区域场所,还与千家万户、各行各业息息相关,具有社会性、专业性等公共安全特点。应对处置各类灾害事故,不再局限于防火灭火和抢险救援,还扩展到地震、水灾、旱灾、危险化学品事故等,涉及高空、地下、激流、严寒、高温、烟热、辐射、污染等各种恶劣环境,肩上的担子更重了、责任更大了。这就要求消防救援队伍要与安全生产等综合性常备应急救援骨干队伍一道,积极适应新形势、新任务、新要求,从应对单一灾种向应对全灾种转变,做到一专多能、多能一体、各有所长、优势互补。

新定位、新职责要求队伍担负更重的责任使命。组建国家综合性消防救援队伍,既是国情

---

① "高地大化"即高层建筑、地下建筑、大型综合体、石化企业。
② "老幼古"即养老服务机构、幼儿教育场所、文物古建筑、标志性建筑。
③ "三合一""多合一"即人员住宿与生产存储经营一种或几种功能混合设置在同一建筑内的场所。

和现实的需要,也是党和人民的重托。消防救援队伍要时刻听从党和人民的召唤,保持枕戈待旦、快速反应的备战状态,在各类灾害事故处置中当先锋、打头阵,尤其是在处置重特大灾害事故中能够发挥尖刀和拳头作用,做到哪里有灾情就冲向哪里,什么地方最危险就战斗在什么地方。在承担国内救援任务的同时,还要具备跨境跨国救援的能力,体现大国担当和大国责任。这就要求消防救援队伍强化使命意识,时刻牢记主力军和国家队的使命担当,大力弘扬赴汤蹈火的战斗精神,克服一切艰难险阻争取胜利。

新定位、新职责对队伍提出更高的能力要求。国家综合性消防救援队伍养兵千日、用兵千日,肩负着"防"与"救"的双重职责,肩扛着主力军和国家队的神圣使命。主力军必须是居于主导地位的、最先进的、最专业的、最有战斗力的队伍,在处置重大灾害事故中必须挑重担、当先锋、打头阵,做到攻无不克、战无不胜。与其他应急救援力量相比,主力军要有"过人之处",要做到"不可替代",做到首战用我、用我必胜。这就要求消防救援队伍始终保持对党忠诚、听党指挥的政治本色,练就科学高效、专业精准的过硬本领,发扬英勇顽强、不怕牺牲的战斗作风,忠实履行好党和人民赋予的职责使命。

7.1.4 其他应急救援队伍

我国应急救援力量与灾害种类多、分布地域广、发生频率高、造成损失重的实际情况相比,存在规模较小、资源不足、分布不均等突出问题,亟须发挥各方面力量优势,形成应急救援合力。

1. 人民解放军和武警部队

人民解放军和武警部队是抢险救灾的突击力量,执行国家赋予的抢险救灾任务是军队的重要使命。军队参加抢险救灾主要担负解救、转移或者疏散受困人员,保护重要目标安全,抢救、运送重要物资,参加道路(桥梁、隧道)抢修、海上搜救、核生化救援、疫情控制、医疗救护等专业抢险,排除或者控制其他危重险情、灾情等任务。必要时,军队可以协助地方人民政府开展灾后重建等工作。我国已经建立健全了军地协调联动机制,军队参加抢险救灾在人民政府的统一领导下进行,具体任务由抢险救灾指挥机构赋予,部队的抢险救灾行动由军队负责指挥,确保大灾大难时协调有序、指挥顺畅、联动高效。

2. 国家专业应急救援力量建设

国家专业应急救援力量是应急救援队伍的骨干力量,在灾害事故影响范围广、救援任务难度大、多灾种复合叠加的情况下,发挥突击攻坚、一击必中、一招制胜作用,是保障人民群众生命财产安全的主力军。

(1) 全力打造国家专业应急救援力量

截至2023年,立足"全灾种、大应急"需要,坚持全局统筹、体系设计、系统推进,依托中国安能集团等国有企业建设布局了应急管理部自然灾害工程应急救援中心,在河北、江西、湖北等地建设工程救援基地12个,覆盖华北、华中、东南、西南等地区,基本满足灾害事故工程救援需求;在长江、淮河流域组建水上工程抢险队伍,配备大型综合指挥和工程抢险救援船,有效填补了我国水上工程抢险力量的空白;建设国家安全生产应急救援队伍102支22万余人,覆盖矿山、危险化学品、油气田开采、油气管道、隧道施工等高危行业领域。这些救援力量在保障相关地区、行业安全发展中发挥了重要作用,已成为国家有效应对重特大灾害事故的尖兵利器。

(2) 加大先进适用装备配备力度

坚持问题导向、实战导向,转变以往依靠"人海战术"组织灾害事故救援模式,不断提高装备配备智能化、轻型化、模块化、信息化、标准化水平,提升特殊区域、复杂条件、极端环境下专业救援能力。截至2023年,先后配备了动力舟桥、全地形两栖救援车等多种国产新型抢险救援装备,以及5小时搭建$50~km^2$移动公网通信和$150\,000~km^2$音视频通信网络的"翼龙Ⅱ"无人机,为高效挽救人民群众生命财产安全提供了有力通信保障。

(3) 强化国家专业应急救援力量建设

重点针对工程抢险、森林草原灭火、地震地质灾害等专业应急救援力量不足问题,持续提升实战能力,优化专项资金支持,建立健全应急联动响应机制;持续优化力量布局,充分考虑灾害事故风险分布特点、经济社会发展趋势和应急救援力量建设现状等因素,调整优化国家专业应急救援力量规模、结构、布局,补短板、强弱项,构建灾害事故应急救援需求与专业应急救援能力动态平衡的应急救援力量体系;持续强化装备建设,健全国家专业应急救援力量装备配备标准,推广应用洪涝灾害、森林草原火灾、地震和地质灾害等救援先进技术装备,强化救援现场技术支撑,提升重大灾害事故现场数据获取、灾中实时监测、灾后评估分析等专业能力,不断提升应急救援装备智能化、轻型化、模块化水平。

3. 航空救援力量

航空救援力量是国家应急救援体系的重要组成部分,是应急管理体系和能力现代化的重要标志。航空救援力量反应速度快、活动范围大、受地形条件限制少,在保障人民群众获得感、幸福感、安全感方面具有独特的优势;特别是在抢救生命的"黄金72小时",利用航空救援力量紧急投送抢险救援尖刀力量和应急物资,及时转移遇险受困人员,最大限度减少人民群众生命财产损失,具有不可替代的作用。

我国应急救援航空体系建设起源于航空护林,20世纪五六十年代,相继成立了东北航空护林中心、西南航空护林总站,这是我国航空护林事业的开端。2018年党和国家机构改革以来,应急救援航空体系作为一项战略性工程被摆上重要位置,进入了体系建设高速发展的快车道,由小变大、由弱到强。在力量构成上,适应"全灾种、大应急"需求,加大航空器租用力度,一批大型高原型直升机、"翼龙"无人机充实其中,填补了航空救援领域空白。在力量布局上,推动由季节性布防向重点地区全年布防转变、由相对固定区域救援向全域机动救援转变,由空中救援向空地一体救援转变。在工作机制上,各地通过签订合作协议、定期召开会议等方式,建立了与驻地民航、军队、航空企业等应急联动机制,基本实现应急状态下航空力量快速响应、高效处置。

应急救援航空体系发挥了不可替代的作用。截至2022年,先后参与处置森林火灾600余起,投送应急物资600余吨,如四川冕宁"4·20"森林火灾、武汉孝感"10·1"森林火灾、山西榆社"3·17"森林火灾、云南玉龙"4·23"森林火灾,长江、淮河流域性洪水,河南郑州"7·20"特大暴雨灾害等突发事件。特别是2022年9月5日四川泸定发生6.8级地震,10架直升机、1架运输机投入救援行动,从震区"孤岛"转移出伤员201人、受困群众516人,充分展现了航空救援力量在高山峡谷地貌应急救援行动中不可替代的独特优势。

航空救援体系建设还需久久为功。统筹布局一批适用的重点航空器,聚焦灭火大飞机破题,下力解决一批亟须的关键航空器,构建起大型固定翼飞机、直升机与无人机高低搭配、远近结合、布局合理、功能合成的航空救援力量体系。健全完善一套航空救援空域保障机制,优化航线快速审批流程,促进军地间、部门间、区域间快速协同联动,确保一旦发生重特大灾害,能够迅速响应、协同高效调用各方资源参与航空救援行动。配套建设一批航空救援装备设施,在灾害风险高、地形复杂、交通不便的地区,规划建设一批野外停机坪,明确一批直升机临时起降点,构建"骨干机场—航空场站—野外停机坪—临时起降点"起降网络,形成覆盖我国灾害事故多发易发地区的航空救援保障格局。制定完善一批航空救援政策标准,加强全灾种专业训练和实训实战能力建设,组织航空救援力量持续开展灭火科目训练和山岳、水域、地震等应急救援训练,以及各型航空救援力量、空地救援力量联演联训,提升空地协同、立体救援能力。

4. 基层应急救援力量

灾害事故风险萌芽在基层、发生在基层。破解基层应急救援"最先一公里"难题,提升基层应急救援能力,既是现实刚需,也是发展必需。只有把基层综合性应急救援队伍建设得坚强有力,才能切实提升基层自救互救能力。

党的十八大以来,各地结合实际积极探索基层应急救援力量建设的思路举措,形成了富有地方特色的建设模式。比如,一些地区坚持党委政府领导、应急部门统筹、社会各方参与的原则,加强基层应急救援站建设,采取政府主导、社会主办、政府+市场联办等建站模式,推动织密基层应急救援网络,逐步构建起"小灾能自救、大灾能增援、区域能联动"的应急救援模式。截至2023年,全国乡镇(街道)共建有综合性应急救援队伍3.6万余支、105.1万余人,已经成为基层先期处置的生力军。

因地制宜组建救援队伍。针对全国各地灾情、民情、基础设施经济发展各有差异,基层综合性应急救援力量建设仍然存在薄弱环节等问题,加强基层综合性应急救援力量建设,按照"政府主导、社会参与、多方联动、资源共享"等模式,遴选有一定应急救援专业知识技能和经验人员的组建"一专多能、一队多用"的乡镇(街道)、村(社区)综合性应急救援队伍。

加强场所设施规范化建设。充分考虑地域情况、气候规律和灾害事故应对处置需要,统筹建设救援队伍驻地、训练场所及设施、值班室、装备物资库房,满足队伍值班、指挥、备勤、培训、训练,以及救援装备和应急物资的储存、保养和维修的基本需要。

推进装备配备标准化建设。按照"立足实际、按需配备、集中储存、统一管理"的原则,科学合理地确定基层应急救援队伍装备配备类别和数量,配置专业器械设施、设备和安全防护装备,提升应急装备水平,满足快速反应、及时应对处置灾害事故的需要。

2024年2月19日,中央全面深化改革委员会第四次会议强调进一步提升基层应急管理能力。会议指出,要理顺管理体制,加强党对基层应急管理工作的领导,发挥应急管理部门综合优势以及相关部门和有关方面专业优势,衔接好"防"和"救"的责任链条,健全大安全大应急框架。要完善工作机制,推动形成隐患排查、风险识别、监测预警、及时处置闭环管理,做到预防在先、发现在早、处置在小。健全保障机制,加大基础性投入,根据地区人口数量、经济规模、灾害事故特点、安全风险程度等因素,配齐配强应急救援力量。要强化对基层干部教育培训,提升社会公众风险防范意识和自救互救能力。

5. 社会应急力量

我国社会应急力量具有贴近基层、组织灵活、行动迅速、便于展开的优势,发展速度快、参与热情高、活动范围广、服务领域宽,重点围绕规范有序发展,发挥辐射带动作用,提高公众防灾避险意识和自救互救水平进行建设,形成政府主导、属地管理、配合有力、多方支持的中国特色社会应急力量管理体系和服务保障体系,在灾害事故应急救援中发挥着日益重要的作用,是我国应急体系不可或缺的重要组成部分。依据人员构成及专业特长开展水域、山岳、城市、空中等应急救援工作。另外,一些单位和社区建有志愿消防队,属群防群治力量。

2022年,国家层面印发《关于进一步推进社会应急力量健康发展的意见》,为提升社会应急力量整体建设质量和发展水平提供了科学指导。针对社会应急力量在救援现场队伍分散、管理无序、秩序混乱等问题,积极探索在全国范围内建立社会应急力量参与重特大灾害抢险救援行动现场协调机制,做到救援现场有协调组织、有工作场所、有支撑系统、有保障条件。相关部门出台发布6项建设标准、3套培训教材,分区域、分层级、分专业组织开展竞赛比武活动,推动完善社会应急力量与国家专业应急救援队伍联演联训机制,组织社会应急力量参加"应急使命"大型实战化演习。此外,还推出了社会应急力量专属保险产品,实现全国线上统保统价统赔,有效解决社会应急力量因主动涉险而被拒保等问题。截至2022年,社会应急力量队伍规模达到2400余支、5.2万余人。社会应急力量发挥覆盖面广、组织灵活、反应灵敏等诸多优势,在河南郑州"7·20"特大暴雨灾害、四川泸定6.8级地震和土耳其7.8级地震等国内外重特大灾害救援救助行动中发挥了积极作用,成为国家应急力量体系的重要辅助力量。

2024年,《突发事件应对法》修订,明确国家鼓励和支持社会力量建立提供社会化应急救援服务的应急救援队伍。社会力量建立的应急救援队伍参与突发事件应对工作应当服从履行统一领导职责或者组织处置突发事件的人民政府、突发事件应急指挥机构的统一指挥。

我国社会应急力量还处于起步阶段,全社会参与应急救援的局面还没有完全形成,亟须加强。强化协调联动,贯彻落实好支持社会应急力量发展的政策措施,完善社会应急力量参与重特大灾害抢险救援行动现场协调机制,建立完善队伍测评体系,为维护灾区秩序、统筹救援力量、提升协调效能提供有力支撑。强化服务保障,各地要对社会应急力量建设给予积极支持,平时可为其提供必要办公场所、训练场地、装备设施等,灾时可为参与现场救援的队伍提供必要的服务保障。强化宣传表彰,采取多种方式宣传先进典型事迹,对做出突出贡献的社会应急力量给予表彰和奖励,增强社会应急力量的荣誉感和自豪感。

各应急救援队伍各司其职,当重特大灾害发生的时候,各应急救援队伍共同参与,通常情况下,国家综合性消防救援队伍作为主力军、国家队,负责主要方向或者主攻任务,军队和武警部队是抢险救援的突击力量,执行国家赋予的抢险救灾任务,专业救援队伍是骨干力量,社会应急救援队伍是辅助力量。各类救援力量在灾害现场指挥机构的统一领导下开展救援工作,依据灾种和专业优势进行科学分工,明确任务,相互配合,取长补短,形成整体救援合力。

7.2 综合性应急救援物资建设

7.2.1 应急物资的概念和分类

1. 应急物资的不同概念

根据《应急物资分类及编码》(GB/T 38565—2020)概念,应急物资是为应对严重自然灾害、事故灾难、公共卫生事件和社会安全事件等突发公共事件应急全过程中所必需的物资保障。

与《应急物资分类及编码》的概念相类似,在《物流术语》(修订版)(GB/T 18354—2006)中,应急物资的概念是应对自然灾害、事故灾难、公共卫生事件和社会安全事件等突发事件所必需的保障性物资。

从应急物资的国家级标准来看,应急物资是面向自然灾害、事故灾难、公共卫生事件和社会安全事件的全灾种的物资。本书中所指的应急物资是指救援过程中能直接利用的物资,不是冗余物资。

2. 应急物资分类

国家标准《应急物资分类及编码》(GB/T 38565—2020)依据应急物资的性质划分,将其分为基本生活保障物资、应急装备及配套物资、工程材料与机械加工设备3个大类。其中,基本生活保障物资进一步细分15个小类,应急装备及配套物资进一步细分为22个小类、工程材料与机械加工设备进一步细分为3个小类。

(1) 基本生活保障物资

基本生活保障物资包括:

① 粮食(面粉、大米、玉米/玉米粉、大豆和其他粮食);

② 蔬菜(新鲜蔬菜、冷冻蔬菜、腌渍菜、脱水蔬菜和其他蔬菜);

③ 水果(新鲜水果、冷冻水果、干制水果和其他水果);

④ 坚果(花生和其他坚果);

⑤ 禽蛋(鸡蛋和其他禽蛋);

⑥ 食用盐(加碘盐和其他食用盐);

⑦ 食用油(食用植物油、食用动物油脂和其他食用油);

⑧ 食糖(成品糖、加工糖和其他食糖);

⑨ 肉类(家畜肉、家禽肉和其他肉类);

⑩ 加工食品(方便食品、乳制品、婴幼儿食品、饮料、水产加工品和其他加工食品);

⑪ 纺织产品(服装类、床上用织物制品、安全用织物制品、其他纺织产品);

⑫ 救灾帐篷(单帐篷、棉帐篷、高原/高寒帐篷、厕所帐篷和其他材质帐篷);

⑬ 日用品(烹饪和加热装置、家用制冷电器具、温度调节用品、生活热水设备、简易床、储水用具、雨具、卫生清洁用品、桌椅、缝纫材料及用品、废弃物清扫及收集工具、防蚊虫用品、多功能刀具、救生包、婴幼儿用品和其他日用品);

⑭ 简易厕所(移动式简易厕所、固定式简易厕所和其他简易厕所);

⑮ 其他基本生活保障物资。

(2) 应急装备及配套物资

应急装备及配套物资包括:

① 个人防护装备(呼吸防护装备、躯体防护装备、头部防护装备、眼面部防护装备、耳部防护装备、手部防护装备、足部防护装备、坠落防护装备、个人防护套件装备和其他个人防护装备);

② 搜救设备(生命探测设备、破拆工具、降落与登乘/登高设备、救捞设备和其他搜救类设备);

③ 医疗及防疫设备及常用应急药品(医疗携行急救设备、手术器械、诊断设备、消毒供应设备、检验设备、防疫卫生设备及药品、医用耗材、常用应急药品、医疗模块化装备、兽医器械及兽用药和其他医疗装备与药品);

④ 应急运输与专用作业交通设备(托盘、应急机动车辆、应急船舶设备、应急航空设备、非机动车辆、应急通行辅助装备、其他应急运输与专业作业交通设备);

⑤ 工程机械设备(冲锋舟、破冰除雪设备及器材、挖掘推铲类设备、起重机械、桩工堵口设备、喷灌设备、机器人成套系统、疏堵清淤类设备、其他大型工程机械设备);

⑥ 能源动力设备及物资(电池、应急发电设备、柴/汽油发动机、电动机、液压/气压动力设备、燃料及气源、其他能源动力设备及物资);

⑦ 应急照明设备及用品(佩戴式照明设备、手持式照明设备、移动式照明设备、车载/船载照明设备、非电照明用品、灯具及配件、其他应急照明设备及用品);

⑧ 洗消器材及设备(人员洗消器材及设备、环境/设施类洗消器材及设备、洗消粉/粉类、其他洗消器材及设备);

⑨ 后勤支援装备(办公设备和用品、水处理系统及设备、燃料储存设备、物料搬运设备、其他后勤支援装备);

⑩ 非动力手工工具(通用手工工具、特种工具、其他非动力手工工具);

⑪ 灭火及爆炸物处置设备(灭火类设备、爆炸物处置设备、其他灭火及爆炸物处置设备);

⑫ 拦污封堵器材装备(堵漏类器材、拦污收集器材装备、危化泄漏处理组套、其他拦污封堵器材装备);

⑬ 泵类及通风排烟设备(排水泵类、排污泵类、通风排烟设备、其他泵类及通风排烟设

备);

⑭ 安防及反恐防暴装备(安全检查设备、安防系统与监控设备、非致命性反恐武器及实体防护设备、其他反恐防暴装备);

⑮ 分析检测类设备(生物检测设备、生物取样设备、化学/物理检测设备、化学/物理取样套件、放射性检测设备、放射性样品取样设备、电工食品仪表、工业过程测量仪器、标准物质、其他分析检测类食品仪表);

⑯ 监测预警仪器和装置(气象观测仪器、水文仪器、地震设备、海洋仪器、岩土工程仪器、光谱遥感仪器、大地测量仪器、摄影测量用仪器及装置、噪声监测仪器及相关环境监测仪器、绘图工具/量具、观察测量设备、监测预警集成系统、消防物联网监测设备、地下管网可燃气体检测设备、其他监测预警仪器和装置);

⑰ 通信设备(通信传输设备、通信终端设备、移动通信设备、通信接入设备、其他通信设备);

⑱ 雷达、无线电导航及无线电遥控设备(雷达设备、无线电导航设备、无线电遥控设备、其他雷达、无线电导航及无线电遥控设备);

⑲ 广播电视设备(广播电视节目制作及播控设备、广播电视发射及传输设备、特殊环境应用广播电视设备、其他广播电视设备);

⑳ 信号标识类器材(警戒信号类器材、指示信号类器材、求救信号类器材、其他信号标识类器材);

㉑ 信息技术设备(应用软件、计算机整套设备及其他硬件设备、计算机网络设备、信息安全设备、其他信息技术设备);

㉒ 其他应急装备与配套物资。

(3) 工程材料与机械加工设备

工程材料与机械加工设备包括:

① 工程材料(水泥、砂石料、沥青、砌筑块材、预制构件、木材、竹材及其制品、袋类、金属丝及其制品、绳类、布/膜/滤垫类、建筑门窗、玻璃及五金配件、管材、管件与扣件、轻质墙板、保温材料、防水、防潮及密封材料、其他工程材料);

② 机械加工设备(一般切削加工设备、加工中心及组合机床、压力加工设备、铸造设备、焊接设备、热处理、表面处理设备、特种加工设备、加工设备附件及辅料、其他机械加工设备);

③ 其他工程材料与机械加工设备。

7.2.2 应急物资储备和保障体系构建

应急物资保障作为国家应急管理体系建设的重要内容,按照集中管理、统一调拨、平时服务、灾时应急、采储结合、节约高效的原则,尽快健全相关工作机制和应急预案。党的十八大以来,我国注重统筹推进应急物资保障体系建设,健全完善顶层设计,构建多元储备体系,夯实基层保障基础,推进信息化建设,应急物资保障体制机制法制初步建立,应急物资储备网络基本形成,应急物资储备基础不断夯实,应急物资储备模式日趋完备,应急物资调运能力逐步提升,有力有序有效应对了一系列重特大灾害事故。

1. 以应急管理体系和能力现代化为引领,健全完善应急物资保障顶层设计

应急物资保障是提高防灾减灾救灾能力、增强重大急难险重突发公共事件处置保障能力、推进应急管理体系和能力现代化的重要物质基础。2022年10月,国家层面制定印发应急物资保障领域首个五年规划《"十四五"应急物资保障规划》,明确了"十四五"时期应急物资保障体系建设的指导思想、基本原则、建设目标、主要任务和重点建设工程项目。2023年2月,国家粮食和物资储备局、应急管理部、财政部联合印发《中央应急抢险救灾物资储备管理暂行办法》,加强对防汛抗旱物资、生活类救灾物资等中央应急抢险救灾物资的规范化管理,不断夯实应急物资储备管理制度基础。健全完善应急物资保障顶层设计,要完善中央层面跨部门应急物资保障领导协调体制,优化应急物资保障中央和地方分级响应机制,健全各部门共同参与的应急物资协同保障和应急联动机制。

2024年6月,修订后的《突发事件应对法》完善了应急物资保障的相关内容。国家按照集中管理、统一调拨、平时服务、灾时应急、采储结合、节约高效的原则,建立健全应急物资储备保障制度,动态更新应急物资储备品种目录,完善重要应急物资的监管、生产、采购、储备、调拨和紧急配送体系,促进安全应急产业发展,优化产业布局。国家储备物资品种目录、总体发展规划,由国务院发展和改革部门会同国务院有关部门拟订。国务院应急管理等部门依据职责制定应急物资储备规划、品种目录,并组织实施。应急物资储备规划应当纳入国家储备总体发展规划。

设区的市级以上人民政府和突发事件易发、多发地区的县级人民政府应当建立应急救援物资、生活必需品和应急处置装备的储备保障制度。县级以上地方人民政府应当根据本地区的实际情况和突发事件应对工作的需要,依法与有条件的企业签订协议,保障应急救援物资、生活必需品和应急处置装备的生产、供给。有关企业应当根据协议,按照县级以上地方人民政府要求,进行应急救援物资、生活必需品和应急处置装备的生产、供给,并确保符合国家有关产品质量的标准和要求。国家鼓励公民、法人和其他组织储备基本的应急自救物资和生活必需品。有关部门可以向社会公布相关物资、物品的储备指南和建议清单。

2. 以不断提高应急处置保障能力为目标,构建多元应急物资储备体系

2021年8月30日,习近平总书记主持召开中央全面深化改革委员会第二十一次会议,会议强调,"要统筹解决好'储什么''谁来储''怎么储'的问题,系统规划、科学优化储备的品类、规模、结构,加快补齐补足关键品类物资短板。"习近平总书记强调,"要坚持两条腿走路,实行中央储备和地方储备相结合,实物储备和产能储备相结合,国家储备和企业商业储备相结合,搞好军民融合储备。"应急物资保障是提高防灾减灾救灾和重大突发公共事件处置保障能力的关键要素,同时也是国家储备的重要组成部分。党的十八大以来,在党中央的坚强领导下,各级党委、政府和有关部门不断加大应急物资储备人力物力财力的投入,不断优化全国应急物资储备布局,持续完善应急物资储备体系,促进应急物资储备保障能力的显著提升。初步建立起

"中央—省—市—县—乡"五级应急物资储备体系,各级储备库总量已达到1.2万个。中央应急抢险救灾物资实现大规模增储,中央应急物资储备库实现31个省(自治区、直辖市)全覆盖,总数达到126个;省市县各级政府普遍建立应急物资储备库,满足本地区一定响应级别的应急物资需求,部分多灾易灾、交通不便的乡镇建立了基层应急物资储备库。构建多元应急物资储备体系,既要在实物储备方面取得突破,也要在产能储备、协议储备、社会储备、家庭储备等方面发挥效能。强化应急通用物资共用共享共管,加强应急物资生产能力的动态监控,选择条件较好的企业纳入产能储备企业范围,指导各地加强与大型央企、互联网企业、地方重点企业等产能合作,探索推进政企合作方式。针对市场保有量充足、保质期短、养护成本高的应急物资,提高协议储备比例,优化协议储备结构。加强应急物资储备社会协同,调动社会力量共同参与物资储备。开展家庭应急物资储备示范,形成可复制的家庭应急物资储备建设经验。

3. 以有力保障救灾救助为落脚点,夯实应急物资保障基层基础

救灾救助工作必须把切实保障受灾群众基本生活作为工作根本出发点和落脚点。各级党委、政府和有关部门牢记习近平总书记的殷殷嘱托,通过各种方式不断夯实应急物资保障基层基础,截至2023年累计向各地灾区调拨中央救灾物资近200万件。各地区综合分析本地灾害事故特点,确保应急物资储备能够满足本行政区域启动Ⅲ级应急响应需求,并留有安全冗余,自然灾害多发易发地区和安全生产重点地区均建设了省级或地(市)级综合应急物资储备库。

夯实应急物资保障基层基础,要综合考虑本地区灾害事故特点人口分布、地理位置等因素,合理规划地方政府应急物资储备点布局,在重点区域和高风险乡镇(街道)、村(社区)配备必要物资装备。实施应急产品生产能力储备工程,建设区域性应急物资生产保障基地。鼓励建设应急物资科技创新平台,支持应急产业科技发展,推动应急物资标准化、系列化、成套化。

4. 以大力提升决策支撑能力为导向,推进应急物资保障信息化建设

国家建立健全应急运输保障体系,统筹铁路、公路、水运、民航、邮政、快递等运输和服务方式,制订应急运输保障方案,保障应急物资、装备和人员及时运输。县级以上地方人民政府和有关主管部门应当根据国家应急运输保障方案,结合本地区实际做好应急调度和运力保障,确保运输通道和客货运枢纽畅通。国家发挥社会力量在应急运输保障中的积极作用。社会力量参与突发事件应急运输保障,应当服从突发事件应急指挥机构的统一指挥。

县级以上人民政府应当加强急救医疗服务网络的建设,配备相应的医疗救治物资、设施设备和人员,提高医疗卫生机构应对各类突发事件的救治能力。

信息化是时代发展潮流,提升应急物资储备和保障能力,必须加强信息化建设。党的十八大以来,国家应急资源管理平台建成并投入使用,平台用户囊括了全国县级及以上应急、粮食储备(发展和改革)、水利等部门以及仓库管理单位和各级仓库,中央、省、市、县、乡五级储备的应急抢险救灾物资已全部录入平台。2020年以来新采购的中央救灾物资全部实行"一物一码",实现了救灾物资生产储备、调拨和发放各环节动态监控、全程追溯,为应急抢险救援救灾提供了强有力的应急物资指挥调度和决策支持服务。

推进应急物资保障信息化建设,要进一步完善应急资源管理平台,加强应急物资保障数据共用共享,整合政府、企业、社会组织等各类主体的数据资源,汇聚中央、省、市、县和社会应急物资保障信息。利用物联网、人工智能、大数据和云计算等技术手段,推动实现应急物资管理的全程留痕、监督追溯和动态掌控。推进应急物资储备库、配送中心等仓储物流设施的机械化、自动化、网络化、信息化建设,不断提升应急物资存储管理效率和智能化监控水平。

7.2.3 应急物资储备和保障体系能力

在物资储备上,制定出台《消防救援队伍应急装备物资保障体系建设纲要》,截至2023年,推动建立北京、沈阳等12个部局级、40个总队级、351个支队级、362个大(中)队储备库,在重点林区设立前置物资储备点136个,建设省域战勤保障基地和应急救援装备技术保障平台;按照"六车联保"①标准配备专业战勤保障车辆,规范森林灭火保障力量"三级四组"编携配装,加强模块化、智能化、机动性应急装备物资储备以及专业运输车辆配备;依托大型骨干物流企业,统筹建立涵盖铁路、公路、水运、民航等各种运输方式的紧急运输储备力量,发挥高铁优势构建快速输送系统,建立健全多部门联动、多方式协同、多主体参与的综合交通应急运输管理协调机制,保障重特大灾害事故应急资源快速高效投送。

在装备保障上,加大先进适用装备的配备力度,按照"常规装备配足、针对性装备配齐、撒手锏装备配强"的原则,调整优化装备结构,规模化配备远程供水、大功率排涝、危险化学品侦检、破冰除雪等装备设备,实现了常见灾种装备全覆盖、特种灾害处置有利器。从2018年改革转制到2022年年底,队伍新增特种装备789万件套,其中新增60 m以上举高车442辆、3 km以上远程供水系统217套、80 L/s大流量灭火机器人950台、40马力以上舟艇3537艘、森林草原及综合救援装备17.6万件套。

7.3 综合性应急救援技术建设

7.3.1 传统应急救援技术

从我国的主要灾害事故类型来看,地震及地质灾害、洪涝灾害、风灾、安全生产事故、高空山岳事故和车辆交通事故占了很大比例。这些事故救援过程中最常用到的就是绳索、水域、破拆三大类技能。同时这些技能具有一定的社会基础性。其中绳索类、水域类救援技能与穿越、徒步、漂流、潜水等户外运动掌握的技能有相同或相通之处,破拆类救援技能在汶川地震之后,经过中国地震局国家地震紧急救援训练基地和消防救援队伍训练,已被很多社会力量熟练掌握,操作程序与要求都是经过实战检验的。

---

① "六车联保"是指一种全面的军事后勤保障措施,它包括了多种类型的车辆,如宿营车、饮食保障车、淋浴车、盥洗车、被服洗涤车和发电照明车。这种保障方式旨在按照全方位的、全要素的和全天候的要求,为在前线作战的人员提供包括住宿、餐饮、个人卫生清洁以及基本的电力供应等一系列人性化的服务。

1. 绳索类技能

绳索类救援技术是应用最广的技术,在城市高层建筑、高空塔架、深坑、竖井、悬崖、水面等事故场景中。按照其使用特点将其分类为单绳技术(single rope technique,SRT)和双绳技术(double rope technique,DRT),其主要的操作内容分为下降技术、上升技术、倍力系统、垂直或斜面吊运技术等等,根据现场情况使用不同的技术应对。具有代表性的技术是单绳技术和IRATA[①]技术,前者主要在洞穴探险和登山攀岩运动中演化而来,主要使用单绳系统完成工作,后者则是在工业绳索技术中演化而来,主要使用双绳系统完成工作。目前绳索救援技术的主流是双绳救援技术。双绳救援技术的典型特点就是忽然死亡原则。意思是不管操作人员在何时何地进行何种操作,假定操作人员忽然失去意识,无法做出任何动作的情况下,绳索系统都必须确保该操作人员的生命安全。如果该系统中任何环节出现问题时无法确保操作人员安全,则违背了忽然死亡原则,则被视为不合格的系统。

常见的绳索救援综合性应用技术类型是"T"字形吊运技术,该技术大致分为水平与倾斜角度吊运两种,主要运用于高楼塔架、峡谷、深坑、水面等类型的救援场景中。要求操作团队具备高度的团队默契和较强的个人操作能力。该系统的工作原理是救援小组在受困人员两端的高处建立 A、B 两个稳定安全的锚点,通过绳索在两点之间架设主绳桥子系统,救援人员通过主绳桥子系统到达受困人员上方,再使用下降子系统接近被困人员,进行简单的伤情判断和处理后,再利用上升提拉子系统将伤员和救援人员吊运至上方的主绳桥子系统上,再通过牵引子系统将伤员和救援人员拖拽到一侧的安全接应点。这就是一个"T"字形吊运系统的基本工作原理。其中涉及主动、被动上升下降技术,滑轮组倍力系统技术,绞盘技术,锚点技术等多项技术操作,整个系统相对复杂,各救援队根据自身的实际情况和擅长技术在这个大的框架下灵活运用多种技术手段完成整个救援工作,这通常也是绳索类专业救援队相互之间交流的主要技术。

绳索救援技术主要采用的装备器材就是绳索与其相关器材,包括各种直径和类型的绳索,D 形、H 形、丝扣、自动锁等各类锁具,8 字环、GRIGRI、STOP、ID、MPD 等保护器,全身、半身安全带、头盔、三脚架、滑轮、绞盘等各类器材装备。通过各种器材装备与绳索的组合使用,形成各种救援技术。

2. 水域类技能

狭义地讲,水域类技能展示的是救援人员操控舟艇、搭建绳索系统、入水救人和利用潜水装备进行水下救捞作业的技术。广义上说,凡是与水域有关联的救援便是水域救援。但是细分开来,要从水的状态分为动态水域与静态水域,从水的维度分为水上与水下。

(1) 动态水域和静态水域救援

动态水域通常可以涵盖河流、海岸,静态水域通常是指泳池、水库,目前国内静态水域的救

[①] 国际工业绳索技术协会(IRATA),总部设立于英国,是一个具有国际地位的组织。它的技术系统是一套安全且极具效率的技术系统。IRATA 是业界认可的全球领先工业绳索技术权威机构。

生工作通常由救生员完成，救生员由国家体育总局负责核发相关执照，与复杂水域的救援还存在差别。

(2) 水上和水下救援

① 水上救援通常根据水的形态和环境不同分为激流救援与岸际救援。激流救援技术与岸际救援技术，自2015年传入国内后，近几年在社会应急力量当中得以广泛推广，并且近两年也正在迅速向国家应急主力军推广普及。

激流救援通常发生的大环境为降雨导致洪涝灾害发生，引发河道水流速、流量短时间骤增，达到致灾能力或雪融性洪灾以及其他情况造成的流域险情，此时的应对措施称为激流救援。但当水流速达到10 m/s的情况下，激流救援技术往往需要慎重使用或者不能使用，此时仅靠人力已经无法正常施展，需有强大的空中力量或其他力量介入。激流救援分为认知级(R1)、操作级(R2)、技术级(R3)、技术专家级(R4)和技术总监级(R5)。不同的层级学习使用的救援方式各不相同，总的要求便是在最短时间内，保证自我安全的情况下救助处于危险水域的受困人员。

岸际救援技术通常使用的范围是在我国沿海的海岸际周边，此项技术主要借助充气式救援冲锋舟(IRB)实施。岸际救援技术与激流救援技术在使用充气式救援冲锋舟当中大同小异。充气式救援冲锋舟以其轻量化、高机动性、安全性及吃水浅的优势在激流和海岸际救援中得以广泛使用，是救援人员能够安全、快速实施救援的重要工具。

② 水下救援通常运用在海难、河道航运以及溺水事故发生后的救援与救捞。在该领域的主要救援力量由中国交通部下属的各海域救捞局以及海事局的搜救中心，包括其他渔政部门、海警等国家行政机构组成。近几年，中国社会应急力量蓬勃发展，具备水下救捞能力的社会团体越来越多，日常非重特大事故发生时，他们承担起大量的溺水人员救捞任务，成为政府应急主力军的辅助力量。

水下救捞与救援部分，目前广泛使用的是水肺轻潜、管供重潜和混合气大深度潜水几种方式。从业人员大都持有国际认证的潜水执照（例如PADI、SSI等）或中国潜水打捞协会(CDSA)的执照，近几年美国公共安全潜水的ERDI执照开始在国内兴起，是更贴近水下救援与救捞的技术领域。水下救援与救捞是一项高危险技术，在实施水下作业的时候需要严格执行潜伴制度，需要水上、水下救援救捞团队的高效默契配合，潜水作业更要进行全面的安全防护与周密的救援计划。

3. 破拆类技能

随着综合救援在国内的发展，各项搜救技能得到长足进步。破拆是在建筑物坍塌救援中常用的一种技术手段。这种技术手段根据国家标准《地震灾害紧急救援队伍救援行动第二部分：程序与方法》(GB/T 29428.2—2014)第三章定义为：通过切割、凿破、破碎、打孔等对障碍物进行拆除或局部分解的过程。

破拆技术与顶升、障碍物移除三类技术在建筑物坍塌救援时互为辅助、互为选择，例如，当救援队在工作场地进行某一次建筑物坍塌救援行动时，由搜救小组中的结构专家及搜索队员判定伤员被困于建筑物下层,此时为打开营救通道,小组组长将根据建筑物坍塌类型、结构类型、伤员情况及现有的装备情况综合考虑使用的建筑物坍塌救援技术。如伤员四周的障碍物一旦使用障碍物移除技术进行移除则可能导致二次坍塌或相关风险,那么此时就应考虑顶升或破拆技术。在大多数真实现场救援情况下,顶升可以被用来打开建筑物外侧的营救通道,而处于建筑物内侧的狭小空间则情况复杂,而且重量较大,又有多层建筑物及不同结构互相叠压,在此情况下,救援队考虑使用顶升及障碍物移除技术的则少之又少。在大多数建筑物坍塌救援现场,破拆技术是救援队的首选。使用此技术打开营救通道可以比障碍物移除技术及顶升技术破坏更少的建筑结构,救援队员所处的空间及所处的位置也可以使用支撑进行更加有效的加固。而相对于其他技术,破拆在救援现场的时效性显然更具有优势,在大多数建筑物坍塌救援现场,破拆技术的速度比使用其他技术更加快速,且因破拆工具、装备多种多样,一支专业的建筑物坍塌救援队可以有很多很好的装备选择。

破拆技术本身也有很多分类,如按照空间划分,则破拆技术普遍被划分为垂直向上破拆、垂直向下破拆、水平侧向破拆。垂直向上破拆一直以来都是破拆技术中的难点、痛点之一,因垂直向上破拆需要摆脱装备自身重量的影响,及破拆后掉落的残渣对救援队员的伤害,因此该技术一直是救援者研究的课题之一。

按照破拆装备及相关操作划分,可以被划分为凿破、切割、破碎、打孔等基础操作。这些操作类型实际上由装备生产厂商引领走向,当厂商新推出一种破拆装备时,分类也会产生相应变化。

破拆技术可分为两种特殊技术类型:一种是安全破拆(clean break),另一种为快速破拆(dirty break)。(因早期翻译问题,快速破拆及安全破拆的中文命名已经固定,在此不做评论及更改。)快速破拆是允许在破拆过程中有产生的碎块向下方掉落且持续性剥离的一种破拆技术。此种技术要确保的是速度及效果,在此种技术进行过程中,需确保碎块不会掉落于幸存者身上或影响到幸存者的幸存状态。而安全破拆则为不允许在破拆过程中有产生的碎块向下方掉落且持续性剥离的一种破拆技术。在此技术执行过程中,被困者距离破拆点较近,掉落的碎块受到了限制或不会产生对幸存者具有威胁的碎块。

破拆技术为重要的建筑物坍塌救援技术,根据美国NFPA1670标准所述,救援行动因环境划分不同,被分为十九大类,其中建筑物坍塌救援只是一小部分。在其他的救援环境中,破拆也具有极为重要的意义。

4. 应急救援电话

常用应急救援电话有119、120、122三种。

拨打119时,必须准确报出发生火灾单位或家庭详细地址,包括街道名称、门牌号,周围易识别的建筑或其他明显标志;农村发生火灾要讲明县市、乡镇、村庄名称和具体方位;大型企业要讲明分厂、车间;高层建筑要说明楼层。讲明燃烧物品(如化工原料油类)存放位置、数量、性质、火势情况。耐心回答火警服务台的询问,待对方明确说可挂断电话时,方可挂断电话,放下电话后立即派人到主要路口接消防车。

拨打120时,说明患者姓名、性别、年龄、当前所在地址、简要病情、接应救护车的地点。如不清楚具体地址也要说明大致方位。尽可能说明患者患病或受伤时间,如果是意外伤害要说明伤害的性质、受伤部位等情况。约定等车地点、了解救护车到达的大概时间,准备接车。待调度员问清有关情况后,等对方先挂断电话,自己再挂断电话。

拨打122时,准确报出事故发生地点及人员、车辆损坏、人员受伤等情况。在交警到达之前注意保护现场。

7.3.2 智能化应急救援技术

2007年制定《突发事件应对法》时,囿于当时的技术能力和认知水平,突发事件主要依靠前兆信息进行预测性预报,经人工研判后发布预警,突发事件真实发生之后也只能依靠人工报告。2008年的汶川地震催生了地震等灾害速报式预警技术的大范围应用,极大提高了预警准确性和减灾效果,却因于法无据而处于"灰色地带"。2024年该法修订时解除了技术应用的法律桎梏,还做了概括性、方向性的规定,提出加强互联网、云计算、大数据、人工智能等现代技术手段在突发事件应对工作中的应用,鼓励研发和推广新技术、新材料、新设备、新工具。

现代化应急管理装备是防灾减灾、安全生产、应急救援的重要保障。加快应急管理装备现代化建设,需要加大应急管理装备技术创新和核心技术攻关力度,推进新型装备研发测试,突破一批"卡脖子"技术难题,强化先进适用装备配备,建立与大安全大应急框架相适应的应急管理装备体系。

1. 装备现代化是应急管理现代化的重要标志

武器装备是军队现代化的重要标志,是国家安全和民族复兴的重要支撑。工欲善其事,必先利其器。应急管理装备作为应急管理工作的基础和保障,也是应急管理人员的武器和工具,其发展水平很大程度上决定着应急管理能力强弱,体现着应急管理现代化水平的高低。

应急管理装备关系风险防范。我国自然灾害多发频发,安全生产形势依然严峻复杂,城乡安全形势不容乐观。要构建公共安全人防、物防、技防网络,实现人员素质、设施保障、技术应用的整体协调。防范重大安全风险,需要依靠现代化风险监测装备设施,完善"空、天、地"一体化的风险监测预警体系,改变传统的人盯死守模式,依靠自动化、数字化、智能化装备,提升安全监管现代化水平,解决重大风险"感不到、传不出"的问题。

应急管理装备关系指挥决策。正确的决策来自对灾害事故现场信息的全面、精准掌握,高效的指挥要求将指令快速准确传达到每一级指挥员和战斗员。现代应急指挥正在从传统的语音指挥、层级指挥、部门指挥和经验指挥向视频指挥、扁平指挥、综合指挥和科学指挥转变,要依托现代化的信息采集装备、通信装备、指挥装备,快速建立指挥部与灾害现场的指挥通信网络,将现场的音视频信息、环境灾情信息快速传输到指挥部,解决指挥决策难、指令下达慢等问题,提高应急指挥决策的科学化、高效化和精准化水平。

应急管理装备关系救援能力。应急救援是与时间赛跑的遭遇战、攻坚战,往往面临断电、断路、断网极端环境和高山峡谷复杂地形阻隔救援通道的情况,经常需要在废墟、洪水、泥石流掩埋等条件下解救生命,甚至还面临有毒有害气体、高温浓烟等威胁。没有先进的装备保障,就难以做到科学救援、高效救援、安全救援。要加大先进适用装备的研发和配备力度,努力改变极端情况下靠"两条腿走路、一把铁锹救援"的落后方式,减少人灾直接对抗,不断提高救援能力和现代化水平。

2. 强化应急管理装备研发攻关

随着我国科技强国、制造强国建设步伐加快,新一代信息技术和装备制造技术快速发展,智能工程机械、机器人和无人机等智能装备快速发展,为传统应急管理装备升级换代、提升装备智能化水平和环境自适应能力创造了良好条件。

把握重点突破方向。在监测预警上,大力发展基于北斗三号和5G通信技术的综合、广谱、低成本监测技术装备,基于遥感卫星等手段的非侵入式远程感知技术装备。在安全生产上,大力发展本质安全技术装备,推广"机械化换人、自动化减人、智能化无人"技术装备。在应急救援上,大力发展基于应急战术互联网、现场环境灾情感知技术装备和物联通信技术等的数字化救援、数字化战场装备体系,推进无人机、机器人的应用。在交通应急保障上,完善航空救援装备体系,大力发展数字化空域管理指挥技术装备。在医学救援上,加快发展院前抢救一体化装备和远程医疗支援技术,努力提高救活率。攻克应急管理装备"卡脖子"难题。针对极端困难条件下应急通信难题,努力研发复杂地形和断电、断路、断网条件下快速恢复通信网络以及复杂有限空间、煤矿井下临时应急通信技术装备。着力研发无人化救援、数字化战场快速部署网络技术装备,突破智能工程机械、机器人、无人机等无人装备集群协同作业关键技术,研制适用于应急救援与重大险情的系列化、成套化新型高效处置关键技术装备,研发可在无人机和通信铁塔等平台上搭载的探测监测技术装备。

提升智能化、轻量化、模块化水平。围绕推动装备器材智能化、轻量化、强化装备一体化、多功能设计,推广应用各类应急救援助力机器人、无动力助力机械等装备,提升应急救援单兵携行装备现代化水平。围绕应急救援装备模块化,研究大型工程机械等各类装备的模块化技术和现场快速拆卸、输转、组装技术,研发专业化、标准化、模块化装备,提升多种交通方式装备跨区联运能力。

3. 加强应急管理装备体系建设

实施自然灾害防治技术装备现代化工程,加大关键技术攻关力度,提高我国救援队伍专业化技术装备水平。以自然灾害防治技术装备现代化工程为抓手,应急管理部大力推进现代化应急管理装备体系建设。

提升装备支撑能力。围绕建立与大国应急体系和能力相适应的国家装备支撑体系,加快应急管理"国之重器"与"撒手锏"装备研发配备,进一步提高大型长航时无人机通信平台性能,研发应急管理邻近空间无人机,优化全国布局,提升重特大自然灾害侦察与通信保障能力,缩短大震巨灾信息盲区时间。加快布局建设大型固定翼灭火飞机、大载重高原型灭火直升机和无人机,抓紧研发飞行安全与作业辅助系统,提高森林火灾扑救效能。加快建设洪涝灾害水上作业平台,提高决口封堵和水上搜救作业效率等。

实施装备现代化工程。加强国家区域应急救援中心装备建设,提高中型无人机、机器人、智能救援装备等先进技术装备配备比重,强化区域支援能力。加大国家综合性消防救援队伍和安全生产救援队伍后勤保障装备、先进通信装备、智能无人装备配备力度,加快装备统型和标准化,提高先进主战装备性能,逐步提高应急救援队伍装备现代化水平。加强地方专业救援力量装备和乡镇、村(社区)等基层单位的自救互救装备建设,特别是卫星通信装备建设,提高断电、断路、断网条件下的报灾能力和通信保障能力。

开展装备达标升级行动。聚焦防汛抢险、林火救援、指挥通信、巨震救援等需求,出台应急管理装备建设能力规范和配备标准,强化应急管理装备标准规范供给,编制先进技术装备推广目录,指导地方和基层加强关键核心装备配备,进一步提高救援队伍装备水平。建立健全应急装备能力评估体系,定期组织开展能力评估,推动地方和救援队伍在装备建设上强弱项、补短板、提能力。

4. 培育安全应急装备产业生态

应急管理装备建设离不开产业支撑,产业发展离不开需求带动,要积极培育安全应急装备产业的良好生态,着力建立装备建设和产业发展互促共进的良好格局。

强化政策标准引导,把应急管理装备需求纳入应急产业相关的战略布局和任务目录,推动应急产业供给侧结构性改革,破解先进装备供给不足难题,助力应急产业高质量发展,依靠庞大的应急产业提升应急管理装备的现代化水平。

强化政策激励引领,研究出台先进推广、试点建设、基地创建等一系列产业政策,推进装备发展规划和建设标准实施,吸引更多社会优质资源投入应急管理装备产业,促进装备产业协同创新和体系化发展。

强化装备需求牵引,针对装备建设领域广、环节多、任务重等特点,加快建立应急管理和工信、发改、科技等部门协调联动的工作机制,加大装备配备应用力度,提升救援队伍装备现代化水平。

强化先进装备示范,制定新型装备实战测试验证管理办法,探索建设一批装备测试基地,建立规范化装备实战测试体系,组织先进技术装备应用试点建设,打造一批可复制可推广的示范基地。

第 8 章　习题精练*

8.1　《新时代应急管理基本概念》习题

8.1.1　名词解释题

1. 自然灾害
2. 防灾
3. 减灾
4. 救灾
5. 抗灾
6. 突发性水旱灾害
7. 安全生产
8. 生产安全
9. 新时代应急管理

8.1.2　判断改错题

1. 应急管理是专门研究突发事件现象及其发展规律的学科，是关于突发事件应急管理优化的科学。（　）
2. 《中华人民共和国突发事件应对法》中所称突发事件，是指突然发生，造成或者可能造成严重社会危害，需要采取应急处置措施予以应对的自然灾害、事故灾难、公共卫生事件和社会安全事件。（　）
3. 自然灾害的分类最为简单，是按照中华人民共和国国家标准《自然灾害分类与代码》(GB/T 28921—2012)分为气象水文灾害、地质地震灾害、海洋灾害、生物灾害和生态环境灾害。（　）
4. 重大传染病疫情是指某种传染病在短时间内发生、波及范围广泛，出现大量的病人或死亡病例，其发病率远远超过常年的发病率水平的情况。（　）
5. 应急管理是应急管理部的重要职责，因此应急管理部承担着应急管理的所有工作。（　）

---

*　获取习题答案请扫描本书封底二维码。

6. 突发公共事件按照其性质、严重程度、可控性和影响范围等因素,一般分为四级,分级标准和内容相似。(   )

7. 在所有的自然灾害中,洪水灾害突发性强、破坏性大、社会影响深远。(   )

8. 《国家地震应急预案》(2012)规定地震灾害的分类中,特别重大地震灾害是指造成300人以上死亡,或者直接经济损失占地震发生地所在省(自治区、直辖市)上年国内生产总值1%以上的地震灾害。当人口较密集地区发生7.0级以上地震,人口密集地区发生6.0级以上地震,初判为特别重大地震灾害。(   )

9. 地震灾害分为特别重大、重大、较大、一般四级,对应地震灾害分级情况,将地震灾害应急响应分为Ⅰ级、Ⅱ级、Ⅲ级、Ⅳ级。(   )

10. 《国家森林草原火灾应急预案》(2020)规定:森林草原火灾发生后,根据火灾严重程度、火场发展态势和当地扑救情况,国家层面应对工作设定Ⅰ级、Ⅱ级、Ⅲ级、Ⅳ级四个响应等级。(   )

11. 《生产安全事故报告和调查处理条例》规定根据生产安全事故造成的人员伤亡或者直接经济损失,其中:特别重大事故,是指造成30人以上死亡,或者100人以上重伤(包括急性工业中毒),或者1亿元以上直接经济损失的事故。(   )

12. 新型冠状病毒感染疫情暴发以来,我国对突发事件应急管理给予了前所未有的高度重视,"应急管理"已成为一个家喻户晓的社会热门词汇。(   )

13. 综合减灾是在《自然灾害管理基本术语》(GB/T 26376—2010)中加以规定的。(   )

14. 从研究范围或任务来看,危机管理和应急管理意义差不多。(   )

15. PPRR周期理论是由日本首先提出的。(   )

16. 应急管理各种风险都要防控,但重点要防控那些可能迟滞或中断中华民族伟大复兴进程的全局性风险。(   )

17. 当前,我国发展进入战略机遇和风险挑战并存、不确定难预料因素增多的时期,各种"黑天鹅""灰犀牛"事件随时可能发生。(   )

18. 应急管理必须坚持人民至上的发展思想,把以人民为中心、生命至上贯穿应急管理全过程。(   )

19. 到2035年,我国将建立与基本实现现代化相适应的中国特色大国应急体系,全面实现依法应急科学应急、智慧应急,形成共建共治共享的应急管理新格局。(   )

20. 我国应急管理领域改革还处于深化过程中,应急管理体系和能力与国家治理体系和治理能力现代化的要求还有差距。(   )

8.1.3 单项选择题

1. (   )事故即各类工、矿、商、贸企业在其生产过程中发生的事故。
   A. 安全生产事故　　　　　　　　B. 交通运输事故
   C. 公共设施与设备事故　　　　　D. 环境与生态事故

2. ( )事故,包括铁路行车事故、民用航空器飞行事故、海上突发事故、城市地铁事故等。
   A. 安全生产事故　　　　　　　　B. 交通运输事故
   C. 公共设施与设备事故　　　　　　D. 环境与生态事故

3. ( )事故,包括电网事故、通信事故、核电厂事故、互联网事故等。
   A. 安全生产事故　　　　　　　　B. 交通运输事故
   C. 公共设施与设备事故　　　　　　D. 环境与生态事故

4. ( )事故,包括水污染、大气污染等。
   A. 安全生产事故　　　　　　　　B. 交通运输事故
   C. 公共设施与设备事故　　　　　　D. 环境与生态事故

5. 《国家自然灾害救助应急预案》(2024)将国家自然灾害救助应急响应分为四级,其中,( )响应级别最高。
   A. 一级　　　B. 二级　　　C. 三级　　　D. 四级

6. 经会商研判,某次灾害可能造成某省死亡和失踪 200 人,依据《国家自然灾害救助应急预案》(2024)规定,启动( )响应。
   A. 一级　　　B. 二级　　　C. 三级　　　D. 四级

7. 经会商研判,某次灾害可能造成某省紧急转移安置和需紧急生活救助 150 万人以上,依据《国家自然灾害救助应急预案》(2024)规定,启动( )响应。
   A. 一级　　　B. 二级　　　C. 三级　　　D. 四级

8. 某省发生地震灾害,倒塌和严重损坏房屋 11 万间,依据《国家自然灾害救助应急预案》(2024)规定,启动( )响应。
   A. 一级　　　B. 二级　　　C. 三级　　　D. 四级

9. 某省发生旱灾,全省 18% 的农牧业人口需要提供粮食救助,依据《国家自然灾害救助应急预案》(2024)规定,启动( )响应。
   A. 一级　　　B. 二级　　　C. 三级　　　D. 四级

10. ( )条件发生时,经国家森林草原防灭火指挥部办公室分析评估,认定灾情达到启动标准并提出建议,由国家森林草原防灭火指挥部总指挥决定启动Ⅰ级响应。必要时,国务院直接决定启动Ⅰ级响应。
    A. 过火面积超过 100 000 公顷的森林火灾或者过火面积超过 150 000 公顷的草原火灾(含入境火),火势持续蔓延
    B. 造成 10 人以上 30 人以下死亡或者 50 人以上 100 人以下重伤的森林草原火灾
    C. 发生在敏感时段、敏感地区,48 小时尚未扑灭明火的森林草原火灾
    D. 同时发生 3 起以上危险性较大的森林草原火灾

11. 2020 年 3 月 7 日 19 时 14 分,位于福建省泉州市鲤城区的欣佳酒店所在建筑物发生坍塌事故,造成 29 人死亡、42 人受伤,直接经济损失 5794 万元。依据《生产安全事故

报告和调查处理条例》(2007)规定,这是一起(　　)事故。
　　A. 特别重大事故　　　　　　　　B. 重大事故
　　C. 较大事故　　　　　　　　　　D. 一般事故
12. 我国将制定突发事件应急预案提上重要日程,始于(　　)。
　　A. 抗击"非典"疫情　　　　　　B. 汶川地震发生
　　C. 应急管理部成立　　　　　　　D. 抗击新型冠状病毒感染疫情
13. 新时代应急管理主要是指党的(　　)以来,党和国家就应急管理工作做出一系列重大决策部署。
　　A. 十七大　　　B. 十八大　　　C. 十九大　　　D. 二十大
14. 党的(　　)报告将应急管理体系纳入国家安全体系,用专节对提高公共安全治理水平做出部署,对应急管理工作提出明确要求。
　　A. 十七大　　　B. 十八大　　　C. 十九大　　　D. 二十大
15. 坚持从(　　)上防范化解重大安全风险,真正把问题解决在萌芽之时、成灾之前。
　　A. 灾前　　　B. 事故发生前　　　C. 萌芽前　　　D. 源头
16. 党的二十大报告中强调,提高防灾减灾救灾和重大突发公共事件处置保障能力,加强国家(　　)建设。
　　A. 减灾能力　　B. 应急处置能力　　C. 区域应急力量　　D. 基层应急力量
17. 中华人民共和国成立后,党和国家始终高度重视(　　)工作,我国应急管理体制机制在实践中充分展现出自己的特色和优势。
　　A. 灾害管理　　B. 危机管理　　　C. 应急管理　　　D. 风险管理
18. 做好新时代应急管理工作,要紧紧抓住(　　)这个要害,进一步解决责任落实难的问题。
　　A. 责任制　　　B. 风险治理　　　C. 隐患排查　　　D. 管理责任
19. 推进应急管理体系和能力(　　),要发挥好应急管理科技创新引领和人才支撑保障战略基础作用,为应急管理提供信息、技术、装备、人才和学科等支持。
　　A. 提高　　　　B. 现代化　　　　C. 创新性　　　　D. 发展
20. 普及应急知识和自救、互救技能,做到人人讲安全、个个会(　　)。
　　A. 知识　　　　B. 技术　　　　　C. 技能　　　　　D. 应急

8.1.4　多项选择题

1. 根据突发事件的发生(　　),突发事件主要分为以下四类:自然灾害、事故灾难、公共卫生事件和社会安全事件。
　　A. 时间　　　　B. 过程　　　　　C. 性质　　　　　D. 机理
2. 《突发事件应对法》规定的突发事件包括(　　)。
　　A. 自然灾害　　B. 事故灾难　　　C. 公共卫生事件　D. 社会安全事件

3. 事故灾难包括(　　)。
   A. 安全生产事故　　　　　　　　B. 交通运输事故
   C. 公共设施与设备事故　　　　　D. 环境与生态事故
4. 社会安全事件主要包括(　　)。
   A. 恐怖袭击事件　　B. 经济安全事件　　C. 涉外突发事件　　D. 所有安全事件
5. 各类突发公共事件,按照其性质、严重程度、可控性和影响范围等因素,一般可分为(　　)级。
   A. 特别重大　　　　B. 重大　　　　　　C. 较大　　　　　　D. 一般
6. 《国家自然灾害救助应急预案》(2024)根据自然灾害的(　　)等因素,将国家自然灾害救助应急响应分为一级、二级、三级、四级。一级响应级别最高。
   A. 经济损失　　　　B. 危害程度　　　　C. 人员伤亡　　　　D. 灾害救助工作需要
7. 依据《国家地震应急预案》(2012)规定,(　　)初判为特别重大地震灾害。
   A. 造成 300 人以上死亡(含失踪)
   B. 直接经济损失占地震发生地所在省(自治区、直辖市)上年国内生产总值1%以上
   C. 当人口较密集地区发生 7.0 级以上地震,人口密集地区发生 6.0 级以上地震
   D. 造成严重经济损失
8. 依据《国家突发公共卫生事件应急预案》(2006),根据突发公共卫生事件的(　　)对突发公共卫生事件进行分级。
   A. 性质　　　　　　B. 危害程度　　　　C. 涉及范围　　　　D. 人员伤亡
9. 依据《国家突发公共卫生事件应急预案》(2006),(　　)是特别重大突发公共卫生事件。
   A. 发生传染性非典型肺炎、人感染高致病性禽流感病例,并有扩散趋势。
   B. 涉及多个省份的群体性不明原因疾病,并有扩散趋势。
   C. 发生新传染病或我国尚未发现的传染病发生或传入,并有扩散趋势,或发现我国已消灭的传染病重新流行。
   D. 发生烈性病菌株、毒株、致病因子等丢失事件。
10. 应急管理在英文中是 Emergency Management。与 Emergency(突发事件)相关联的词语有(　　)。
    A. Crisis　　　　　B. Risk　　　　　　C. Accident　　　　D. Catastrophe
11. 新时代应急管理的战略定位是(　　)。
    A. 应急管理是国家治理体系和治理能力的重要组成部分
    B. 应急管理承担防范化解重大安全风险、及时应对处置各类灾害事故的重要职责
    C. 应急管理担负保护人民群众生命财产安全和维护社会稳定的重要使命
    D. 应急管理要解决一切急难问题
12. 新时代应急管理的战略目标是(　　)。

8.1 《新时代应急管理基本概念》习题

A. 完善应急管理体制机制　　　　B. 防控灾害事故风险

C. 强化大灾巨灾应对准备　　　　D. 优化应急要素资源配置

E. 健全共建共治共享体系

13. 新时代应急管理的战略思路是(　　)。

   A. 坚持和加强党的全面领导,发挥我国应急管理体系特色和优势

   B. 坚持人民至上、生命至上,把保障人民群众生命财产安全放在第一位

   C. 坚持统筹发展和安全,以高水平安全服务高质量发展

   D. 坚持问题导向、系统观念,着力构建大安全大应急框架

   E. 坚持安全第一、预防为主,推动公共安全治理模式向事前预防转型

14. 党的十九届五中全会确立的"十四五"时期经济社会发展主要目标,明确提出(　　)。

   A. 防范化解重大风险体制机制不断健全

   B. 突发公共事件应急能力显著增强

   C. 自然灾害防御水平明显提升

   D. 发展安全保障更加有力

15. 应急管理承担防范化解(　　)风险、及时应对处置各类(　　)的重要职责。

   A. 重大安全　　B. 重特大安全　　C. 事故灾害　　D. 灾害事故

16. 我国是灾害多发频发的国家,必须把(　　)摆到重要位置。

   A. 防范化解重特大安全风险

   B. 加强应急管理和能力建设

   C. 切实保障人民群众生命财产安全

   D. 减少经济损失

17. 如果应急管理工作不到位,不能有效防控风险,不能扛住重大风险,就会(　　)。

   A. 造成重特大安全风险

   B. 给人民生命财产造成重大损害

   C. 甚至可能威胁国家安全

   D. 影响世界和平

18. 坚持(　　)和(　　)相结合,加强汛情监测,及时排查风险隐患,有力组织抢险救灾,强化灾害隐患巡查排险,提前做好各种应急准备,努力将各类损失降到最低。

   A. 预防预备　　B. 应急处突　　C. 隐患排查　　D. 应急处置

19. 应急管理工作首要任务是(　　)。

   A. 应对处置各类自然灾害和事故灾难

   B. 防范化解重特大安全风险

   C. 防范化解重大安全风险

   D. 应对处置各类灾害事故

20. 强化应急管理装备技术支撑,优化整合各类科技资源,推进应急管理科技自主创新,

依靠科技提高应急管理的(　　)水平。

A. 科学化　　　　B. 专业化　　　　C. 智能化　　　　D. 精细化

8.1.5　简答题

1. 简述"突发事件"的两个定义,并阐述共同点和不同点。
2. 简述"公共卫生事件"的两个定义,并阐述两个定义的共同点。
3. 简述《国家自然灾害救助应急预案》(2024)一级响应启动条件。
4. 简述 Disaster/Calamity/Catastrophe 中文含义的差别。
5. 简述应急管理和危机管理的相似之处。
6. 简述新时代应急管理的含义。
7. 简述新时代应急管理的战略定位。
8. 简述新时代应急管理的战略目标。
9. 简述新时代应急管理的战略思路。
10. 简述新时代应急管理的战略举措。

8.2　《新时代应急管理发展进程》习题

8.2.1　判断改错题

1. 我国将制定突发事件应急预案提上重要日程,始于 2008 年"5·12"汶川大地震。(　　)
2. 组建应急管理部,既考虑了解决当前最突出的问题,也考虑了顺应形势发展需要。(　　)
3. 防灾减灾救灾事关人民生命财产安全,事关社会和谐稳定,是衡量执政党领导力、检验政府执行力、评判国家动员力、体现民族凝聚力的一个重要方面。(　　)
4. 2018 年党和国家机构改革以来,我国应急管理事业发展进入新的历史时期,取得历史性成就、发生历史性变革,实现了体制之变、机制之变、力量之变、成效之变,走出了新时代中国特色应急管理新路子。(　　)
5. 建立综合减灾大应急框架,完善公共安全体系是对应急管理改革发展提出的更高要求。(　　)

8.2.2　单项选择题

1. 应急管理古已有之,人类的历史从某种意义上可以说是各种(　　)的应对史。

A. 突发事件　　　B. 自然灾害　　　C. 危机　　　　　D. 风险

2. 新型冠状病毒感染疫情的抗疫历程大体分为(　　)个阶段。

A. 二　　　　　B. 三　　　　　C. 四　　　　　D. 五

3. 在2018年党和国家机构改革中,党中央决定组建(　　),这是以习近平同志为核心的党中央站在新的历史方位做出的重大决策,是应对复杂安全风险挑战、赢得战略主动的重大举措,具有重大现实意义和深远历史意义。

　　A. 应急管理部　　B. 应急管理局　　C. 消防救援局　　D. 国家减灾委

4. 重构应急管理(　　),为做好应急管理工作、防范化解重大安全风险,提供了坚强的组织保障。

　　A. 部门　　　　B. 体系　　　　C. 制度　　　　D. 体制机制

5. 党的(　　)进一步明确要建立大安全大应急框架,完善公共安全体系,推动公共安全治理模式向事前预防转型。

　　A. 十七大　　　B. 十八大　　　C. 十九大　　　D. 二十大

8.2.3　多项选择题

1. 自中华人民共和国成立以来,我国应急管理工作大致经历(　　)阶段。

　　A. 综合协调　　B. 单一突发事件　　C. 一案三制　　D. 大安全大应急

2. 2018年党和国家机构改革中,应急管理体制改革涉及(　　)、调整多、任务重,是一次全新的再造重建。

　　A. 部门　　　　B. 职能　　　　C. 机构　　　　D. 人员

3. 应急工作综合管理内容包括(　　)。

　　A. 发生一般性灾害时,由各级政府负责,应急管理部统一响应支援

　　B. 发生特别重大灾害时,应急管理部作为指挥部,协助中央组织应急处置工作

　　C. 坚持一类事项原则上由一个部门统筹,一件事情原则上由一个部门负责

　　D. 涉及多个部门时,每个部门负责各自的业务

4. 应急工作全过程管理的实现途径包括(　　)。

　　A. 事前防范化解安全风险、强化应急准备

　　B. 事中快速指挥调度、强化协同应对

　　C. 事后及时总结评估、强化改进提升

　　D. 全过程做好灾害事故风险防范工作

5. 自然灾害(　　)是我国的基本国情,受独特的地理气候环境影响,地震、地质、台风、洪涝、森林火灾等各类灾害交织。

　　A. 种类多　　　B. 分布广　　　C. 多发　　　　D. 频发

6. 我国虽然安全生产形势总体稳定向好,但仍处于(　　),影响安全生产的深层次矛盾和问题还没有根本解决。

　　A. 多发期　　　B. 脆弱期　　　C. 爬坡期　　　D. 过坎期

7. 建立大安全大应急框架是(　　)做出的全局性谋划。

A. 贯彻落实总体国家安全观
B. 健全公共安全体系
C. 提高公共安全治理立体化水平
D. 提高公共安全治理精细化水平

8. 建立大安全大应急框架的重要意义是(　　)。
A. 建立大安全大应急框架是健全公共安全体系的重要举措
B. 建立大安全大应急框架是应急管理体系和能力现代化题中应有之义
C. 建立大安全大应急框架亟须完善制度,发挥应急管理综合优势
D. 建立大安全大应急框架是时代要求

9. 深化安全生产领域改革途径是什么？(　　)
A. 健全完善安全监管体制
B. 构建安全生产制度体系
C. 推动执法改革
D. 推动应急改革

10. 推进防灾减灾救灾体制机制改革是什么？(　　)
A. 建立防范救援救灾一体化工作机制
B. 构建自然灾害综合风险监测预警机制
C. 建立健全救灾保障机制
D. 完善防灾机制

8.2.4 简答题

1. 为什么说组建应急管理部门是科学的制度设计？
2. 应急管理部成立以来,如何理顺应急管理体制机制？
3. 为什么说建立大安全大应急框架是应急管理体系和能力现代化题中应有之义？
4. 应急管理体制机制改革成效体现在哪些变化当中？
5. 健全支撑和保障大安全大应急的制度框架,具体要做到的"五个综合"是什么？

8.3 《新时代应急管理体制》习题

8.3.1 名词解释题

应急管理体制

8.3.2 判断改错题

1. 体制,从字面上理解,可以分为"体"和"制"两项内容,"体"是指机器的运行,"制"是控

制空间中的对象合理运行的方法与规则。(　　)

2. 统一指挥明确的是应急管理的指挥权。(　　)
3. 集中统一领导是适合我国综合应急救援特点的体制内容。(　　)
4. 统一指挥之下,实行资源统一调度,形成全国一盘棋的组织指挥机制是我国应急救援的一大特点,也是一大优势。(　　)
5. 应急管理部门负责所有自然灾害应对的职责。(　　)

8.3.3　单项选择题

1. 应急救援在某种程度上就是和时间赛跑,提高应急救援快速反应的能力,既是要求,又是效果。这是描述(　　)的作用。
   A. 统一指挥　　　B. 专常兼备　　　C. 反应灵敏　　　D. 上下联动
2. 应急管理部成立后迅速就建立了(　　)小时备勤值班制度。
   A. 8　　　　　　B. 12　　　　　　C. 18　　　　　　D. 24
3. (　　)年1月6日,中国国家消防救援局正式挂牌。
   A. 2018　　　　B. 2019　　　　C. 2021　　　　D. 2023
4. 承担防御洪水应急抢险技术支撑工作的国家机构是(　　)。
   A. 应急管理部　　B. 水利部　　　C. 中国气象局　　D. 自然资源部
5. 农业防灾减灾的主要部委是(　　)。
   A. 应急管理部　　B. 农业农村部　　C. 中国气象局　　D. 自然资源部

8.3.4　多项选择题

1. 统一指挥之下可以实现(　　)。
   A. 统一资源调度　B. 统筹救灾任务　C. 统筹救灾投入　D. 统一领导
2. 应急救援在某种程度上就是和时间赛跑,提高应急救援快速反应的能力,既是(　　),又是(　　)。
   A. 能力　　　　　B. 条件　　　　　C. 要求　　　　　D. 效果
3. 专常兼备是(　　)之间的专常兼备
   A. 各部门　　　　B. 各救援队伍　　C. 救援物资　　　D. 救援能力
4. 上下联动是指(　　)。
   A. 上级部门和下级部门　　　　　　B. 上级政府对下级各有关政府
   C. 政府与社会有关组织　　　　　　D. 政府与社会有关团体的联动
5. 应急管理部的工作包括(　　)。
   A. 安全生产类、自然灾害类等突发事件
   B. 综合防灾减灾救灾任务
   C. 安全生产综合监督管理

D. 工矿商贸行业安全生产监督管理

6. 应急管理工作涵盖了(　　)职能。
   A. 消防管理职责、救灾职责
   B. 地质灾害防治职责、水旱防治职责
   C. 草原防火职责、森林防火职责
   D. 震灾应急救援职责

7. 应急管理部的部属单位有(　　)。
   A. 国家消防救援局　　　　　　B. 国家矿山安全监察局
   C. 中国地震局　　　　　　　　D. 国家安全生产应急救援中心

8. 国家卫生健康委员会的应急职责有(　　)。
   A. 卫生应急工作
   B. 组织紧急医学救援日常管理工作
   C. 各类突发公共事件的医疗卫生救援
   D. 卫生领域应急抢险工作。

9. 自然资源部的应急职责有(　　)。
   A. 落实综合防灾减灾规划相关要求,组织编制地质灾害防治规划和防护标准并指导实施
   B. 负责矿产资源管理工作
   C. 管理国家林业和草原局
   D. 承担地质灾害应急救援的技术支撑工作

8.3.5　简答题

1. 简述修订后的《突发事件应对法》中应急管理体制和工作体系内容。
2. 应急管理部和国家粮食和物资储备局的应急职责分工是什么?

8.4　《新时代应急管理机制》习题

8.4.1　名词解释题

1. 应急管理机制
2. 应急预案
3. 总体应急预案
4. 专项应急预案
5. 部门应急预案
6. 应急管理协调联动机制

7. 风险监测预警机制
8. 三管三必须
9. 四不两直
10. 一防三提升

8.4.2 判断改错题

1. 体制和机制是一体的,机制体现在体制里,体制是按照机制的要求进行运转的。(   )
2. 体制和机制是对立的,机制体现在体制里,体制是按照机制的要求进行运转的。(   )
3. 针对重要基础设施、生命线工程等重要目标保护的专项和部门应急预案,侧重明确关键功能和部位、风险隐患及防范措施、监测预警、信息报告、应急处置和紧急恢复、应急联动等内容。(   )
4. 重大活动主办或承办机构应当结合实际情况组织编制重大活动保障应急预案,侧重明确组织指挥体系、主要任务、安全风险及防范措施、应急联动、监测预警、信息报告、应急处置、人员疏散撤离组织和路线等内容。(   )
5. 相邻或相关地方人民政府及其有关部门可以联合制定应对区域性、流域性突发事件的联合应急预案,侧重明确地方人民政府及其部门间信息通报、组织指挥体系对接、处置措施衔接、应急资源保障等内容。(   )
6. 安全风险单一、危险性小的生产经营单位,可以不用制定应急预案。(   )
7. 应急预案编制应当与上一级应急预案完全一致。(   )
8. 县级以上人民政府总体应急预案和专项预案都由本级人民政府应急管理部门组织编制。(   )
9. 应急预案发布,标志着该项预案编制工作完成,编制单位不需要再做其他工作了。(   )
10. 应急预案的评估工作,可以委托第三方专业机构组织实施。(   )
11. 地震灾害现场必要时成立国务院抗震救灾总指挥部,负责统一领导、指挥和协调全国抗震救灾工作,在国务院抗震救灾指挥机构的领导下开展工作。(   )
12. 地震灾害发生后,灾区所在县级以上地方人民政府必须及时将震情、灾情等信息逐级报上级人民政府。(   )
13. 山洪灾害日常防治和监测预警工作由水利部门负责,应急处置和抢险救灾工作由应急管理部门负责,具体工作由基层人民政府组织实施。(   )
14. 市级以上防汛抗旱指挥机构根据本地区实际情况,按特大、严重、中度、轻度4个干旱等级,制定相应的应急抗旱措施,并负责组织抗旱工作。(   )
15. 国家综合性消防救援队伍内部实施垂直指挥。(   )

16. 地方专业防扑火队伍、国家综合性消防救援队伍执行森林草原火灾扑救任务,接受火灾发生地县级以上地方人民政府森林(草原)防(灭)火指挥机构的指挥。(   )

17. 执行跨省(自治区、直辖市)界森林草原火灾扑救任务的,由火场前线指挥部统一指挥;或者根据国家森林草原防灭火指挥部明确的指挥关系执行。(   )

18. 我国所有地(市)级以上地区建成智能接处警系统,推动作战指挥向"数据支撑型"转变。(   )

19. 应对处置灾害事故,特别是影响范围广、涉及单位多的重特大灾害事故,需要发挥应急管理部门的专业优势和各相关部门的综合优势。(   )

20. 火灾发生后,要迅速到达现场立刻组织施救。(   )

21. 灾害发生后,国家防灾减灾救灾委员会办公室经分析评估,认定灾情达到启动条件,向应急管理部提出启动一级响应的建议,应急管理部会报党中央、国务院决定。必要时,党中央、国务院直接决定启动一级响应。(   )

22. 生产安全事故的威胁和危害得到控制或者消除后,有关企业应当决定停止执行依照《生产安全事故应急条例》和有关法律、法规采取的全部或者部分应急救援措施。(   )

23. 生产安全事故和自然灾害具有可防可控性,通过有效的技术和管理手段,防止人的不安全行为、提升物的安全可靠性,可降低事故发生的概率。(   )

24. 预防为主是安全生产方针的重要内容,也是防灾减灾救灾的重要理念,对有效防范化解重大安全风险,切实提升应急管理水平具有重要的理论意义和实践意义。(   )

25. 党的二十大报告强调,加强重点行业、重点领域安全监管。这就要求抓住关键、找准重点,把以人为本、安全至上作为首要目标。(   )

8.4.3 单项选择题

1. 国家有关部门和超大特大城市人民政府可以结合行业(地区)风险评估实际,制定(   )应急预案,统筹本部门(行业、领域)、本地区巨灾应对工作。
   A. 巨灾　　　　　B. 部门　　　　　C. 政府　　　　　D. 行业

2. 应急预案涉及的有关部门、单位等可以结合实际编制(   ),内容一般包括应急响应措施、处置工作程序、应急救援队伍、物资装备、联络人员和电话等。
   A. 应急预案　　　B. 应急工作手册　C. 宣传手册　　　D. 科普手册

3. 风险评估主要是识别突发事件(   )及其可能产生的后果和次生(衍生)灾害事件,评估可能造成的危害程度和影响范围等。
   A. 类型　　　　　B. 级别　　　　　C. 风险　　　　　D. 可能的损失

4. 应急预案审批单位应当在应急预案印发后的(   )个工作日内,将应急预案正式印发文本(含电子文本)及编制说明,依照有关规定向有关单位备案并抄送有关部门。
   A. 5　　　　　　B. 10　　　　　　C. 20　　　　　　D. 40

5. 政府及其部门应急预案应当在正式印发后(   )个工作日内向社会公开。

A. 5　　　　　　B. 10　　　　　　C. 20　　　　　　D. 40

6. 专项应急预案、部门应急预案每（　　）年至少进行一次演练。
    A. 1　　　　　　B. 2　　　　　　C. 3　　　　　　D. 5

7. 应急预案演练组织单位应当加强演练（　　）。
    A. 评估　　　　B. 评价　　　　C. 3 数量　　　　D. 质量

8. 县级以上地方人民政府及其有关部门应急预案原则上每（　　）年评估一次。
    A. 1　　　　　　B. 2　　　　　　C. 3　　　　　　D. 5

9. 国家防汛抗旱总指挥部,负责领导、组织全国的防汛抗旱工作,其办事机构国家防总办公室设在（　　）。
    A. 水利部　　　B. 应急管理部　　C. 自然资源部　　D. 受灾省

10. 发生洪水地区的省级防汛抗旱指挥机构应在每日 9 时前向国家防总报告工程出险情况和防守情况,大江大河干流重要堤防、涵闸等发生重大险情应在险情发生后（　　）小时内报到国家防总。
    A. 1　　　　　　B. 2　　　　　　C. 3　　　　　　D. 4

11. 各级（　　）应密切监视台风动向,及时发布台风(含热带低压等)监测预警信息,做好未来趋势预报,并及时将台风中心位置、强度、移动方向、速度等信息报告同级人民政府和防汛抗旱指挥机构。
    A. 气象部门　　B. 应急部门　　C. 天气预报部门　　D. 自然资源部门

12. 按洪涝、干旱、台风、堰塞湖等灾害严重程度和范围,将突发性水旱灾害应急响应行动分为一、二、三、四级。（　　）级应急响应级别最高。
    A. 一　　　　　　B. 二　　　　　　C. 三　　　　　　D. 四

13. 同时发生（　　）起以上或者同一火场跨两个行政区域的森林草原火灾,由上一级森林(草原)防(灭)火指挥机构指挥。
    A. 2　　　　　　B. 3　　　　　　C. 4　　　　　　D. 5

14. 地方森林(草原)防(灭)火指挥机构根据需要,在森林草原火灾现场成立火场前线指挥部,规范现场指挥机制,由（　　）担任总指挥。
    A. 应急机构　　B. 指挥机构　　C. 防灾专家　　D. 地方行政首长

15. 建立完善军地间应急救援联动机制,发挥军队（　　）作用。
    A. 突击队　　　B. 主力军　　　C. 应急　　　　D. 救援

16. 中央企业和地方国有企业在抢险救援中的发挥（　　）优势。
    A. 专业　　　　B. 经济　　　　C. 管理　　　　D. 救援

17. 应急救援力量协调联动机制,坚持全国应急救援力量（　　）统筹。
    A. 一盘棋　　　B. 集中　　　　C. 协调　　　　D. 优化

18. 地震灾害发生后,应立即组织基层应急队伍和广大群众开展（　　）,同时组织协调当地解放军、武警部队、地震、消防、建筑和市政等各方面救援力量。

A. 清点人数　　B. 自救互救　　C. 查找预案　　D. 开放避难场所
19. 发现不明原因疾病暴发,应按有关要求(　　)报告。
A. 2小时内　　B. 1小时内　　C. 立即　　D. 查清原因后
20. 减少灾害损失是"治已病",减轻灾害风险是"治未病",是(　　)机制在自然灾害防治领域的推广应用。
A. 风险监测机制　　B. 底线思维　　C. 生产安全　　D. 双重预防机制

8.4.4 多项选择题

1. 应急预案管理遵循统一规划、(　　)的原则。
A. 综合协调　　B. 分类指导　　C. 分级负责　　D. 动态管理
2. 应急预案按照制定主体分为(　　)两大类。
A. 政府及其部门应急预案　　B. 单位和基层组织应急预案
C. 综合预案　　D. 专项预案
3. 政府及其部门应急预案包括(　　)等。
A. 总体应急预案　　B. 专项应急预案　　C. 部门应急预案　　D. 重大事件应急预案
4. 单位和基层组织应急预案包括(　　)等编制的应急预案。
A. 企事业单位　　B. 村民委员会　　C. 居民委员会　　D. 社会组织
5. 乡镇(街道)、村(社区)应急预案的形式、要素和内容等,可结合实际灵活确定,力求简明实用,突出(　　)特点。
A. 乡镇(街道)　　B. 村(社区)　　C. 人员转移避险　　D. 体现先期处置
6. 应急预案编制部门和单位根据需要组成应急预案编制工作小组,吸收有关部门和单位人员、有关专家及有应急处置工作经验的人员参加。编制工作小组组长由应急预案编制(　　)担任。
A. 部门有关负责人　　B. 单位有关负责人
C. 专家　　D. 有经验人员
7. 编制应急预案应当依据有关法律法规、规章和标准,紧密结合实际,在开展(　　)的基础上进行。
A. 风险评估　　B. 风险分析　　C. 资源调查　　D. 案例分析
8. 对需要公众广泛参与的非涉密的应急预案,编制单位应当充分利用(　　)等多种媒体广泛宣传,制作通俗易懂、好记管用的宣传普及材料,向公众免费发放。
A. 互联网　　B. 广播　　C. 电视　　D. 报刊
9. 集中(　　)的组织指挥机制是中国应急救援的一大特点,也是一大优势。
A. 统一领导　　B. 统一指挥　　C. 统一调度　　D. 全国一盘棋
10. 国家自然灾害救助指挥机构有(　　)。
A. 应急管理部　　B. 国家防灾减灾救灾委员会

C. 国家防灾减灾救灾委员会办公室　　D. 专家委员会

11. 国家森林草原防灭火指挥机构涉及的国家部委有(　　)。
    A. 公安部　　　　B. 应急管理部　　　C. 国家林草局　　D. 防灭火指挥部

12. 下列跨省(自治区、直辖市)界的森林草原火灾指挥机构设置正确的是(　　)。
    A. 跨省(自治区、直辖市)界且预判为一般森林草原火灾,由当地县级森林(草原)防(灭)火指挥机构分别指挥;
    B. 跨省(自治区、直辖市)界且预判为较大森林草原火灾,由当地设区的市级森林(草原)防(灭)火指挥机构分别指挥;
    C. 跨省(自治区、直辖市)界且预判为重大、特别重大森林草原火灾,由省级森林(草原)防(灭)火指挥机构分别指挥,国家森林草原防灭火指挥部负责协调、指导。
    D. 跨省(自治区、直辖市)界的森林草原火灾由国家森林草原防灭火指挥部统一指挥。

13. 医疗卫生救援组织机构包括(　　)。
    A. 各级卫生行政部门成立的医疗卫生救援领导小组
    B. 专家组和医疗卫生救援机构
    C. 现场医疗卫生救援指挥部
    D. 应急救援指挥部

14. "一短三快"的初战指挥机制具体是(　　)。
    A. 接处警时间短　　B. 响应出动快　　C. 到场展开快　　D. 救人灭火快

15. 应急管理部的议事协调机构包括(　　)。
    A. 国家防汛抗旱总指挥部和国家减灾委员会
    B. 国务院抗震救灾指挥部
    C. 国务院安全生产委员会
    D. 国家森林草原防灭火指挥部

16. 在汛期、森林防火期等重点时段,与(　　)等部门每日研判、滚动会商,根据灾情发展及时前置预置救援力量,实现主动防御、协同应对。
    A. 气象　　　　　B. 水利　　　　　C. 林业和草原　　D. 自然资源

17. 国务院抗震救灾指挥部办公室、应急管理部会同相关省份人民政府连续三年开展应急使命系列演习,这些演习是(　　)。
    A. 应急使命·2021应对特别重大灾害事故检验性演习
    B. 应急使命·2021特别重大地震灾害检验性演习
    C. 应急使命·2022高原高寒地区抗震救灾实战化演习
    D. 应急使命·2023高山峡谷地区地震灾害空地一体化联合救援演习

18. 地方层面在(　　)等重要节点,组织协调开展多种形式的应急演练活动,持续强化民众应急意识和应急技能。

A. 灾害发生时　　B. 全国防灾减灾日　C. 安全生产月　　D. 年度总结

19. 地震发生后,中国地震局快速完成地震发生(　　)等速报参数的测定,报国务院,同时通报有关部门,并及时续报有关情况。

　　A. 时间　　　　B. 地点　　　　　C. 震级　　　　　D. 震源深度

20. 洪涝灾情信息主要包括:灾害发生的时间、地点、范围、受灾人口、因灾死亡失踪人口、紧急转移安置人口、因灾伤病人口、需紧急生活救助人口等信息,以及居民房屋等财产、(　　)、水电气设施等方面的损失信息。

　　A. 农林牧渔　　B. 交通运输　　　C. 邮电通信　　　D. 水利

21. 旱情信息主要包括:干旱发生的时间、地点、程度、受旱范围、影响人口等信息,以及对(　　)等方面造成的影响信息。

　　A. 工农业生产　B. 城乡生活　　　C. 生态环境　　　D. 水利

22. 可能遭受山洪灾害威胁的地方,应根据山洪灾害的(　　),主动采取预防和避险措施。

　　A. 发生时间　　B. 地点　　　　　C. 成因　　　　　D. 特点

23. 森林草原火灾明火扑灭后,继续组织扑火人员做好防止复燃和余火清理工作,划分责任区域,并留足人员看守火场。经检查验收,达到(　　)后,扑火人员方可撤离。

　　A. 无火　　　　B. 无烟　　　　　C. 无汽　　　　　D. 无人员

24. 恢复重建资金等通过(　　)等多种途径解决

　　A. 政府救助　　B. 社会互助　　　C. 自行筹措　　　D. 政策优惠

25. 坚持底线思维,增强忧患意识的重要意义有(　　)。

　　A. 坚持底线思维、增强忧患意识是中国共产党治国理政的重大原则
　　B. 坚持底线思维、增强忧患意识是有效应对风险挑战的必然要求
　　C. 坚持底线思维、增强忧患意识是防范化解重大安全风险的现实需要
　　D. 我国发展战略机遇和风险挑战并存、不确定难预料因素增多

26. 双重预防机制是(　　)机制

　　A. 安全风险管理　　　　　　　　　B. 安全风险分级管控
　　C. 隐患排查治理　　　　　　　　　D. 隐患排查

27. 我国的森林草原火灾95%以上由(　　)等人为因素引发。

　　A. 农事用火　　　　　　　　　　　B. 祭祀用火
　　C. 林牧区施工生产用火　　　　　　D. 野外违规用火

28. 坚持(　　),妥善安置受灾群众,是灾后救助工作的出发点和落脚点。

　　A. 人民至上　　B. 安全至上　　　C. 生活至上　　　D. 生命至上

29. 降低地震灾害风险和损失的途径包括(　　)。

　　A. 地下搞清楚　B. 地上搞结实　　C. 公众搞明白　　D. 准备搞充分

8.4.5 简答题

1. 简述应急管理机制的特征。
2. 简述应急管理体制与机制的关系。
3. 简述各级别应急预案体系建设和管理工作。
4. 不同级别专项和部门应急预案的侧重点是什么？
5. 应急预案审核的内容有什么？
6. 简述应急预案审批程序。
7. 简述应急预案修订条件。
8. 简述灾害事故现场指挥协调的重要意义及程序。
9. 简述构建区域应急救援协调联动机制的意义。
10. 发生生产安全事故后，生产经营单位可采取的应急救援措施有什么？
11. 简述防范化解重大风险的意义。
12. 简述"两个坚持、三个转变"防灾减灾救灾理念的具体内容。
13. 简述自然灾害防治的"九项重点工程"。
14. 简述防范遏制重特大事故发生的措施。

8.5 《新时代应急管理法制》习题

8.5.1 判断改错题

1. 交通运输、住房和城乡建设、水利、民航等有关部门在各自的职责范围内对相关行业、领域的安全生产工作实施监督管理。（　　）
2. 生产经营单位应建立安全风险分级管控机制，定期组织开展风险辨识评估，严格落实分级管控措施，防止风险演变为安全事故。（　　）
3. 重大事故隐患排查治理情况要及时向有关部门报告的规定，目的是使生产经营单位在监管部门和本单位职工的双重监督之下，确保隐患排查治理到位。（　　）
4. 《生产安全事故应急预案管理办法》对《安全生产法》《突发事件应对法》的有关内容进行了细化。（　　）
5. 地震安全性评价单位允许其他单位以本单位的名义承揽地震安全性评价业务。
6. 《传染病防治法》为了预防、控制和消除传染病的发生与流行，保障人体健康和公共卫生而制定。
7. 《传染病及突发公共卫生事件报告和处理》是依据《国家基本公共卫生服务规范（第三版）》（国卫基层发〔2017〕13号）和《关于做好2021年国家基本公共卫生服务项目工作的通知》（国卫基层发〔2021〕23号）而制定。

8.《国家突发公共事件医疗卫生救援应急预案》只保障突发公共卫生事件发生后的各项医疗卫生救援工作迅速、高效、有序地进行,提高卫生部门应对各类突发公共事件的应急反应能力和医疗卫生救援水平,最大限度地减少人员伤亡和健康危害,保障人民群众身体健康和生命安全,维护社会稳定。

8.5.2 单项选择题

1. 《突发事件应对法》是(　　)年8月30日第十届全国人民代表大会常务委员会第二十九次会议通过。
   A. 2007年　　　　B. 2008年　　　　C. 2018年　　　　D. 2019年

2. 《安全生产法》(2021)对相关违法行为普遍增加了罚款金额,其中,第一百一十四条规定,发生特别重大事故,情节特别严重、影响特别恶劣的,应急管理部门可以按照罚款数额的2倍以上5倍以下,对负有责任的生产经营单位处以罚款,最高可至(　　)个亿。
   A. 1　　　　　　　B. 2　　　　　　　C. 3　　　　　　　D. 4

3. 《生产安全事故应急预案管理办法》第二十七条规定的生产经营单位申报应急预案备案应当提交"应急预案文本及电子文档",修改为"应急预案(　　)文档"。
   A. 电子　　　　　B. 文本　　　　　C. 文本和电子　　D. 文本或电子

4. 在对应急管理领域法律法规全面梳理的基础上,提出(　　)应急管理法律骨干框架。
   A. 1+N　　　　　B. 1+5　　　　　C. 1+4　　　　　D. 1+3

5. 为进一步规范社会消防技术服务活动,维护消防技术服务市场秩序,促进提高消防技术服务质量,应急管理部制定了(　　)。
   A. 《社会消防技术服务管理规定》
   B. 《高层民用建筑消防安全管理规定》
   C. 《消防法》
   D. 《国家森林草原火灾应急预案》

8.5.3 多项选择题

1. 《安全生产法》分别在(　　)年进行了修改。
   A. 2002　　　　　B. 2009　　　　　C. 2014　　　　　D. 2021

2. 我国安全生产处在(　　),形势复杂严峻。
   A. 脆弱期　　　　B. 爬坡期　　　　C. 过坎期　　　　D. 平台期

3. 生产经营单位的(　　)都是安全生产的责任主体,只有把生产经营单位全体员工的积极性和创造性调动起来,才能从整体上提升安全生产水平。
   A. 每一个部门　　B. 每一个岗位　　C. 每一个车间　　D. 每一个员工

4. 《生产安全事故应急条例》(2019)重点凸显了(　　)两大核心内容。
   A. 预测预警　　　　B. 应急准备　　　　C. 应急救援　　　　D. 事故处置
5. 煤矿安全生产工作按照(　　),强化和落实安全生产责任。
   A. 国家监察　　　　B. 地方监管　　　　C. 企业负责　　　　D. 部门负责
6. 《工贸企业重大事故隐患判定标准》(2023)与2017年版相比有更加(　　)的特点。
   A. 权威　　　　　　B. 聚焦　　　　　　C. 科学　　　　　　D. 实用
7. 《防震减灾法》(2008)新增的两章,分别是(　　)。
   A. 总则　　　　　　B. 防震减灾规划　　C. 法律责任　　　　D. 监督管理
8. 从事地震安全性评价的单位应当具备下列条件(　　)。
   A. 有与从事地震安全性评价相适应的地震学、地震地质学、工程地震学方面的专业技术人员
   B. 有从事地震安全性评价的技术条件
   C. 中国地震局及各省市地震局
   D. 有从事安全性评价资格的单位
9. 2019版《消防法》变化主要表现在(　　)。
   A. "称谓"变化。消防救援机构取代了机关消防机构,综合性消防救援队取代了消防队
   B. 应急管理部门赋予了消防管理的职能
   C. 住房和城乡建设部门承担建设工程相关审验、行政处罚及部分信息报送相关工作
   D. 施行时间无缓冲时间,修订后即日执行
10. 近年来火灾多发,造成大量人员伤亡和财产损失,消防安全形势十分严峻,主要体现在(　　)。
    A. 建筑体量大、功能复杂,整体风险高
    B. 消防安全条件不达标,历史遗留问题突出
    C. 日常消防管理不到位,自防自救能力弱
    D. 一旦发生火灾,火势蔓延途径多、速度快,人员疏散困难,救援难度大

8.5.4　简答题

1. 《安全生产法》于2021年9月1日起正式施行,其主要内容是什么?
2. 简述"三管三必须"的内容。
3. 简述《煤矿安全生产条例》主要规定。
4. 高层民用建筑的分类是什么?

8.6 《应急自救互救能力建设》习题

8.6.1 判断改错题

1. 雷雨天气不能洗澡。( )
2. 如果台风时有打雷,只要有防风措施即可。( )
3. 地震伤亡与建筑有着密切关系,杀人的不是地震,而是建筑。( )
4. 在上游地区的人如果发现了泥石流的迹象,应立即报告上级领导。( )
5. 发现火情应当迅速采取措施,尽快扑灭初起之火或设法延缓火势的发展蔓延。( )
6. 内涝是因降雨、融雪、冰凌、溃堤、溃坝、风暴潮等引起的江河洪水、山洪、泛滥以及渍涝等,对人类生命财产社会功能等造成损害的自然灾害。( )
7. 台风和飓风是同一类灾害,差别在于称谓不同,产生的海域不同。( )
8. 地震时,横波总是先到达地表,人们先感到上下颠簸,数秒到十几秒后才感到有很强的水平晃动。
9. 地震中房屋破坏等级的毁坏则是指多数非承重构件严重破坏。( )
10. 我国地震活动在空间分布上具有很强的不均匀性。( )
11. 易发生滑坡、崩塌的区域不易发生泥石流,因泥石流的暴发需要水源条件。( )
12. 为了达到矿工自救和互救的目的,每个井下工作人员必须熟悉并掌握所在矿井的灾害预防,熟练使用自救器即可。( )
13. 在各类灾害中,地震灾害是最经常、最普遍地威胁公众安全和社会发展的主要灾害之一。( )
14. 发现火情应当迅速采取措施,尽快扑灭初起之火或设法延缓火势的发展蔓延。( )
15. 火灾烟气较大时,宜弯腰行走,或匍匐前进。因为地面的空气较为清洁。( )
16. 暴雨天气在车内,无法行动时,需要解开安全带,解开车门安全锁,立即打开天窗,安定情绪,进行深呼吸。( )
17. 地震如同刮风、下雨、洪涝一样,是经常发生的一种突发性自然现象。( )
18. 地震时,横波总是先到达地表,人们先感到上下颠簸,数秒到十几秒后才感到有很强的水平晃动。( )
19. 平均震害指数是指房屋震害程度的定量指标,以 0.00 到 1.00 之间的数字表示由轻到重的震害程度。( )
20. 地震中房屋破坏等级的基本完好是指承重和非承重构件完好,或个别非承重构件轻微损坏,不加修理可继续使用。对应的震害指数范围 0.00 到 0.10 之间。( )
21. 地震中房屋破坏等级的轻微破坏是指个别承重构件出现可见裂缝,非承重构件有明

显裂缝,不需要修理或稍加修理即可继续使用。对应的震害指数范围在 0.10 到 0.30 之间。( )

22. 地震中房屋破坏等级的中等破坏是指多数承重构件出现轻微裂缝,部分有明显的裂缝,个别非承重构件破坏严重,需要一般修理后可使用。对应的震害指数范围为 0.30 到 0.55。( )

23. 地震中房屋破坏等级的严重破坏是指多数承重构件严重破坏,非承重构件局部倒塌,房屋修复困难。对应的震害指数范围为 0.55 到 0.85 之间。( )

24. 地震中房屋破坏等级的毁坏是指多数承重构件严重破坏。( )

25. 在烈度表中,数量词的界定通常是采用个别、少数、多数、大多数和绝大多数,其范围界定如下:个别为 10% 以下;少数为 10%～45%;多数为 45%～70%;大多数为 70%～90%;绝大多数为 90% 以上。( )

26. 我国地震活动在空间分布上具有很强的不均匀性。( )

27. 据统计,震后伤亡人员中有 60% 的人员立即死亡,30%～40% 未及时救助而死亡,10%～20% 是因次生灾害陆续死亡。( )

28. 地震发生时,可以使用电梯,可以快速逃生。( )

29. 地震时群体逃生一定要按顺序逃离。前面的人为后面的人逃生要留下时间。( )

30. 如果海啸时在船上,那么就随船往岸上走,尽快上岸。( )

31. 易发生滑坡、崩塌的区域也易发生泥石流,只不过泥石流的暴发多了一项必不可少的水源条件。( )

32. 为了达到矿工自救和互救的目的,每个井下工作人员必须熟悉并掌握所在矿井的灾害预防,熟练使用自救器即可。( )

33. 有毒化学品是指具有毒害、腐蚀、爆炸、燃烧、助燃等性质,对人体、设施、环境具有危害的剧毒化学品和其他化学品。( )

34. 在各类灾害中,火灾是最经常、最普遍地威胁公众安全和社会发展的主要灾害之一。( )

35. 家庭火灾一般是由于人们疏忽大意造成的。( )

36. 发现火情应当迅速逃离火场。( )

37. 火灾烟气较大时,宜弯腰行走,或匍匐前进。因为靠近地面没有火苗。( )

38. 对儿童、老人、病人等易感染者需要加强保护,进行预防接种。( )

39. 对病原携带者、疑似病人的密切接触者,在指定场所进行医学观察和采取其他必要的预防措施

8.6.2 单项选择题

1. 地震发生时,地面上正对着震源的一点称为( )。
 A. 震源 B. 震中 C. 震中距 D. 震源深度。

2. 地震发生后数小时到(　　)小时,是从残垣断壁中救人的关键时段。
   A. 12　　　　　　B. 24　　　　　　C. 36　　　　　　D. 72。
3. 危险化学品爆炸现场的居民在爆炸之后(　　)。
   A. 围观　　　　　　　　　　　　B. 自发组织救人
   C. 向上风方向快速撤离　　　　　D. 不顾个人安危救助伤员。
4. 如果遇到突然的雷雨,可以降低自己的高度,同时将双脚并拢,目的是(　　)。
   A. 以减少跨步电压带来的危害　　B. 躲避雷击
   C. 方便逃跑　　　　　　　　　　D. 找逃生工具
5. (　　)是发生在热带、亚热带地区海面上的气旋型的环流,是地球物理环境中最具有破坏性的天气系统之一。
   A. 热带气旋　　B. 台风　　　　C. 热带低压　　D. 热带风暴
6. (　　)预警意味着六小时内可能或者已受台风影响,平均风力达12级以上或阵风14级以上,这个时候需要停止集会、停业停课、人员躲避。
   A. 蓝色　　　　B. 黄色　　　　C. 绿色　　　　D. 红色
7. 地震震动的发生处称为(　　)。
   A. 震中距　　　B. 震源　　　　C. 震中　　　　D. 地震动
8. 用于评定烈度的房屋包括:(　　)类是指木构架和土、石、砖墙建造的旧式房屋。
   A. a　　　　　　B. b　　　　　　C. c　　　　　　D. d
9. 用于评定烈度的房屋包括:(　　)类是指未经抗震设防的单层或多层砌体房屋。
   A. a　　　　　　B. b　　　　　　C. c　　　　　　D. d
10. 用于评定烈度的房屋包括:(　　)类是指按照Ⅶ度抗震设防的单层或多层砖砌体房屋。
    A. a　　　　　　B. b　　　　　　C. c　　　　　　D. d
11. 根据地震活动,我国可划分为(　　)个地震区。
    A. 5　　　　　　B. 6　　　　　　C. 7　　　　　　D. 8
12. 一般而言,在中国(　　)级以上的地震就可能造成房屋破坏,有时甚至造成人员死亡。
    A. 5.0　　　　　B. 4.0　　　　　C. 3.0　　　　　D. 2.0
13. 与地震发生关系最密切的是现在构造环境下曾有活动的那些断层即(　　)。
    A. 活断层　　　B. 地震断层　　C. 上旋断层　　D. 下旋断层
14. 地震发生后(　　),是从残垣断壁中救人的关键时段。
    A. 一天　　　　B. 二天　　　　C. 三天　　　　D. 数小时到72小时
15. 在躲避时要保护好(　　)。
    A. 胳膊　　　　B. 腿　　　　　C. 头部　　　　D. 脚。
16. (　　)是指斜坡部分的岩(土)体主要在重力作用下发生整体下滑,对人类生命财产造成损害的自然灾害。

　　A. 滑坡　　　　　B. 崩塌　　　　　C. 泥石流　　　　D. 地震

17. (　　)是指陡崖前缘的不稳定部分,主要在重力的作用下,突然下坠滚落,对人类生命财产造成损害的自然灾害。

　　A. 滑坡　　　　　B. 崩塌　　　　　C. 泥石流　　　　D. 地震

18. (　　)是由暴雨或水库、池塘溃坝或冰雪突然融化形成强大的水流,与山坡上散乱的大小块石、泥土、树枝等一起相互充分作用后,在沟谷内或斜坡上快速运动的特殊流体,对人类生命财产造成损害的自然灾害。

　　A. 滑坡　　　　　B. 崩塌　　　　　C. 泥石流　　　　D. 地震

19. (　　)就其本质来说,是一定浓度的甲烷和空气中氧气在高温热源的作用下产生激烈的氧化反应的过程,是一种热链反应过程。

　　A. 瓦斯爆炸　　B. 煤尘爆炸　　　C. 水灾　　　　　D. 冒顶事故

20. (　　)是煤尘在空气中达到一定浓度时,在高温或遇火源作用下产生的剧烈的发光、发热并有巨大声响的化学反应。

　　A. 瓦斯爆炸　　B. 煤尘爆炸　　　C. 水灾　　　　　D. 冒顶事故

21. (　　)是随着工作面的开采,煤层上面的顶板岩层失去了支撑,原来的压力平衡遭到破坏,煤层顶板在上覆岩层压力的作用下,发生变形、破坏。

　　A. 瓦斯爆炸　　B. 煤尘爆炸　　　C. 水灾　　　　　D. 冒顶事故

22. 常用的危险化学品有(　　)类。

　　A. 6　　　　　　B. 7　　　　　　C. 8　　　　　　D. 9。

23. 身处危险化学品爆炸现场,普通人该(　　)行动。

　　A. 向上风方向快速撤离　　　　　B. 向下风方向快速撤离
　　C. 抢救受伤者　　　　　　　　　D. 大声呼喊。

24. 森林草原火灾虽然是危害性大的自然灾害,不可能完全避免,但是火灾的关键还是在于(　　)。

　　A. 防火技能　　B. 宣传　　　　　C. 灭火器　　　　D. 预防

25. 破坏森林的自然灾害之首是(　　)。

　　A. 森林火灾　　B. 森林虫害　　　C. 森林病害　　　D. 森林鸟兽害为主

26. (　　)产生的原因:地面强风作用;由火场的涡流或对流烟柱将燃烧物带到高空,由高空风传播到远方;由火旋风刮走燃烧物产生。

　　A. 火灾　　　　B. 爆燃　　　　　C. 火旋风　　　　D. 飞火

27. (　　)是指在燃烧区内高速旋转的火焰涡流,是高能量火的主要特征之一。

　　A. 火灾　　　　B. 爆燃　　　　　C. 火旋风　　　　D. 飞火

28. 从森林草原火灾成因角度来看,(　　)导致火灾占相当大的比重。

　　A. 温度高　　　B. 自然原因　　　C. 飞火　　　　　D. 人为原因

29. 在我国所报告的公共卫生事件中,以( )事件为主
   A. 甲型 H1N1   B. 鼠疫   C. 食物中毒   D. 传染病
30. 新型冠状病毒感染纳入乙类传染病
   A. 甲   B. 乙   C. 丙   D. 不确定
31. 一经发现传染病患者,立即送医院治疗,对疑似( )类传染病患者,应在指定场所进行医学观察。
   A. 甲   B. 乙   C. 丙   D. 不确定

8.6.3 多项选择题

1. 煤矿常见的灾害事故有( )。
   A. 瓦斯、煤尘爆炸事故   B. 冒顶事故
   C. 矿井火灾事故   D. 矿井水灾事故
2. 引发森林草原火灾的原因( )。
   A. 雷击原因   B. 高温   C. 人为原因   D. 植被多
3. 与洪水的发生相关的因素有( )。
   A. 存在诱发水灾的因素——如暴雨、地震、火山爆发、海啸等
   B. 存在受危害的对象,如受洪水淹没而遭受损失的人、财产
   C. 水量的大小
   D. 人的防御和抵抗能力
4. 台风影响时间和台风影响强度,台风预警信号一般分为四级:分别为( )
   A. 蓝色   B. 黄色   C. 橙色   D. 红色
5. 台风来了的时候,尽量不要外出。如果在外面,则不要在( )等附近避风避雨。
   A. 临时建筑物   B. 广告牌   C. 铁塔   D. 大树
6. 衡量地震强度大小的"尺子"有( )。
   A. 纵波   B. 横波   C. 震级   D. 烈度
7. 烈度表中( )度~( )度:地面上以及底层房屋中的人的感觉和其他震害现象为主。
   A. Ⅰ   B. Ⅴ   C. Ⅵ   D. Ⅸ
8. 地震伤亡的主要影响因素是( )。
   A. 断层   B. 活断层   C. 建筑   D. 房子
9. 地震后房屋倒塌,有时会在室内形成三角空间,这些地方是人们得以幸存的相对安全地点,可称其为地震空间,它包括( )等开间小的地方。
   A. 床沿下   B. 坚固的家具下   C. 内墙墙根   D. 墙角
10. 2008 年汶川地震现场救援发现,一些场所楼内的遇难者是在( )或者( )附近。这表明地震时人们在外逃,但是还来不及到达安全地点就被倒塌的房屋掩埋。

A. 床沿下　　　　B. 过道　　　　　C. 楼梯　　　　　D. 屋门口

11. 地震时要避开的危险场所：例如狭窄的街道、（　　）、雨篷下等处，还要避开高压线和下水道。

    A. 危旧房屋　　B. 围墙　　　　　C. 女儿墙　　　　D. 高门脸

12. 地震发生时尽量做到（　　）。

    A. 不要惊慌，伏而待定

    B. 不要站在窗户边或阳台上

    C. 不要跳楼、跳车或破窗而出

    D. 如果在平房，地震时，门变形打不开，这时可以破窗而出

13. 在旅游时，如何躲避泥石流呢？（　　）

    A. 首先一定要避免泥石流多发的季节。比如夏季尽量不要到泥石流多发山区旅游

    B. 出行前收听当地天气预报，在大雨天或连续阴雨几天，当天仍有雨的情况下不要贸然成行，进入山区沟谷旅游

    C. 最好聘请一位当地向导，从而可避开一些地质不稳定的地区，准备一些必要的食物、药品、饮用水以及救生用的器材

    D. 野外扎营时，要选择平整的高地作为营址，尽量避开有滚石和大量堆积物的山坡下或山谷、沟底

14. 在旅游时，如何躲避泥石流呢？（　　）

    A. 在沟谷内游玩时，一旦遭遇大雨、暴雨要迅速转移到安全的高地

    B. 不要在低洼的谷底或者陡峭的山坡下躲避、停留

    C. 碰上泥石流，不能沿沟向下或者向上跑，而应向两侧山坡上跑，离开沟道河谷地带

    D. 注意不要在土质松软、土体不稳定的斜坡停留，应选择在基底稳固又较为平缓开阔的地方停留

15. 遇到灾变时，应急避险的原则（　　）。

    A. 迅速撤离灾区　　　　　　　　B. 及时报告灾情
    C. 积极消除灾害　　　　　　　　D. 抢救公共财产

16. 抢救人员时要做到"三先三后"，即（　　）。

    A. 先抢救离得近者，再抢救离得远者

    B. 先抢救生还者，后抢救已死亡者

    C. 先抢救伤势较重者，后抢救伤势较轻者

    D. 对于窒息或心跳、呼吸停止不久、出血和骨折的伤工，先复苏、止血和固定，然后搬运

17. 当灾害事故发生后，现场作业人员无法撤退时，自救器有效工作时间内不能达到安全地点，应（　　）。

    A. 迅速进入避难硐室和灾区中较安全的地点

B. 就近快速构造临时避难硐室,进行自救互救,妥善安全避灾

C. 冒险逃生

D. 努力维持和改善自身生存条件,等待救援

18. 常用的危险化学品有(　　)。

A. 爆炸品、压缩气体和液化气体

B. 易燃液体、易燃固体、自燃物品和遇湿易燃物品

C. 氧化剂和有机过氧化物、有毒品

D. 放射性物品和腐蚀品

19. 危险化学品在发生事故之前有(　　)前兆。

A. 有色气体或液体出现跑、冒、滴、漏现象,并伴有怪味

B. 大批人员同时出现头痛、心悸、烦闷、呼吸困难、呕吐、视物模糊、有刺激感、惊厥、抽筋、步履蹒跚等不适症状

C. 许多蜂、蝇、蝴蝶等昆虫飞行不稳、抖翅、挣扎,许多种类的植物的颜色发生了变化

D. 大量的青蛙、麻雀、鸽子、家禽、家畜等出现眨眼、散瞳、缩瞳、流口水、站立不稳、呼吸困难、抽筋现象;很多鱼、虾、蚂蟥等水生生物活动加快、乱蹦乱爬,尔后活动困难

20. 观众厅发生火灾时,火灾蔓延的主要方向是(　　),逃生人员可利用舞台、放映厅和观众厅的各个出口,迅速疏散。

A. 舞台　　　　B. 出口　　　　C. 放映厅　　　　D. 等待救援

21. 森林草原是宝贵的自然资源,因为(　　)。

A. 为我国社会主义建设事业和人民生产生活的需要提供大量的物质财富

B. 涵养水源、保持水土、调节气候、防风固沙

C. 保护农田、美化环境、净化大气、防治污染、维持生态平衡

D. 加强国防建设

22. 森林火灾特点包括(　　)。

A. 发生面广　　　　　　　　　B. 着火面积大

C. 突发性强　　　　　　　　　D. 破坏性大,处置扑救较为困难

23. 在森林火灾扑救过程中,(　　)是极其危险的。

A. 温度高　　　B. 燃爆　　　C. 飞火　　　D. 火旋风

24. 引发森林草原火灾的原因(　　)。

A. 温度高　　　B. 自然原因　　　C. 飞火　　　D. 人为原因

25. 当我们发现森林火灾时,应及时(　　)。

A. 拨打报警电话　　　　　　　B. 报告起火方位

C. 报告起火面积　　　　　　　D. 燃烧的植被种类

26. 公共卫生事件呈现明显的季节性,常常在(　　)开学后形成两个高峰,这是由于学校

发生的传染病疫情事件进入高发期。
   A. 春　　　　　B. 夏　　　　　C. 秋　　　　　D. 冬
27. 一些新发呼吸道传染病（SARS、H7N9、新型冠状病毒等）往往最初发现都在（　　）季。
   A. 春　　　　　B. 夏　　　　　C. 秋　　　　　D. 冬

8.7　《综合性应急救援能力建设》习题

8.7.1　名词解释题

应急物资

8.7.2　判断改错题

1. 2018年4月16日，习近平总书记亲自向国家综合性消防救援队伍授旗并致训词、标志着一支全新的人民队伍举旗定向、踏上征程。（　　）
2. 2022年2月，中共中央、国务院印发《国家综合性消防救援队伍整合改革方案》，明确整合应急管理部消防救援局和森林消防局职责，组建国家消防救援局，作为国家综合性消防救援队伍的领导指挥机关。（　　）
3. 国家综合性消防救援队伍在领导体制上，实行统一领导、分级指挥；中央主用、地方主建。（　　）
4. 在执勤模式上，实行24小时驻勤备战。（　　）
5. 从我国的主要灾害事故类型来看，地震及地质灾害、洪涝灾害、风灾、安全生产事故、高空山岳事故和车辆交通事故占了很大的比例。（　　）

8.7.3　单项选择题

1. 组建国家综合性消防救援队伍，是党中央应国家治理体系和治理能力现代化做出的战略决策，是立足我国国情和（　　）特点、构建新时代国家应急救援体系的重要举措，对提高防灾减灾救灾能力、维护社会公共安全、保护人民生命财产安全具有重大意义。
   A. 灾害　　　　B. 事故　　　　C. 灾害事故　　　D. 事故灾害
2. 在组织架构上，按照"国家消防救援局—总队—支队—大队—站（中队）"架构设立，把支部建在（　　）上。
   A. 总队　　　　B. 支队　　　　C. 大队　　　　D. 站（中队）
3. （　　）类救援技术是应用最广的技术，在城市高层建筑、高空塔架、深坑、竖井、悬崖、水面等事故场景中。
   A. 绳索　　　　B. 水域　　　　C. 破拆　　　　D. 攀岩

4. 拨打( )时，必须准确报出发生火灾单位或家庭详细地址，包括街道名称、门牌号、周围易识别的建筑或其他明显标志。
   A. 119　　　　　B. 120　　　　　C. 121　　　　　D. 122
5. 加快应急管理装备现代化建设，需要加大应急管理装备技术创新和核心技术攻关力度，推进新型装备研发测试，突破一批"卡脖子"技术难题，强化先进适用装备配备，建立与( )框架相适应的应急管理装备体系。
   A. 大安全大应急　B. 综合减灾　　　C. 大安全　　　　D. 大应急

8.7.4 多项选择题

1. 2018年11月9日，习近平总书记在人民大会堂亲自为国家综合性消防救援队伍授旗并致训词，鲜明提出( )"四句话方针"。
   A. 对党忠诚　　　B. 纪律严明　　　C. 赴汤蹈火　　　D. 竭诚为民
2. 国家综合性消防救援队伍吸收( )两方面优势，坚持党的绝对领导，坚持正规化、专业化、职业化建设方向，形成了一套符合消防救援职业特点的政策制度保障体系。
   A. 现役制　　　　B. 职业制　　　　C. 军队管理　　　D. 应急管理
3. 在人员( )，根据消防救援职业特点，实行专门的管理办法，确保队伍战斗力。
   A. 招聘　　　　　B. 招录　　　　　C. 使用　　　　　D. 退出
4. 改革转制后，国家综合性消防救援队伍作为应急救援的( )，承担着防范化解重大安全风险、应对处置各类灾害事故的重要职责。
   A. 主要力量　　　B. 重要队伍　　　C. 主力军　　　　D. 国家队
5. 国家综合性消防救援队伍的职责主要包括( )以及特种灾害救援等任务。
   A. 火灾预防　　　B. 监督执法　　　C. 火灾扑救　　　D. 事故调查
6. 国家综合性消防救援队伍养兵千日、用兵千日，肩负着( )的双重职责，肩扛着主力军和国家队的神圣使命。
   A. 防　　　　　　B. 救　　　　　　C. 风险识别　　　D. 应急处置
7. 国家标准《应急物资分类及编码》(GB/T 38565—2020)依据应急物资的性质划分，将应急物资分为( )。
   A. 基本生活保障物资　　　　　　　B. 应急装备及配套物资
   C. 工程材料与机械加工设备　　　　D. 其他物资
8. 从应急物资的国家级标准来看，应急物资是面向( )的全灾种的物资。
   A. 自然灾害　　　B. 事故灾难　　　C. 公共卫生事件　D. 社会安全事件
9. 事故救援过程中最常用到的就是( )。
   A. 绳索　　　　　B. 水域　　　　　C. 破拆　　　　　D. 攀岩
10. 加强应急管理装备体系建设的途径有( )。
    A. 提升装备支撑能力

B. 实施装备现代化工程
C. 开展装备达标升级行动
D. 制定装备设计标准

8.7.5 简答题

1. 简述应急管理队伍四句话方针。
2. 我国应急救援队伍有哪几类？
3. 我国应急物资储备和保障体系构建框架是什么？
4. 如何建立与大安全大应急框架相适应的应急管理装备体系？

参考文献

1. Coombs W T. Crisis communication. //Heath R L. Encyclopedia of public relations(Vol. 1 [M],). Thousand Oaks: Sage. 2005: 221-224.
2. Curr. R T. Handbook of Political Conflict: Theories and Research [M]. Collier & Macmillan Publisher Co., 1981: 7.
3. MichaelK. Lindell, Carla Prater, Ronald W. Perry. Interduction to Emergency Management[M]. 北京: 中国人民大学出版社, 2001.
4. Mohamed Gad-el-Hak. Large-scale disasters prediction, control, and mitigation [M]. Cambridge University Press, New York, USA, 2008: 1-4.
5. United Nation. Terminology on disaster risk reduction[M]. Geneva: UNISDR. 2009.
6. 陈安, 陈宁, 倪慧荟, 等. 现代应急管理理论与方法[M]. 北京: 科学出版社, 2009.
7. 陈颙, 史培军. 自然灾害(修订版)[M]. 北京: 北京师范大学出版集团, 2008.
8. 党的二十大辅导读本编写组. 党的二十大辅导读本[M]. 北京: 人民出版社, 2022.
9. 范从华. 突发公共卫生事件理论与实践[M]. 昆明: 云南出版集团公司, 2020.
10. 范维澄. 健全公共安全体系 构建安全保障型社会[N]. 人民日报, 2016-04-18(009).
11. 高庆华. 开展沿海地区综合减灾工作[C]. //中国灾害防御协会. 论沿海地区减灾与发展: 全国沿海地区减灾与发展研讨会论文集. 北京: 中国灾害防御协会, 1991: 88-92.
12. 胡志东. 森林防火[M]. 北京: 中国林业出版社, 2003.
13. 姜安鹏, 沙勇忠. 应急管理实务[M]. 兰州: 兰州大学出版社, 2010.
14. 金灿荣. 不确定性世界中的稳定力量[N]. 人民日报, 2019-03-27.
15. 金磊. 城市综合减灾规划问题初探[J]. 城市规划, 1991(06): 25, 56-59.
16. 劳伦斯·巴顿. 危机管理[M]. 上海: 东方出版社, 2009.
17. 李清彬, 宋立义, 申现杰. 国家应急管理体系建设状况与优化建议[J]. 改革, 2021, (08): 12-24.
18. 刘发林. 森林防火[M]. 北京: 中国林业出版社, 2018.
19. 刘嘉. 重大突发事件应急物资的准备与调度体系[M]. 武汉: 武汉大学出版社, 2017.
20. 刘应. 坚持"以人为本"的国家治理现代化: 以马克思主义国家理论为视角看中国实践[J]. 佳木斯职业学院学报, 2017, (10): 52-53.
21. 马湘宏, 张文勋. 小议安全生产与生产安全的概念辨析和适用范围[J]. 广东化工, 2015, 42(06): 130-131.
22. 马宗晋. 中国重大自然灾害及减灾对策(总论)[M]. 北京: 科学出版社, 1994.

23. 米切尔·K.林德尔,等.应急管理概论[M].王宏伟译.北京:中国人民大学出版社,2011.
24. 米歇尔·渥克.灰犀牛:如何应对大概率危机[M].北京:中信出版社,2017.
25. 纳西姆·尼古拉斯·塔勒布.黑天鹅:如何应对不可预知的未来(升级版)[M].北京:中信出版社,2011.
26. 裘江南,王雪华.突发事件应急知识管理的模型与方法[M].北京:科学出版社,2017:1.
27. 全国干部培训教材编审指导委员会办公室.应急管理体系和能力建设干部读本[M].北京:党建读物出版社,2021.
28. 人民日报评论部."四个全面"学习读本[M].北京:人民出版社,2015.
29. 闪淳昌,周玲,钟开斌.对我国应急管理机制建设的总体思考[J].国家行政学院学报,2011(01):8-12,21.
30. 审议《中央政治局常委会听取和研究全国人民代表大会常务委员会、国务院、全国政协、最高人民法院、最高人民检察院党组工作汇报和中央书记处工作报告的综合情况报告》[N].人民日报,2016-01-30.
31. 史丽."光明"事件的危机管理研究[D].北京:对外经济贸易大学,2006.
32. 史培军,李宁,叶谦,等.全球环境变化与综合灾害风险防范研究[J].地球科学进展,2009,24(4):428-435.
33. 苏伟伦.危机管理[M].北京:中国纺织出版社,2002.
34. 唐承沛.中小城市突出公共事件应急管理体系与方法[M].上海:同济大学出版社,2007.
35. 万明国,王成昌.突发公共卫生事件应急管理[M].北京:中国经济出版社,2009:23.
36. 王宏伟.提升非常规突发事件的应对能力:应急管理体制改革成败的"试金石"[J].公共管理与政策评论,2018,7(06):37-51.
37. 王宏伟.我国安全生产与应急管理关系的变迁与整合:兼对"11·28"张家口重大爆燃事故的反思[J].中国安全生产,2018,13(12):20-25.
38. 王宏伟.我国森林草原火灾应急管理:历史、改革与未来[J].中国安全生产,2019(04):32.
39. 王宏伟.我国消防体制的历史沿革与未来发展[J].中国安全生产,2018,13(11):30-34.
40. 王宏伟.新时代应急管理通论[M].北京:应急管理出版社,2019:16.
41. 王绍玉,冯百侠.城市灾害管理[M].北京:化学工业出版社,2005.
42. 魏钦恭,卜清平,巨桐,等.化危为机:重大公共卫生事件与社会治理[M].北京:中国人民出版社,2020.
43. 吴超,黄淋妃.城市应急研究综述[J].灾害学,2017,32(04):138-145.
44. 习近平.习近平谈治国理政[M].北京:外文出版社,2014:272.
45. 肖贵清.十八大以来中国特色社会主义理论创新研究[M].北京:中国人民大学出版社,2019:96-97.
46. 谢永刚.中国模式:防灾救灾与灾后重建[M].北京:经济科学出版社,2015:34-38.

47. 熊卫平.危机管理:理论实务案例[M].杭州:浙江大学出版社,2016:22.
48. 薛澜,张强,钟开斌.危机管理:转型期中国面临的挑战[M].北京:清华大学出版社,2003:12.
49. 杨月巧,贾怡如.基于CiteSpace的应急管理研究现状分析[J].安全,2017,38(10):33-36,42.
50. 杨月巧,唐彦东.北京高校地震应急预案认知的性别差异研究[J].风险灾害危机研究,2017,(02):86-100.
51. 杨月巧.提高自然灾害防治能力 落实体制机制改革部署[N].中国应急管理报,2018-10-13(002).
52. 杨月巧.新时代应急管理体制机制关系分析[J].中国安全生产,2019,14(09):26-29.
53. 杨月巧.应急管理概论[M],北京:清华大学出版社,2016:13.
54. 杨月巧.中国应急管理"体""制"分析[J].中国安全生产,2019,14(08):36-38.
55. 应急管理部编写组.深入学习贯彻习近平关于应急管理的重要论述[M].北京:人民出版社,2023.
56. 张超,马尚权.应急救援理论与技术[M].北京:中国矿业大学出版社,2016.
57. 张海波.风险社会视野中的公共管理变革[J].南京大学学报(哲学·人文科学·社会科学),2017,54(04):57-65,158.
58. 张海波,童星.中国应急管理效能的生成机制[J].中国社会科学,2022,(04):64-82,205-206.59. 张沛,潘锋.现代城市公共安全应急管理概论[M].北京:清华大学出版社,2007.
60. 中共中央党史和文献研究院.习近平关于防范风险挑战、应对突发事件论述摘编[M].中央文献出版社,2020.
61. 中共中央文献研究室.建国以来毛泽东文稿第1册[M].北京:中央文献出版社,1987:395.
62. 中共中央文献研究室.建国以来毛泽东文稿第3册[M].北京:中央文献出版社,1989:505.
63. 中共中央文献研究室.毛泽东选集第6卷[M].北京:人民出版社,1999:69.
64. 中共中央文献研究室.唯心历史观的破产.《毛泽东选集》袖珍本[M].北京:人民出版社,1967:1401.
65. 朱长义.中国安全生产史(1949—2015)[M].北京:煤炭工业出版社,2017:81-82.
66. 邹铭,袁艺等,综合风险防范:中国综合自然灾害救助保障体系[M].北京:科学出版社,2011.5:11,32-34.

网络资料链接

1. 《中华人民共和国突发事件应对法》,http://www.npc.gov.cn/npc/c2/c30834/202406/t20240628_437888.html?menuid=170
2. 《国家突发公共事件总体应急预案》,https://www.gov.cn/zhuanti/2006-01/08/content_

2614770. htm? eqid=f7909e6d00204f3d000000036481bc19

3. 《突发公共卫生事件应急条例》,https://www.gov.cn/zhengce/content/2008-03/28/content_6399.htm

4. 《国家自然灾害救助应急预案》,https://www.gov.cn/gongbao/2024/issue_11186/202402/content_6934543.html

5. 《国家地震应急预案》,https://www.gov.cn/zhengce/zhengceku/2012-09/21/content_5571.htm

6. 《国家防汛抗旱应急预案》,https://www.gov.cn/gongbao/content/2022/content_5701571.htm

7. 《国家森林草原火灾应急预案》,https://www.gov.cn/gongbao/content/2020/content_5567749.htm

8. 《生产安全事故报告和调查处理条例》(2007),https://www.gov.cn/zhengce/2007-04/19/content_2602474.htm? eqid=dab161bd0003b55200000006648d74c3

9. 《国家突发公共卫生事件应急预案》(2006),https://www.gov.cn/zhuanti/2006-02/26/content_2615974.htm? eqid=bc7b03e40000ed6400000002645ca1f8

10. 应急管理部组织机构和主要职责机构——中华人民共和国应急管理部,https://www.mem.gov.cn/jg/

11. 国家消防救援局职责机构,https://www.119.gov.cn/jg/index.shtml

12. 国家矿山安全监察局职责,https://www.chinamine-safety.gov.cn/jg/zyzz/202012/t20201210_375035.shtml

13. 中国地震局职责机构设置,https://www.cea.gov.cn/cea/jgsz/index.html

14. 国家安全生产应急救援中心职责,https://www.nwserc.cn/zzjg/zyzz/

15. 中华人民共和国宪法,https://www.gov.cn/guoqing/2018-03/22/content_5276318.htm

16. 《安全生产法》,https://flk.npc.gov.cn/detail2.html? ZmY4MDgxODE3YTY2YjgxNjAxN2E3OTU2YjdkYjBhZDQ

17. 应急管理部宣传教育中心一图读懂丨新修订的突发事件应对法,https://mp.weixin.qq.com/s? __biz=MzA5OTM0MTAzMg==&mid=2653077306&idx=1&sn=4b25ee510920ec48fd3b5d6b5c28578d&chksm=8ad9c11c05f3ee9dada015ad57a74487830937d8580d4bb6522027606ce0b730674e3a6d0f57&scene=27